# बाल्यकाल एवं वृद्धि-उन्मुख बालक

*Our other publication by*
Prof. S.K. Mangal and Prof. Shubhra Mangal

— Assessment of Learning
— Creating an Inclusive School
— Childhood and Growing up
— Learning and Teaching
— अधिगम का आकलन
— समेकित विद्यालय की स्थापना
— बाल्यकाल एवं वृद्धि-उन्मुख बालक
— अधिगम एवं शिक्षाण

# बाल्यकाल एवं वृद्धि-उन्मुख बालक

# (Childhood and Growing Up)

**प्रो. एस. के. मंगल**

एम. ए., एम. एस. सी., एम. एड., पी. एच. डी. (शिक्षा)

**प्रो. (श्रीमती) शुभ्रा मंगल**

एम.एस. सी., एम.एड, एम. फिल. , पी. एच. डी. (शिक्षा)

SHIPRA

**Price: Rs. 995**

ISBN: 978-93-86262-53-0

First Published in India in 2018

बाल्यकाल एवं वृद्धि-उन्मुख बालक



*Published by:*

**SHIPRA PUBLICATIONS**
LG 18-19, Pankaj Central Market,
I.P. Ext., Patparganj, Delhi 110092, India

Ph.: +91 11 22235152/6152; 9650028065

Email: info@shiprapublication.com
Website: www.shiprapublication.com

# प्रस्तावना

विकास-वर्ष जो अपने आप में हमारे बचपन और किशोरावस्था को संजोए रहते हैं, हम सभी के जीवन में काफी महत्वपूर्ण स्थान रखते हैं। यही कारण है कि इन वर्षों में वृद्धि को प्राप्त हो रहे बालकों की क्षमता को उसकी ऊँचाइयों पर पहुँचाने में पूरा ध्यान देने की समुचित आवश्यकता रहती है। इस कार्य में विद्यालयों में कार्यरत अध्यापकों को ही प्रमुख भूमिका निभानी पड़ती है। अत: अध्यापकों के लिए अब यह काफी जरूरी हो जाता है कि वे विकासशील बालकों में उनके विकास वर्षों के दौरान व्यक्तित्व के सभी आयामों में होने वाली वृद्धि एवं विकास प्रक्रिया से ठीक तरह परिचित होने का प्रयत्न करें। वे यह जानें कि बालकों के वातावरण में निहित विभिन्न कारक जैसे सामाजिक संस्थाओं, गरीबी, वैश्वीकरण, प्रौढ़ संस्कृति इत्यादि बालकों की वृद्धि एवं विकास को कैसे प्रभावित करते हैं। इसके अतिरिक्त अध्यापकों को अन्य विभिन्न प्रकार की सामाजिक, स्वास्थ्य, समता और समानता से जुड़ी हुई समस्याओं जैसे–माता-पिता का अलग-अलग होना या उनकी किसी दुर्घटना, आतंकवाद, लड़ाई-झगड़े की वजह से मौत हो जाना, बालकों का शोषण, मोटापा, वंचन एवं पार्श्वीकरण का शिकार होना इत्यादि में किस प्रकार सहायता की जाए, इस बात के लिए भी तैयार होना चाहिए।

प्रश्न उठता है कि अध्यापकों को इस प्रकार के ज्ञान एवं कौशलों से युक्त करने का कार्य कब और कैसे किया जाए? इस बात के लिए पहल करने का सबसे अच्छा समय उनके द्वारा सेवापूर्व लिए जाने वाला अध्यापकीय प्रशिक्षण ही है। माध्यमिक कक्षाओं के अध्यापकों के लिए इस तरह उनके बी.एड. पाठ्यक्रम में इस तरह का कोई अध्ययन कोर्स शामिल होना चाहिए जो इस कार्य को ठीक अंजाम दे सके। इसी दिशा में राष्ट्रीय अध्यापक शिक्षा परिषद (NCTE) ने बी.एड. पाठ्यक्रम में "बाल्यकाल एवं वृद्धि-उन्मुख बालक (Childhood and Growing Up)" अध्ययन कोर्स को अनिवार्य पेपर के रूप में रखे जाने के दिशानिर्देश सभी विश्वविद्यालयों तथा अध्यापक शिक्षा संस्थानों को जारी किए हैं। इसी का अनुपालन करते हुए गुरुगोविन्द सिंह इन्द्रप्रस्थ विश्वविद्यालय, नई दिल्ली ने अपने बी.एड. पाठ्यक्रम में बाल्यकाल एवं वृद्धि-उन्मुख अध्ययन कोर्स को एक अनिवार्य पेपर के रूप में स्थान दिया है। प्रस्तुत पुस्तक इसी अध्ययन कोर्स की आवश्यकता पूर्ति हेतु लिखी गई है। यद्यपि यहाँ इसका मुख्य उद्देश्य इन्द्रप्रस्थ विश्वविद्यालय द्वारा अनुमोदित पाठ्यक्रम की आवश्यकतापूर्ति है

परन्तु इसमें निहित विषयवस्तु की विस्तृतता तथा गहनता की दृष्टि से यह अन्य विश्वविद्यालय के बी.एड. पाठ्यक्रम में शामिल "बाल्यकाल एवं वृद्धि–उन्मुख बालक" अध्ययन कोर्सों की आवश्यकताओं को पूरा करने में भी यथेष्ट रूप में सक्षम है।

अपने निर्दिष्ट उद्‌देश्य की पूर्ति हेतु पुस्तक की विषय सामग्री को बारह विभिन्न अध्यायों में बाँटकर विस्तार से पाठकों के सामने रखा गया है। पुस्तक के कुछ विशेष आकर्षण निम्न हैं–

- पााठ्यक्रम की सभी इकाइयों तथा प्रकरणों पर विस्तार से अपेक्षित प्रकाश डालने का प्रयत्न किया गया है।
- प्रयत्न यही रहा है कि भाषा और प्रस्तुतीकरण शैली पाठकों के स्तरानुसार सरल, रोचक एवं बोधगम्य बनी रहे।
- अंत में उचित बोध, पुनरावृत्ति एवं स्व–मूल्यांकन हेतु निबन्धात्मक एवं लघु उत्तरात्मक दोनों प्रकार के प्रश्नों को पुस्तक के पेपर बैक संस्करण के आखिर में स्थान दिया गया है।
- अध्यायों में चर्चित सन्दर्भ और विषय की गहराई में जाने हेतु सहायक ग्रन्थों की सूची विस्तार से पुस्तक के अंत में दी गई है।

अपनी इन उपरोक्त विशेषताओं के साथ पुस्तक को आपकी अपेक्षाओं पर खरा उतरना ही चाहिए, यही हमारा निजी विश्वास है। आपकी ओर से प्राप्त सुझावों का स्वागत भी अवश्य रहेगा ताकि इसे आपकी दृष्टि से और भी उपयोगी बनाया जा सके।

पाठकों के लिए शुभकामनाओं सहित,

नवम्बर, 2017

**एस.के. मंगल**
**शुभ्रा मंगल**

# विषय सूची

# 1

# वृद्धि एवं विकास: अवधारणा एवं सिद्धान्त (Growth and Development: Concept and Principles)

## विषय प्रवेश (Introduction)

शिक्षा का एकमात्र उद्देश्य शिक्षार्थी के व्यक्तित्व का सर्वांगीण विकास करना है। शिक्षा मनोविज्ञान को शिक्षा का विज्ञान और तकनीक शास्त्र होने के नाते इस उद्देश्य को पाने की दिशा में भरसक सहायता करनी चाहिए। हमारी जीवनलीला जैसा कि बताया जा चुका है, गर्भाधान के समय से ही प्रारम्भ हो जाती है। कितनी विचित्र सी बात लगती है कि एक छोटे से निषेचित अंडे (Fertilized ovum) से धीरे-धीरे बढ़ते हुए हम आज की अवस्था को प्राप्त हो गए हैं। निश्चय ही यह सब वंशानुक्रम और वातावरण सम्बन्धी शक्तियों के परस्पर सहयोग का फल है। शिक्षा चाहे वह औपचारिक (Formal) हो या अनौपचारिक (Informal), इस वृद्धि और विकास के मार्ग में बच्चे का भली-भाँति पथ-प्रदर्शन कर सकती है। परन्तु शिक्षा द्वारा यह सब कुछ कर सकने के लिए हम अध्यापकों को वृद्धि और विकास के सभी पहलुओं से परिचित होना अति आवश्यक है। इस प्रकार के ज्ञान द्वारा ही हम विद्यार्थियों को आवश्यक निर्देशन और उपयुक्त शिक्षा देकर उनके व्यक्तित्व का सर्वांगीण विकास करने में उनकी पूरी-पूरी सहायता कर सकते हैं। इसी दृष्टिकोण को लेकर आगे की पंक्तियों में वृद्धि और विकास के संप्रत्यय (अवधारणा) तथा उनकी प्रक्रिया से सम्बन्धित कुछ सामान्य सिद्धान्तों की चर्चा करना चाहेंगे।

## A. वृद्धि एवं विकास की अवधारणा (The Concept of Growth and Development)

वृद्धि एवं विकास के संप्रत्यय यानी अवधारणा को स्पष्ट करने के लिए हम उससे सम्बन्धित निम्न तीन पक्षों को लेकर चलना चाहेंगे।

- वृद्धि एवं विकास संप्रत्ययों के अर्थ एवं उनके निहित अंतर (Meaning and Distinction)
- वृद्धि एवं विकास का परिपक्वता से अंतर (Distinguishing Growth and Development from the Term Maturation)
- वृद्धि एवं विकास के विभिन्न आयाम (Aspects or Dimensions)

## वृद्धि एवं विकास–अर्थ एवं अंतर

### *(Growth and Development—Meaning and Distinction)*

वृद्धि एवं विकास ये दोनों शब्द प्राय: बिना किसी भेदभाव के पर्यायवाची रूप में काम में लाए जाते हैं। दोनों यह प्रकट करते हैं कि गर्भाधान के समय से किसी विशेष समय तक किसी प्राणी में कितना कुछ परिवर्तन आया है। इस परिवर्तन की प्रक्रिया में वातावरण की शक्तियों और शिक्षा का बहुत हाथ है। इनकी कृपा से हमारे व्यक्तित्व के सभी पहलुओं–शारीरिक, मानसिक, सामाजिक, संवेगात्मक, नैतिक आदि की सब ओर से वृद्धि एवं विकास होता है। इस तरह से वृद्धि और विकास दोनों शब्दों का प्रयोग बालक में आयु के बढ़ने के साथ-साथ होने वाले परिवर्तनों के लिए किया जाता है और इसीलिए यह आवश्यक रूप से वंशानुक्रम और वातावरण की उपज कही जाती है।

परन्तु अगर कुछ बारीकी से देखा जाए तो वृद्धि और विकास दोनों के बीच बहुत कुछ अन्तर दिखलाई पड़ सकता है। इस अन्तर को हम निम्न प्रकार से व्यक्त कर सकते हैं:

| वृद्धि *(Growth)* | विकास *(Development)* |
| --- | --- |
| 1. वृद्धि शब्द तादाद या परिमाण सम्बन्धी परिवर्तनों (Quantitative Changes) के लिए प्रयुक्त होता है। जैसे बच्चे के बड़े होने के साथ आकार, लम्बाई, ऊँचाई और भार आदि में होने वाले परिवर्तन को वृद्धि कह कर पुकारते हैं। | 1. विकास शब्द वृद्धि की तरह केवल परिमाण सम्बन्धी परिवर्तनों को व्यक्त न कर ऐसे सभी परिवर्तनों के लिये प्रयुक्त होता है जिससे बालक की कार्यक्षमता, कार्यकुशलता और व्यवहार में प्रगति होती है। |
| 2. वृद्धि एक तरह से सम्पूर्ण विकास प्रक्रिया का एक चरण है। विकास के परिमाण और तादाद सम्बन्धी पक्ष के परिवर्तनों को वृद्धि कहा जाता है। | 2. विकास शब्द अपने आप में एक विस्तृत अर्थ रखता है। वृद्धि इसका ही एक भाग है। यह व्यक्ति में होने वाले सभी परिवर्तनों को प्रकट करता है। |
| 3. वृद्धि शब्द व्यक्ति के शरीर के किसी भी अवयव तथा व्यवहार के किसी भी पहलू में होने वाले परिवर्तनों को प्रकट कर सकता है। | 3. विकास किसी एक अंग प्रत्यंग में अथवा व्यवहार के किसी एक पहलू में होने वाले परिवर्तनों को नहीं बल्कि व्यक्ति में आने वाले सम्पूर्ण परिवर्तनों को सम्मिलित रूप में व्यक्त करता है। |

(क्रमश:)

| वृद्धि *(Growth)* | विकास *(Development)* |
|---|---|
| 4. वृद्धि की क्रिया आजीवन नहीं चलती। बालक द्वारा परिपक्वता (Maturity) ग्रहण करने के साथ-साथ यह समाप्त हो जाती है। | 4. विकास एक सतत प्रक्रिया (Continuous Process) है। वृद्धि की तरह बालक के परिपक्व होने पर समाप्त न होकर यह आजीवन चलती है। |
| 5. वृद्धि के फलस्वरूप होने वाले परिवर्तन बिना कोई विशेष प्रयास किए दृष्टिगोचर हो सकते हैं। साथ ही इन्हें भली-भाँति मापा भी जा सकता है। | 5. विकास शब्द कार्यक्षमता, कार्यकुशलता और व्यवहार में आने वाले गुणात्मक परिवर्तनों (Qualitative Changes) को भी प्रकट करता है। इन परिवर्तनों को प्रत्यक्ष रूप में मापना कठिन ही है। इन्हें केवल अप्रत्यक्ष तरीकों जैसे व्यवहार करते हुए बालक का निरीक्षण कर आदि से ही मापा जा सकता है। |
| 6. वृद्धि के साथ-साथ सदैव विकास होना भी आवश्यक नहीं है। मोटापे के कारण एक बालक के भार में वृद्धि हो सकती है परन्तु इस वृद्धि से उसकी कार्यक्षमता एवं कार्यकुशलता में कोई वृद्धि नहीं होती और इस तरह से उसकी वृद्धि विकास को साथ लेकर नहीं चलती है। | 6. दूसरी ओर विकास भी वृद्धि के बिना सम्भव हो सकता है। कई बार यह देखा जाता है कि कुछ बच्चों की लम्बाई, आकार एवं भार में समय गुजरने के साथ-साथ कोई विशेष परिवर्तन नहीं दिखाई देता परन्तु उनकी कार्यक्षमता तथा शारीरिक, मानसिक, संवेगात्मक और सामाजिक योग्यता में बराबर प्रगति होती रहती है। |

इस तरह से बारीकी से देखने पर वृद्धि और विकास दोनों प्रक्रियाओं में पर्याप्त अन्तर दिखाई पड़ सकता है। परन्तु मोटे तौर पर व्यक्ति विशेष में होने वाले सभी परिवर्तनों को व्यक्त करने के लिए हम दोनों का बिना कोई भेदभाव किए प्रयोग करते रहते हैं। मानव जीवन के सामाजिक, शारीरिक, संवेगात्मक, बौद्धिक आदि पहलुओं से सम्बन्धित ये सभी परिवर्तन, जैसा कि श्रीमती हरलॉक (1956) का विचार है, निम्न चार प्रमुख वर्गों में रखे जा सकते हैं–

1. आकार में परिवर्तन (Changes in Size)
2. अनुपात में परिवर्तन (Changes in Proportion)
3. पुराने लक्षण लुप्त होना (Disappearance of Old Features)
4. नए लक्षण प्रकट होना (Acquisition of New Features)

इन सभी प्रकार के परिवर्तनों के परिमाणात्मक और गुणात्मक (Quantitative and Qualitative) दोनों ही पहलू हैं। इसलिए सामान्यतया वृद्धि और विकास की प्रक्रिया लगभग साथ-साथ चलती है और यही कारण है कि ये दोनों शब्द समानार्थक रूप में प्रयुक्त होते हैं। गर्भाधान के पश्चात बालक में जो कुछ भी शारीरिक और व्यवहार सम्बन्धी परिवर्तन होते हैं उन्हें व्यक्त करने के लिए इन दोनों को सम्मिलित रूप से प्रयोग में लाया जाता है। हम भी इस पुस्तक में सुविधा के दृष्टिकोण से इन दोनों शब्दों को सम्मिलित रूप में ही प्रयोग करना चाहेंगे।

## *वृद्धि और विकास का परिपक्वता से अन्तर*
## ***(Distinguishing Growth and Development from the Term Maturation)***

### *परिपक्वता का अर्थ (Meaning of the Term Maturation)*

विकासात्मक मनोविज्ञान के क्षेत्र में परिपक्वता एक काफी परिचित पद है और यह बालक के अपनी माँ के गर्भ में आने के साथ ही, उसकी वृद्धि और विकास प्रक्रिया को सभी प्रकार से प्रभावित करने में महत्त्वपूर्ण भूमिका निभाती है। परिपक्वता से सम्बन्धित उसके अर्थ एवं अवधारणा को भली-भाँति समझने के लिए हम यहाँ आगे के पृष्ठों में परिपक्वता की प्रकृति और प्रक्रिया से सम्बन्धित जिन पहलुओं पर ध्यान देना चाहेंगे वे हैं–

(i) परिपक्वता का अर्थ (Meaning of the Term Maturation)
(ii) वृद्धि और विकास पर परिपक्वता का प्रभाव (Effect of Maturation on Growth and Development)
(iii) अधिगम या प्रशिक्षण से सम्बन्ध (Relationship with Learning or Training)

आइए, अब हम एक-एक कर इन पहलुओं पर विचार करते हैं–

*परिपक्वता का अर्थ (Meaning of the term Maturation):* परिपक्वता एक नैसर्गिक प्रक्रिया है, इसके लिए बाह्य उद्दीपनों की आवश्यकता नहीं। यह एक प्रकार से मानव की अन्तर्निहित शक्तियों का विकास है। जैसे बीज से पत्ती, टहनी, फल-फूल इत्यादि प्राप्त हो जाते हैं, वैसे ही प्राकृतिक रूप में किसी पूर्व अनुभव, अधिगम या प्रशिक्षण के बिना परिपक्वन की क्रिया के फलस्वरूप जन्मजात योग्यताओं और शक्तियों में वृद्धि हो जाती है तथा प्राणी में आवश्यक परिवर्तन आ जाते हैं। सन् 1919 में ए. गेसेल (A. Gessel) ने सर्वप्रथम बाल विकास के क्षेत्र में 'परिपक्वता' पद का प्रयोग किया।

परिपक्वता पद का अर्थ एवं प्रकृति अच्छी तरह से समझने के लिए हम इसकी कुछ सुप्रसिद्ध जानी-मानी परिभाषाओं की सहायता ले सकते हैं। उनमें से कुछ परिभाषाएँ निम्न हैं–

*एच. जे. आइजेन्क और उनके साथियों* (H.J. Eysenck *et al.*, 1972) के अनुसार: *"परिपक्वता शारीरिक, मनोवैज्ञानिक और मानसिक विभेदीकरण तथा समन्वयन की वह स्वायत्त या स्वतन्त्र प्रक्रिया है, जो बालक की सभी विकासात्मक अवस्थाओं और चरणों में व्याप्त रहती है। इस प्रक्रिया के फलस्वरूप ही*

शारीरिक, मानसिक, सामाजिक और आध्यात्मिक रूप से उसकी वैयक्तिक वृद्धि को पूर्णता एवं सुदृढ़ता मिलती है और वह अपने जीवन में अनुकूलित होता है।"

*(Maturation is an autonomous process of somatic, psychological and mental differentiation and integration spread over developmental stages and phases which condition and build on one another in the course of time; as a result of this process the individual growth is completed and consolidated somatically, mentally and spiritually as well as socially and he can thus adapt to life.)*

मक ज्योक *(MC Geoch, 1942)*: "परिपक्वन में अधिगम के स्वरूप में उम्र के साथ आने वाले उन सभी परिवर्तनों को शामिल किया जाता है जिनका सम्बन्ध पूर्वाभ्यास अथवा अनुभवों के स्थान पर मुख्य रूप से जैविक वृद्धि से सम्बन्धित कारकों से होता है।"

*(Maturation includes any change with age in the conditions of learning which depends primarily upon organic growth factors rather than upon prior practice or experience.)*

थोम्पसन *(Thompson, 1979)*: "परिपक्वता का नाम वृद्धि से सम्बन्धित उस प्रक्रिया को दिया गया है जिसके माध्यम से कोई एक संरचना अथवा प्रक्रिया अधिक से अधिक प्रौढ़ अथवा परिपक्व होती जाती है।"

*("Maturations" is a name for the growth process during which a structure or function is more and more becoming adult, that is "mature".)*

ए. गेसेल *(A Gessel, 1919)*: "परिपक्वता व्यक्ति के शरीर की आन्तरिक कार्यप्रणाली के द्वारा स्नायुओं *(Nerves)* और माँसपेशियों को प्राप्त दृढ़ता और परिपक्वन हैं जो जीव विशेष के बाह्य वातावरण सम्बन्धी कारकों से प्रभावित नहीं होती है।"

*(Maturation is the maturity and firmness of the nerves and muscles brought out by the internal mechanism of the body quite independent of the impact of the environmental factors external to the organism.)*

ए.टी. जरसील्ड और उनके साथियों *(A.T. Jersild et al., 1975)* के अनुसार: "परिपक्वता एक प्रक्रिया हैं जिसके द्वारा जीव में अन्तर्निहित मूल क्षमताएँ कार्यात्मक तत्परता की अवस्था पर पहुँच जाती हैं। इस प्रक्रिया में, संरचना में होने वाले वे परिवर्तन जो वृद्धि के साथ होते हैं तथा संरचना का प्रगतिशील अभ्यास जो कार्य निष्पादन के लिए आधार भूमि प्रदान करता है, दोनों ही शामिल होते हैं।"

*(Maturation is the process by which underlying potential capacities of the organism reach a stage of functional readiness. This process involves both the changes in structure that come with growth and the progressive exercise of structures that provide ground work for later performances.)*

*बिग्गी एवं हंट (Biggie and Hunt, 1968) ने परिपक्वन के अर्थ को स्पष्ट करते हुए निम्न विचार व्यक्त किए हैं–*

*"परिपक्वन एक विकासात्मक प्रक्रिया है जिसके अन्तर्गत कोई व्यक्ति समय के साथ-साथ उन सभी विशेषताओं और गुणों को ग्रहण करता है जिनकी नींव उसके गर्भ में आने के समय ही उसकी कोशिकाओं में रखी जा चुकी होती है।"*

*(Maturation is developmental process within which a person from time to time manifests different traits, the blue prints of which have been carried in the cells from the time of his conception.)*

इस प्रकार परिपक्वन का सम्बन्ध उन व्यवहारगत परिवर्तनों से होता है जो नैसर्गिक और सामान्य वृद्धि (Natural and Normal Growth) से जुड़े हुए होते हैं।

उपरोक्त परिभाषाओं की सहायता से परिपक्वता के अर्थ एवं प्रकृति के बारे में निम्नलिखित निष्कर्ष निकाला जा सकता है–

- अपने विशुद्ध रूप एवं अर्थ में परिपक्वता वंशानुक्रम की व्यवस्था एवं कार्यप्रणाली का परिणाम है। माता के गर्भ में आते ही बच्चों में परिवर्तनों (व्यवहारात्मक एवं विकासात्मक) की दिशा का अवलोकन किया जाता है वह वंशानुक्रम के योगदान द्वारा ही निर्धारित होती है।
- व्यक्ति के सम्पूर्ण विकासात्मक अवधि में परिपक्वता की प्रक्रिया का प्रभाव लगातार बना रहता है। (किशोरावस्था की अवधि की समाप्ति तक)।
- बच्चों की वृद्धि और विकास के शारीरिक, गामक, मानसिक, सामाजिक, नैतिक और आध्यात्मिक सभी पक्षों के परिपक्व होने में परिपक्वता सहायता करती है जिससे कि बच्चा अपने जीवन में एक परिपक्व प्रौढ़ की भूमिका का अच्छी तरह से निर्वाह कर सके।
- वृद्धि एवं विकास की एक स्वाभाविक प्रक्रिया के रूप में परिपक्वन व्यक्ति विशेष की अन्त:निहित क्षमताओं के विकास में सहयोगी सिद्ध होकर उन्हें अपने व्यक्तित्व विकास की सभी सम्भावित ऊँचाइयों को छूने में आवश्यक रूप से तत्पर एवं सक्षम बनाता है।
- परिपक्वन आवश्यक रूप से व्यक्ति विशेष की ऐसी जैविक अन्त:विकास की प्रक्रिया से जुड़ा हुआ होता है जो प्रमुख रूप से व्यक्ति के बाहर स्थित वातावरण सम्बन्धी कारकों के प्रभाव से मुक्त होती है।

इस प्रकार से परिपक्वता से तात्पर्य वृद्धि एवं विकास की उस प्राकृतिक एवं स्वाभाविक प्रक्रिया से होता है जो अपने आप में प्रशिक्षण और अनुभवों के प्रभाव से मुक्त रहती हुई व्यक्ति की आनुवंशिकता नियंत्रित आंतरिक प्रणाली से निर्देशित होकर उसकी विकास अवस्था में धीरे-धीरे विभिन्न प्रकार के व्यवहारात्मक और विकासात्मक परिवर्तनों को लाने के लिए उत्तरदायी होती है।

## वृद्धि और विकास पर परिपक्वता का प्रभाव
## (*Effect of Maturation on Growth and Development*)

जैसे-जैसे आयु में वृद्धि होती है, परिपक्वन (Maturation) के फलस्वरूप शरीर, मस्तिष्क और व्यवहार में प्राकृतिक रूप से विभिन्न परिवर्तन आते रहते हैं। यह बात पक्षियों और पशुओं में स्पष्ट रूप से देखी जा सकती है, जिसके कुछ उदाहरण नीचे दिये जा रहे हैं:

1. एक चिड़िया माँ बनते हुए अपने अंडे देती है। कुछ समय बाद हम देखते हैं कि अंडों में से बच्चे निकल आते हैं। माँ-बाप के द्वारा दिए गए चुग्गे को वे चुगना प्रारम्भ कर देते हैं। फिर कुछ दिनों बाद वे फुदकना प्रारम्भ कर देते हैं, पर उड़ नहीं पाते। परन्तु कुछ समय बाद हमारे देखते-देखते वे एक दिन उड़कर हमसे काफी दूर चले जाते हैं। चुग्गा चुगने, फुदकने और उड़ने सम्बन्धी ये व्यवहारगत परिवर्तन परिपक्वन की प्रक्रिया का ही परिणाम होते हैं, इनके लिए उन्हें अपने माता-पिता या अन्य परिजनों से कोई प्रशिक्षण नहीं दिया जाता। आयु में वृद्धि के साथ-साथ ही वे इस प्रकार का व्यवहार स्वाभाविक रूप से ही करने लगते हैं।

2. यही बात मेंढकों तथा मछलियों के साथ भी अंडों में से बाहर निकल कर बड़ा होने, तैरना सीखने तथा भोजन प्राप्त करने के ढंग सीखने में घटित होती है। मेंढकों को जहाँ पानी पर तैरना आ जाता है वहीं जमीन पर फुदकने में भी वे माहिर हो जाते हैं। इस प्रकार के आयु बढ़ने के साथ-साथ व्यवहार में आने वाले परिवर्तन अन्य पशु-पक्षियों में भी हमें अपने चारों ओर नजर आते ही रहते हैं। हिरण के बच्चे का पैदा हाते ही कुलाचें भरना, बन्दरों के बच्चों को एक टहनी से दूसरी टहनी तक छलाँगें लगाना, माँसाहारी तथा शाकाहारी दोनों प्रकार के पशु-पक्षियों के बच्चों का अपने-अपने ढंग से भोजन प्राप्त करने में माहिर होना आदि बहुत से ऐसे व्यवहारगत परिवर्तन हैं जिनके पीछे परिपक्वन की ही प्रक्रिया का हाथ होना पाया जाता है।

3. परिपक्वन के फलस्वरूप व्यवहार में परिवर्तन लाने की यह नैसर्गिक प्रक्रिया केवल पशु-पक्षियों या कीड़े-मकौड़ों की दुनिया तक ही सीमित हो, ऐसी बात नहीं है। मनुष्य मात्र में भी जन्म से ही परिवर्तन के फलस्वरूप बालकों में विभिन्न प्रकार के परिवर्तनों का आना स्वाभाविक-सी ही बात होती है। इस प्रकार के व्यक्तित्व और व्यवहार में आने वाले परिवर्तनों की संक्षिप्त जानकारी उदाहरणस्वरूप निम्न प्रकार से दी जा सकती है :

(i) आयु में वृद्धि होने के साथ-साथ बालकों के शरीर में वृद्धि और विकास सम्बन्धी विभिन्न परिवर्तन आते रहते हैं। उनकी लम्बाई बढ़ना, भार में वृद्धि होना, अंगों के अनुपात में परिवर्तन आना, चेहरे या सम्पूर्ण शरीर में विभिन्न प्रकार के आन्तरिक या बाह्य परिवर्तन आना-ये सभी बातें स्वाभाविक रूप से परिपक्वन की प्रक्रिया के फलस्वरूप घटित होती रहती हैं और फिर किशोरावस्था के आगमन तक बालक और बालिकाएँ शारीरिक परिपक्वतता (Physical maturity) सम्बन्धी सभी प्रकार की शारीरिक वृद्धि और विकास की ऊँचाइयों को छू लेते हैं।

(ii) यही बात व्यक्तित्व के अन्य सभी आयामों, मानसिक, सामाजिक, संवेगात्मक, नैतिक और सौन्दर्यात्मक अनुभूति के विकास और वृद्धि पर समान रूप से लागू होती है। आयु में वृद्धि के साथ-साथ बालकों में इन सभी आयामों से सम्बन्धित वृद्धि और विकास की प्रक्रिया चलती रहती है और किशोरावस्था की समाप्ति तक उनमें इन आयामों से सम्बन्धित मानसिक, संवेगात्मक, नैतिक और सौन्दर्यात्मक परिपक्वता आ जाने से वयस्कों की तरह व्यवहार करने की क्षमता आ जाती है। प्रश्न उठता है कि बालकों में बड़ों की तरह परिपक्व व्यवहार करने की ये जो क्षमता प्राय: किशोरावस्था की समाप्ति तक आती है और उनके व्यवहार में शैशवास्था तथा बाल्यावस्था के मुकाबले जो विशेष परिवर्तन दिखायी देते हैं, उनके पीछे महज परिपक्वन की प्रक्रिया (Process of maturation) का ही हाथ होता है या वे मात्र किसी विशेष प्रकार के अनुभवों एवं प्रशिक्षण के जरिए सम्पन्न होते हैं।

(iii) इस बात पर विचार किया जाए तो यह बात स्पष्ट रूप से सामने आती है कि मनुष्य के व्यक्तित्व एवं व्यवहार में जो परिवर्तन आते हैं, उन्हें अन्य जीव-जन्तुओं की तरह केवल मात्र परिपक्वन की प्रक्रिया की देन नहीं कहा जा सकता। उसका कारण यह है कि जाने-अनजाने पर्यावरण में उपस्थित विभिन्न प्रकार की बातें उनके व्यवहार परिवर्तन में सहायक होती रहती हैं। साथ ही उन्हें औपचारिक या अनौपचारिक रूप से अपने व्यवहार परिमार्जन हेतु प्रशिक्षण, अभ्यास तथा अधिगम अनुभव भी प्राप्त होते रहते हैं। अत: किसी भी परिस्थिति में यह कहना उचित नहीं है कि किशोरावस्था समाप्ति पर उनमें जो व्यवहार या व्यक्तित्व सम्बन्धी परिपक्वता आई है, वह परिपक्वन की प्रक्रिया के परिणामस्वरूप उत्पन्न हुई है अथवा प्रशिक्षण या सीखने के फलस्वरूप ऐसा हुआ है। वास्तविकता तो यही है कि इसे सभी प्रकार से एक संयुक्त उपज (Joint product) माना जाए। कुछ निम्न उदाहरणों से इन मान्यता पर मुहर लगाने में आसानी हो सकती है:

• सबसे पहले अगर बच्चों में भाषा के विकास को ही लेकर देखा जाए तो हम यह पाएँगे कि बालकों में भाषा के विकास हेतु परिपक्वन तथा वातावरण-जन्य प्रशिक्षण और अनुभवों की मिली-जुली भूमिका रहती है। परिपक्वन की प्रक्रिया के परिणामस्वरूप ही बालकों में आयु के साथ-साथ स्वाभाविक रूप से ध्वनियों का विकास होता है। भाषा सम्बन्धी अक्षर, शब्द तथा वाक्य प्रस्फुटित होते हैं तथा वह शुद्ध भाषा उच्चारण सीखता है। अगर हम समय से पहले यानी आवश्यक परिपक्वता ग्रहण करने से पहले ही यह अपेक्षा करने लग जाएँ कि इसके तो माँ-बाप दोनों ही भाषा को बोलना सिखा देंगे तो यह हमारी भूल होगी। बच्चा शुरू में तुतलाएगा भी, हकलाएगा भी तथा धीरे-धीरे जैसे-जैसे उसके भाषा वाक् तंत्र का विकास होगा, वह सभी ध्वनियों का शुद्ध उच्चारण सीख सकेगा। अत: यहाँ उसके भाषा शिक्षण तथा प्रशिक्षण में अनावश्यक जल्दबाजी करना ठीक नहीं रहेगा। आवश्यक परिपक्वता ग्रहण करने से पहले उसमें भाषा सम्बन्धी बोलचाल तथा लेखन कला का विकास नहीं हो पाएगा। दूसरी ओर यह सब कुछ छोड़ दिया जाए तो जो कुछ आवश्यक भाषा सम्बन्धी विकास

बालक को चाहिए वह प्राप्त करना असम्भव ही रहेगा। आज आप और हम भाषा सम्बन्धी जिस विकास की अवस्था पर पहुँच पाए हैं, उसमें निस्सन्देह ही वातावरणजन्य अधिगम अनुभवों एवं प्रशिक्षण की काफी महत्त्वपूर्ण भूमिका रही है। इस तरह भाषा विकास को स्वाभाविक वृद्धि एवं विकास की प्रक्रिया (परिपक्वन) और वातावरणजन्य अनुभवों एवं प्रशिक्षण का संयुक्त परिणाम ही समझा जाना चाहिए।

● जो बात भाषा सम्बन्धी विकास को लेकर सही है वही बात बालक के मानसिक विकास के अन्य पहलुओं पर भी भली-भाँति लागू होती है। बच्चे की मानसिक शक्तियों जैसे सोचने-विचारने की शक्ति, तर्क शक्ति, स्मरण शक्ति, विभेदीकरण योग्यता, निर्णय क्षमता, विश्लेषण और संश्लेषण योग्यता, समस्या समाधान योग्यता आदि का विकास जहाँ तक एक विशेष परिपक्वन स्तर की माँग करता है, वहीं इनके विकास हेतु पर्याप्त अनुभवों, अभ्यास एवं प्रशिक्षण की महत्ता से भी इन्कार नहीं किया जा सकता। परिपक्वन स्तर से जुड़ी हुई एक विशेष आयु तक पहुँचने से पहले हम बालकों से सूक्ष्म चिन्तन, कल्पनायुक्त चित्रण तथा गहन तर्क-वितर्क, विभेदीकरण, सामान्यीकरण आदि से युक्त बातों को जानने-समझने की अपेक्षा नहीं कर सकते। इसलिए जिस प्रकार का मानसिक विकास बालकों में सम्पन्न करने की हम चेष्टा करेंगे, उसके लिए पहले हमें इस बात पर अवश्य ध्यान देना होगा कि बालकों में वह परिपक्वता आई है या नहीं जिसकी जरूरत उनको उस रूप में मानसिक विकास करने के लिए पड़ती है। छोटे बालकों को अगर हम बहुत ही सूक्ष्म, गूढ़, क्लिष्ट तथा बोझिल बातों को बताने या समझाने लग जाएँ तथा उनसे इस प्रकार के मानसिक विकास की अपेक्षा करने लग जाएँ तो यह हमारी भूल ही होगी। हमें उचित परिपक्वन स्तर का इन्तजार ही करना पड़ेगा। दूसरी ओर यह बात भी सही है कि जिस तरह से उचित प्रयास, प्रशिक्षण और अनुभव बालकों को उनकी आयु के स्तर को ध्यान में रखते हुए मानसिक विकास हेतु प्रदान किए जाते रहेंगे, उनका मानसिक विकास उसी रूप में ठीक प्रकार सम्पन्न हो सकेगा।

● मानसिक विकास की तरह सामाजिक, संवेगात्मक एवं नैतिक विकास में भी परिपक्वन और वातावरणजन्य अनुभवों एवं प्रशिक्षण की भूमिका रहती है। अनुभवों एवं प्रशिक्षण के माध्यम से हम बालक के व्यवहार में जो भी ऐसे अपेक्षित परिवर्तन लाने का प्रयास करते हैं जिससे बालक के सामाजिक और संवेगात्मक विकास में अनुकूल और अपेक्षित सहायता मिले, उन सभी प्रयासों से हमें कितनी सफलता मिलेगी, यह इस बात पर भी निर्भर करता है कि आयु में वृद्धि के साथ-साथ बालक नैसर्गिक रूप से किस प्रकार की सामाजिक और संवेगात्मक परिपक्वता के स्तर तक पहुँच रहा है। उदाहरण के लिए, जैसे-जैसे बालक की आयु बढ़ती है, उसके सामाजिकता के दायरे, पैमाने तथा सोचने-विचारने के ढंग बदलते रहते हैं। शैशवावस्था, बाल्यकाल, पूर्व-किशोरावस्था तथा किशोरावस्था सभी में एक विशेष प्रकार की सामाजिक एवं संवेगात्मक परिपक्वता बच्चे में पाई जाती है जिसका सीधा असर बालक के सामाजिक, सांस्कृतिक, नैतिक तथा संवेगात्मक विकास पर पड़ता है। किशोरावस्था के आगमन से

अपनी परिपक्वता उसे विपरीत लिंग के प्रति यौनाकर्षण में बाँधती है। यहाँ वह सामाजिकता तथा मित्र बनाने के नए अर्थ ढूँढता है और इसी समय इस प्रकार के परिपक्वन से परिपूर्ण होने पर ही उसे यौन शिक्षा (Sex Education) सम्बन्धी गहरे तथ्यों के अधिगम में सहायता मिल सकती है। यौन सम्बन्धी इस परिपक्वता के अभाव में हम उससे यौन शिक्षा सम्बन्धी गहन जानकारी भली-भाँति ग्रहण कर सकने की अपेक्षा नहीं कर सकते। इसी तरह जब तक बालक में संवेगों (Emotions) का स्थायी भावों (Sentiments) के रूप में स्थायी संगठन नहीं बन जाता, तब तक उसके नैतिक विकास की कोई दृढ़ नींव नहीं रखी जा सकती और स्थायी भावों का विकास संवेगात्मक या भावात्मक परिपक्वन के एक विशेष स्तर तक पहुँचने पर ही सम्भव हो पाता है। शैशव काल या बचपन में इसीलिए नैतिक विकास की अधिक अपेक्षा नहीं की जा सकती। किशोरावस्था के आगमन का हमें इसके लिए इन्तजार करना होता है और संवेगात्मक परिपक्वता को ग्रहण करने के साथ ही उस अधिगम का मूल्य अपने आप बढ़ जाता है जिसे नैतिक या चारित्रिक विकास हेतु प्रदान किया जा रहा है।

इस प्रकार से अगर परिपक्वन और वातावरणजन्य अधिगम तथा प्रशिक्षण के अन्तःसम्बन्धों का विश्लेषण किया जाए तो हमें यह समझने में कोई कठिनाई नहीं होगी कि परिपक्वन की प्रक्रिया चाहे उसका स्वरूप शारीरिक या मानसिक हो अथवा सामाजिक, संवेगात्मक या भावात्मक, हमें अपने हर रूप में वह सब कुछ प्रदान करने का प्रयत्न करती है जिससे ऐसी आधार भूमि तैयार हो सके जिसके ऊपर अनुभव एवं प्रशिक्षण के माध्यम से अपेक्षित व्यवहार परिवर्तन लाकर व्यक्तित्व निर्माण का कार्य निरन्तर चालू रखा जा सके।

## *वृद्धि और विकास के विभिन्न आयाम*
## *(Various Aspects of Growth and Development)*

अगर वृद्धि और विकास को हम समान अर्थों में प्रयुक्त करें तो बच्चे के व्यक्तित्व का सर्वांगीण विकास हमें निम्न रूपों अथवा पहलुओं में गति करता हुआ दिखलाई पड़ता है–

(a) शारीरिक विकास (Physical Development)
(b) ज्ञानात्मक विकास (Cognitive Development)
(c) संवेगात्मक विकास (Emotional Development)
(d) नैतिक अथवा चारित्रिक विकास (Moral or Character Development)
(e) सामाजिक विकास (Social Development)
(f) भाषात्मक विकास (Language Development)

*(a) शारीरिक विकास (Physical Development)*–व्यक्ति के शारीरिक विकास उसके शरीर के बाह्य एवं आंतरिक अवयवों का विकास शामिल होता है।

*(b) बौद्धिक या मानसिक विकास (Intellectual or Mental Development)*–इसमें सभी प्रकार की मानसिक शक्तियों जैसे सोचने-विचारने की शक्ति, कल्पना शक्ति,

निरीक्षण शक्ति, स्मरण शक्ति तथा एकाग्रता (Concentration), सृजनात्मकता (Creativity), संवेदना (Sensation), प्रत्यक्षीकरण (Perception) और सामान्यीकरण (Generalization) आदि से सम्बन्धित शक्तियों का विकास सम्मिलित होता है।

*(c) संवेगात्मक विकास (Emotional Development)*–इसमें विभिन्न संवेगों (Emotions) की उत्पत्ति, उनका विकास तथा इन संवेगों के आधार पर संवेगात्मक व्यवहार का विकास सम्मिलित होता है।

*(d) नैतिक अथवा चारित्रिक विकास (Moral or Character Development)*–इसके अन्तर्गत नैतिक भावनाओं, मूल्यों तथा चरित्र सम्बन्धी विशेषताओं का विकास सम्मिलित होता है।

*(e) सामाजिक विकास (Social Development)*–बच्चा प्रारम्भ में एक असामाजिक प्राणी होता है। उसमें उचित सामाजिक गुणों का विकास कर समाज के मूल्यों एवं मान्यताओं के अनुसार व्यवहार करना सिखाना सामाजिक विकास के अन्तर्गत आता है।

*(f) भाषात्मक विकास (Language Development)*–भाषात्मक विकास में बालक के अपने विचारों की अभिव्यक्ति के लिए भाषा का जानना और उसके प्रयोग से सम्बन्धित योग्यताओं का विकास शामिल होता है।

## वृद्धि एवं विकास के सिद्धान्त (Principles of Growth and Development)

व्यक्ति विशेष में वृद्धि और विकास की प्रक्रिया के फलस्वरूप होने वाले परिवर्तन कुछ विशेष सिद्धान्तों पर ढले हुए प्रतीत होते हैं। इन सिद्धान्तों को वृद्धि एवं विकास के सिद्धान्त कहा जाता है। नीचे की पंक्तियों में हम इन्हीं सिद्धान्तों की चर्चा करने जा रहे हैं–

*1. निरन्तरता का सिद्धान्त (Principle of Continuity)*–यह सिद्धान्त बताता है कि विकास न रुकने वाली एक प्रक्रिया है। माँ के गर्भ से ही यह प्रारम्भ हो जाती है तथा मृत्युपर्यन्त निरन्तर चलती ही रहती है। एक छोटे से नगण्य आकार से अपना जीवन प्रारम्भ करके हम सबके व्यक्तित्व के सभी पक्षों जैसे शारीरिक, मानसिक सामाजिक आदि का सम्पूर्ण विकास इसी निरन्तरता के गुण के कारण भली-भाँति सम्पन्न होता रहता है।

*2. वृद्धि और विकास की गति की दर एक सी नहीं रहती (Rate of growth and development not uniform)*–यद्यपि विकास बराबर होता रहता है, परन्तु इसकी गति सब अवस्थाओं में एक जैसी नहीं रहती। शैशवास्था के शुरू के वर्षों में यह गति कुछ तीव्र होती है, परन्तु बाद के वर्षों में यह मन्द पड़ जाती है। पुन: किशोरावस्था के प्रारम्भ में इस गति में तेजी से वृद्धि होती है परन्तु यह अधिक समय तक नहीं बनी रहती। इस प्रकार वृद्धि और विकास की गति में उतार-चढ़ाव आते ही रहते हैं। किसी भी अवस्था में यह एक जैसी नहीं रह पाती।

*3. वैयक्तिक अन्तर का सिद्धान्त (Principle of Individual differences)*—इस सिद्धान्त के अनुसार बालकों का विकास और वृद्धि उनकी अपनी वैयक्तिकता (Individuality) के अनुरूप होती है। वे अपनी स्वाभाविक गति से ही वृद्धि और विकास के विभिन्न क्षेत्रों में आगे बढ़ते रहते हैं और इसी कारण उनमें पर्याप्त विभिन्नताएँ देखने को मिलती हैं। कोई भी एक बालक वृद्धि और विकास की दृष्टि से किसी अन्य बालक के समरूप नहीं होता।

*4. विकास क्रम की एकरूपता (Uniformity of pattern)*—विकास की गति एक जैसी न होने तथा पर्याप्त वैयक्तिक अन्तर पाए जाने पर भी विकास क्रम में कुछ एकरूपता के दर्शन होते हैं। इस क्रम में एक ही जाति विशेष के सभी सदस्यों में कुछ एक जैसी विशेषताएँ देखने को मिलती हैं। उदाहरण के लिए मनुष्य जाति के सभी बालकों की वृद्धि सिर की ओर से प्रारम्भ होती है। इसी तरह बालकों के गत्यात्मक और भाषा में भी एक निश्चित प्रतिमान (pattern) और क्रम के दर्शन किए जा सकते हैं।

*5. विकास सामान्य से विशेष की ओर चलता है (Development proceeds from general to specific responses)*—विकास और वृद्धि की सभी दिशाओं में विशिष्ट क्रियाओं से पहले उनके सामान्य रूप के दर्शन होते हैं। उदाहरण के लिए अपने हाथों से कुछ चीज पकड़ने से पहले बालक इधर-उधर यूँ ही हाथ मारने या फैलाने की चेष्टा करता है। इसी तरह शुरू में एक नवजात शिशु के रोने और चिल्लाने में उसके सभी अंग-प्रत्यंग भाग लेते हैं परन्तु बाद में वृद्धि और विकास की प्रक्रिया के फलस्वरूप यह क्रियाएँ उसकी आँखों और वाक तन्त्र तक सीमित हो जाती हैं। भाषा विकास में भी बालक विशेष शब्दों से पहले सामान्य शब्द ही सीखता है। पहले वह सभी व्यक्तियों को 'पापा' कह कर ही सम्बोधित करता है, इसके पश्चात ही वह केवल अपने पिता को 'पापा' कह कर सम्बोधित करना सीखता है।

*6. एकीकरण का सिद्धान्त (Principle of Integration )*—विकास की प्रक्रिया एकीकरण के सिद्धान्त का पालन करती है। इसके अनुसार बालक पहले सम्पूर्ण अंग को और फिर अंग के भागों को चलाना सीखता है। इसके बाद वह उन भागों में एकीकरण करना सीखता है। सामान्य से विशेष की ओर बदलते हुए विशेष प्रतिक्रियाओं तथा चेष्टाओं को इकट्ठे रूप में प्रयोग में लाना सीखता है। उदाहरण के लिए एक बालक पहले पूरे हाथ को, फिर उँगलियों को और फिर हाथ एवं उँगलियों को एक साथ चलाना सीखता है।

*7. परस्पर सम्बन्ध का सिद्धान्त (Principle of Inter-relation)*— विकास की सभी दशाएँ—शारीरिक, मानसिक, सामाजिक, संवेगात्मक आदि-एक-दूसरे से परस्पर सम्बन्धित हैं। इनमें से किसी भी एक दिशा में होने वाला वाला विकास अन्य सभी दिशाओं में होने वाले विकास को पूरी तरह प्रभावित करने की क्षमता रखता है। उदारहण के लिए जिन बच्चों में औसत से अधिक बुद्धि होती है, वे शारीरिक और सामाजिक विकास की दृष्टि से भी काफी आगे बढ़े हुए पाए जाते हैं। दूसरी ओर एक क्षेत्र में पाई जाने

वाली न्यूनता दूसरे क्षेत्र में हो रही प्रगति में बाधक सिद्ध होती है। यही कारण है कि शारीरिक विकास की दृष्टि से पिछड़े बालक संवेगात्मक, सामाजिक और बौद्धिक विकास में भी उतने ही पीछे रह जाते हैं।

*8. विकास की भविष्यवाणी की जा सकती है (Development is predictable)*—एक बालक की अपनी वृद्धि और विकास की गति को ध्यान में रख कर उसके आगे बढ़ने की दिशा और स्वरूप के बारे में भविष्यवाणी की जा सकती है। उदाहरण के लिए एक बालक की कलाई की हड्डियों का एक्स किरणों (x-ray) से लिया जाने वाला चित्र यह बता सकता है, कि उसका आकार प्रकार आगे जा कर किस प्रकार का होगा। इसी तरह बालक की इस समय की मानसिक योग्यताओं के ज्ञान के सहारे उसके आगे के मानसिक विकास के बारे में पूर्वानुमान लगाया जा सकता है।

*9. विकास की दिशा का सिद्धान्त (Principle of developmental direction)*—इस सिद्धान्त के अनुसार विकास की प्रक्रिया पूर्व निश्चित दिशा में आगे बढ़ती है। कुप्पूस्वामी ने इसकी व्याख्या करते हुए लिखा है कि विकास सिफेलो-काडल (Cephalo-caudal)—और प्रोक्सिमो-डिस्टल (Proximo-distal) क्रम में होता है।

सिफेलो-काडल क्रम का विकास लम्बवत् रूप में (longitudinal direction) सिर से पैर की ओर होता है। सबसे पहले बालक अपने सिर और भुजाओं की गति पर नियन्त्रण करना सीखता है। और उसके बाद फिर टाँगों की। इसके बाद ही वह अच्छी तरह बिना सहारे खड़ा होना चलना सीखता है।

प्रोक्सिमो-डिस्टल क्रम के अनुसार विकास का क्रम केन्द्र से प्रारम्भ होता है, फिर बाहरी विकास होता है और इसके बाद सम्पूर्ण विकास। उदाहरण के लिए, पहले रीढ़ की हड्डी का विकास होता है और उसके बाद भुजाओं, हाथ तथा हाथ की उँगलियों का तथा तत्पश्चात इन सबका पूर्ण रूप में संयुक्त विकास होता है।

*10. विकास लम्बवत सीधा न हो कर वर्तुलाकार होता है (Development is spiral and not linear)*—बालक का विकास लम्बवत सीधा (Linear) न हो कर वर्तुलाकार (Spiral) होता है। वह एक सी गति से सीधा चल कर विकास को प्राप्त नहीं होता, बल्कि बढ़ते हुए पीछे हट कर अपने विकास को परिपक्व और स्थायी बनाते हुए (वर्तुलाकार आकृति की तरह) आगे बढ़ता है। किसी एक अवस्था में वह तेजी से आगे बढ़ते हुए उसी गति से आगे नहीं जाता, बल्कि अपनी विकास की गति को धीमा करते हुए आगे के वर्षों में विश्राम लेता हुआ प्रतीत होता है ताकि प्राप्त वृद्धि और विकास को स्थायी रूप दिया जा सके। यह सब करने के पश्चात ही वह आगामी वर्षों में फिर कुछ आगे बढ़ने की चेष्टा करता है। विकास की इस वर्तुलाकार गति को निम्न चित्र 1.1 द्वारा समझा जा सकता है।

*11. वृद्धि और विकास की क्रिया वंशानुक्रम और वातावरण का संयुक्त परिणाम है (Growth and development is a joint product of both heredity and environment)*—बालक की वृद्धि और विकास को किसी स्तर पर वंशानुक्रम और वातावरण की संयुक्त देन माना जाता है। दूसरे शब्दों में वृद्धि और विकास की प्रक्रिया

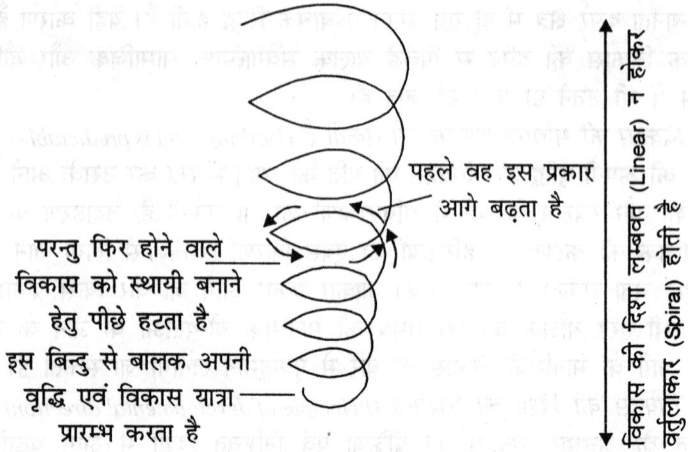


**चित्र 1.1:** बालक के विकास की दशा

में वंशानुक्रम जहाँ बुनियाद का कार्य करता है वहाँ वातावरण इस बुनियाद पर बनाए जाने वाले व्यक्तित्व सम्बन्धी भवन के लिए आवश्यक साम्रगी एवं वातावरण जुटाने में सहयोग देता है। अत: वृद्धि और विकास की प्रक्रियाओं में इन दोनों को समान महत्व दिया जाना आवश्यक हो जाता है।

## वृद्धि और विकास के सिद्धान्तों का शैक्षिक महत्त्व
## (Educational Implications of the Principles of Growth and Development)

वृद्धि और विकास के उपरोक्त सिद्धान्तों का शैक्षणिक दृष्टि से काफी महत्त्वपूर्ण स्थान है जो अग्र वर्णन द्वारा स्पष्ट हो सकता है–

1. इनसे हमें पता चलता है कि वृद्धि और विकास की गति और मात्रा सभी बालकों में एक जैसी नहीं पाई जाती। अत: व्यक्तिगत अन्तर्भेदों (Individual differences) को ध्यान में रख कर हमें सभी बालकों से एक जैसी वृद्धि और विकास की आशा नहीं करनी चाहिए।

2. बालकों के वृद्धि और विकास की भविष्य में होने वाली प्रगति का अनुमान लगा लेने के कारण हमें यह लाभ हो सकता है कि हम उनसे आवश्यकता से अधिक या कम आशाएँ न लगा बैठें। जो बालक आगे जा कर जैसा बन सकता है उसी को ध्यान में रख कर हम अपने प्रयत्न कर सकते हैं और इस तरह अनावश्यक परिश्रम और निराशाओं से अपने आपको मुक्त रख सकते हैं।

3. वृद्धि और विकास की दिशा और परिणाम सम्बन्धी सिद्धान्त हमें यह बताते हैं कि एक ही जाति के सदस्यों में वृद्धि और विकास से सम्बन्धित कुछ समानता पाई जाती है। इस दिशा में जिस रूप में विकास या वृद्धि होनी चाहिए, उस तरह बालक की वृद्धि और विकास उस विशेष अवस्था या आयु में हो रहा है या नहीं, इस बात

का हम ध्यान रखने की चेष्टा करते हैं। इसी आधार पर हम बालकों में सामान्यतया या असामान्यता (Abnormality) की मात्रा का अनुमान लगा कर उनकी उचित वृद्धि और विकास में सहयोग प्रदान कर सकते हैं।

4. वृद्धि और विकास की सभी दिशाएँ अर्थात विभिन्न पहलू (Different aspects) जैसे मानसिक विकास, शारीरिक विकास, संवेगात्मक और सामाजिक विकास आदि परस्पर एक-दूसरे से सम्बन्धित हैं। इस बात का ज्ञान हमें बालक के सर्वांगीण विकास पर ध्यान देने के लिए प्रेरित करता है। किसी एक पहलू पर ध्यान न देने से दूसरे सभी पहलूओं में हो रही प्रगति में बाधा पड़ती है। इस बात का ज्ञान हमें परस्पर सम्बन्ध के सिद्धान्त द्वारा होता है।

5. आगे आने वाले समय में वृद्धि और विकास को ध्यान में रखते हुए क्या-क्या विशेष परिवर्तन होंगे, इस बात का ज्ञान भी इन सिद्धान्तों के आधार पर हो सकता है। यह ज्ञान न केवल माता-पिता तथा अध्यापकों को विशेष रूप से तैयार होने के लिए आधार देता है, बल्कि इससे भी अधिक आने वाली समस्याओं तथा परिवर्तनों के लिए अपने आप को तैयार करने में समर्थ हो जाते हैं।

6. वंशानुक्रम तथा वातावरण दोनों मिल कर बालक की वृद्धि और विकास के लिए उत्तरदायी हैं, कोई एक नहीं। इनमें से किसी की भी उपेक्षा नहीं की जा सकती। इस बात का ज्ञान हमें वातावरण में आवश्यक सुधार ला कर बालकों का अधिक से अधिक कल्याण करने के लिए प्रेरित करता है।

इस प्रकार से वृद्धि ओर विकास सम्बन्धी सिद्धान्त बालकों की वृद्धि और विकास को उचित दिशा और मात्रा में बनाए रखने के लिए हमें बहुत कुछ आधार-भूमि और परामर्श प्रदान करते हैं।

# 2

# वृद्धि और विकास की अवस्थाएँ
# (Stages of Growth and Development)

## वृद्धि एवं विकास की अवस्थाओं से तात्पर्य
### (Meaning of Stages of Growth and Development)

बच्चे की जीवन यात्रा और वृद्धि एवं विकास की कहानी माँ के गर्भ में आने के साथ-साथ ही शुरू हो जाती है। वह भी माँ के गर्भ में एक पौधे की तरह छोटे से अंकुर के रूप में अपना जीवन प्रारम्भ करता है तथा धीरे-धीरे वृद्धि और विकास को प्राप्त होता रहता है। इस वृद्धि और विकास की मंजिल में जैसे-जैसे उसकी उम्र बढ़ती है, वैसे-वैसे विभिन्न सामाजिक, मानसिक, शारीरिक, संवेगात्मक और नैतिक परिवर्तन आते रहते हैं। इन सब के आधार पर उसे क्रमशः शिशु, बालक, किशोर, प्रौढ़ तथा वृद्ध आदि कह कर पुकारा जाता है। ये सभी नाम बच्चों की वृद्धि और विकास की उन सभी अवस्थाओं के द्योतक हैं जिसमें से होकर उन्हें अपनी जीवन यात्रा पूरी करनी होती है। संक्षेप में, इन सभी अवस्थाओं को सम्बन्धित जीवन अवधि के साथ अच्छी प्रकार से निम्न रूप में दिखाया जा सकता है:

**विकास की अवस्था**

| | विकास की अवस्था | अवधि |
|---|---|---|
| 1. | गर्भकाल या गर्भावस्था (Pre-Natal Stage) | गर्भाधान से लेकर जन्म तक |
| 2. | शिशुकाल या शैशवावस्था (Stage of Infancy) | जन्म से लेकर 3 वर्ष की आयु तक |
| 3. | बाल्यकाल या बाल्यावस्था (Childhood Stage) | चौथे वर्ष से लेकर 12 वर्ष तक अथवा बिल्कुल निश्चित रूप में वीर्य या रज की उत्पत्ति प्रारम्भ होने तक |
| (a) | पूर्व-बाल्यावस्था (Pre-childhood Stage) | चौथे वर्ष से 6 वर्ष तक |
| (b) | उत्तर-बाल्यावस्था (Post-childhood Stage) | सातवें वर्ष से 12 वर्ष तक अथवा बिल्कुल निश्चित रूप में वीर्य या रज की उत्पत्ति प्रारम्भ होने तक |

| | | |
|---|---|---|
| 4. | किशोरावस्था (Adolescence) | सामान्यतया 13 से तेकर 19 वर्ष तक (निश्चित अर्थों में वीर्य या रज की उत्पत्ति प्रारम्भ होने से लेकर परिपक्वता (Maturity) ग्रहण करने तक) |
| 5. | प्रौढ़ावस्था (Adulthood) | 20वें वर्ष से लेकर या दूसरे शब्दों में परिपक्वता ग्रहण करने के समय से लेकर मृत्यु को प्राप्त होने तक |

निश्चित रूप से यहाँ यह दावा नहीं किया जा सकता कि प्रत्येक अवस्था में हर बालक के जीवन काल को आयु के हिसाब से ऊपर सुझाए तरीके से विभाजित किया जा सकता है। व्यक्तिगत भेदों (Individual Differences) की कोई सीमा नहीं है। कौन बालक किस आयु में वृद्धि और विकास के किस स्तर को स्पर्श करेगा, इसके लिए कोई सार्वभौमिक (Universal) नियम नहीं हैं। अतः वृद्धि और विकास की कोई विशेष अवस्था कितनी आयु और अवधि मानी जाए इस सन्दर्भ में काफी-कुछ मतभेद देखने को मिल सकते हैं।

उपरोक्त सभी अवस्थाओं को अगर विद्यालयी शिक्षा के दृष्टिकोण से देखा जाए तो पहली और अन्तिम अवस्थाओं का अध्यापक से कोई प्रत्यक्ष सम्बन्ध नजर नहीं आता। इसलिए इस पुस्तक में शेष तीन अवस्थाओं को ही हम अपनी चर्चा का विषय बनाएँगे।

## शैशवास्था और शिशुकाल

**(The Stage of Infancy and Early Childhood)**

विकास की गति तथा व्यवहार प्रदर्शन को ध्यान में रखते हुए इस अवस्था में हमें निम्न प्रमुख विशेषताओं के दर्शन होते हैं-

*1. वृद्धि और विकास की तीव्र गति (Rapid growth and development)*—इस काल में वृद्धि विकास की गति बहुत तीव्र होती है। शिशु के सभी आंतरिक और बाह्य अवयव तेजी से विकसित होते हैं। इसका अनुमान शिशु की ऊँचाई, भार और आकार की तीव्र वृद्धि से सहज ही हो सकता है। संवेगात्मक रूप से भी शिशु दिन प्रतिदिन विकास को प्राप्त होता रहता है। सभी प्रकार के संवेगों को वह भली-भाँति ग्रहण कर लेता है और उनकी अभिव्यक्ति में उसमें पर्याप्त निखार आने लगता है। इस काल के बच्चे में बहुत अधिक क्रियाशीलता और एक अजीब सी बेचैनी भी पाई जाती है। जो उसके शारीरिक, मानसिक, सामाजिक, संवेगात्मक आदि सभी दिशाओं में तेजी से विकास होने के फलस्वरूप ही पैदा होती है।

*2. दूसरों पर निर्भर रहना (Dependent on others)*—अपनी मूलभूत आवश्यकताओं की पूर्ति के लिए शिशु अपने माता-पिता और अन्य परिजनों के ऊपर निर्भर रहता है, यहाँ तक कि संवेगात्मक सन्तुष्टि (Emotional satisfaction) के लिए भी दूसरे का मुँह ताकना पड़ता है। वह चाहता है कि सभी उसे प्यार करें, वह सभी के स्नेह और प्यार

करने का केन्द्र बिन्दु बना रहे। वह स्वयं भी प्यार करना चाहता है परन्तु प्यार करने अथवा पाने दोनों ही अवस्थाओं में पूरी तरह से दूसरों पर निर्भर रहता है। इस तरह से शैशव अवस्था के प्रारम्भ में बालक पूर्ण रूप से दूसरों पर आश्रित रहता है। परन्तु जैसे-जैसे वह बड़ा होता जाता है वैसे-वैसे वह धीरे-धीरे आत्मनिर्भर बनता चला जाता है।

*3. आत्म-गौरव (Self Assertion)*–यद्यपि शिशु असहाय और पराश्रित होता है फिर भी उसमें आत्म-गौरव की भावना बहुत अधिक मात्रा में पाई जाती है। वह अपने से बड़े भाई-बहन, माता-पिता तथा अन्य व्यक्तियों पर पूरी तरह हावी रहता है। अपनी हठी प्रकृति के कारण वह अपने आपको हर समय ठीक समझता है और दूसरों को गलत। इसी आधार पर वह अपनी सभी इच्छाओं की पूर्ति चाहता है तथा सभी से यह आशा करता है कि वे वही करेंगे जो वह चाहता है। इस तरह से वह बेताज बादशाह बन कर सब पर शासन करने की आकांक्षा रखता है।

*4. दिवास्वप्न और कल्पनाशीलता का समय (Period of Make-Believe and fantasy)*–शिशु को इस लोक की अपेक्षा अपने कल्पना लोक मे विचरण करना अधिक अच्छा लगता है। वह राजकुमार और परियों की कहानी सुनने में रुचि दिखाता है। इन कहानियों के नायक और नायिकाओं में वह अपने आपको देखता है तथा बड़ों की तरह व्यवहार करने के सपने सँजोता है। कभी उसे छड़ी हाथ में ले कर और ऐनक लगा कर बच्चों के मास्टर जी कहलाने में आनन्द आता है तो कभी अपने डैडी की तरह बोलने और काम करने का शौक वह पूरा करता है। इस तरह से शैशवावस्था में बालक अपनी कल्पना लोक की रंगीनियों में खो जाना चाहता है।

*5. स्वार्थी एवं असामाजिक (Selfish and Unsocial)*–शैशवावस्था में बच्चा बहुत ही अधिक स्वार्थी और अहंकारी होता है। वह चाहता है कि सब कुछ उसके लिए हो। अपने किसी भी खिलौने को वह दूसरे बच्चों द्वारा हाथ लगाना भी पसन्द नहीं करता, यहाँ तक कि वह किसी अन्य बालक को अपने माता-पिता, भाई-बहन तथा अन्य परिजनों से प्यार पाते हुए भी नहीं देख सकता। सामाजिकता की दृष्टि से इस तरह वह शून्य ही होता है। वह समाज के नियमों की कोई परवाह नहीं करता। उसके लिए अपना स्वार्थ और अपनी इच्छा की तृप्ति ही सब कुछ होती है।

*6. संवेगात्मक अस्थिरता (Emotionally Unstable)*–शिशुओं का संवेगात्मक व्यवहार एक अपूर्व विशेषता रखता है। उनके संवेग प्रबल होते हुए भी क्षणिक और अस्थिर होते हैं। परन्तु उनमें अत्यधिक स्वाभाविकता पाई जाती है। वे अपने मनोभावों को छुपाने का प्रयत्न नहीं करते। अपने संवेगों पर ठीक प्रकार से नियन्त्रण रखना भी उन्हें नहीं आता तथा प्रायः वे अपने संवेगों को गत्यात्मक क्रियाओं (Motor activities) के माध्यम से ही अभिव्यक्त करते हैं।

### *7. मानसिक विकास सम्बन्धी विशेषताएँ*
### *(Characteristics of Mental Development)*

*(i) जिज्ञासा की प्रवृत्ति (Instinct of Curiosity)*–शिशुओं में जिज्ञासा की प्रवृत्ति प्रचुर मात्रा में पाई जाती है। वे अपने आसपास की सभी वस्तुओं के बारे में पूरी जानकारी रखने के लिए लालायित रहते हैं। अपने चारों ओर उन्हें सब कुछ विचित्र सा लगता है। यह क्या है, क्यों होता है, कौन करता है, इस प्रकार के एक के बाद एक प्रश्नों की बौछार करते हुए वे प्राय: देखे जाते हैं। वे उत्तर प्राप्त करने में उतनी अधिक दिलचस्पी नहीं लेते जितनी उत्सुकता उन्हें प्रश्न पूछने की होती है।

*(ii) मानसिक रूप से अविकसित (Intellectually not Developed)*–इस अवस्था में बालक मानसिक रूप से अपरिपक्व (Immature) होता है। उसके सोचने, निरीक्षण करने, याद रखने, शीघ्र निष्कर्ष पर पहुँचने आदि शक्तियों का विकास नहीं हो पाता। शिशु जो चीज सामने हो उसके बारे में ठीक प्रकार सोच सकते हैं, अमूर्त चिन्तन (Abstract Reasoning) का उनमें अभाव होता है। इसके अतिरिक्त एकाग्रता, संवेदन और प्रत्यक्षीकरण (Perception) से सम्बन्धित शाक्तियाँ भी उसमें ठीक प्रकार से विकसित नहीं हो पाती।

*(iii) रटने पर आधारित स्मरण शक्ति (Rote-Memory)*–शिशुओं में बिना सोचे समझे रट कर याद करने की प्रवृत्ति पाई जाती है। वे तोते की तरह रट्टा लगा कर किसी भी बात को ज्यों की त्यों दोबारा प्रस्तुत कर सकते हैं।

*(iv) रचनात्मकता (Creativity)*–शिशुओं में रचनात्मक प्रवृत्ति भी प्रचुर मात्रा में पाई जाती हे। उन्हें किसी न किसी प्रकार के तोड़-फोड़ और बनाने-बिगाड़ने में लगा हुआ देखा जा सकता है। वे बड़ों का अनुकरण करना चाहते हैं और इसलिए जो बड़े करते हैं उन कार्यों को करने और वस्तुओं को बनाने में वे अत्यधिक रुचि दिखाते हैं।

*(v) समय की धारणा अविकसित (Time Concept not Developed)*– इस अवस्था के बालक में समय की धारणा का उचित विकास नहीं हो पाता । अत: उसके लिए समय की इकाइयाँ जैसे कल, आज, दिन, तिथि, माह और वर्ष आदि अनुपयोगी और सारहीन होती हैं।

*8. यौन सम्बन्धी विकास (Sexual Development)*–इस अवस्था में यौन अंगों का यद्यपि कोई उल्लेखनीय विकास नहीं होता परन्तु फिर भी यौन प्रवृत्तियों के विकास का क्रम निरन्तर चालू रहता है। फ्रायड (Freud) जैसे कुछ मनोविश्लेषणकर्ताओं के अनुसार एक शिशु का यौन सम्बन्धी विकास निम्न तीन चरणों में से होकर गुजरता है–

*(i) आत्मप्रेम की अवस्था (Stage of self love)*–इस अवस्था में शिशु अपने ही अंगों को स्पर्श कर जैसे अंगूठा चूस कर या अपने यौनांगों को हाथ लगाकर असीम सुख का अनुभव करता है।

*(ii) समलैंगिक प्रवृत्ति (Homosexual Tendency)*–आत्म प्रेम की अवस्था के

पश्चात् शिशु अपनी काम-संतुष्टि के लिए दूसरों को अपना माध्यम बनाने का प्रयत्न करता है और इस दृष्टिकोण से लड़का अपने पिता और लड़की अपनी माता के प्रति आसक्ति का अनुभव करने लगती है।

*(iii) विषम लैंगिक प्रवृत्ति (Hetero-sexual Tendency)*–यौन विकास की अन्तिम अवस्था में शिशु में विषम लैंगिक प्रवृत्ति के दर्शन होते हैं। इस दृष्टिकोण से लड़के अपनी माता और लड़की अपने पिता को आसक्ति और अनुराग का केन्द्र बना लेती है।

## बाल्यावस्था या बाल्यकाल (The Stage of Childhood)

इस अवस्था की वृद्धि और विकास से सम्बन्धित प्रमुख विशेषताएँ निम्न हैं-

***1. धीमी तथा लगातार वृद्धि (Slow and Steady Growth)***–जहां शैशवावस्था द्रुत गति से होने वाली अत्यधित वृद्धि का काल माना जाता है। वहाँ बाल्यकाल को धीमी परन्तु लगातार एक सी वृद्धि का समय कहा जाता है।

***2. आत्मनिर्भरता (Independence)***–शिशु को प्राय: सभी परिस्थितियों में दूसरे पर आश्रित रहना अच्छा लगता है। परन्तु बाल्यावस्था में पदार्पण करते ही उसमें स्वावलंबन की भावना आने लगती है, अब वह अपने कार्य स्वयं करने का इच्छुक होता है। उसे स्वतन्त्र रूप से कार्य करना अच्छा लगता है, यहाँ तक कि वह अपने माता-पिता और परिजनों का भी अपने खेल-कूद और अन्य कार्यक्रमों में हस्तक्षेप (interference) पसन्द नहीं करता। घर और माता-पिता को वह कपड़ा तथा खाना जुटाने और विश्राम करने के साधन मात्र मानता है।

***3. संवेगात्मक स्थिरता और नियंत्रण (Emotional Stability and Control)***–बाल्यकाल संवेगात्मक स्थिरता और नियन्त्रण का समय है। शैशवकाल की तरह अब संवेगों में उतना भीषण वेग नहीं होता और न ही उसकी अभिव्यक्ति ही गत्यात्मक क्रियाओं (Motor activities) के माध्यम से होती है। इस काल में बालक अपने मनोभावों को छुपाने और अपने संवेगात्मक व्यवहार पर नियंत्रण करना सीखना प्रारम्भ कर देते हैं और धीरे-धीरे वे अपने संवेगों को उचित सामाजिक ढंग से अभिव्यक्त करने लगते हैं।

***4. सामाजिक प्रवृत्ति का विकास (Developing Social Tendency)***– शैशवावस्था की तुलना में बाल्यावस्था में बच्चा अधिक सामाजिक होता है। उसमें स्वार्थपरता और अहं की भावना कम होने लगती है और पारस्परिक सहयोग, सामूहिक भावना, समूह भक्ति (Group loyalty) आदि सामाजिक गुण पनपने लगते हैं। अब वह समूह में खेलना पसन्द करता है और अपने खेल के सामान से दूसरों को भी खेलने देता है। बाल्यकाल को बहुधा जत्था या टोली बनाने की उम्र (Gang-age) भी कह कर पुकारा जाता है। क्योंकि इस उम्र के बच्चे प्राय: किसी न किसी समूह या टोली के सदस्य होते हैं और उसके प्रति असीम आस्था पाई जाती है। टोली जो पसन्द करते है वे वही करना चाहते हैं, चाहे इससे उनके माता-पिता, अध्यापक या अन्य बड़े लोग कितने भी नाराज क्यों न हों।

***5. यथार्थवादी दृष्टिकोण (Realistic Attitude)***–शैशवकाल की तरह बच्चा इस उम्र में अपने कल्पना लोक में ही नहीं खोया रहता। वह व्यर्थ में हवाई किले न बना कर यथार्थवादी दृष्टिकोण अपनाना आरम्भ कर देता है। अब वह जीवन की वास्तविकता को समझना चाहता है और अपने आपको अपने वातावरण के अनुसार ढालने लगता है।

***6. स्थायी भावों और भावना ग्रन्थियों का बनना ( Formation of Sentiments and Complexes)***–शिशु अबोध और भोले होते हैं न तो वे अपनी भावनाओं को छुपाने में सिद्धहस्त होते हैं और न उनका अपने संवेगों पर ही नियन्त्रण होता है। इसलिए शैशवावस्था में किसी प्रकार की भावना ग्रन्थियाँ नहीं पनप पातीं। परन्तु बाल्यावस्था में प्रवेश करते ही भावनाओं को छुपाने और दबाने के फलस्वरूप कई प्रकार की ग्रन्थियाँ (Complexes) उनमें घर करने लगती हैं। शैशवाकाल में संवेग स्थायी भावों में रूपान्तर नहीं होता, परन्तु बाल्यावस्था में विभिन्न संवेग मिल कर किसी वस्तु, व्यक्ति या विचार के प्रति धार्मिक, नैतिक राष्ट्रीय और सौन्दर्यात्मक आदि स्थायी भावों को जन्म दे देते हैं। इस प्रकार के स्थायी भावों के आ जाने से अब बालक के चरित्र और व्यक्तित्व को एक निश्चित दिशा मिलनी प्रारम्भ हो जाती है।

***7. यौन सम्बन्धी विकास (Sexual Development)***–यौन सम्बन्धी विकास के दृष्टिकोण से बाल्यावस्था प्रसुप्तावस्था (Latency Period) मानी जाती है। इस समय बच्चों में काम की न्यूनता पाई जाती है। कामेच्छाएँ सुप्त रहती हैं जो किशोरावस्था के प्रारम्भ होने तक धीरे-धीरे जाग्रत हो कर चैतन्य हो जाती हैं। इस आयु के लड़के और लड़कियों में विपरीत लिंग के लिए आकर्षण के स्थान पर विकर्षण (Repulsion) पाया जाता है। वे या तो एक-दूसरे की उपेक्षा करते हैं। अथवा एक-दूसरे को नीचा दिखाने या चिढ़ाने की चेष्टा करते हुए पाए जाते हैं। वे ऐसा कोई कार्य नहीं करना चाहते जिनसे उन्हें किसी भी तरह से लड़कियों जैसे कहा जाए। बालिकाएँ अपनी आयु के बालकों से अधिक परिपक्व पाई जाती हैं तथा अपने स्वभाववश वे लड़कों को चिढ़ाने और तंग करने की अपेक्षा उनसे दूर रहना अथवा उनकी उपेक्षा करना अधिक ठीक समझती हैं।

***8. मानसिक विकास (Intellectual Development)***–बाल्यकाल मानसिक रूप से आगे बढ़ने का समय है। इस उम्र में होने वाले मानसिक विकास की गति की तुलना शैशवावस्था के शारीरिक विकास से की जा सकती है। बालक तेजी से नए-नए अनुभवों को ग्रहण करता है। तथा अपनी समस्याओं को सुलझाने में भी योग्य कहा जाता है और इस तरह से अपने वातावरण से समायोजन करने में अधिक से अधिक सक्षम बनता चला जाता है। उसकी सभी मानसिक शाक्तियाँ और योग्यताएँ भी धीरे-धीरे पूर्ण विकास को प्राप्त होने लगती है। अब उसमें अमूर्त और अरूप चिन्तन तथा मनन करने के लिए पर्याप्त शक्ति आ जाती है। उसमें विभिन्न संप्रत्ययों और धारणाओं का भी पर्याप्त विकास हो जाता है तथा वह विभिन्न प्रकार से अपने भावों को प्रकट करना सीख जाता है।

*9. विभिन्न रुचियों और अभिरुचियों का विकास (Development of Interests and Aptitudes)*—शैशवावस्था की अपेक्षा बाल्यावस्था में बालक की रुचियों का क्षेत्र भी काफी विस्तृत हो जाता है। अब वह स्पष्ट रूप से अपनी रुचि, अरुचि, पसन्द, नापसन्द को व्यक्त करना प्रारम्भ कर देता है। इस काल में उसमें विभिन्न अभिरुचियाँ और रुझान भी जन्म लेते हैं। इसके अतिरिक्त इस अवस्था के बच्चे शैशवावस्था की अपेक्षा अधिक बहिर्मुखी (Extrovert) होते हैं। उन्हें घूमने, फिरने तथा सामाजिक कार्यों में भाग लेने में आनन्द आता है। मनोरंजन के साधन-सिनेमा, टेलीविजन, रेडियो, अभिनय, तथा संगीत एवं नृत्य आदि के प्रति उनमें विशेष लगाव पाया जाता है। कुछ अधिक बड़ा होने पर वे उन सभी वस्तुओं के प्रति, जिनमें रहस्य और रोमांच हो, बहुत आकर्षण का अनुभव करते हैं। इस अवस्था के लड़के लड़कियों की रुचियों और अभिरुचियों में पर्याप्त अन्तर पाया जाता है। लड़के साहस, निर्भयता और वीरोचित कार्यों में पर्याप्त रुचि लेते हुए पाए जाते हैं जबकि लड़कियों का झुकाव कोमलता, मृदुता और अन्य नारी सुलभ कार्यों की ओर होता है।

## किशोरावस्था (Adolescent Stage)

### *किशोर किसे कहा जाए? (Who is to be called an adolescent?)*

किशोरों के बारे में कोई चर्चा करने से पहले प्रश्न यह उठता है कि हम किशोर किसे कहें? किशोरावस्था का आरम्भ और अन्त कब-कब माना जाए, इसमें काफी मतभेद है। तकनीकी दृष्टिकोण से अगर सोचा जाए तो जब किसी बालक या बालिका में यौन सम्बन्धी परिपक्वता (Sexual maturity) के दृष्टिकोण से सन्तान उत्पन्न करने की क्षमता आ जाए उसे किशोर कहना प्रारम्भ कर देना चाहिए। दूसरी ओर जब वह समुदाय में एक प्रौढ़ व्यक्ति की तरह व्यवहार करने लग जाए तो उस समय से उसे किशोर के स्थान पर प्रौढ़ व्यक्ति समझना शुरू कर देना चाहिए।

उपरोक्त तकनीकी दृष्टिकोण को सामने रखते हुए यह कहना कि लड़के अथवा लड़कियों की किशोरावस्था ठीक इस उम्र में प्रारम्भ अथवा समाप्त हो जाती है, कठिन ही है। कारण स्पष्ट ही है कि न तो सन्तानोत्पत्ति करने की क्षमता विकसित होने के लिए ही कोई सार्वभौमिक (Universal) आयु निश्चित की जा सकती है और न ऐसा कहा जा सकता है कि अमुक आयु में सभी लड़के और लड़कियाँ पूरी तरह से परिपक्व हो कर प्रौढ़ जैसा व्यवहार करना शुरू कर देते हैं। यौन सम्बन्धी विकास और सम्पूर्ण परिपक्वता आना, इन दोनों ही प्रक्रियाओं में बहुत अधिक व्यक्तिगत अन्तर देखने को मिलता है। गर्म और ठंडी जलवायु के अतिरिक्त सांस्कृतिक और सामाजिक परिस्थितियों जैसे जल्दी अथवा देर से विवाह होना, यौनिकता के प्रति दृष्टिकोण, विभिन्न आयु स्तर पर बालकों का समाज द्वारा अपेक्षित व्यवहार इत्यादि ऐसी अनेक बाते हैं जिनका किशोरावस्था के शुरू होने तथा समाप्त होने दोनों पर ही यथेष्ट प्रभाव पड़ता है।

अपने देश में यूरोपीय और अमेरिकन देशों की अपेक्षा किशोरावस्था काल जल्दी ही शुरू और समाप्त हो जाता है। "इन देशों में जबकि किशोरावस्था का समय लड़कियों में लगभग 13 वर्ष से लेकर 21 और लड़कों में 15 से लेकर 21 वर्ष तक माना जाता है, वहाँ अपने देश में इसकी सीमा लड़कों में 13 से लेकर 19 तक और लड़कियों में 11 से 17 वर्ष तक मानी जाती है। " (Harriman, P. L., 1946, p. 3)

### *किशोरावस्था में वृद्धि और विकास का रूप*
### *(Pattern of Growth and Development in Adolescence)*

किशोरावस्था को एक प्रकार से शैशवकाल की ही पुनरावृत्ति माना जा सकता है। क्योंकि इस अवस्था में भी शैशवावस्था की तरह बच्चे के व्यक्तित्व के सभी पहलुओं का अत्यधिक गति से वृद्धि और विकास होता है और किशोर भी शिशु की तरह अत्यधिक चंचल, अशांत, उत्तेजित, संवेदनशील और भावुक होता है। इस अवस्था में वृद्धि और विकास की सभी दिशाओं में बच्चा तेजी से आगे बढ़ता है जिसके परिणामस्वरूप उसमें कई नवीन परिवर्तन दृष्टिगोचर होते हैं। संक्षेप में, किशोरावस्था में होने वाली वृद्धि विकास तथा प्रमुख परिवर्तनों को निम्न रूप में रखा जा सकता है-

*A. शारीरिक विकास तथा परिवर्तन (Physical Development and Changes)*–इस अवस्था में शरीर के सभी आंतरिक और बाह्य अवयव अत्यधिक तेजी से वृद्धि और विकास को प्राप्त होते हैं और लगभग सभी ग्रन्थियाँ (Glands) पूरी तरह से अपना कार्य करना शुरू कर देती हैं। परिणाम स्वरूप इस अवस्था की समाप्ति तक प्रायः सभी व्यक्ति अपनी शारीरिक वृद्धि और विकास की सीमा पर पहुँच जाते हैं तथा अपना एक विशेष आकार, डील-डौल तथा रंग-रूप अपना लेते हैं। उनकी हड्डियाँ और माँस-पेशियाँ भी काफी सशक्त और सक्षम बन जाती हैं जिससे किशोर की गत्यात्मक क्रियाओं की मात्रा में वृद्धि हो जाती है, और वे अधिक कार्यकुशल बन जाती हैं।

शारीरिक वृद्धि और विकास के परिणामस्वरूप किशोर में कई नवीन आन्तरिक तथा बाह्य परिवर्तन दिखाई देते हैं। उनकी बगलों (Under-arms) और गुप्तांगों में घने बाल उग जाते हैं। लड़के और लड़कियां दोनों ही लिंगगत अपनी-अपनी विशेषताओं के दृष्टिकोण से शारीरिक वृद्धि और विकास के अलग-अलग मानदंडों को छूते हैं। लड़कियों के कूल्हों के माँस में वृद्धि हो जाती है तथा उनकी छाती में पर्याप्त उभार आ कर उरोज विकसित हो जाते हैं जबकि लड़कों के चेहरे दाढ़ी मूंछ से शोभित होने लगते हैं। दोनों की आवाज में भी पर्याप्त अन्तर दिखाई देता है। लड़कियों की आवाज जहाँ अधिक पतली, तीक्ष्ण और मधुर बन जाती है वहाँ लड़कों की आवाज में पर्याप्त गम्भीरता, रुखाई और भारीपन आ जाता है। लड़कियों में मासिक धर्म (Menstruation) शुरू हो जाता है, और लड़के स्वप्नदोष का शिकार होने लगते है। इस प्रकार से इस अवस्था की समाप्ति तक प्रायः सभी लड़के पुरुषोचित और लड़कियाँ स्त्रियोचित शारीरिक विशेषताओं को ग्रहण कर लेते हैं।

*B. संवेगात्मक विकास और परिवर्तन (Emotional Development and Changes)*–संवेगात्मक रूप से किशोर पर्याप्त विकसित हो जाता है। उसमें चिन्ता, भय, प्रेम, ईर्ष्या और क्रोध आदि सभी संवेग अपने विकास के शिखर पर पहुँच जाते हैं। संवेगात्मक विकास के तीव्र दौर में किशोर एक बार फिर शिशु की तरह ही संवेगात्मक अस्थिरता और तीव्रता को अनुभव करता है। इस आयु में शारीरिक वृद्धि और विकास के अपने चरम सीमा पर पहुँच जाने के कारण किशोर का अपना शरीर उसे गत्यात्मक कार्यों को करने के लिए पर्याप्त शक्ति देने में समर्थ बन जाता है। अत: किशोरों में संवेगों की अभिव्यक्ति प्राय: प्रखर और सक्रिय ढंग से होती है। किसी और अवस्था में बच्चा उतना अधिक बेचैन, उग्र, भावुक, संवेदनशील नहीं होता जितना कि किशोरावस्था में होता है। रॉस (Ross) के शब्दों में "किशोर का जीवन बहुत अधिक संवेगात्मक होता है जिसमें हमें एक बार फिर उसके अत्यधिक उग्र और निराशा की गहराइयों के बीच झूलते हुए व्यवहार के माध्यम से मानव व्यवहार के अनुकूल और प्रतिकूल दोनों पक्षों का मिला-जुला रूप देखने को मिलता है।" (1951, p. 147)

इसलिए किशोरावस्था को प्राय: तनाव (Strain) और दबाव (Stress) की अवस्था का नाम दिया जाता है।

इस प्रकार जैसा कि रॉस ने संकेत दिया है किशोरों की संवेगात्मक अभिव्यक्ति में स्थायित्व नहीं होता। उनके संवेग बहुत अधिक अस्थायी और परिवर्तनशील होते हैं परन्तु उनकी गति बहुत प्रबल होती है। इसलिए एक किशोर को अपने संवेगों को पूरी तरह नियन्त्रण में रखना बहुत कठित होता है। वास्तव में किशोरावस्था तक पहुँचते बालक में संवेग, स्थायी भावों (Sentiments) के रूप में अपनी गहरी जड़ जमा लेते हैं। उसकी आत्म-चेतना (Self-Consciousness), आत्म सम्मान और स्वाभिमान में अत्यधिक वृद्धि हो जाती है। समूह-भक्ति और प्रेम के स्थायी भाव अधिक विकसित हो कर उसे बहुत अधिक भावुक बना देते हैं। वह जो भी अनुभव करता है, उसे बहुत गहराई से अनुभव करता है और फिर अपनी प्रतिक्रिया भी बहुत उग्र ढंग से व्यक्त करता है।

*C. सामाजिक विकास और परिवर्तन (Social Development and Changes)*–किशोरावस्था सामाजिक सम्बन्धों के अधिक विकसित होने और मेलजोल बढ़ाने का समय है। छोटी आयु में बच्चा समाज के नियमों, हितों और सम्बन्धों की कोई परवाह नहीं करता। उसमें अहं और व्यक्तिगत स्वार्थ अधिक होता है। किशोरावस्था में वही बच्चा अपने सामाजिक विकास के फलस्वरूप सामाजिक उत्तरदायित्वों को समझने लग जाता है, और नियमों के अनुकूल ढलने का प्रयास करता है।

किशोर का सामाजिक दायरा भी बालक की अपेक्षा अधिक विस्तृत होता है। अब वह विपरीत लैंगिक आकर्षण भी अनुभव करता है। उसकी मित्रता अब बाल्यावस्था की तरह क्षणिक और भावनाशून्य नहीं होती। वह मित्रों से सम्बन्ध को प्रगाढ़ बनाने और अपने आपको अपने वय-समूह (Peer Group) या मित्र-मंडली से अच्छी तरह जोड़ने का प्रयत्न करता है। अपने वय-समूह या मित्र-मंडली के आदर्श उसके अपने

आदर्श बन जाते हैं और वय-समूह जैसा सोचता है और करता है, वह भी वही करने का प्रयत्न करता है। अपने वय-समूह द्वारा स्वीकार किए जाने और उसमें अपना महत्त्वपूर्ण स्थान बनाने की उसमें अत्यधिक लालसा पाई जाती है। मित्र-मंडली या वय-मंडली या वय-समूह द्वारा अपनी उपेक्षा या तिरस्कार उसके लिए सबसे अधिक असहनीय और हानिकारक सिद्ध होता है। इससे किशोरों में कुसमायोजन सम्बन्धी अनेक समस्याएँ उत्पन्न हो जाती हैं।

किशोरावस्था के बच्चे में सामाजिक पहलू से दूसरा महत्त्वपूर्ण परिवर्तन माता-पिता और परिजनों के साथ उसके अपने सम्बन्धों को लेकर दिखलाई पड़ता है। इस उम्र में उसे अब स्वतन्त्र होने की धुन सवार होती है। वह चाहता है कि अब उसके माता-पिता और परिवार के सदस्य उसे मात्र बालक समझ कर उसकी उपेक्षा न करें। अब वह उनके द्वारा अपनी हिफाजत कराना अपना अपमान समझता है तथा अपने विचारों तथा भावों में पूरी तरह स्वतंत्रता चाहता है। अब वह अपने माँ-बाप की कही हुई बातों और सुझाए गए मार्ग पर नहीं चलना चाहता। अपने वय-समूह या मित्र-मंडली का मार्ग और परामर्श उसे अधिक प्रिय और हितकर लगता है। ऐसी अवस्था में माँ-बाप अथवा अभिभावकों के अनावश्यक अंकुश तथा विरोध के फलस्वरूप कभी-कभी किशोर खुला विद्रोह भी कर बैठते हैं।

*D. बौद्धिक विकास परिवर्तन (Intellectual Development and Changes)*—जहाँ तक मानसिक शक्तियों के क्रियान्वित होने का प्रश्न है वहाँ किशोरावस्था सबसे अधिक वृद्धि और विकास का समय है। इस उम्र में वृद्धि अपनी चरम सीमा तक पहुँचने का प्रयत्न करती है तथा तार्किक चिन्तन, सूक्ष्म और गहन विचार शक्ति, एकाग्रता आदि सभी मानसिक शक्तियाँ पर्याप्त विकसित हो जाती हैं। अब यह कार्य और कारण सम्बन्धों (Cause and Effect of relationships) की ठीक प्रकार खोज करना आरम्भ कर देता है। उसमें पर्याप्त मौलिकता आने लगती है तथा वह प्रत्येक वस्तु को एक आलोचक की दृष्टि से देखने लगता है किशोरावस्था में भावना, कल्पना, मौलिकता और उत्साह का सम्मिलित अनुकूल प्रवाह अनेक लेखकों, कवियों, चित्रकारों, मूर्तिकारों, संगीतज्ञों, दर्शन-शास्त्रियों तथा अन्वेषकों को जन्म देता है। दूसरी ओर कल्पना की निष्क्रियता और लक्ष्यहीनता किशोर को दिवास्वप्न देखने वाला और अकर्मण्य व्यक्ति बना सकती है। अतः इस अवस्था में किशोरों की कल्पना शक्ति को अनुकूल दिशा में प्रवाहित करने के लिए गम्भीर प्रयत्न किए जाने चाहिएं।

नायक पूजा (Hero worship) भी इस उम्र में काफी प्रचलित पाई जाती है. और उसकी रुचियों का क्षेत्र भी बहुत विस्तृत हो जाता है विशेष रूप से वे साहसिक कार्यों, घूमने-फिरने तथा रहस्य एवं रोमांच से परिपूर्ण कहानियों एवं घटनाओं में अधिक रुचि दिखाते हैं। किशोरावस्था कर्मण्यता की आयु (Age of action) है। जो कुछ भी किशोर सोचते और कहते हैं उसे क्रिया रूप में परिणत करने के लिए वे काफी उग्र होते हैं। उसमें नापसन्द, रुचि और अरुचि स्थायी रूप से विकसित हो जाती हैं।

*E. नैतिक और धार्मिक विकास (Moral and Religious Development)*—नैतिक मूल्यों और मान्यताओं का विकास भी किशोरावस्था की देन है। सामाजिक विकास की दिशा में अपने कदम ठीक प्रकार बढ़ाने के फलस्वरूप किशोर सामाजिक मूल्यों और मान्यताओं से परिचित हो जाते हैं तथा सामाजिक उत्तरदायित्वों और नैतिक मूल्यों को मान्यता देने लगते हैं। समूह भावना का उचित विकास भी उन्हें नैतिकता की ओर खींचता है। स्थायी भावों और विशेषकर आत्म सम्मान का भाव उत्पन्न होने के कारण चारित्रिक अथवा नैतिक विकास में बहुत सहायता मिलती है। चरित्र, जिसके माध्यम से एक व्यक्ति को अच्छा या बुरा विभूषित किया जाता है, विशेषकर इसी अवस्था की देन है। धर्म और धार्मिक संस्कारों एवं विश्वासों का प्रभाव भी जीवन में पहले-पहले इसी उम्र में अच्छी तरह अनुभव किया जाता है। परिणामस्वरूप किशोरों को प्रायः ईश्वर, धर्म, आस्तिकता और नास्तिकता के बारे में बातें करता हुआ तथा बाह्य आत्मा, जीवन-मरण, पाप-पुण्य की दार्शनिक गुत्थियों को सुलझाता हुआ देखा जा सकता है।

*F. यौन सम्बन्धी विकास एवं परिवर्तन (Sexual Development and Changes)*—किशोरावस्था की अपनी एक प्रमुख विशेषता यौन सम्बन्धी विकास को लेकर है। यौन सम्बन्धी विकास वास्तविक रूप में किशोरावस्था के साथ-साथ ही शुरू होता है और उसके समाप्तिकाल तक अपने सर्वोच्च शिखर पर पहुँच जाता है। वास्तव में किशोरों का सम्पूर्ण व्यक्तित्व और व्यवहार ही, अगर अतिशयोक्ति न समझा जाए तो लैंगिक और यौन आकर्षण से प्रभावित रहता है। इस उम्र में भी शैशवावस्था की तरह यौन सम्बन्धी विकास तीन अवस्थाओं से होकर गुजरता है।

*(i) आत्म प्रेम की अवस्था (Stage of Auto-eroticism or Self Love)*—प्रारम्भिक स्तर पर किशोर लड़के और लड़कियाँ स्वयं अपने-आप से प्रेम करते हैं। वे तरह-तरह से अपने श्रृंगार कर तथा अपने अंग प्रत्यंगों को दर्पण में निहार कर असीम प्रसन्नता का अनुभव करते हैं। हस्तमैथुन अथवा अपने आप योनिघर्षण द्वारा आनन्द उठाना भी इस अवस्था में बहुधा देखने को मिलता है।

*(ii) समलैंगिक सम्बन्धों की अवस्था (Stage of Homo Sexuality)*—इस दूसरे स्तर पर किशोर लड़के और लड़कियाँ समलैंगिक सम्बन्धों में रुचि दिखाते हैं। वे प्रायः एक दूसरे के शरीर और गुप्तांगों का उपयोग करते हुए आनन्द प्राप्त करने का प्रयन्न करते हैं।

*(iii) विपरीत लैंगिक सम्बन्धों की अवस्था (Hetero Sexual Stage)*—यौन सम्बन्धी विकास के इस अन्तिम स्तर पर किशोर लड़के लड़कियाँ परस्पर एक-दूसरे के प्रति सम्मोहित होते हुए देखे जा सकते हैं। लड़के लड़कियों से तथा लड़कियाँ लड़कों से मित्रता बढ़ाने और यहाँ तक कि यौन सम्बन्ध स्थापित करने के इच्छुक और प्रयत्नशील दिखाई पड़ते हैं।

### *किशोरावस्था की प्रमुख विशेषताएँ (Special Characteristics of Adolescence) (किशोरों की अपनी आवश्यकताओं और समस्याओं के सन्दर्भ में)*

किशोरों की वृद्धि और विकास के विभिन्न पहलुओं से परिचित होने के पश्चात् किशोरावस्था की प्रमुख विशेषताओं पर भली-भाँति विचार किया जा सकता है। इस अवस्था में कई प्रकार की अनावश्यक तनावपूर्ण परिस्थितियाँ और असमायोजन सम्बन्धी समस्याएँ उत्पन्न हो जाती हैं जिनका अध्ययन और निवारण अत्यन्त आवश्यक है। इस प्रकार की सभी समस्याओं और किशोरों की अपनी आवश्यताओं की चर्चा हम आगे करना चाहेंगे।

*1. शारीरिक परिवर्तन सम्बन्धी उलझनें (Problems on Account of Somatic Variations)*–किशोरावस्था में लड़के और लड़कियाँ दोनों में शारीरिक रूप से कुछ आन्तरिक और बाह्य परिवर्तन आते हैं जो उन्हें अजीब-सी उलझनों और समस्याओं में फँसा देते हैं। इन में से कुछ का वर्णन नीचे किया जा सकता है–

(a) किशोरावस्था के प्रारम्भ में ही मासिक धर्म (Menstruation) के दौरान रक्त का प्रवाह लड़कियों को अनावश्यक रूप से चिन्तित बना देता है। इस स्वाभाविक कार्य से बिल्कुल अपरिचित होने की दशा में तो कई बार ऐसी लड़कियों को बहुत सी कुंठाओं और दिमागी परेशानी से घिरा हुआ पाया जाता है। इसी प्रकार से लड़के भी स्वप्नदोष (Wet Dreams) के परिणामस्वरूप अपनी अमूल्य निधि को व्यर्थ नष्ट होने की चिन्ता में घुले रहते हैं इस प्रकार लड़के और लड़कियाँ दोनों ही अज्ञानवश चिंताग्रस्त रहते हैं तथा बहुधा अन्तुर्मखी (Introvert) प्रवृत्ति और अपराधी भावना (Sense of guilt) के शिकार हो जाते हैं।

(b) मानव मात्र में व्यक्तिगत अन्तरों का पाया जाना एक सहज स्वाभाविक बात है। इस दृष्टिकोण से किशारों में भी शारीरिक गठन, रंग-रूप आकार तथा अन्य शारीरिक विशेषताओं में पर्याप्त अन्तर देखने को मिल सकते हैं। इस प्रकार के व्यक्तिगत भेद किशारों के लिए समस्याएँ खड़ी कर सकती हैं। वे अपने साथियों के साथ अपनी ऊँचाई, भार, पतलापन तथा मोटापे, चेहरे की कान्ति, शारीरिक गठन और रंग-रूप आदि की तुलना करते रहते हैं तथा दूसरों की अपेक्षा अपने में कुछ कमी होने से हीन भावनाओं के शिकार होने लगते हैं। लड़कियाँ जहाँ अपनी छाती के कम उभार, स्तनों की गोलाई कम होने तथा कूल्हों के पतलेपन के कारण चिन्तित रहती हैं वहाँ लड़के अपने सीने की चौड़ाई, भुजाओं की लम्बाई तथा लिंग के छोटे-बड़े होने की दुविधा में पड़ जाते हैं। इस तरह से लड़कों और लड़कियों के लिए अपने शरीर के विभिन्न अवयवों का दूसर साथियों की तुलना में पर्याप्त में रूप विकसित न होना एक चिन्ता का विषय बन जाता है। लड़कियाँ, लड़कों की दृष्टि में अधिक से अधिक आकर्षक बनना चाहती हैं। लड़के भी लड़कियों की दृष्टि में अधिक से अधिक हृष्ट-पुष्ट, माँसल तथा आदर्श पुरुष बनना चाहते हैं। इस प्रकार से अपने स्वयं के शारीरिक ढाँचे और अंग विन्यास से सन्तुष्ट होना किशोर और किशोरियों के लिए बहुत ही महत्त्व

का विषय है तथा अपने शारीरिक परिवर्तनों को एक स्वाभाविक प्रक्रिया के रूप में स्वीकृत करना भी उनके लिए बहुत आवश्यक है।

*2. आत्मचेतना बलवती होना (Intensification of Self-Consciousness)*–किशोरावस्था में आत्म-चेतना (Self-Consciousness) बहुत बढ़ जाती है। एक किशोर की यह तीव्र इच्छा होती है कि दूसरे यह जानें कि अब वह कोरा बालक नहीं रहा। वह अपने शारीरिक विकास और वृद्धि के परिणास्वरूप होने वाले परिवर्तनों को अपने सभी साथी किशोर-किशोरियों तथा अन्य बड़े व्यक्तियों को दिखाने के लिए लालायित रहता है। इसलिए किशोरावस्था को प्राय: बनाव श्रृंगार का समय कहा जाता है। लड़के और लड़कियाँ दोनों ही अपने वस्त्रों, केश-सज्जा, रंग रूप निखारने, खाने-पीने, चलने-फिरने, बातें करने आदि सभी दिशाओं में बहुत अधिक सावधानी बरतते हुए देखे जा सकते हैं।

वास्तव में किशोरों में अपने वय-समूह में अपना स्थान बनाने और प्रतिष्ठा प्राप्त करने की एक भूख सी होती है। प्रत्येक किशोर यह चाहता है कि वह विपरीत लिंग के सदस्यों के लिए एक आकर्षण का विषय बन जाए और उसके व्यक्तित्व की छाप उसकी मित्र-मण्डली या वय-समूह पर अंकित हो जाए। इसके अतिरिक्त किशोर बहुत अधिक भावुक, संवेदनशील और अनायास ही उत्तेजित हो उठने वाले होते हैं। वे हर प्रकार से अपनी प्रतिष्ठा को बढ़ाने और स्वाभिमान को बनाए रखने का प्रयत्न करते हैं। आत्मप्रतिष्ठा और स्वाभिमान पर किसी भी तरह की चोट उनमें कुसमायोजन सम्बन्धी विभिन्न समस्याओं को उत्पन्न कर सकती है। और उससे या तो वे विद्रोही हो उठते हैं अथवा सभी ओर से आँख मूँद कर पूर्णतया और निष्क्रिय हो जाते हैं।

*3. काम-चेतना में वृद्धि (Intensification of Sex-consciousness)*– किशोरावस्था में काम प्रवृत्ति अत्यधिक सक्रिय रूप में व्याप्त रहती है। किशोरावस्था की अधिकांश समस्याएँ यौन-अंगों के परिपक्व होने, तथा यौन ग्रान्थियों के अधिक सक्रिय हो उठने और काम भावनाओं के उमड़ने के फलस्वरूप ही पैदा होती हैं। पहले तो मासिक-धर्म और स्वप्नावस्था में वीर्यपात ही किशोर-किशोरियों के लिए चिन्ता और कुण्ठा के विषय बने होते हैं, ऊपर से अपने यौनांगों में एक विचित्र अनुभूति होने के कारण जब वे अपनी सन्तुष्टि हस्तमैथुन, योनिघर्षण, समलैंगिक सम्बन्धों के द्वारा करने का प्रयास करते हैं तो वे कुण्ठाओं और दुविधाओं के जाल में और भी अधिक घिर जाते हैं। वे स्वयं को अपराधी, गिरा हुआ तथा पापी समझने लगते हैं। कई मामलों में तो वे यहाँ तक धारणा बना लेते हैं कि हस्तमैथुन और लैंगिक सम्बन्धों के फलस्वरूप अब वे वैवाहिक जीवन के योग्य नहीं रहे और अब उनका जीवन निरर्थक और उद्देश्यहीन हो गया है।

*4. आत्मनिर्भरता बनाम निर्भरता (Independence V/s Dependence)*– किशोरावस्था बाल्यावस्था और प्रौढावस्था का संगम है। किशोर का एक ओर तो बचपना पीछा नहीं छोड़ता तो दूसरी ओर वह प्रौढ़ बनने की भूमिका जल्दी से जल्दी निभाना चाहता है। इसलिए एक किशोर को जहाँ बच्चे की तरह सुरक्षा, निर्देशन और प्यार की

आवश्यकता होती है, वहाँ वह एक प्रौढ़ व्यक्ति की तरह विचार एवं कार्यों में पर्याप्त स्वतन्त्रता एवं आत्मनिर्भरता की माँग करता है। वह यद्यपि सभी दिशाओं में पर्याप्त रूप से वृद्धि एवं विकास को प्राप्त होता रहता है, परन्तु फिर भी वह पूरी तरह से आत्मनिर्भर नहीं हो सकता। उसको अपनी शारीरिक, संवेगात्मक और सामाजिक आवश्यकताओं की पूर्ति के लिए माता-पिता तथा अन्य बड़े व्यक्तियों के ऊपर निर्भर रहना पड़ता है। किशोरावस्था में होने वाले आकस्मिक शारीरिक परिवर्तनों और विकास के परिणामस्वरूप उसमें जो चिन्ता, बेचैनी, भय तथा असुरक्षा को भावना पैदा हो जाती है, उसका निराकरण माँ-बाप तथा अन्य परिजनों के स्नेह द्वारा ही सम्भव हो पाता है। इसके अतिरिक्त अनियन्त्रित संवेगों की बाढ़ लिए हुए जब वह साहस एवं नवीनता से ओत-प्रोत कार्यों को करने के लिए आगे बढ़ता है तो उसे पथ-प्रदर्शन और परामर्श की आवश्यकता होती है।

दूसरी ओर उसका सामाजिक क्षेत्र विस्तृत होता चला आता है और अब वह अपने माता-पिता तथा बड़ों को अपनी देखभाल करते रहने में अपमानित अनुभव करता है। वह अपने आपको पूरी तरह से परिपक्व, अनुभवी और समझदार व्यक्ति मानता है वह दिखाना चाहता है कि अब वह बालक नहीं रहा। परिवार के गम्भीर मामलों में अब उसकी राय ली जानी चाहिए तथा अपनी रुचि और इच्छा के अनुकूल चलने के लिए पर्याप्त स्वतन्त्रता मिलनी चाहिए। इस प्रकार प्रौढ़ व्यक्ति की तरह स्वतन्त्रता का उपयोग करने की चाह और बालकों की तरह आश्रित रहने की मजबूरी इस दोहरे व्यवहार के कारण वह काफी उलझन में रहता है। साथ ही माता-पिता कभी यह तय नहीं कर पाते कि अब उसके साथ बालक जैसा व्यवहार करें अथवा उसे परिपक्व अवस्था का मान कर चलें। कभी तो वे उसे यह कह कर डाँटते हैं कि अब तुम बच्चे नहीं रहे और कभी वे यह कहते हैं कि तुम अभी बच्चे हो, तुम्हें ये सब कुछ कहने, करने अथवा समझने की आवश्यकता नहीं। इस प्रकार से किशोरावस्था का बच्चा बाल्यावस्था और प्रौढ़ावस्था के दोहरे दायित्वों के बीच पिस कर रह जाता है। जिससे आगे जा कर उसमें व्यक्तित्व के समायोजन सम्बन्धी अनेक समस्याएँ उत्पन्न हो सकती हैं।

*5. वय-समूह अथवा मित्र-मण्डली के साथ सम्बन्ध (Peer-group Relationships)*– अपने सम वयस्क मित्रों की मण्डली के साथ किशोर जो सम्बन्ध बनाते हैं उस का भी उनके अपने विकास और समायोजन पर गहरा प्रभाव पड़ता है। किशोर धीरे-धीरे अपने माता-पिता तथा परिवार के अन्य सदस्यों से दूर चला जाता है। और अपना अधिकांश समय अपने वय-समूह या मित्र-मण्डली में बिताने की चेष्टा करता है। वह अपने वय-समूह के आदर्शों और मान्यताओं को बहुत सम्मान देता है और उसके प्रति एक प्रकार से उसके हृदय में भक्ति भाव सा पैदा हो जाता है। अपना स्थान और सम्मान अपने वय-समूह (Peer-group) में बनाए रखने के लिए वह वही करना चाहता है जो उसके वय-समूह या मित्र-मण्डली को प्रिय हो। पीढ़ियों की मान्यताओं और आदर्शों में अन्तर होना स्वाभाविक ही है। अत: माता-पिता तथा अन्य गुरुजनों

के आदर्शों और किशोरावस्था के बच्चों की मण्डली या वय-समूह की इच्छाओं में प्रायः संघर्ष छिड़ता रहता है। अब किशोर एक अजीब दुविधा में पड़ जाता है। एक तरफ तो उसे अपने माता-पिता तथा बड़ों की नाराजगी मोल लेने का भय सताता है तो दूसरी ओर अपने वय-समूह या मित्र-मण्डली द्वारा कायर, भीरु या निरा बच्चा कहलाने की यह कल्पना उसे बेचैन कर देती है। इस तरह से वह यह करना चाहिए या वह, इस प्रकार की परेशानी का शिकार बनता चला जाता है।

*6. आदर्शवाद बनाम यथार्थवाद (Idealism V/s Realism)*–एक किशोर स्वभाव से आदर्शवादी होता है। वह आदर्श समाज की स्थापना करना चाहता है। वर्तमान परिस्थितियों और घटनाओं से वह सन्तुष्ट नहीं होता और प्रायः सब कुछ बदल डालने के बारे में सोचता रहता है। वह ऐसे प्रश्नों में उलझा रहता है कि संसार कहाँ जा रहा है? जीवन का प्रयोजन क्या है? मानवता क्या है? देश में इतनी अधिक गरीबी, बेकारी, चोर बाजारी क्यों है? अमीर-अमीर क्यों है और गरीब कौन बनाता है? इस प्रकार वह सभी के दुःख दर्द के बारे में सोचता है तथा आदर्श समाज के निर्माण के सपने संजोता है। परन्तु उसके ये सपने सपने ही बने रहते हैं क्योंकि आदर्श की खोज में वह यथार्थ से आँख मूँद लेता है। वास्तव में अनुभव की कमी और अपरिपक्वता (Immaturity) उसका सम्बन्ध यथार्थ से काट कर उसे काल्पनिक उड़ानें भरने के लिए छोड़ देती हैं। वह असम्भव को सम्भव बनाना चाहता है और जब वह यह नहीं कर पाता तो बहुत अधिक परेशान और बेचैन हो उठता है। इसके परिणामस्वरूप वह संवेगात्मक और मानसिक सन्तुलन खो बैठता है। अब या तो वह तोड़-फोड़ और विध्वंसात्मक कार्यों द्वारा अपना रोष प्रकट करता है अथवा अपने ही स्वप्न संसार में मस्त रह कर निष्क्रिय और अकर्मण्य बन जाता है।

*7. व्यावसायिक चुनाव सम्बन्धी समस्या (Problem with regard to Vocational Choice)*–प्रायः किशोरावस्था के दौरान ही प्रत्येक किशोर के सामने व्यावसायिक चुनाव की समस्या आती है। उसे अपने पाठ्सक्रम में ऐसे विषयों का चुनाव करना होता है जो आगे जा कर उसके भविष्य के व्यवसाय में सहायता कर सकें। कई किशोर तो हाई स्कूल अथवा हायर सैकन्डरी के पश्चात् निश्चित रूप से मेडिकल, इंजीनियरिंग अथवा किसी अन्य व्यवसाय, खेती बाड़ी, दुकान या अन्य धन्धों में लग जाते हैं। व्यवसायिक पाठ्यक्रमों या व्यवसाय के चुनाव में उन्हें काफी परेशानी का अनुभव करना पड़ता है। उनकी संवेगात्मक अस्थिरता, अनुभवहीनता तथा अपरिक्वता उचित चुनाव करने में आड़े आ जाती है। इसके अतिरिक्त अभी उनकी रुचियों, अभिरुचियों और योग्यताओं का अपने सम्पूर्ण रूप में विकास नहीं हो पाता। अतः क्या चुनें और क्या न चुनें, इस प्रकार की असमंजसपूर्ण स्थिति में उन्हें आवश्यकताओं के अनुकूल व्यवसाय चुनने में पर्याप्त निर्देशन और परामर्श की आवश्यकता होती है।

अगर हम उपरोक्त स्थिति का विश्लेषण करें तो हम यह पाते हैं कि किशोर एक चौराहे पर खड़ा होता है जहां से वह समान रूप से सही अथवा गलत दोनों ही रास्तों

पर मुड़ सकता है। फलस्वरूप उसकी आश्यकताओं तथा समस्याओं को समझ कर पर्याप्त निर्देशन और परामर्श दिए जाने की आवश्यकता होती है।

## *प्रमुख आवश्यकताओं का संक्षिप्त विवरण*
## *(Brief description of Chief Needs)*

किशोरावस्था में अनुभव की जाने वाली प्रमुख आवयश्कताओं को अगर हम संक्षिप्त रूप में देखें तो उन्हें तीन प्रमुख भागों–भौतिक, सामाजिक और संवेगात्मक आवश्यकताओं में बाँटा जा सकता है। भौतिक या शारीरिक आवश्यकताओं के क्षेत्र में किशोर को स्वयं अपने शारीरिक परिवर्तन से समझौता करना होता है तथा अपने इन परिवर्तनों को दूसरों को अच्छी तरह दिखलाने की आकांक्षा भी उसके अन्दर होती है। सामाजिक आवश्यकता को लेकर वह अधिक से अधिक सामाजिक बनना चाहता है। तथा अपनी मित्र मण्डनी या वय-समूह में अपना स्थान बनाना और उसमें अपने-आप को आत्मसात करना चाहता है। संवेगात्मक पहलू से वह अपने वय-समूह या मित्र-मण्डली में यथेष्ट सम्मान और प्रशंसा प्राप्त करने को लालायित रहता है। वह अपने माता-पिता, गुरुजन तथा बड़ों से प्यार, सुरक्षा तथा सम्मान भी चाहता है। अपने मां-बाप तथा बड़ों के अंकुश से स्वतन्त्र होने तथा अपनी बढ़ती हुई कामेच्छाओं की सन्तुष्टि भी वह किसी न किसी माध्यम से करना चाहता है।

इस प्रकार की सभी आवश्यकताओं की उचित पूर्ति तथा सन्तुष्टि के लिए उसे पर्याप्त निर्देशन तथा परामर्श दिए जाने की आश्यकता होतीं है। अतः माँ-बाप की देखभाल, अध्यापकों के प्रयत्न, वातावरण सम्बन्धी परिस्थितियों और औपचारिक एवं अनौपचारिक शिक्षा प्रक्रिया को इस प्रकार व्यवस्थित करने की आवश्यकता होती है कि जिससे किशोर अपनी समस्याओं से निपटते हुए अपने व्यक्तित्व के उन्नत मार्ग पर पूरी तरह अग्रसर हो सके।

## *हम अपने किशोर के लिए क्या कर सकते हैं?*
## *(What can we do for our Adolescents?)*

किशोरावस्था में बच्चों के व्यक्तित्व का समुचित विकास करने के लिए यह आवश्यक है कि उनकी आवश्यकताओं और समस्याओं से परिचित हो कर उनकी सन्तुष्टि और निराकरण के लिए यथासम्भव प्रयत्न किया जाएँ। काम इतना आसान नहीं जितना ऊपर से दिखलाई पड़ता है। इसके लिए सभी ओर से विशेष प्रयत्न करने की आवश्यकता है। क्या किया जाए, इसके लिए कुछ निम्न सुझाव उपयोगी सिद्ध हो सकते हैं–

*1. किशोर मनोविज्ञान का समुचित ज्ञान (Proper Knowledge of Adolescent Psychology)*–किशोर मन बालक तथा प्रौढ़ मन से बहुत कुछ भिन्न होता है। अतः किशोर में व्यवहार को ठीक प्रकार से समझने के लिए किशोर मनोविज्ञान का ज्ञान होना एक अध्यापक के लिए बहुत आवश्यक है। उसे उसकी आवश्यकताओं, वृद्धि और विकास के विभिन्न पहलुओं तथा उनके द्वारा अनुभव की जाने वाली कठिनाइयों एवं

समस्याओं का ज्ञान होना भी आवश्यक है। तभी वह उनके उचित विकास और समायोजन में पूरी-पूरी सहायता कर सकने में सक्षम हो सकता हैं। किशोर क्या चाहते हैं, उनके साथ कैसा व्यवहार किया जाना चाहिए तथा किस प्रकार उन्हें भ्रांतियों, मानसिक तनावों, कुठाओं, चिन्ताओं और विकारों का शिकार होने से बचाया जा सकता है, यह सभी बातें किशोर मनोविज्ञान के समुचित अध्ययन द्वारा ही मालूम हो सकती हैं। केवल अध्यापक ही नहीं, माता-पिता तथा समाज के अन्य उत्तरदायी व्यक्ति भी किशोर मनोविज्ञान का अध्ययन कर किशोरों की पूरी-पूरी सहायता कर सकते हैं।

*2. समुचित वृद्धि एवं विकास के लिए अनुकूल वातावरण प्रदान करना (Providing suitable Environment for Proper Growth and Development)*—किशोरावस्था वृद्धि के दृष्टिकोण से सबसे महत्त्वपूर्ण अवस्था है। इस अवस्था के अन्त तक परिपक्वता के आने के साथ-साथ मानसिक और शारीरिक रूप से जो कुछ भी वृद्धि होनी होती है, हो लेती है। समुचित रूप से अधिक से अधिक वृद्धि हो सके, इसके लिए माता-पिता और अध्यापकों द्वारा घर और स्कूल, दोनों में ही किशोर को पर्याप्त सुविधाएं और अवसर देना अत्यन्त आवश्यक है। किशोरों को सन्तुलित आहार मिलना चाहिए। उनमें खान-पान की अच्छी आदतें विकसित होनी चाहिएं। स्वस्थ कैसे रहें, बीमारियों से कैसे बचें आदि महत्त्वपूर्ण तथ्यों से भी उन्हें परिचित कराया जाना चाहिए। उन्हें व्यायाम तथा खेल-कूद के भी पर्याप्त अवसर प्रदान किए जाने चाहिएं। किशोरों को मानसिक रूप से अधिक स्वस्थ रखने के लिए भी सभी आवश्यक सावधानी बरती जानी चाहिए तथा उनको अपनी मानसिक शक्तियों के समुचित विकास के लिए भी पर्याप्त सुविधाएं और अवसर दिए जाने चाहिएं।

*3. उचित यौन शिक्षा प्रदान करना (Rendering Proper Sex-Education)*—किशोरावस्था में यौन-भावनाओं का उत्थान बहुत तीव्र होता है। उनकी सारी चेष्टाओं और यौन प्रयत्नों में यौन आकर्षण अपनी महत्त्वपूर्ण भूमिका निभाता है। इस अवस्था में मासिक धर्म, स्वप्नदोष, समलैंगिक और विषम लैंगिक सम्बन्धों के रूप में किशोर प्राय: कई तरह की समस्याओं, मानसिक तनावों, संघर्षों और ग्रन्थियों में उलझ जाते हैं। अत: किशोरों की किसी न किसी रूप में समुचित यौन शिक्षा की व्यवस्था की जानी चाहिए।

*4. किशोर के साथ उचित व्यवहार करना (Proper Dealing with the Adolescents)*—किशोर बहुत भावुक और संवेदनशील होता हैं हमारे द्वारा अनजाने में भी किया गया मामूली सा गलत व्यवहार उसके लिए बहुत घातक सिद्ध हो सकता है। हमें उनकी आवश्यकताओं, रुचियों तथा आदर्शों के बारे में ठण्डे दिमाग से सोचना चाहिए। नयी पीढ़ी क्या चाहती है और समय की माँग क्या है, इस आधार पर ही हमें परामर्श और ताड़ना इत्यादि देनी चाहिए; अपनी इच्छाओं, मान्यताओं और आदर्शों को उनके ऊपर नहीं थोपना चाहिए। व्यर्थ में ही हर समय उनकी आलोचना करते रहने से हम किशोरों की सहानुभूति खो बैठते हैं तथा वे हमें अपना शुभचिन्तक न समझ कर अपने मार्ग में रोड़ा मानने लगते हैं। अत: माता पिता तथा अध्यापकों को अपने और उनके बीच जो पीढ़ियों का अन्तर है उसे समझने की चेष्टा करनी

**किशोरों की देखभाल**

1. किशोर मनोविज्ञान का समुचित ज्ञान
2. समुचित वृद्धि और विकास के लिए अनुकूल वातावरण प्रदान करना
3. उचित यौन शिक्षा प्रदान करना
4. किशोरों के साथ उचित व्यवहार करना
5. संवेगों का प्रशिक्षण और संवेगात्मक आवश्यकताओं की पूर्ति
6. किशोरों की विभिन्न रुचियों की पूर्ति करना
7. धार्मिक तथा नैतिक शिक्षा प्रदान करना
8. व्यावसायिक शिक्षा प्रदान करना
9. निर्देशन सेवाओं की व्यवस्था करना

**चित्र 2.1:** किशोरों की देखभाल

चाहिए। किशोर को ऐसे आदर्श व्यक्तियों की आवश्यकता है जो उनकी व्यावहारिक आवश्यकताओं और समस्याओं पर ध्यान दे सकें तथा उनके आत्मसम्मान तथा स्वतन्त्र दृष्टिकोण की यथासम्भव रक्षा करते हुए उन्हें पूरा-पूरा स्नेह दे सकें और पथ-प्रदर्शन कर सकें।

*5. संवेगों का प्रशिक्षण और संवेगात्मक आवश्यकताओं की पूर्ति (Training of Emotions and Satisfaction of Emotional Needs)*–किशोरों में संवेगों का वेग बहुत अधिक प्रबल होता है। इनके संवेगात्मक व्यवहार में अस्थिरता एवं अपरिपक्वता भी देखने को मिलती है। उनके संवेगों को भड़का कर जल्दी ही उन्हें तोड़-फोड़ और विध्वंसात्मक कार्यों में लगाया जा सकता है। फलस्वरूप विभिन्न राजनीतिक दल अपने निहित स्वार्थों की पूर्ति के लिए उन्हें आसानी से काम में लाते देखे जा सकते हैं। इस दृष्टिकोण से किशोर की संवेगात्मक शक्तियों को रचनात्मक मोड़ दिया जाना अति आवश्यक हो जाता है। इसके अतिरिक्त किशोरों की संवेगात्मक आवश्यकताओं की पूर्ति करना भी आवश्यक होता है। अतः माता-पिता और गुरुजनों द्वारा किशोरों को

अपने वय समूह या मित्र-मण्डली में भली-भाँति आत्मसात् होने में पूरी-पूरी सहायता करनी चाहिए। उन्हें बड़ों तथा अपनी उम्र के साथियों से उचित प्रशंसा और प्रतिष्ठा प्राप्त होने के लिए अनुकूल अवसर प्रदान किए जाने चाहिए तथा अपनी आवश्यकतानुसार उचित स्वतंत्रता सुरक्षा, प्रोत्साहन और स्नेह मिलते रहना चाहिए।

*6. किशोरों की विभिन्न रुचियों की पूर्ति करना (To Take Care of the Special Interests of the Adolescents)*–किशोरों की रुचियों और अभिरुचियों में पर्याप्त अन्तर पाया जाता है। अत: उनके उचित विकास के लिए उनकी क्या-क्या रुचियाँ और अभिरुचियाँ हैं, इसका समुचित ज्ञान होना अति आवश्यक है। इसी ज्ञान के आधार पर उन्हें विभिन्न रुचिकर क्रियाओं (Hobbies) तथा पाठंतर क्रियाओं में भाग लेने के लिए प्रोत्साहित किया जा सकता है। पाठ्यक्रम में किशोरों की भिन्न-भिन्न रुचियों और अभिरुचियों की पूर्ति के लिए भिन्न-भिन्न विषयों और क्रियाओं की व्यवस्था होनी चाहिए ताकि वे अपनी प्रवृत्ति और योग्यताओं के अनुकूल उपयोगी कार्यों में भाग लें सकें। उनकी जिज्ञासा, घुमक्कड़ और साहसिक प्रवृत्ति की सन्तुष्टि के लिए भ्रमण (Excursions), एन. सी. सी., पवर्तारोहण तथा वैज्ञानिक अनुसन्धान आदि कार्यों की सहायता ली जा सकती है। उनके आदर्शों और मानवतावादी दृष्टिकोण को समाज सेवा और राष्ट्रीय कार्यों में अच्छी तरह उपयोग में लाया जा सकत है। इस तरह के पथ पर अग्रसर किया जा सकता है।

*7. धार्मिक तथा नैतिक शिक्षा प्रदान करना (Providing Religious and Moral Education)*–किशोरों में बढ़ती हुई अनुशासनहीनता, चरित्रहीनता, बेचैनी और विध्वंसकारी प्रवृत्ति के मूल में एक बड़ा कारण यह भी है कि उन्हें किसी प्रकार की धार्मिक और नैतिक शिक्षा प्रदान नहीं की जाती। धर्म निरपेक्षता को सामने रखते हुए धार्मिक शिक्षा देने में शंकाएँ प्रकट की जाती हैं। परन्तु विद्यालयों में धार्मिक शिक्षा प्रदान की जा सकती हैं क्योंकि सभी धर्मों की आधारभूत बातें लगभग एक सी हैं। अगर सभी धर्मों में से उनके विशिष्ट संस्कार और रीति-रिवाजों को निकाल कर देखा जाए तो सभी धर्म चरित्र उत्थान, सद्भाव, मानवता और सामाजिक उत्तरदायित्व सम्बन्धी कर्त्तव्यों को लेकर आगे बढ़ते हुए दिखाई देते हैं। अत: धार्मिक शिक्षा के रूप में किशोरों को अपना चरित्र ऊँचा उठाने की शिक्षा अवश्य प्रदान की जानी चाहिए। उन्हें धार्मिक संस्कारों और रीति-रिवाजों के भँवर जाल से मुक्त कर आदर्शों को ग्रहण करने तथा चरित्र सम्बन्धी अच्छाइयों से युक्त होने में भरपूर सहायता मिलनी चाहिए। संत और महापुरुषों के आदर्श आचरण उनके सामने रखकर उन्हें बताए गए मार्ग पर चलने के माता-पिता तथा गुरुजन आदि अपने स्वयं के आचरण और व्यवहार द्वारा नैतिकता तथा चरित्र सम्पन्नता के उपयुक्त उदाहरण प्रस्तुत करें। अतएव माता-पिता, अध्यापकों तथा समाज के अन्य उत्तरदायित्वपूर्ण व्यक्तियों को इस दिशा में समुचित प्रयत्न करना चाहिए।

*8. व्यावसायिक शिक्षा प्रदान करना (Provision for Vocational Education)*–किशोर पूरी तरह से स्वतन्त्र होना चाहते हैं परन्तु इस मार्ग में खाने-पीने और अपनी जरूरतों

को पूरा करने के लिए आवश्यक धन सम्बन्धी कठिनाई आड़े आ जाती है। अतः प्रत्येक किशोर आर्थिक रूप से स्वावलम्बी बनने की कामना लिए होता है। उनका भविष्य में क्या व्यवसाय होगा, वे किस तरह अपनी रोजी-रोटी कमा सकेंगे, इस तरह के प्रश्न उनके मस्तिष्क में मँडराते रहते हैं। ऐसी अवस्था में उन्हें पर्याप्त व्यावसायिक निर्देशन और उचित व्यावसायिक शिक्षा की आवश्यकता होती है। आज युवकों में जो निराशा और उद्देश्यहीनता की लहर व्याप्त है उसके मूल में व्यावसायिक शिक्षा और निर्देशन की कमी स्पष्ट दिखाई देती है। शिक्षा प्राप्त करने में ऐड़ी-चोटी का पसीना बहाने के बाद भी वे अपने आपको अपनी आजीविका कमाने में असमर्थ पाते हैं। अतः शिक्षा को प्रत्येक अवस्था और व्यवस्था में उद्योग-धंधों से जोड़ने का प्रयत्न किया जाना चाहिए।

*9. निर्देशन सेवाओं की व्यवस्था (Arranging Guidance Service)*—किशोरों को पर्याप्त निर्देशन और परामर्श की आवश्यकता है। इसके अभाव में वे व्यग्रता तथा उद्देश्यहीनता के शिकार हो जाते हैं। किशोरों की स्यवं अपनी बहुत समस्याएँ होती हैं जिन्हें सुलझाने के लिए उन्हें समुचित सहायता की आवश्यकता होती है। अतः विद्यालयों में पर्याप्त निर्देशन और परामर्श और परामर्श सेवाओं की व्यवस्था की जानी चाहिए। समाज सेवा संस्थाओं द्वारा भी इसके लिए पर्याप्त प्रयत्न किया जा सकता है।

किशोरों की समस्या को सुलझाने और उनकी आवश्यकताओं को पूरा करने के लिए ऊपर जो सुझाव दिए गए हैं, वे किसी भी तरह अपने आप में पूर्ण नहीं कहे जा सकते। कार्य बहुत पेचीदा है, इसलिए सभी दिशाओं से पूरा-पूरा प्रयत्न करने की आवश्यकता है। सभी किशोरों की अपनी-अपनी प्रकृति विशेष और परिस्थितियों के अनुसार अलग-अलग समस्याएँ होती हैं। अतः उनकी आवश्यकताओं और समस्याओं से निपटने के लिए कोई सामान्य नियम और सिद्धान्त नहीं बनाए जा सकते। ऐसी अवस्था में व्यक्तिगत रूप से ध्यान दे कर उपयुक्त परामर्श एवं निर्देशन दिया जाना ही एकमात्र ऐसा उपाय है जिससे हम किशोरों को उनकी समस्याओं को सुलझाने में ठीक प्रकार से सहायता कर सकते हैं। अतः किशोर लड़के और लड़कियों को अच्छी तरह समझ कर तथा उनका विश्वास प्राप्त कर उचित मार्ग निर्देशन के लिए पूरे-पूरे प्रयत्न किए जाते रहने चाहिए।

# 3

# वृद्धि और विकास के सिद्धान्त
# (Theories of Growth and Development)

**विषय प्रवेश (Introduction)**

माँ के गर्भ में गर्भाधान के तुरन्त बाद ही हम सब की जीवन लीला प्रारम्भ हो जाती है। और आज जो हमें अपना आकार, रंगरूप तथा शारीरिक, मानसिक, सामाजिक, सांस्कृतिक, संवेगात्मक रूप से व्यवहार करने सम्बन्धी योग्यताऐं और क्षमताएं प्राप्त हैं उन सबके पीछे वृद्धि एवं विकास की प्रक्रिया ही कार्य करती रही है। प्रश्न उठता है कि हमारे व्यक्ति विकास आयामों-शारीरिक, मानसिक या संज्ञानात्मक, संवेगात्मक, सामाजिक-सांस्कृतिक तथा भाषा सम्बन्धी विकास का कार्य किस तरह आगे बढ़ता है। ऐसी कौन सी बातें या कारक हैं जो बालकों के इस प्रकार के विकास कार्य को प्रभावित या संचालित करती हैं इस प्रकार के प्रश्नों के समाधान का ही प्रत्यत्न अनुसन्धान कार्य में रत मनोवैज्ञानिक शिक्षा शास्त्रियों द्वारा अपने-अपने ढंग से किया जाता है। जिसके फलस्वरूप उन्होंने विभिन्न प्रकार के सिद्धान्तों का प्रतिपादन कर यह बताने की चेष्टा की है कि बालकों के व्यक्तित्व के किसी एक पक्ष या आयाम का विकास किस क्रम में तथा किस रूप में होता है। इस अध्याय में हम विभिन्न विद्वानों तथा जिन प्रमुख विकास सिद्धान्तों की चर्चा करना चाहेंगे वे हैं:-

A. **पियाजे का संज्ञानात्मक विकास सिद्धान्त**
(Piaget's Theory of Cognitive Development)

B. **इरिक्सन का मनो-सामाजिक विकास सिद्धान्त**
( Erickson's Theory of Psycho-Social Development)

C. **कोहलबर्ग का नैतिक विकास सिद्धान्त**
(Kohlberg's Theory of Moral Development)

D. **फ्रायड का मनोलैंगिक विकास सिद्धान्त**
(Freud's Theory of Psycho-Sexual Development)

## पियाजे का संज्ञानात्मक विकास सिद्धान्त
## (Piaget's Theory of Cognitive Development)

ज्याँ पियाजे (Jean Piaget) स्विटजरलैण्ड निवासी एक मनोवैज्ञानिक थे। इनकी रुचि यह जानने की थी कि बालकों में वृद्धि का विकास किस विशेष ढंग से होता है। इसके लिए उन्होंने अपने स्वयं के बच्चों को अपनी खोज का विषय बनाया। बच्चे जैसे-जैसे बड़े होते गए, उनके मानसिक विकास सम्बन्धी क्रियाओं का वे बड़ी बारीकी से अध्ययन करते रहे। इस अध्ययन के परिणामस्वरूप उन्होंने जिन विचारों का प्रतिपादन किया उन्हें पियाजे के मानसिक या संज्ञानात्मक विकास के सिद्धान्त के नाम से जाना जाता है।

### *पियाजे की सैद्धान्तिक अवधारणाएँ या मान्यताएँ*
### *(Piaget's Theoretical Notions)*

पियाजे ने मानव मस्तिष्क की संज्ञानात्मक प्रणाली की संरचना, कार्यप्रणाली और विकास को समझते हेतु एक उचित प्रारूप विकसित किया। उसने इस कार्य हेतु अपनी एक सैद्धान्तिक अवधारणा हमारे सामने रखी कि हमारे शरीर के अंगों की तरह हमारे मस्तिष्क के दो पक्ष होते हैं– इनमें से एक को हम संज्ञानात्मक संरचना (Cognitive Structure) का नाम दे सकते हैं और दूसरे को संज्ञानात्मक कार्यप्रणाली या व्यवहार का।

*संज्ञानात्मक संरचना (Cognitive Structure)*–अन्य प्रजातियों से अलग, मानव शिशु कुछ जन्मजात प्रवृतियों (instincts) तथा सहज प्रवृत्तियों (reflexes) जैसे चूसना, देखना, पहुँचना तथा पकड़ना को लेकर पैदा होता है। इस तरह शिशु के पास प्रारम्भ में संज्ञानात्मक संरचना के रूप में ये चार प्रकार की संज्ञानात्मक योग्यताएँ-क्षमताएँ पाई जाती हैं। जिनमें उसे चूसने, देखने, पहुँचने तथा पकड़ने जैसे गामक क्रियाओं के संपादन में मदद मिलती है। पियाजे ने इन योग्यताओं और क्षमताओं को शीमाज (Schemas) का नाम दिया और कहा कि ये चारों हमारे संज्ञानात्मक विकास के मूलाधार हैं। ये शीमाज क्या हैं। इसे समझने हेतु हम कोई शीमा (Schema) जैसे चूसने से सम्बन्धित शीमा (Sucking schema) को लेकर चलते हैं। इस शीमा से तात्पर्य वस्तुओं को चूसने सम्बन्धी हमारी सामान्य संज्ञानात्मक योग्यता या क्षमता से है। यह शिशु के लिए उपलब्ध एक ऐसी मानसिक या संज्ञानात्मक संरचना है जो उसे सभी तरह की वस्तुओं को चूसने में मदद करती है। जैसे माँ का स्तन, एक चम्मच, एक खिलौना आदि । इस तरह किसी शीमा (Schema) विशेष से अभिप्राय: सामान्य योग्यता या क्षमता के रूप में विद्यमान बालक के संज्ञानात्मक संरचना की उस मूलभूत इकाई से है जो उसे किसी विशेष प्रकार के संज्ञानात्मक व्यवहार (जैसे चूसना, पकड़ना, गणना करना आदि) के संपादन में मदद करती है।

पियाजे के अनुसार इस तरह शिशु अपने संज्ञानात्मक विकास की यात्रा विभिन्न प्रकार के शीमाज (Schemas) से संरक्षित संज्ञानात्मक संरचना से शुरू करता है। चूसने,

देखने, पहुँचने तथा पकड़ने जैसे कार्यों में सहायक चार शीमाज तो उसके पास जन्मजात होते हैं। इसमें आगे अन्य शीमाज जैसे-जैसे वह बड़ा होता है, वातावरणजन्य अनुभवों के आधार पर जुड़ते चले जाते हैं और इस तरह हमारे मस्तिष्क की संज्ञानात्मक संरचना किसी भी विकास अवस्था में हमारे जन्मजात तथा अर्जित शीमाज का ही कुल योग और प्रतिफल होती है।

*संज्ञानात्मक कार्यप्रणाली (Cognitive Functioning)*–यह बात सर्वविदित है कि किसी वस्तु या मशीन की संरचना उसकी कार्यप्रणाली के निर्धारण में महत्त्वपूर्ण भूमिका निभाती है। इस दृष्टि से एक बालक के पास शीमाज के रूप में जो जमा पूँजी अपनी संज्ञानात्मक संरचना से काम लेने हेतु होती है वही यह निर्धारित करती है कि वह अपने भौतिक तथा सामाजिक वातावरण में उपलब्ध बातों से कैसे निपटेगा। यहाँ अब उसके लिए यह आवश्यक हो जाता है कि वह अपने आपको जीवित रखने तथा अपनी वृद्धि एवं विकास की यात्रा को ठीक ढंग से चलाए रखने हेतु अपने वातावरण (भौतिक तथा सामाजिक) के साथ ठीक प्रकार समायोजित रहे। जितनी अच्छी तरह से वह समायोजित होता रहेगा उसे उसी सीमा तक संज्ञानात्मक रूप से विकसित कहलाने का गौरव मिलता रहेगा। पियाजे के अनुसार इस तरह संज्ञानात्मक विकास की चाभी बालक के द्वारा अपने वातावरण के साथ की जाने वाली उस अन्तःक्रिया से है जिसके माध्यम से वह अपने आपको अपने वातावरण के साथ समायोजित करता रहता है। इस तरह की समायोजन सम्बन्धी कार्य प्रणाली को ठीक तरह आगे बढ़ाने में पियाजे के अनुसार दो मुख्य प्रक्रियाओं आत्मसातीकरण (Assimilation) तथा समायोजीकरण (Accommodation) की प्रमुख भूमिका होती है। आत्मसातीकरण में बालक अपनी परिवेशजन्य परिस्थितियों से निपटने हेतु अपनी संज्ञानात्मक संरचना में पहले से ही उपस्थित शीमाज की सहायता लेता है। नये खिलौने को भी मुँह में रख कर चूसना यह आत्मसातीकरण ही है। शीमाज के रूप में उसके पास चूसने से सम्बन्धित शीमा है वह सभी वस्तुओं को मुँह में डालकर चूसने की कोशिश करता है। पुराने खिलौनों से वह ऐसे ही खेलता है। और इसलिए जब उसके पास कोई नया खिलौना लाया जाता है तो वह अपने पूर्व अनुभवों को ध्यान में रखते हुए इस खिलौने को भी चूसने का प्रयत्न करता है इस तरह आत्मसातीकरण प्रक्रिया बालक से यह अपेक्षा करती है कि उसके पास पूर्व संज्ञानात्मक संरचना के रूप में जो कुछ भी है, वह उसी से किसी नवीन परिस्थिति का सामना करे । यहाँ अभी किन्हीं नये शीमाज के अर्जन तथा संज्ञानात्मक संरचना के फैलाव या विकास की जरूरत बालक को महसूस नहीं होती, परन्तु ऐसी अवस्था में जब नया खिलौना इतना बड़ा हो कि न तो बालक उसे हाथ से पकड़ सके और न वह मुँह में रखा जा सके तो निस्संदेह बालक को अब अपनी वर्तमान संज्ञानात्मक संरचना में कुछ परिवर्तन करने की आवश्यकता अनुभव होगी। नई चुनौती का मुकाबला करने के लिए उसे अपने सोचने ओर कार्य करने के ढंग में परिवर्तन लाना होगा। फलस्वरूप बालक अब खिलौने को चूसने के बजाय उसे धक्का देकर खेलना

चाहेगा। इसी को समायोजीकरण (Accommodation) कहा जाता है। क्योंकि यहाँ अब बालक नई परिस्थिति से निपटने के लिए नए ढंग से सोचने और व्यवहार करने हेतु अपने में उचित बदलाव लाने की कोशिश करता है। वह पूर्व अनुभव के आधार पर ही नई परिस्थिति से जूझने में नहीं लगा रहता । यह सोचकर तथा पाकर कि अब पहले उपलब्ध संज्ञानात्मक संरचना से नई परिस्थिति से नहीं निपटा जा सकता, वह अपनी संज्ञानात्मक संरचना में नए शीमाज को स्थान देने का प्रयत्न करता है। इस तरह जहाँ आत्मसातीकरण प्रक्रिया (Process of assimilation) में बालक अपने पूर्व ज्ञान तथा अनुभवों के आधार पर ही अपनी अनुक्रिया व्यक्त कर प्रस्तुत परिस्थिति से निपट लेता है, वहीं समायोजीकरण (accommodation) में जब उसका काम पूर्व ज्ञान तथा अनुभवों से नहीं चलता तो उसे अपनी वर्तमान संज्ञानात्मक संरचना में अनुकूल परिवर्तन लाकर सोचने तथा काम करने के नए तरीके अपनाने पड़ते हैं। उदाहरण के लिए, जब पहली बार बालक को निपल वाली दूध की बोतल के बजाय गिलास में दूध दिया जाता है तो पहले तो वह आत्मसातीकरण प्रक्रिया को अपनाते हुए अपना पहला जैसा ही व्यवहार (चूसना) करने की कोशिश करता है परन्तु फिर सफलता न मिलने पर नए ढंग से सोचने और परिस्थिति अनुसार व्यवहार करने को प्रेरित होकर समायोजीकरण (accommodation) की प्रक्रिया को अपनाता है और इस तरह अपनी संज्ञानात्मक संरचना को आगे विकास के पथ पर ले जाने में सफल होता रहता है।

संज्ञानात्मक विकास में सहायक उपरोक्त अपनी दो अवधारणाओं आत्मसातीकरण तथा समायोजीकरण के अतिरिक्त पियाजे ने एक तीसरी अवधारणा सन्तुलनीकरण (Equilibration) को भी सामने रखा। पियाजे ने स्पष्ट किया कि अपने आपको ठीक प्रकार समायोजित रखने के लिए हमें स्वयं तथा हमारे वातावरण की बदलती हुई परिस्थितियों के बीच सामंजस्य तथा समायोजीकरण दोनों प्रक्रियाएँ ही हमारी सहयोगी हैं। जब आत्मसातीकरण से कार्य नहीं चलता तब समायोजीकरण की प्रक्रिया अपनानी पड़ती है। दूसरे शब्दों में, जब वर्तमान में उपलब्ध संज्ञानात्मक संरचना सामने खड़ी चुनौती के लिए पर्याप्त सिद्ध नहीं होती (उपलब्ध शीमाज अपर्याप्त और अक्षम सिद्ध होते हैं) यानी पूर्व ज्ञान और अनुभवों के आधार पर समस्या का हल नहीं निकलता, तब संज्ञानात्मक संरचना का समायोजीकरण की प्रक्रिया अपनाकर विस्तार करना आवश्यक हो जाता है और फलस्वरूप पुराने अनुभव और तरीकों के स्थान पर सोचने के तथा कार्य करने के नए ढंगों को जन्म मिलता है, समस्या का समाधान ढूँढ़ लिया जाता है। और जो बेचैनी तथा छटपटाहट नयी परिस्थिति तथा समस्या विशेष का हल पुराने तरीके अपनाकर वर्तमान संरचनात्मक संरचना के जरिये नहीं मिलने के कारण हो रही थी उस पर विराम लग जाता है। बालक का अपने तथा अपनी वातावरणजन्य परिस्थिति के साथ बिगड़ा सन्तुलन फिर कायम हो जाता है। इस तरह नई चुनौतियां तथा समस्याएं बालक को अपने परिवेश में मिलती रहती हैं। इनमें उसका वातावरण के प्रति सन्तुलन डगमगा जाता है। इसी को ठीक बनाए रखने के लिए संज्ञानात्मक संरचना में उपरोक्त बदलाव तथा सुधार लाने की प्रक्रिया आत्मसातीकरण तथा

समायोजीकरण के माध्यम से चलती रहती है और बालक का संज्ञानात्मक विकास आगे बढ़ता रहता है।

इस प्रकार से पियाजे ने बालकों की मानसिक तथा संज्ञानात्मक संरचना तथा कार्यप्रणाली पर प्रकाश डालने हेतु अपनी सैद्धान्तिक मान्यताओं के माध्यम से निष्कर्ष रूप से आगे तीन महत्त्वपूर्ण तथ्य हमारे सामने रखे।

1. जन्मजात मूल प्रवृत्तियों (inherited instincts) तथा सहज प्रवृत्तियों (reflexes) के रूप में वंशानुक्रम (Heredity) के द्वारा प्रदत्त मूलभूत संज्ञानात्मक संरचना या बुनियाद जिस पर आगे चलकर संज्ञानात्मक विकास रूपी महल खड़ा होता है।

2. विकास काल में स्वाभाविक बुद्धि एवं विकास की प्रक्रिया परिपक्वन के माध्यम से मूलभूत संज्ञानात्मक संरचना और उसकी कार्यप्रणाली में आने वाले परिवर्तन और विकास जिनमें अनुभवों, शिक्षण और प्रशिक्षण आदि की भूमिका नहीं के बराबर होती है।

3. अनुभवों (भौतिक तथा सामाजिक वातावरण के साथ होने वाली अंत:क्रिया शिक्षण तथा प्रशिक्षण सम्बन्धी प्रयत्न आदि) के माध्यम से आत्मसातीकरण (assimilation), समायोजीकरण (accommodation) तथा सन्तुलनीकरण (equilibration) प्रक्रियाओं को काम में लाते हुए समय विशेष पर मौजूद संज्ञानात्मक संरचना तथा कार्यप्रणाली में आने वाले परिवर्तन एवं विकास।

## *मानसिक या संज्ञानात्मक विकास की अवस्थाएँ*
## *(Stages of Mental or Cognitive Development)*

जैसा कि ऊपर देखा जा चुका है पियाजे ने बालकों में हाने वाले संज्ञानात्मक विकास के स्पष्टीकरण हेतु संज्ञानात्मक संरचना तथा उसकी कार्यप्रणाली से सम्बन्धित अपनी अनूठी अवधारणाओं को हमारे सामने रखते हुए इस बात पर जोर दिया कि बच्चों में बुद्धि का विकास उनके जन्म के साथ जुड़ा हुआ है प्रत्येक बालक अपने जन्म के समय कुछ जन्मजात प्रवृत्तियों (Basic instincts) एवं सहज क्रियाओं (Reflex actions) को करने सम्बन्धी योग्यताओं जैसे चूसना (Sucking), देखना (Looking), वस्तुओं को पकड़ना (Grasping), वस्तुओं तक पहुँचना (Reaching) आदि को लेकर पैदा होता है। अत: जन्म के समय बालक के पास बौद्धिक संरचना (Cognitive structure) के रूप में इसी प्रकार की क्रियाओं को करने की क्षमता होती है। परन्तु जैसे-जैसे वह बड़ा होता है उसके सामने समायोजन, अपने और अपने वातावरण के बीच सन्तुलन कायम रखने सम्बन्धी समस्याएँ आती रहती हैं। इनके समाधान में आत्मसातीकरण (assimilation) तथा समायोजीकरण (accommodation) की प्रक्रियाएँ उसका साथ देती हैं, फलस्वरूप उसकी बौद्धिक या संज्ञानात्मक संरचना और कार्यप्रणाली में वांछित परिवर्तन आते रहते हैं और उसके संज्ञानात्मक विकास का पहिया आगे बढ़ता रहता है। और वह बुद्धिमान बनता चला जाता है। बालकों में आयु और अवस्था विशेष के अनुसार होने वाला यह संज्ञानात्मक विकास सामान्य रूप से एक क्रमबद्ध तरीके से सम्पन्न होता

है। पियाजे ने इस प्रकार से संज्ञानात्मक विकास के लिए चार चरणों या अवस्थाओं (Stages) की चर्चा की है। नीचे हम इन्हीं का संक्षिप्त वर्णन प्रस्तुत करने जा रहे हैं:

*1. इन्द्रियजनित गामक अवस्था (Sensory Motor stage )*—मानसिक विकास का यह चरण जन्म से लेकर लगभग दो वर्ष तक की अवधि में पूरा होता है। इस अवस्था में बालक की मानसिक क्रियाएँ उनकी इन्द्रियजनित गामक क्रियाओं के रूप में ही संपन्न होती हैं। उन्हें भूख लगी है, इस बात को वे रोकर व्यक्त करते हैं। किसी भी वस्तु को जो उन्हें चाहिए उसे दिखाकर अपनी बात कहते हैं। इस प्रकार से इस अवस्था के बालक भाषा के अभाव में अपने चारों ओर के वातावरण को अपनी इन्द्रियजनित गामक क्रियायों और अनुभवों के माध्यम से ही जानते हैं। उनहें विचारों के रूप में जो कुछ कहना और समझना होता है उसकी गामक क्रियाओं (Motor activities) के रूप में ही अभिव्यक्ति होती है। किसी भी वस्तु का अस्तित्व बच्चे के सामने तभी तक होता है, जब तक वह वस्तु उसकी आँखों के सामने रहे। आँखों से ओझल होते ही वह वस्तु उनके लिए समाप्त हो जाती है। "खिलौने को चिड़िया ले गई" ( जबकि वह छुपा लिया गया है ) और इस बात को शिशु बालक सत्य मान लेता है परन्तु जैसे-जैसे वह इस चरण की समाप्ति यानी 2 वर्ष की आयु को छूता है, उसकी वस्तुओं के बारे में उस प्रकार की धारणाओं में परिवर्तन होना शुरू हो जाता है। अब अगर आप किसी चादर या पीठ पीछे करके किसी वस्तु को छुपाकर यह कहें कि उसे बिल्ली या चिड़िया ले गई तो वह आपकी बात मान लेता है कि वस्तुओं का अपेक्षकृत कुछ स्थायी अस्तित्व होता है। इसी तरह वे धीरे-धीरे यह भी समझने लगते हैं कि सभी वस्तुओं का अपना अलग स्वतन्त्र अस्तित्व होता है जो कि उनके स्वयं के अस्तित्व से अलग होता है।

*2. पूर्व-संक्रियात्मक अवस्था (Pre- Operational stage)*—इस अवस्था का समय काल 2 वर्ष से लेकर सात वर्ष के मध्य होता है। इस दौरान बालकों में भाषा का विकास ठीक प्रकार से प्रारम्भ हो जाता है। अभिव्यक्ति का माध्यम अब भाषा बनने लग जाती है, गामक (Motor) क्रियाएँ नहीं। वस्तुओं के बारे में सोचने-विचारने के लिए अब भाषा तथा अन्य तरीकों का प्रयोग प्रारम्भ हो जाता है। इस काल में मानसिक विकास की कुछ विशेषताएँ देखने को मिलती हैं :

- बालक अपने परिवेश की विभिन्न वस्तुओं को पहचानने और उनमें भेद करना प्रारम्भ कर देते हैं। वे वस्तुओं का नाम से जानने लगते हैं। उनमें संप्रत्यय निर्माण (Concept Formation) की प्रक्रिया प्रारम्भ हो जाती है। वे वस्तुओं को समूहों में विभाजित कर उन्हें नाम देना शुरू कर देते हैं। परन्तु शुरू के वर्षों में उनका संप्रत्यय निर्माण कार्य अधूरा और दोषपूर्ण ही होता है। वे सभी पुरुषों को 'पापा' तथा स्त्रियों को 'मम्मी' कह कर पुकारते हैं तथा सभी चार पैरों वाले प्राणियों को टॉमी ( उनका कुत्ता ) अथवा गाय आदि के नाम से सम्बोधित करते हैं। 5 वर्ष के हो जाने तक उनकी इस प्रकार की भ्रान्तियाँ दूर हो जाती हैं। अब वे विभिन्न पारिवारिक व्यक्ति जैसे बुआ, दादी, दादाजी,

चाचाजी, आदि में भेद करना समझ जाते हैं तथा गाय, भैंस, घोड़े, बकरी आदि का अलग-अलग अर्थ समझ जाते हैं।

- शुरू के वर्षों में उनमें सजीव तथा निर्जीव वस्तुओं में भेद करने की क्षमता नहीं होती। वे चोट खाने या गिर जाने पर दरवाजे या फर्श को मार कर इस लिए चुप हो जाते हैं कि उन्होंने उनको भी उसी तरह मार दिया और अब वे भी उसकी तरह रो रहे हैं। एक बालिका की गुड़िया को भी इसी तरह गर्मी और सर्दी लगती है जैसे कि उसको लगती है, वह भी उसकी तरह दूध पीती है आदि-आदि। धीरे-धीरे बालकों में समझ आने लगती हैं और इस अवस्था का पार करने से पहले ही वे सजीव तथा निर्जीव में पूरी तरह भेद करने और सभी वस्तुओं को अपने से अलग जानने और समझने की क्षमता से युक्त हो जाते हैं।
- शुरू में इस अवस्था के बालक काफी ज्यादा आत्मकेन्द्रित (Self-Centered) होते हैं। संसार में जो कुछ विद्यमान है वह सब उनके लिए ही है ऐसा उनका विश्वास होता है। मम्मी-पापा सब उनके हैं, उन पर किसी और का अधिकार नहीं है। सारे खिलौने उनके लिए हैं। यहाँ तक कि चाँद और तारे भी उन्हीं के माता-पिता तथा सगे-सम्बन्धी हैं जो उन्हीं के लिए चमकते हैं। धीरे-धीरे सामाजिकता का दायरा बढ़ने पर बच्चा इस प्रकार की आत्मकेन्द्रितता को त्याग कर दूसरों के साथ अपनी वस्तुओं का लेन-देन करना सीखने लगता है और उनमें दूसरों को अपने जैसा समझने की बात घर करने लगती है।
- इस अवस्था के बालकों में अच्छी तरह सोचने, समझने तथा तर्क करने की शक्ति का पूरी तरह अभाव पाया जाता है। वे कल्पनाशील तो होते हैं, परन्तु अपनी कल्पना शक्ति से कुछ सृजन या निर्माण करने की क्षमता उनमें नहीं होती। वे हवाई किले बनाते हैं तथा अपनी सपनों की दुनिया में खोये रहते हैं। उन्हें कल्पना की उड़ान भरने वाली जादूगर, परियों तथा राजा-रानी की कहानियाँ सुनना या पढ़ना अच्छा लगता है। उनका खिलौना हवाई जहाज उन्हें जहाँ वे चाहें, ले जा सकता है आदि ऐसी बातें कहते हुए उन्हें सुना जा सकता है। इस प्रकार इस अवस्था के बालकों में तर्क-शक्ति पर आधारित चिन्तन करने की क्षमता नहीं पैदा होती।
- इस आयु के बच्चों में दो जिन महत्त्वपूर्ण क्षमताओं का अभाव पाया जाता है वे हैं: (i) विपरीत या पलट करके सोचने की शक्ति (Ability to Reverse) तथा (ii) वस्तुओं को उनकी संख्या व परिमाण के सन्दर्भ में सही रूप से समझने की शक्ति (Ability of observation in Numbers and Quantity)। पहली योग्यता के अभाव में वह यह समझने में असफल रहता है कि उसके घर से स्कूल उतनी ही दूर है जितना कि स्कूल से उसका घर अथवा उसकी एक बहन है तो उसकी बहन का भी एक भाई होना चाहिए आदि-आदि। दूसरी योग्यताओं के अभाव में वह जिस प्रकार की गलती करता है उसे हम निम्न दो प्रयोगों के आधार पर स्पष्ट करना चाहेंगे।

**प्रयोग 1.** अगर बालक को 7-7 गोलियों के दो सैट दिये जाएँ तथा उसे स्वयं ही इन सैटों की गोलियों को दो अलग-अलग पंक्तियों में निम्न प्रकार सजाने के लिए कहा जाए।

●●●●●●● (पहला सेट)

● ● ● ● ● ● ● (दूसरा सेट)

इस तरह दोनों सेटों की 7-7 गोलियों को दो पंक्तियों में सजाने के बाद पूर्व संक्रियात्मक अवस्था के इस बालक से यह पूछा जाए कि बताओ इन दोनों पंक्तियों में से किस पंक्ति में अधिक गोलियाँ हैं तो वह यही कहेगा कि नीचे की पंक्ति में अधिक गोलियाँ हैं।

इस बात से यह स्पष्ट संकेत मिलता है कि बालक में अभी वस्तुओं की संख्या से सम्बन्धित संरक्षण योग्यता (ability regarding conservation in numbers) विकसित नहीं हुई है।

**प्रयोग 2.** अगर पूर्व संक्रियात्मक अवस्था (2-7 years) के बालक के सामने दो काँच के बर्तन लिए जाएँ जिनमें से एक पतला लम्बा हो तथा दूसरा नाटा व चौड़ा। अगर चौड़े आकार के बर्तन में से दूध पतले लम्बे बर्तन में डाल दिया जाए तो वह यह कहेगा कि इस पतले लम्बे बर्तन का दूध पहले वाले से ज्यादा है जबकि वस्तुस्थिति ऐसी नहीं है, वही दूध दूसरे बर्तन में उसी के सामने डाला गया है।

**प्रयोग चरण-1:** प्रयोज्य कहता है कि दोनों बर्तनों के दूध की मात्रा समान है।

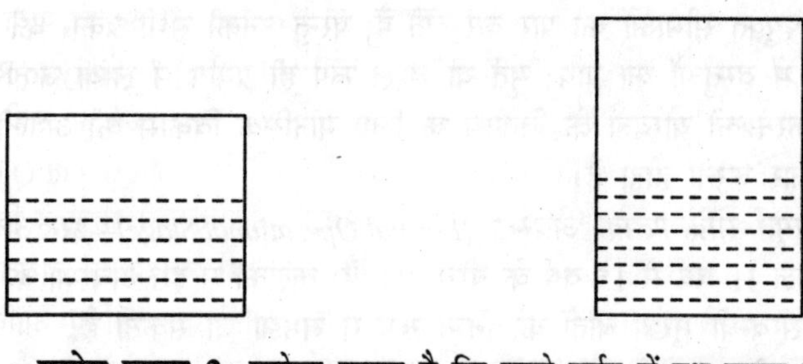

**प्रयोग चरण-2:** प्रयोज्य कहता है कि लम्बे बर्तन में दूध ज्यादा है।

उपरोक्त प्रायोगिक क्रिया के माध्यम से हमे यह स्पष्ट संकेत मिल सकता है कि पूर्व संक्रियात्मक अवस्था के इस बालक में अभी परिमाण सम्बन्धी संरक्षण योग्यता (ability regarding conservation in quantity) का विकास नहीं हुआ है।

*3. मूर्त संक्रियात्मक अवस्था (Concrete Operational Stage)*—इस अवस्था का समय काल वर्ष 7 से 11 वर्ष के बीच होता है। बालकों में होने वाले इस अवस्था के मानसिक विकास में निम्न मुख्य बातें देखने को मिलती हैं:

- उनमें वस्तुओं को पहचानने, उनका विभेदीकरण करने, वर्गीकरण करने तथा उपयुक्त नाम या वर्गीकरण द्वारा समझने और व्यक्त करने की क्षमता विकसित हो जाती है। उनमें विभिन्न प्रकार के संप्रत्ययों (Concepts) का निर्माण हो जाता है।
- वे वस्तुओं के बीच समानता, सम्बन्ध, असमानता, दूरी और विसंगतता (discrepancies) को समझने लगते हैं। शुरू में इस प्रकार की उनकी समझ केवल मूर्त या स्थूल रूप तक ही सीमित होती है जैसे नौ सेब, तीन सेबों से कितने अधिक होते हैं। कुत्ते या बिल्ली में अगर वे उनके सामने हों तो उन में निहित अंतरों को वे स्पष्ट कर सकते हैं आदि-आदि। परन्तु धीरे-धीरे वे वस्तुओं के अमूर्त रूप के आधार पर भी चिन्तन करना प्रारम्भ कर देते हैं।
- उनका चिन्तन अब अधिक क्रमबद्ध एवं तर्कसंगत होना प्रारम्भ कर देता है। हवाई उड़ान भरना कम हो जाता है और वे यथार्थ की दुनिया को समझना शुरू कर देते हैं।
- अब उनमें यह समझ आ जाती है कि कोई वस्तु किसी से जितनी अधिक या कम दूर या भारी हल्की होती है दूसरी भी उसी के हिसाब से दूरी या वजन रखती है अतः अब वे वजन या दूरी के मापों को अच्छी तरह समझ सकते हैं। इसी तरह अब वह पहले की तरह यह गलती भी नहीं करते कि पतले बर्तन में रखा गया कोई भी उतना ही तरल पदार्थ चौड़े बर्तन से अधिक होता है अथवा फैला कर रखी गई गोलियाँ पास-पास रखी उतनी ही गोलियों से संख्या में अधिक हो जाती हैं।

इस प्रकार 11 वर्ष की आयु तक पहुँचते-पहुंचते बालक मानसिक विकास की काफी उपयुक्त सीमाओं को पार कर लेते हैं, परन्तु उनकी सभी प्रकार की मानसिक क्रियाओं में वस्तुओं का प्रायः मूर्त या स्थूल रूप ही प्रयोग में लाया जाता हैं अमूर्त चिन्तन करने की योग्यता के विकास के लिए मानसिक विकास की अगली अवस्था का इन्तजार करना होता है।

*4. अमूर्त संक्रियात्मक अवस्था (Formal Operational Stage)*—इस अवस्था का समय काल 11 वर्ष से 15 वर्ष के बीच होता है। बालकों में इस अवस्था के मानसिक विकास सम्बन्धी मुख्य बातों को निम्न रूप में समझा जा सकता है:

- सभी प्रकार के संप्रत्ययों का समुचित विकास हो जाता है।

- भाषा सम्बन्धी योग्यता तथा संप्रेषणशीलता का विकास अपनी ऊँचाई को छूने लगता है।
- विचारने, सोचने, तर्क करने, कल्पना करने तथा निरीक्षण, अवलोकन, परीक्षण, प्रयोग आदि के द्वारा उचित निष्कर्ष निकालने की पर्याप्त क्षमता विकसित हो जाती है।
- स्मरण शक्ति रटने पर आधारित न होकर तर्क एवं समझ पर आधारित होने लगती है।
- चिन्तन अब मूर्त नहीं रहता, अमूर्त बन जाता है। वस्तुओं के स्थूल रूप का अब चिन्तन प्रक्रिया के लिए उपस्थित रहना अनिवार्य नहीं होता। कल्पना करो कि ABC एक त्रिभुज है, तार में विद्युत प्रवाहित हो रही है आदि-आदि बातों को अब उनके विद्यमान न होने पर भी समझा और सोचा जा सकता है।
- कल्पना शक्ति को सृजन या निर्माण कार्य के लिए अच्छी तरह उपयोग में लाया जा सकता है।
- समस्या समाधान योग्यता का उचित विकास हो जाता है। फलस्वरूप इस आयु के बालकों में समस्या का उचित विश्लेषण (Analysis) कर उसके सम्भावित हल की खोज करने की क्षमता पैदा हो जाती है।
- संश्लेषण, विश्लेषण, नियमीकरण तथा सूक्ष्म सिद्धान्तों की स्थापना सम्बन्धी उच्च मानसिक क्षमताओं का समुचित विकास हो जाता है।
- अन्वेषणशीलता, मौलिकता, रचनात्मकता आदि सृजन में सहायक आवश्यक बौद्धिक क्षमताओं का विकास हो जाता है।

इस तरह से बौद्धिक विकास की इस अन्तिम अवस्था को पार करते करते किशोर और किशोरियाँ अपनी मानसिक योग्यता और क्षमताओं के विकास की विशाल ऊँचाइयों को छूने का प्रयत्न करते हैं। जो कुछ भी कमियाँ रह जाती हैं उसे फिर अनुभव की पतवार लेकर आयु के बढ़ने के साथ-साथ व्यक्ति पूरा करता रहता है और अपने जीवन सागर की कठिनाइयों को इसी बौद्धिक सम्पदा के सहारे हल करता जाता है।

### *पियाजे के सिद्धान्त की आलोचनात्मक समीक्षा*

### *(Critical Evaluation of Piaget's Theory)*

पियाजे के संज्ञानात्मक विकास सिद्धान्त की कुछ विद्वानों ने निम्न बातों को लेकर आलोचना की है:

1. संज्ञानात्मक विकास के जिस प्रारूप को पियाजे द्वारा हमारे सामने रखा गया है वह जैसा उसने दावा किया है उस तरह न तो सार्वभौमिक है और न उसी रूप में सदैव सम्पन्न होता है। पियाजे का सिद्धान्त 1920-40 की अवधि में यूरोपियन बालकों के अध्ययन पर आधारित है। यूरोप तथा बाहर होने वाले बाद के अनुसंधानों ने यह

निष्कर्ष निकाला है कि बालकों के संज्ञानात्मक विकास सम्बन्धी पियाजे द्वारा सुझाई गई चारों विकास अवस्थाएँ बालकों द्वारा जिस आयु विशेष की अवधि में तय की जाती हैं उनमें पियाजे द्वारा निश्चित आयु वर्षों को लेकर काफी भिन्नताएँ पाई जाती हैं। कुछ बच्चे जल्दी ही उन विकास मंजिलों को तय कर लेते हैं तथा कुछ देर से।

2. पियाजे का यह कहना कि अपने संज्ञानात्मक विकास में क्रमबद्ध तरीके से बालकों को एक अवस्था से दूसरी अवस्था में प्रवेश करना होता है। परन्तु यह देखा गया है कि विशेष आयु अवधि में बालकों की संज्ञानात्मक क्षमता में वृद्धि ठीक इस क्रम में हो यह जरूरी नहीं है।

3. पियाजे का यह कहना कि मूर्त संक्रियात्मक अवस्था (Concrete operational stage) से पहले बालक क्रमबद्ध एवं तार्किक ढंग से चिन्तन करने में असमर्थ होते हैं और साथ में उनके अहंकार तथा आत्मकेन्द्रित का बाहुल्य रहता है, ठीक नहीं है। विभिन्न अनुसंधानात्मक अध्ययनों ने यह प्रमाणित कर दिया है कि इस अवस्था से काफी पहले के आयु वर्ग के बालक तार्किक और क्रमबद्ध ढंग से चिन्तन करने की क्षमता रखते हैं और उनमें दूसरों की भावनाओं, विचारों का आदर करने की प्रवृत्ति पाई जाती है।

4. पियाजे के दावे पर कि मूर्त संक्रियात्मक अवस्था (Concrete operational stage) से पहले बालक संख्या या परिमाण सम्बन्धी संरक्षण योग्यता (ability to conserve) नहीं रखते इस पर भी उँगली उठाई गई है। बहुत सारे अनुसंधानात्मक अध्ययनों ने यह सिद्ध कर दिया है कि अगर बालकों को इस अवस्था से पहले ही अच्छी तरह प्रशिक्षण दिया जाए तो उनमें संरक्षण योग्यता जैसी अति विकसित संज्ञानात्मक क्षमताओं की उपस्थिति निश्चित की जा सकती है।

5. पियाजे ने बालकों की संज्ञानात्मक क्षमताओं के विकास को उनकी स्वाभाविक वृद्धि एवं विकास से जोड़ने का प्रयत्न किया है और यह बताने की चेष्टा की है जब तक बालक एक निश्चित परिपक्वन स्तर पर नहीं पहुँचते उनसे उस परिपक्वन स्तर से जुड़ी हुई संज्ञानात्मक क्षमता नहीं विकसित होती। अपने इन विचारों के कारण पियाजे की एक ऐसे वंशक्रमवादी तथा परिपक्वनवादी के रूप में आलोचना की जाती है जिसने बालकों के मानसिक विकास में परिपक्वन को जरूरत से अधिक महत्त्व दिया है। परन्तु देखा जाए तो पियाजे की ऐसी आलोचना एकपक्षीय ही है जैसा कि पियाजे ने अपने संज्ञानात्मक विकास सिद्धान्त में यह अच्छी तरह से स्पष्ट कर दिया है कि परिपक्वन तथा वंशानुक्रम द्वारा निर्धारित मूल प्रवृत्तियाँ एवं सहज प्रवृतियाँ तो केवल मात्र वह भूमि तथा बुनियाद प्रदान करते हैं, संज्ञानात्मक विकास रूपी महल का ढाँचा तो फिर भौतिक तथा सामाजिक वातावरण के साथ होने वाली अंत: क्रिया के माध्यम से ही खड़ा होता है। पियाजे की इस धारणा की पुष्टि उसके निम्न कथन (इन हेल्डर एवं पियाजे, 1958) द्वारा भलीभाँति हो सकती है।

"स्नायु संस्थान की परिपक्वता किसी अवस्था विशेष में किन क्षमताओं का विकास संभव है और किसका असंभव, यह पूरी तरह निर्धारित करने के अलावा और

भी बहुत कुछ कर सकती है। परिपक्वता द्वारा इंगित इन सम्भावनाओं को वास्तविकता में बदलने में किसी सामाजिक परिवेश विशेष की आवश्यकता से मुँह नहीं मोड़ा जा सकता। इससे स्पष्ट हो जाता है कि इन सम्भावनाओं को वास्तविकता में बदलने के कार्य में वृद्धि और कमी बालक विशेष को उपलब्ध सांस्कृतिक तथा शैक्षिक परिस्थितियों पर निर्भर करती है।"

(The maturation of the nervous system can do not more than determine the totality of possibilities and impossibilities at a given stage. A particular social environment remains indispensable for the realization of these possibilities. It follows that their realization can be accelerated or retarded as a function of cultural and educational conditions.)

अगर हम पियाजे के संज्ञानात्मक सिद्धान्त के सन्दर्भ में ऊपर की गई समीक्षा पर ठीक प्रकार ध्यान दें तो हमे यह समझने में देर नहीं लगेगी कि कि इस सम्बन्ध में की गई आलोचनाओं में से बहुत सारी एकपक्षीय हैं। जैसा कि पियाजे द्वारा इस सम्बन्ध में दिये गए उपरोक्त स्पष्टीकरण से मालूम हो सकता है कि यह कहना कि पियाजे का सिद्धान्त संज्ञानात्मक विकास में वातावरण सम्बन्धी प्रभावों को महत्त्व नहीं देता ठीक नहीं है। इसी तरह संज्ञानात्मक विकास की कुछ निश्चित अवस्थाओं का उल्लेख कर पियाजे का मतलब यही नहीं था कि सभी देशों और संस्कृतियों के बालक आवश्यक रूप से इन अवस्थाओं को पियाजे द्वारा निर्धारित आयु वर्षों में ही तय करते हैं। जैसा कि वह किसी बालक के संज्ञानात्मक विकास में जैविक वंशक्रम की विरासत, परिपक्वन तथा वातावरण-जन्य अनुभवों तीनों को उनके समन्वित रूप से महत्त्व देना चाहता है तो इस दृष्टि से यह साफ हो जाता है कि बौद्धिक या संज्ञानात्मक विकास सम्बन्धी किसी एक या अन्य अवस्थाओं में पहुँचने में बालकों में आयु वर्षों को लेकर विभिन्नताएँ अवश्य ही देखने को मिलेगी। कुछ बच्चे दूसरों के मुकाबले कम आयु में ही संवेगात्मक विकास उच्च और उच्चतर मंजिलें तय करते हुए पाए जा सकते हैं। अब केवल इस बात से लेकर कि पियाजे ने संवेगात्मक विकास की विभिन्न अवस्थाओं से गुजरने के लिए जो आयु वर्ष अवधियाँ निश्चित की थी वे आज के समय में सभी देशों और संस्कृतियों में बालकों के लिए उचित नहीं बैठती, पियाजे के सिद्धान्त की बहुमुखी उपयोगिता से मुँह नहीं मोड़ा जा सकता। चाहे आयु वर्षों तथा अवधि को लेकर कितनी भी भिन्नताएँ पियाजे द्वारा निर्धारित संवेगात्मक विकास अवस्थाओं को तय करने हेतु हमें देखने को मिलें, एक बात जिसकी सार्वभौमिकता तथा एकरूपता से इन्कार नहीं किया जा सकता है वह यह है कि सभी बालक चाहे वे किसी भी संस्कृति और देश से सम्बन्धित क्यों न हों, पियाजे द्वारा बताई गई चार संज्ञानात्मक विकास अवस्थाओं में पियाजे द्वारा निर्धारित क्रम से ही गुजरते हैं हाँ यह बात अलग है कि वैयक्तिक भेदों के फलस्वरूप कोई कम तथा कोई ज्यादा आयु के किसी विशेष संज्ञानात्मक अवस्था में से गुजरता पाया जाए।

### *पियाजे के सिद्धान्त की शैक्षिक उपयोगिता तथा योगदान*
### *(Educational Utility and Contribution of Piaget's Theory)*

बालक मनोविज्ञान तथा संज्ञानात्मक विकास के क्षेत्र में अन्तरराष्ट्रीय ख्याति प्राप्त विद्वान जीन पियाजे ने अपने संज्ञानात्मक विकास सिद्धान्त के माध्यम से शिक्षा जगत को बहुत कुछ देने का प्रयत्न किया है। उनके सिद्धान्त की शैक्षिक उपयोगिता तथा योगदान को संक्षेप में निम्न प्रकार लिपिबद्ध किया जा सकता है।

1. पियाजे के संज्ञानात्मक सिद्धान्त ने बुद्धि की व्यावहारिक दृष्टि से व्याख्या करने तथा पारिभाषित करने में काफी अच्छी भूमिका निभाई है। जन्म से ही व्यक्ति विशेष को अपने अस्तित्व की रक्षा तथा अपने वातावरण के साथ समायोजन करने के लिए सतत संघर्ष करना पड़ता है। बुद्धि अपनी संज्ञानात्मक संरचना और कार्य प्रणाली के रूप में उसे इस कार्य में काफी सहायक सिद्ध होती है। इसलिए व्यक्ति विशेष की बुद्धि का मापन उसकी उस समायोजन क्षमता (अपने और अपने वातावरण के बीच तालमेल बैठाने) के आधार पर ही किया जा सकता है, जिसका प्रदर्शन वह किसी समय और परिस्थिति विशेष में करता हुआ हमें दिखाई देता है। पियाजे ने इस तरह बुद्धि को एक गतिमान प्रक्रिया के रूप में हमारे सामने रखा है जिसके द्वारा किसी एक समय तथा परिस्थिति विशेष में समायोजन योग्यता या क्षमता के रूप में एक विशेष भूमिका निभाई जाती है। जैसे-जैसे बालक बड़ा होता है उसकी समायोजन क्षमता बढ़ती जाती है और फलस्वरूप उसके बौद्धिक या संज्ञानात्मक विकास में प्रगति होती रहती है।

2. पियाजे के संज्ञानात्मक सिद्धान्त ने बालक में अधिगम तथा विकास में अभिप्रेरकों तथा अभिप्रेरणा के महत्त्व को अच्छी तरह उजागर किया है। अपनी एक अवधारणा सन्तुलनीकरण (equilibration) के माध्यम से पियाजे ने यह बताने की कोशिश की कि हम अपनी क्षमताओं और अपने वातावरण की माँगों के बीच सन्तुलन बनाये रखने की हर संभव कोशिश करते रहते हैं क्योंकि इस प्रकार के सन्तुलनीकरण से हमें संतुष्टि मिलती है। जब तक ऐसा नहीं होता हम इसके लिए सतत संघर्ष करते हैं। इस तरह व्यक्ति के व्यवहार को लगातार क्रियाशीलता प्रदान करने में पियाजे द्वारा प्रतिपादित सन्तुलनीकरण (equilibration) की अवधारणा की तुलना फ्रायड द्वारा प्रतिपादित यौन संतुष्टि (Sex gratification) तथा युंग द्वारा प्रतिपादित आत्म साक्षातीकरण या आत्माभिव्यक्ति से की जा सकती है।

3. पियाजे का सिद्धान्त पाठ्यक्रम नियोजन तथा अध्ययन क्रम की संरचना हेतु हमें काफी महत्त्वपूर्ण ज्ञान तथा परामर्श देता हुआ दिखाई दे सकता है। किसी क्षेत्र विशेष के बालक अपने संज्ञानात्मक विकास की किसी विशेष अवस्था में एक विशेष अवस्था में एक विशेष आयु सीमा के अन्तर्गत ही प्रवेश करते हैं, इस दृष्टि से उनके लिए जो भी पाठ्यक्रम और सिलेबस बनाया जाए वह उनके परिपक्वन स्तर तथा मानसिक योग्यताओं से मेल खाता हुआ ही होना चाहिए। दूसरे शब्दों में, एक पाठ्यक्रम तभी उपयुक्त माना जा सकता है जब वह सही समय पर सही अधिगम

अनुभव प्रदान करे। उदाहरण के लिए, पहली और दूसरी कक्षा के विद्यार्थियों को विश्व का भूगोल पढ़ाना ठीक नहीं है क्योंकि अपने संज्ञात्मक विकास को लेकर अभी उनके देश, राज्य और यहाँ तक शहरों से सम्बन्धित वे अवधारणाएँ विकसित नहीं हुई होती हैं जिनकी आवश्यकता उन्हें विश्व की भौगोलिक जानकारी हेतु चाहिए। इसलिए इन कक्षाओं में उन्हें स्थानीय भूगोल जो उन्हें उनके पास-पड़ोस, विद्यालय, कक्षा कक्ष सम्बन्धी परिवेश से परिचित कराने में सहायक हो, पढ़ाया जाना ही ज्यादा ठीक रहता है। इसी तरह चौथी या पाँचवीं कक्षा के विद्यार्थियों को बीज गणित (Algebra) पढ़ाना भी उचित नहीं ठहराया जा सकता क्योंकि अभी इस आयु वर्ग के बालकों में बीजगणित से सम्बन्धित सूक्ष्म अवधारणाओं को समझने की योग्यता नहीं विकसित होती। पाठ्यक्रम के विकास में इस तरह की गलतियों से बचने का परामर्श देते हुए पियाजे का सिद्धान्त स्पष्ट रूप से यह कहता हुआ प्रतीत होता है कि पाठ्यक्रम में उन्हीं अधिगम अनुभवों को स्थान मिलना चाहिए जो विद्यार्थियों के संज्ञानात्मक विकास और उसके परिवेश सम्बन्धी आवश्यकताओं के अनुकूल हों।

4. पियाजे का सिद्धान्त अध्यापकों तथा माता-पिता के लिए यह बताने में काफी मूल्यवान सिद्ध हो सकता है किसी आयु विशेष में बालकों की विचार प्रक्रिया तथा अन्य संज्ञानात्मक क्षमताओं को क्या स्वरूप होता है। साथ ही बालकों की संज्ञानात्मक संरचना और कार्यप्रणाली में आयु की वृद्धि के साथ जिस प्रकार के परिवर्तन आते रहते हैं उनसे भी उनका परिचय हो जाता है। इस प्रकार का ज्ञान उन्हें बालकों के साथ उचित व्यवहार करने तथा उनकी शिक्षा और प्रशिक्षण को सही दिशा प्रदान करने में भलीभाँति सहायक सिद्ध हो सकता है।

5. पियाजे के सिद्धान्त का एक काफी बड़ा योगदान अपनी तीन प्रमुख अवधारणाओं आत्मसातीकरण, समायोजीकरण तथा सन्तुलनीकरण के माध्यम से बालकों के वांछित अधिगम तथा विकास हेतु उपयुक्त परिस्थितियाँ प्रदान करने सम्बन्धी सुझाव देना है। पियाजे के अनुसार बालक का अधिगम और विकास बालक की संज्ञानात्मक संरचना और उसके वातावरणजन्य अनुभवों की पारस्परिक अंत:क्रिया का परिणाम होता है। सर्वोत्तम अधिगम हेतु बालकों को प्रदान की जाने वाली विषय वस्तु तथा अधिगम अनुभव इस प्रकार के होने चाहिएं कि एक तरफ तो वे उनकी वर्तमान संज्ञानात्मक संरचना में अच्छी तरह आत्मसात (assimilate) हो जाएँ तो दूसरी तरफ वे इतने अलग तथा कठिन हों कि उनके अर्जन हेतु समायोजीकरण (Accommodation) की प्रक्रिया का सहारा लेना आवश्यक हो जाए। इस तरह पियाजे का सिद्धान्त स्पष्ट रूप से यह संकेत देता है कि बालकों को जो भी अधिगम अनुभव प्रदान किए जाए वे कुछ अर्थों में नवीन तथा चुनौती पूर्ण होने चाहिएँ ताकि बालकों को समायोजीकरण (Accommodation) की प्रक्रिया को अपनाकर कुछ नया सीखने का मौका मिले परन्तु साथ ही इन अनुभवों का बालकों के पूर्व ज्ञान तथा अनुभवों से उचित सम्बन्ध बने रहना भी काफी आवश्यक है ताकि विद्यार्थियों द्वारा नए अनुभवों का अच्छी तरह आत्मसातीकरण करके अच्छी तरह से ग्रहण करने में सुविधा हो।

6. पियाजे का सिद्धान्त बालकों के संज्ञानात्मक विकास हेतु भौतिक तथा सामाजिक वातावरण सम्बन्धी अनुभवों को काफी आवश्यक ठहराता है और इस दृष्टि से यह अध्यापकों, माता-पिता तथा समाज में अन्य सदस्यों, जो किसी भी तरह बालक की शिक्षा, विकास तथा प्रगति से जुड़े हुए हैं, से यह अपेक्षा करता है। कि बालक के सर्वोत्तम विकास तथा वांछित अधिगम हेतु उसे अच्छे से अच्छा उचित वातावरण तथा प्रेरणादायक परिस्थितियाँ उपलब्ध कराएँ।

7. पियाजे का सिद्धान्त छोटे बच्चों की शिक्षा (नर्सरी तथा किन्डरगार्टन स्तर) के सन्दर्भ में निम्न सुझाव प्रस्तुत करता हुआ दिखाई दे सकता है:

(i) नर्सरी तक किन्डरगार्टन स्तर के बालकों का चिन्तन स्थूल या मूर्त चिन्तन (concrete thinking) होता है अत: उन्हें नयी बातों को समझाने और नये अधिगम अनुभव प्रदान करने हेतु स्थूल वस्तुओं (Concrete objects), प्रयोगों तथा क्रियात्मक कार्यों की सहायता लेना आवश्यक होता है। उदाहरण के लिए अगर उन्हें ¼ नामक भिन्न की अवधारणा से परिचित कराना है तो किसी सेब को 4 बराबर भागों में विभाजित कर और फिर उसके किसी एक भाग को ¼ से सम्बोधित कर, चार भागों में से एक के रूप में समझाना अधिक उचित रहता है।

(ii) अध्यापक को चाहिए कि वह स्वयं ही विद्यार्थियों को सभी कुछ बताने या पढ़ाने की चेष्टा न करे बल्कि उनको स्वयं ज्ञान की खोज के लिए अभिप्रेरित करें। इस कार्य हेतु उन्हें ऐसी अधिगम परिस्थितियाँ, साधन तथा सामग्री बालकों को सुलभ कराने की ओर ध्यान देना चाहिए जिससे वे स्वयं के अपने प्रयत्नों से वांछित अधिगम अनुभवों की प्राप्ति कर सकें।

8. पियाजे का सिद्धान्त यह बताने का कार्य भी करता है कि इन्द्रियजनित गामक अवस्था (Sensory motor stage) के बाद बालकों में भाषा विकास होने के फलस्वरूप अब उनकी चिन्तन प्रक्रिया पूरी तरह भाषा से ही निर्देशित और क्रियान्वित रहती है। इस समय भी ऐसे बालक हो सकते हैं जो भाषा को अपने चिन्तन का साधन या माध्यम बनाने की बजाय अशाब्दिक माध्यम जैसे आकृतियों, सम्बन्धों तथा अन्य चिन्ह एवं संकेतों को प्राथमिकता देते हों अथवा उन्हीं पर आश्रित हों। इस तरह शिक्षण अधिगम प्रक्रिया शाब्दिक संप्रेषण के उपयोग तक ही सीमित नहीं रहनी चाहिए परन्तु इसमें अशाब्दिक संप्रेषण सम्बंधी बातों को भी (अधिगम परिस्थितियों तथा अधिगमकर्त्ता की आवश्यकताओं के परिप्रेक्ष्य में) ठीक तरह शामिल किया जाना चाहिए।

9. अंत में परन्तु काफी महत्त्वपूर्ण योगदान पियाजे के सिद्धान्त का इस बात को लेकर है कि इसने शिक्षा और उसकी प्रक्रिया के वैयक्तीकरण (individualization) पर जोर दिया। उसने यह कहते हुए कि बालक को दिए जाने वाले अधिगम अनुभव उसकी संज्ञानात्मक संरचना के हिसाब से तय किए जाने चाहिएँ, जहाँ एक तरफ बाल केन्द्रित शिक्षा का मार्ग प्रशस्त किया तो वही दूसरी ओर बालकों को दिये जाने वाले अधिगम अनुभवों में उनके संवेगात्मक विकास को ध्यान में रखते हुए उचित

विभिन्नता लाने की बात पर जोर देते हुए शिक्षा तथा उसकी प्रक्रिया का समुचित वैयक्तीकरण करने की बात हमारे सामने रखी।

## इरिक्सन का मनोसामाजिक सिद्धान्त
## (Erickson's Theory of Psycho-Social development)

प्रसिद्ध मनोवैज्ञानिक ईरिक इरिक्सन जर्मनी के रहने वाले थे। उन्होंने अपनी युवावस्था के प्रारम्भिक वर्ष कला के अध्ययन में तथा यूरोप भ्रमण में व्यतीत किए। अपने यूरोप भ्रमण के दौरान उनकी मुलाकात वियना में प्रसिद्ध मनोविश्लेषक सिगमन्ड फ्रायड के साथ हुई और इसके साथ ही उन्हें फ्रायड से मनोविश्लेषण विषय का अध्ययन करने के सम्बन्ध में निमन्त्रण भी प्राप्त हुआ। यहीं से उनके एक अलग कार्यक्षेत्र की शुरूआत हुई। इसी उद्देश्य की पूर्ति हेतु वे अमेरिका जाकर बस गए। इसमें उन्हें अपने देश जर्मनी में हिटलर द्वारा प्रताड़ित करने के भय से भी मुक्ति मिल गई। अमेरिका में उन्होंने मानव विकास सम्बन्धी आदिवासी अमेरिकी परम्पराओं का अध्ययन किया और फिर एक मनोविश्लेषक के रूप में इस अध्ययन कार्य को आगे बढ़ाने का प्रयत्न किया। फलस्वरूप 1950 में उन्होंने अपने मनोसामाजिक सिद्धान्त को सबके सामने रखा।

अपने सिद्धान्त का प्रतिपादन करते हुए इरिक्सन ने स्पष्ट किया कि व्यक्ति विशेष का विकास उसके और उसके सामाजिक वातावरण में परस्पर चलने वाली अन्तः क्रिया का परिणाम होता है। अपने जन्म के समय से ही शुरू हो जाने वाला उसका यह सामाजिक विकास विभिन्न विकास अवस्थाओं तथा आयु वर्षों में से गुजरने के साथ ही उसके सामने इन अवस्थाओं की अपनी जरूरतों को पूरा करने के सन्दर्भ में काफी अलग सी मुश्किलें तथा संघर्षमयी स्थितियाँ (जिन्हें इरिक्सन द्वारा क्राइसिस ऑफ लाइफ यानी जीवन संकट अथवा परेशानियाँ कहा गया है) खड़ी करता रहता है। व्यक्ति विशेष अपनी तरह से अवस्था विशेष से जुड़ी हुई आवश्यकताओं को यथासंभव पूरा करने के अपने प्रयासों के द्वारा किसी अवस्था विशेष की संघर्षमयी स्थितियों यानी जीवन संकट से उबरने की कोशिश करता रहता है। परन्तु बालक के विकास के साथ-साथ समाज या सामाजिक वातावरण की माँगें उत्तरोत्तर बढ़ती ही जाती हैं। इसलिये, अपने विकास की हर एक अवस्था (शैशवकाल से लेकर वृद्धावस्था तक) में व्यक्ति विशेष के सामने कोई एक अलग सा नया संकट खड़ा होता रहता है। जो उससे आवश्यक रूप से यह अपेक्षा करता है कि वह अवस्था विशेष में होने वाले विकास को लेकर जो नई चुनौतियाँ तथा परेशानियाँ सामने आई है उसके उचित समाधान हेतु यथासंभव प्रयास करे। जिस ढंग से व्यक्ति विशेष विकास अवस्थाओं की माँगों से जुड़ी हुई इन संघर्षमयी स्थितियों या जीवन संकटों से निपटता है उसी के अनुरूप उसका व्यक्तित्व ढलता रहता है और उसके व्यवहार में सकारात्मकता या नकारात्मकता की छाप स्पष्ट झलकने लगती है। इरिक्सन ने अपने मनोसामाजिक सिद्धान्त में व्यक्ति के विकास से सम्बन्धित विभिन्न विकास अवस्थाओं

तथा आयु वर्षों में अवतरित होने वाली आठ ऐसी संघर्षमयी स्थितियों या जीवन संकटों (Crises of life) का जिक्र किया है और फिर इनका सम्बन्ध व्यक्ति विशेष के पूरे जीवन काल में व्याप्त आठ विभिन्न मनोसामाजिक विकास अवस्थाओं से जोड़ा है। इन विकास अवस्थाओं से व्यक्ति विशेष लगभग किन आयु अवधियों से गुजरता है इस बात को आगे तालिका 3.1 में दिखाया गया है।

**तालिका 3.1:** मनोसामाजिक विकास सम्बन्धी अवस्थाओं की आयु अवधि
(Age Span for the stages of psycho-social development)

| *मनोसामाजिक विकास अवस्था* *(Stage of psycho-social development)* | *विशिष्ट आयु या अवधि* *(Specifie age or period)* |
|---|---|
| 1. विकास बनाम अविश्वास (Trust vs. mistrust) | जन्म से लेकर 1½ वर्ष तक |
| 2. स्वायत्तता बनाम लज्जा एवं शंका (Autonomy vs. shame and doubt) | 1½ वर्ष से लेकर 3 वर्ष तक |
| 3. पहल बनाम अपराध बोध (lnitiative vs. guilt) | 3 वर्ष से लेकर 6 वर्ष तक |
| 4. अध्यवसाय बनाम हीनता (lndustry vs. lnferiority) | 6 वर्ष से लेकर 12 वर्ष तक |
| 5. पहचान बनाम भूमिका भ्रान्ति (ldentity vs. role confusion) | किशोरावस्था (12–20 वर्ष ) |
| 6. अन्तरंगता बनाम अकेलापन (intimacy vs. isolation) | पूर्व वयस्कावस्था (20–45 वर्ष) |
| 7. उत्पादनशीलता या सृजनात्मकता बनाम जड़ता (generativity or creativity vs. stagnation) | वयस्कावस्था या प्रौढ़ावस्था (45–65 वर्ष) |
| 8. अहं संतुष्टि बनाम हताशा (Ego integrity vs. despair) | उत्तर प्रौढ़ावस्था या वृद्धावस्था (65 वर्ष से मृत्यु तक) |

तालिका में दिया गया उपरोक्त विभाजन इस बात का संकेत दे रहा है कि मानव जीवन की किस अवस्था या आयु अवधि में किस तरह की संघर्षमयी परिस्थितियों या संकटों से गुजरना पड़ेगा। साथ ही इनसे सम्बन्धित व्यक्ति के मनोसामाजिक विकास की विभिन्न अवस्थाओं का भी यहाँ उल्लेख किया गया है। व्यक्ति विशेष में किस अवस्था या आयु अवधि विशेष में किस प्रकार के व्यक्तित्व सम्बन्धी गुण तथा विशेषताएँ पाई जा सकती है इसका भी स्पष्ट संकेत हमें यहाँ दिख रहा है। इन गुणों या विशेषताओं के दो विपरीत रूप यहाँ दिखाये गए है जो यह प्रकट करते हैं कि

अगर व्यक्ति अपनी जीवन अवधि की किसी एक अवस्था या आयु वर्षों से सम्बन्धित एक विशेष प्रकार की संघर्षमयी परिस्थिति या संकट से सफलतापूर्वक उबर जाता है तब ऐसे में सकारात्मक व्यक्तित्व का विकास होता है अन्यथा वह नकारात्मक व्यक्तित्व गुणों से आक्रान्त होने पर मजबूर हो जाता है। अब क्योंकि इस प्रकार के व्यक्तित्व गुण और समायोजन के ढंगों (जो व्यक्ति विशेष के मनोवैज्ञानिक स्वरूप का निर्धारण करते हैं) का अर्जन व्यक्ति विशेष के अपने और अपने सामाजिक वातावरण की पास्परिक अन्तः क्रिया के फलस्वरूप होता है, फलस्वरूप विकास की इस प्रक्रिया को मनोसामाजिक विकास तथा विकास अवस्थाओं को मनोसामाजिक विकास अवस्थाओं का नाम दिया जाता है। हमारे मनोसामाजिक विकास से सम्बन्धित इन अवस्थाओं की न तो एकदम शुरूआत होती है और न एकदम इनका अंत। एक अवस्था को पार कर ही व्यक्ति दूसरी अवस्था में प्रवेश करता है। अगर एक अवस्था से सम्बन्धित संघर्षमय परिस्थिति या संकट (crisis) से उभरने की बात उस अवस्था विशेष में नहीं बनती तो वह फिर किसी न किसी रूप में आगे आने वाली विकास अवस्थाओं को भी प्रभावित करती है। इस सम्बन्ध में मनोसामाजिक विकास की इन अवस्थाओं में क्या कुछ होता रहता है इसका परिचय अब हम आगे प्राप्त करने का प्रयत्न करेंगे।

### *पहली अवस्था: विश्वास बनाम अविश्वास (जन्म से 1½ वर्ष तक)*

अपने जन्म से 1½ वर्ष की अवधि में एक शिशु को विश्वास बनाम अविश्वास जन्य संघर्षपूर्ण परिस्थिति या संकट से गुजरना पड़ता है। इस समय अवधि में बालक अपनी आवश्यकताओं की पूर्ति हेतु अपनी माँ या उसकी देखभाल करने वालों के ऊपर पूरी तरह आश्रित रहता है। जिस तरह बालक का लालन-पालन किया जाता है और वह जिस रूप में अपने आपको सुरक्षित और आरामदायक परिस्थिति में महसूस करता है इसी रूप में वह अपनी माँ तथा देखभाल करने वाले अन्य व्यक्तियों और इसके फलस्वरूप उस सामाजिक वातावरण या परिस्थितियों में जिनमें वह पल रहा है, के प्रति विश्वास या अविश्वास. रखने लगता है। अपने परिवेश के प्रति विकसित इस विश्वास या अविश्वास को लेकर ही बालक फिर अपने विकास की अगली अवस्था में प्रवेश करता है। और वह बात उसके विकसित व्यक्तित्व और अर्जित व्यवहार में भी आगे स्पष्ट झलकती है।

### *द्वितीय अवस्था: स्वायत्तता बनाम लज्जा एवं शंका (1½ वर्ष-3 वर्ष)*

प्रथम अवस्था में अपने परिवेश के प्रति वांछित विश्वास और सुरक्षा की भावना से ओतप्रोत होकर एक बालक अब यहाँ अपने विकास की दूसरी अवस्था में पदार्पण करता दिखाई दे सकता है। उसके पास इस आयु विशेष में होने वाले गामक विकास के फलस्वरूप कुछ गामक कौशल भी होते हैं और अर्जित की गई भाषा भी। इन्हीं की सहायता से अब वह पहले की विकास अवस्था से जुड़ी हुई आश्रितता का परित्याग कर स्वायत्तता तथा आत्मनिर्भरता की ओर कदम बढ़ाने के लिए लालायित

रहता है। अब वह क्षमताओं के रूप में जो उसने अर्जित किया है उसकी सार्थकता अथवा असमर्थता की परख करने के प्रयत्नों में रत रहता है। परन्तु यहाँ अब उसे अपने इस प्रकार की स्वायत्तता तथा आत्मनिर्भरता के उपभोग के सन्दर्भ में अपने रास्ते में आने वाली परेशानियों से भी जूझना पड़ सकता है। यहाँ अब उसे अपनी विभिन्न प्रकार की स्वतन्त्र गतिविधियों जैसे चलना, दौड़ना, कूदना, छलांग लगाना, वस्तुओं को संभालना, उचित रूप से व्यवहार करने के तरीके तथा उचित भाषा का प्रयोग करना सीखना आदि के विषय में अपेक्षित देखभाल और नियन्त्रण की जरूरत होती है। परन्तु इसका अर्थ यह नहीं है कि उसे आत्मनिर्भरता की ओर कदम उठाने के लिए आवश्यक सभी प्रकार की स्वतन्त्रता से वंचित कर दिया जाए। सुरक्षा जितनी आवश्यक हो उसका ध्यान रखते हुए बालक को यहाँ ऐसे अवसर तो अवश्य ही प्रदान किए जाने चाहिएँ जिनसे एक ओर तो उसके कदम स्वायत्तता तथा आत्मनिर्भरता की ओर बढ़ें और दूसरी ओर अपनी विकसित क्षमताओं और योग्यताओं के सामर्थ्य और असमर्थता का भी ठीक आभास हो जाएँ।

अब वे बालक जिन्हें किसी कारणवश आत्मनिर्भर बनने सम्बन्धी आवश्यक परिस्थितियाँ नहीं उपलब्ध होती या माँ बाप का उनकी सुरक्षा के बारे में बहुत अधिक चिन्ता करना, जरूरत से ज्यादा अनुशासन और पाबंदियाँ बच्चों पर लादना, उनके प्रति अनुदार होना ऐसी कुछ बातें हो सकती हैं जिनके परिणामस्वरूप बालक अपनी योग्यताओं और क्षमताओं के प्रति शंकालु (doubtful) रहते हैं, अपने आप कुछ भी करने से डरते और हिचकिचाते हैं और यही बात उन्हें दूसरों के सामने लज्जा या शर्मिन्दगी महसूस करने की ओर ले जाती है। कुछ मायनों में इस प्रकार की शंका या लज्जा अगर अपनी सीमा में रहे तो हानिप्रद नहीं होती। क्योंकि उचित रूप से अपनी क्षमताओं के बारे में रखी जाने वाली शंका बालक को अपनी सामर्थ्य के मुताबिक ही काम करने में सहायक बनती है और शर्मिन्दगी तथा लज्जा की अनुभूति उसे गलत कार्य करने से रोकती है। इसलिये मनोसामाजिक विश्वास की इस अवस्था में बालकों को इस तरह उचित सहायता की जानी चाहिए कि वे एक तरह तो अपने सामाजिक परिवेश की आवश्यकताओं के सन्दर्भ में आवश्यक स्वायत्तता तथा आत्मनिर्भरता ग्रहण करने में कामयाब हो सकें तो दूसरी ओर उन्हें अपने अनुचित प्रयासों तथा माँ-बाप और बड़ों के अनुचित व्यवहार के कारण अनावश्यक रूप से अपनी योग्यताओं के प्रति शंकाशील बनने तथा अपने व्यवहार के कारण शर्मिन्दगी उठाने की नौबत न आए।

### *तीसरी अवस्था: पहल बनाम अपराध बोध (3-6 वर्ष)*

जब बालक को अपने परिवेश तथा अपनी क्षमताओं पर विश्वास आ जाता है और वह आत्मनिर्भरता का पाठ पढ़ लेता है तो उसमें स्वत: ही अपने वातावरण के प्रति सक्रिय रूप से अन्त: क्रिया करने की शुरुआत होने लगती है। अब वह अपने वातावरण की हर चीज के बारे में जानने को बेहद उत्सुक हो उठता है, उनके बारे में तरह-तरह

के प्रश्न पूछता है और विविध प्रकार के क्रियाकलापों के बारे में सोचना और करना शुरू कर देता है। उसकी शारीरिक और मानसिक इस प्रकार की गतिविधियों के संपादन सम्बन्धी पहल अब जिस अनुपात में माता-पिता तथा अन्य उपलब्ध सामाजिक परिवेश सम्बन्धी सहूलियतों के माध्यम से पुनर्बलित, प्रोत्साहित या हतोत्साहित की जाती है उसी अनुसार बालकों में बड़े होकर शारीरिक और मानसिक गतिविधियों में पहल कर बढ़-चढ़ कर भाग लेने की प्रवृत्ति और इससे सम्बन्धित आवश्यक क्षमताओं के विकास का रास्ता खुल जाता है।

अगर माँ-बाप, अभिभावकों द्वारा उसकी क्षमताओं पर उचित विश्वास न होने के कारण (उसे अभी छोटा समझने की वजह से) उसकी की जाने वाली इस प्रकार की पहल के लिए उसे हतोत्साहित किया जाता है, अनुचित आलोचना कर उसकी खिंचाई की जाती है, छोटी-छोटी उसकी गलतियों और असावधानियों को तूल देकर उससे मारपीट तथा अन्य सजा सुनाई जाती है तो अवश्य ही ये बातें उसे अपराधबोध से ग्रस्त कर आने वाले जीवन के कार्यकलापों के नियोजन तथा क्रियान्वयन हेतु उचित पहल करने में हिचकिचाने तथा असमंजस में रहने जैसी स्थितियों को जन्म देने वाली सिद्ध हो सकती है। यद्यपि यह बात भी सही है कि असफल होने पर सही समय पर सही निर्णय नहीं लेने अथवा अपनी गतिविधियों के नियोजन तथा क्रियान्वयन में गलतियाँ कर बैठने के कारण उसे अपराध बोध की अनुभूति होती है परन्तु इससे उन्हें अपनी गलतियों और असफलता से सीखने का मौका भी मिलता है। परन्तु इस स्वीकारोक्ति तथा पाठ को गहरे अपराध बोध में बदलना (अपनी गलतियों को याद करके अपने आपको कोसते रहना) बालक के सही व्यक्तित्व विकास के लिए काफी हानिप्रद सिद्ध हो सकता है। इसलिये यह जरूरी है कि इस अवस्था की "पहल बनाम अपराधबोध" नामक विषम परिस्थिति या चुनौती का उपयुक्त समाधान तलाश किया जाए। इसे संभव बनाने के लिए हमें चाहिए कि हम उसके द्वारा विभिन्न प्रकार की गतिविधियों को संपादन करने की उसकी पहल को उचित रूप से प्रोत्साहित करने के लिए एक ओर तो अपना समुचित पर्यवेक्षण तथा मार्गदर्शन प्रदान करें तथा दूसरी ओर उसमें अपनी गतिविधियों का मूल्यांकन कर उनसे पुनबर्लित होने या उनमें आवश्यक सुधार लाते रहने की अच्छी आदतें विकसित करने में उनकी पूरी मदद करें।

### *चौथी अवस्था: अध्यवसाय बनाम हीनता (6-12 वर्ष)*

अपनी इस अवस्था से सम्बन्धित आयु अवधि में पहुँचते-पहुँचते सभी बालक प्राथमिक विद्यालयों में शिक्षा ग्रहण करने लगते हैं। यहाँ इन्हें तरह-तरह की बातें पढ़नी और सीखनी होती हैं। फलस्वरूप अध्यापकों तथा विद्यालय परिवेश सम्बन्धी हालातों की वजह से उनमें अधिक से अधिक काम करने तथा अच्छे से अच्छे परिणाम दिखाने का दबाव बढ़ता चला जाता है। दूसरी ओर माता-पिता तथा अभिभावकों की भी उनसे (उनकी आयु में बढ़ोतरी होने के साथ-साथ) अब अपेक्षाएँ काफी बढ़ जाती है। वे एक ओर तो उनसे पढ़ाई में आगे रहने की उम्मीद करते हैं तथा दूसरी

ओर यह भी चाहते हैं कि वह उनके घर-परिवार तथा रोजगारों से सम्बन्धित कार्यों में भी हाथ बँटाए। इससे अतिरिक्त विद्यालय जाने वाले इन बालकों को अपने सहपाठियों से भी विद्यालय तथा अन्य सामाजिक परिस्थितियों में बेहतर कर दिखाने हेतु लगातार प्रतियोगिता में बना रहना पड़ता है। अब अगर बालक विद्यालय, घर तथा सामाजिक परिवेश सम्बन्धी इन परिस्थितियों में कुछ अच्छा कर दिखाने में सफल रहता है और उसकी गामक समर्थता तथा बौद्धिक उपलब्धियों की वजह से प्रशंसा होती है तो उसमें ज्यादा से ज्यादा मेहनत करके अच्छे से अच्छे परिणाम लाने सम्बन्धी बातें घर कर जाएँगी। परिणामस्वरूप ऐसे बालक जिन्दगी में ज्यादा से ज्यादा मेहनत करके ज्यादा से ज्यादा पाने तथा प्रगति की ऊँची से ऊँची मंजिलें तय करने के लिए पूरी तरह अभिप्रेरित रहेंगे। दूसरी ओर अगर किसी वजह से बालक का उपलब्धि या निष्पत्ति स्तर अपने सहपाठियों की तुलना में काफी कम रहता है अथवा इससे उनके अध्यापकों तथा माँ-बाप को संतुष्टि नहीं मिलती तो बालक स्वयं अपनी नजरों में गिरता जाता है और उसमें हीनता की भावना घर कर लेती है।

अध्यापकों तथा विद्यालय अधिकारियों द्वारा यहाँ अब बालकों में अध्यवसाय बनाम हीनता सम्बन्धी इस विकट परिस्थिति तथा चुनौती से ठीक तरह निपटने में सहायता की जा सकती है। बालक के लिए विद्यालय ही वह स्थान है जहाँ सफलता और असफलता से उसका सही रूप में साक्षात्कार होता है। इसलिये अध्यापक तथा विद्यालय अधिकारियों का यह कर्त्तव्य बन जाता है कि वे कक्षाकक्ष तथा विद्यालय की गतिविधियों एवं वातावरण को इस प्रकार नियोजित एवं संगठित करें कि विद्यार्थी सदैव ही अपने बारे में सकारात्मक दृष्टिकोण अपनाकर अपनी योग्यता और क्षमताओं में विश्वास रखना सीखें तथा निराशा और हीन भावनाओं से अपने आपको सदैव दूर रखें।

### *पाँचवीं अवस्था: पहचान बनाम भूमिका भ्रान्ति (12-19 वर्ष)*

किशोरावस्था के आगमन से शुरू होने वाली यह अवस्था बालकों को ऐसी विकट स्थिति में डाल देती है कि एक तरफ तो वे अपनी स्वयं की पहचान बनाने के लिए जी जान से उतारू रहते हैं तो दूसरी ओर वे यह नहीं समझ पाते कि ऐसा करने में उन्हें किस प्रकार की भूमिका निभानी चाहिए। अपनी भूमिका को लेकर वे दोराहे पर खड़े दिखाई देते है। इस बात में पूरी सच्चाई रहती है और यह होना नितान्त स्वाभाविक है कि किशोरावस्था तक पहुँचते-पहुँचते बालकों में अपने पूर्व विकास के आधार पर अपने और अपने परिवेश में विश्वास रखना स्वायत्तता या आत्मनिर्भरता, पहल करना तथा अपनी प्रगति के लिए पूरी मेहनत करना आदि योग्यताओं और क्षमताओं का समावेश हो जाता है। और फलस्वरूप उन्हें अपनी पहचान बनाने की आवश्यकता जोर शोर से महसूस होने लगती है। उनके शरीर तथा मानसिक प्रक्रिया में अकस्मात् आने वाले परिवर्तनों तथा सामाजिक परिवेश द्वारा उनसे की जाने पाली अपेक्षाएँ उनसे इस प्रकार के प्रश्नों को पूछने के लिए उकसाती हैं कि मैं क्या हूँ?

मुझे क्या होना है? क्या मैं वही हूँ जो पहले हुआ करता था? मुझे क्या करना चाहिए और मेरा व्यवहार किस तरह का होना चाहिए? आदि आदि।

इरिक्सन का इस सम्बन्ध में यह कहना है कि इस अवस्था में एक किशोर की अपनी पिछली विकास अवस्थाओं के आधार पर अपनी पहचान बनाने से सम्बन्धित जो अटूट लालसा होती है उसके पीछे (i) उसके शरीर में होने वाले आकस्मिक परिवर्तन तथा (ii) अपने आगामी शिक्षा तथा भविष्य के बारे में किसी निर्णय पर पहुँचने से सम्बन्धित चिन्ता और दबाव ही होते हैं। फलस्वरूप किशोर अपनी नई पहचान तथा नई भूमिका तलाश करने में प्रयासरत रहता है। इसीलिए उसे विभिन्न प्रकार के यौनगत, रोजगार तथा शिक्षा सम्बन्धी विकल्प तलाशते हुए यह मालूम करता पाया जाता है कि वह क्या है तथा क्या हो सकता है।

व्यक्ति विशेष अपनी एक पहचान बनाने के इन प्रयासों में कितना सफल होगा अब वह इस बात पर निर्भर करता है कि उसे अपनी पिछली विकास अवस्थाओं से सम्बन्धित चुनौतियों, विकट परिस्थितियों तथा उलझनों को सुलझाने में किस सीमा तक कामयाबी मिलती है। उसकी इस सन्दर्भ में नाकामयाबी उसे अपनी भूमिका के विषय में भ्रमित कर सकती है और फलस्वरूप व्यक्ति विशेष अपने आपको ढूँढने और अपनी दृष्टि तथा दूसरों की दृष्टि में अपनी एक विशेष पहचान बनाने में कामयाब नहीं हो पाता। तब वह दिग्भ्रमित सा हो जाता है और यह नहीं जान पाता कि उसे स्वयं क्या करना चाहिए तथा उसका व्यवहार कैसा होना चाहिए। वह अपनी शैक्षिक तथा व्यावसायिक जिन्दगी के बारे में कोई निर्णय लेने तथा दोस्त बनाने में नाकामयाब नजर आता है। आत्म साक्षात्कार (Self-identification) करने सम्बन्धी असमर्थता तथा भूमिका भ्रान्ति उसे गलत रास्ते पर डाल सकती है और वह बच्चों की तरह व्यवहार करने, दुश्चरित्र और असामाजिक तत्वों की भूमिका में अपने आपको उतारने की गलती करता हुआ दिखाई दे सकता है। अगर दूसरी ओर किशोरों का मनोसामाजिक विकास उन्हें अपनी पहचान देने में कामयाब रहता है तो इससे किशोरों को जो कुछ वे कर रहे हैं उसे करने के लिए उनमें पर्याप्त आत्म विश्वास जाग्रत होता है, संवेगात्मक रूप से वे समायोजित रहते हैं और उन्हें अपने और अपने वातावरण के साथ पटरी बिठाने में आसानी रहती है।

शिक्षक और अभिभावक किशोरों को उनके इस संकट "पहचान बनाम भूमिका भ्रान्ति" से उभारने में उचित रूप से सहायक सिद्ध हो सकते हैं। उन्हें चाहिए कि उनके किशोर बालक जो अपनी एक पहचान बनाने के लिए प्रयासरत हैं, उनको उनके अपने रूप में (अच्छाइयों तथा बुराइयों दोनों के साथ) स्वीकार करें। दूसरी बात जो सभी किशोर चाहते हैं कि अब उन्हें बालक नहीं बल्कि एक जिम्मेदार वयस्क व्यक्ति के रूप में देखा जाना चाहिए, उनकी इस चाहत को भी ध्यान में रखकर उनसे बच्चों की तरह व्यवहार करना छोड़ देना चाहिए। उनके साथियों तथा बाहर वालों के समक्ष उनसे व्यवहार करते समय यह ध्यान रखा जाना चाहिए कि किसी भी तरह उनके अहं (जो पहचान तथा भूमिका उन्होंने अपने लिये अपने मन में बना रखी है)

उसको किसी भी तरह ठेस न लगे। उन्हें उनकी योग्यताओं के अनुरूप वैयक्तिक या सामूहिक रूप से जिम्मेदारी के काम सौंपे जाएँ तथा उनके चरित्र, किए जाने वाले कार्यों तथा वायदों पर विश्वास करके चला जाए।

### छठी अवस्था: अन्तरंगता बनाम अकेलापन (20-45 वर्ष)

मनोसामाजिक विकास की इस छठी अवस्था का सम्बन्ध व्यक्ति विशेष की पूर्व-वयस्क अवस्था से सम्बन्धित आयु वर्षों से होता है। इस अवस्था में वह अपनी चाहत के किसी व्यक्ति के साथ अन्तरंग सम्बन्ध स्थापित करने में प्रयासरत रहता है। इरिकसन (1950) ने इस बारे में अपनी टिप्पणी करते हुए लिखा है:-

"एक युवा वयस्क जो अपनी एक पहचान बनाने के प्रयासों से अभी उभरा है वह अब अपनी पहचान को दूसरों की पहचान में आत्मसात कर उनसे अन्तरंग सम्बन्ध जोड़ने के लिए लालायित रहता है। इस अवस्था में उसमें ऐसी सक्षमता नजर आती है कि वह ठोस सम्बन्ध कायम करने तथा अच्छा सहयोगी बनने की भूमिका का निर्वाह कर सके तथा उपने अंदर ऐसा नैतिक सामर्थ्य जुटा सके कि वह इस प्रकार के सहयोगी रहने व बनने के वायदों को किसी भी कीमत पर पूरा करता हुआ दिखाई दे।"

इस तरह इस अवस्था में व्यक्ति अपनी पहचान को दूसरों की पहचान में आत्मसात कर उनसे घनिष्ठ सम्बन्ध स्थापित करता हुआ दिखाई देता हैं उसके इन सम्बन्धों में इतनी प्रगाढ़ता आ जाती है कि उसमें अहं तथा तेरा-मेरा पन की भावना बिल्कुल नहीं रहती। इस तरह के प्रगाढ़ सम्बन्धों के उदाहरण रूप में हम पति-पत्नी, अन्तरंग दोस्तों तथा एक आदर्श शिक्षक-शिष्य के मध्य पनपने वाले सम्बन्धों का उल्लेख कर सकते हैं। इस तरह की सर्वोच्च अन्तंरगता तथा एक-दूसरे में विलय की भावना के दर्शन, कामेच्छा तृप्ति करते हुए प्रेमी जोड़ों में संभोग की चरम अवस्था में अच्छी तरह लक्षित हो सकते हैं। दूसरे तरह की ऐसी घनिष्ठता और अन्तरंगता वहाँ देखी जा सकती है जहाँ लोगों को अपनी मित्रता निभाने तथा परिवार के सदस्यों का साथ देने के लिए हर प्रकार के त्याग करता हुआ पाया जाता है।

अन्तरंगता के ठीक विपरीत हम अकेलेपन को पाते हैं। जहां अन्तरंगता में सम्बन्धों का अटूट बन्धन, प्रगाढ़ता तथा घनिष्ठता होती है वहाँ अकेलेपन में सम्बन्धों के नाम पर पूर्ण रिक्तता होती है। जब कोई किसी से भरोसे लायक घनिष्ठ सम्बन्ध नहीं बना पाता अथवा जब बने बनाए सम्बन्ध किसी कारणवश तार-तार हो जाते हैं तब व्यक्ति विशेष में अकेलापन घर करने लगता है, उसके दूसरों से सम्बन्ध खत्म होते जाते हैं और वह सबसे अलग-थलग पड़ जाता है। ऐसा होना न तो उसके हित में है और न ही समाज के। सम्बन्धों को बनाने और उनमें प्रगाढ़ता लाने के यहाँ कुछ उपाय अवश्य किए जाने चाहिएँ। परन्तु इससे यह अर्थ नहीं लगाया जाना चाहिए कि अकेलापन सभी तरह से अवांछनीय या हानिप्रद है। किसी भी तरह का कुछ न कुछ एकान्त और अकेलापन व्यक्ति विशेष की अपनी वैयक्तिकता तथा छवि को बनाए रखने तथा उसके व्यक्तित्व को वांछित दिशा प्रदान करने में महत्त्वपूर्ण भूमिका निभा

सकता है। परन्तु अगर यह बात सीमा से बाहर हो जाए तब यह दूसरों से अच्छे सम्बन्ध बनाने में पहल करने तथा बने सम्बन्धों को टिकाए रखने में बाधक बनकर व्यक्ति विशेष को अपने में ही सिमट कर रह जाने तथा एकान्त और अकेलेपन की ओर धकेल सकती है। इसलिए यहाँ अब यह आवश्यक हो जाता है कि इस अवस्था विशेष की एक बड़ी चुनौती तथा विषम परिस्थिति "अन्तरंगता बनाम अकेलेपन" के भँवर जाल से ठीक प्रकार निपटा जाए। यह ठीक तरह संभव है अगर हम अपनी दो तरह की एक दूसरे के विपरीत खड़ी हुई आवश्यकताओं–अन्तरंग सम्बन्ध बनाने की आवश्यकता तथा अपनी वैयक्तिकता को बनाये रखने की आवश्यकता की पूर्ति में उचित सन्तुलन कायम रख सकें। जितनी अच्छी तरह से हम ऐसा कर सकेंगे उतनी ही अच्छी तरह से हम अपने में और अपनी दुनिया जिसमें हम रहते है उससे समायोजन कर सकेंगे।

***सातवीं अवस्था: उत्पादनशीलता या सृजनशीलता बनाम जड़ता (45-65 वर्ष)***

इस अवस्था तक पहुँचते-पहुँचते व्यक्ति अपने व्यवसाय विशेष में अच्छी तरह पैर फैला लेता है। अब वह अपनी व्यावसायिक दुनिया से नई पीढ़ी तथा समाज को कुछ अपनी ओर से देने के लायक बन जाता है। फलस्वरूप अपने आप कुछ नया कर दिखाने तथा अपने क्षेत्र में अपने कार्यों द्वारा भरसक योगदान देने आदि की इच्छा उसमें जाग्रत होती है। वह अपनी उत्पादनशीलता तथा सृजनात्मकता तथा आने वाली पीढ़ी को रास्ता दिखाने सम्बन्धी अपनी इस चाहत को भी पूरा करना चाहता है। इस प्रकार की अपनी इच्छा और चाहत को पूरा करने के लिए उसके द्वारा अपने बच्चों को आगे बढ़ाने, दूसरे युवा लोगों का मार्गदर्शन करने अथवा किसी-न-किसी ऐसी रचनात्मक, उत्पादक या प्रयोजनपूर्ण गतिविधियों में प्रयासरत होने की कोशिश की जाती है जिससे समाज, देश या मानवता का भला हो। केवल अपने बारे में या अपने घर-परिवार तथा घनिष्ठ मित्रों के बारे में ही सोचकर तथा इस संकीर्ण दायरे से कुछ बाहर निकलकर अब उसका ध्यान आने वाली पीढ़ी को अपनी ओर से कुछ कर जाने की तरफ होता है।

वह अपने बालकों के अलावा, अपने विद्यार्थियों, अधीन कर्मियों तथा सामान्य रूप से सभी युवा व्यक्तियों को अपना जीवनदर्शन देकर जीवन में आगे बढ़ने तथा अपने कैरियर में सफल होने के गुण सिखाने का प्रयत्न करता है। इस तरह से वह अपने आत्म के विस्तार तथा अपने आत्म का समाज के अन्य सदस्यों के साथ आत्मसातीकरण या विलय के प्रयत्नों में रत होता दिखाई देता है।

उत्पादनशीलता या सृजनात्मकता के ठीक विपरीत इस अवस्था में कुछ व्यक्तियों को आत्मकेन्द्रितता, अहं तथा स्वार्थपरता से भी बहुत अधिक ग्रस्त पाया जाता है। परिणामस्वरूप वे अपने ही लिए जीते और मरते पाए जाते है, दूसरों के लिए कुछ करने या समाज के लिए कुछ देने जैसे भावों का उनमें अभाव ही रहता है। इसके अतिरिक्त वे समाज के उत्पादक उपयोगी तथा सृजनशील अंग के रूप में विकसित न

होकर जड़ता (Stagnation) से ग्रस्त हो जाते हैं। न वे कुछ नया करना चाहते हैं और न आने वाली पीढ़ी को उचित मार्गदर्शन द्वारा आगे बढ़ने में सहायता करने की उनमें कोई चाहत होती है। इस तरह की निष्क्रियता या जड़ता दिखाने की बात स्वयं उसके तथा समाज के लिए कई प्रकार से हानिप्रद सिद्ध हो सकती है। परन्तु कुछ समय के लिए अगर निष्क्रिय रहने तथा जड़ता ग्रहण करने की बात हो तो यह व्यक्ति को जो कुछ किया है उसे भली भाँति नियंत्रित एवं संगठित करने, उसका मूल्यांकन कर आगे के लिए सबक लेने तथा अपनी शक्तियों को पूर्णजीवन देकर नये उत्साह से उत्पादन या सृजन में जुटने में उचित सहायता कर सकती है परन्तु इसकी अतिशयता व्यक्ति को आत्मकेन्द्रित, स्वार्थी तथा उच्च प्रकार की असामाजिक प्रवृतियों की ओर धकेल सकती है। इसीलिए भलाई इसी में है कि उनकी उत्पादनशीलता तथा निष्क्रियता या जड़ता सम्बन्धी दो विपरीत आवश्यकताओं में आवश्यक सन्तुलन बनाकर रखा जाए जिससे वे एक ओर तो अपनी विकसित योग्यताओं और क्षमताओं के बलबूते पर उत्पादन और सृजनात्मक कार्यों में अपना भरपूर योगदान दें, तो दूसरी ओर निष्क्रियता एवं जड़ता के क्षणों में अपने उत्पादन तथा सृजन को संगठित करने तथा ऊर्जा का संचय करने में इस प्रकार समर्थ बन सकें कि वे आगे आने वाले समय में नई पीढ़ी तथा समाज के प्रति अपने उत्तरदायित्वों को पूरे जोश से निभा सकें।

### *आठवीं अवस्था: अहं संतुष्टि बनाम हताशा (65 वर्ष से मृत्यु तक)*

मनोसामाजिक विकास की इस अवस्था का सम्बन्ध व्यक्ति की वृद्धावस्था (old age) से है। इस अवस्था में व्यक्ति अपने जीवन काल की अन्तिम संघर्षमय परिस्थिति तथा चुनौती "अहं संतुष्टि बनाम हताशा" के चक्रव्यूह में फँसा पाया जा सकता है। पिछली सभी अवस्थाओं को सफलतापूर्वक पार करके ही कोई इस अवस्था तक पहुँचता है। सभी अवस्थाओं में उसे किसी न किसी प्रकार की चुनौती या उलझन भरी परिस्थिति से जूझना पड़ता है और इन सबसे अच्छी तरह निपटकर यहाँ तक पहुँचना अब उसे कुछ सीमा तक संतोष या संतुष्टि का अनुभव कराता है।

अहं संतुष्टि से भी यहाँ यही आशय है कि व्यक्ति जब पीछे मुड़कर अपने अतीत पर नजर डालता है और उसने जो कुछ किया उससे वह संतुष्टि का अनुभव करता है तो इससे उसके अहं की संतुष्टि ही होती है। मैंने कुछ किया, मैं कुछ कर पाया, यह बात उसमें अपने प्रति आदर यानी उसके दृष्टिकोण को उसके स्वयं के प्रति सकारात्मक बनाने में बहुत मदद करती है। जब व्यक्ति स्वयं ठीक महसूस करता है तो उसे सभी जगह अच्छाइयाँ नजर आने लगती हैं और उसका दृष्टिकोण दूसरों के प्रति भी सकारात्मक बन जाता है। इस प्रकार अपने आप से तथा दुनिया से संतुष्ट व्यक्ति को अब अपने अतीत से कोई शिकायत नहीं होती। वह यही सोचता है कि उन परिस्थितियों में जो कुछ भी हो सका ठीक हुआ। दूसरी ओर वे व्यक्ति जो पिछली अवस्थाओं की चुनौतियों तथा उलझन भरी परिस्थितियों/संकटों (Crises of life) से ठीक तरह नहीं निपट पाए उनकी सोच यहाँ अब काफी नकारात्मक पाई जा सकती

**तालिका 3.2:** इरिकसन की मनोसामाजिक विकास सम्बन्धी अवस्थाएँ (व्यक्ति विशेष की विशिष्ट आवश्यकताओं और अपेक्षाओं के सन्दर्भ में)

| | *मनोसामाजिक विकास अवस्था* | *व्यक्ति और उसकी आयु अवधि* | *आवश्यकताएँ एवं अपेक्षाएँ* |
|---|---|---|---|
| 1. | विश्वास बनाम अविश्वास (Trust vs. Mistrust) | शिशु (infant) (जन्म से 1½ वर्ष तक) | अपनी अधिक से अधिक देखभाल और अपने लिये ज्यादा से ज्यादा आराम की गारन्टी चाहता है ताकि उसका अपने, दूसरों के तथा परिवेश के प्रति आवश्यक विश्वास बना रहे। |
| 2. | स्वायत्तता बनाम लज्जा एवं शंका (Autonomy vs. Shame and Doubt) | नन्हा बालक (Toddler) (1½ वर्ष से 3 वर्ष तक) | अपने आत्म-सम्मान का बचाव करते हुये अपने भौतिक परिवेश पर स्वामित्व स्थापित करने का प्रयत्न करता है। |
| 3. | पहल बनाम अपराध-बोध (Initiative vs. Guilt) | प्राथमिक विद्यालय में प्रवेश लेने से पहले का बालक (Pre-schooler) – 3 वर्ष से 6 वर्ष तक | दूसरों का अनुसरण कर स्वयं पहल करने की चेष्टा करता है। आत्म-चेतना तथा लैंगिक पहचान की ओर कदम बढ़ाता है। |
| 4. | अध्यवसाय बनाम हीनता (Industry vs. Inferiority) | पूर्व किशोरावस्था का बालक (Pre-adolescent Child) – 6 वर्ष से 12 वर्ष तक | अपने कौशलों में वांछित निपुणता लाकर आत्मविश्वास तथा आत्म प्रतिष्ठा अर्जित करने का प्रयत्न करता है। |
| 5. | पहचान बनाम भूमिका भ्रान्ति (Identity vs. Role Confusion) | किशोरावस्था (Adolescence) – 12 से 20 वर्ष तक | बालक, साथी, भाई-बहन, विद्यार्थी, खिलाड़ी तथा कार्यकर्ता आदि अपनी भूमिकाओं में तालमेल बिठाते हुए किसी अनुकरणीय आदर्श से प्रेरणा ग्रहण करते हुए तथा सहपाठियों से प्रतिस्पर्धा करते हुए अपनी एक विशिष्ट पहचान बनाने में प्रयासरत रहता है। |

(*क्रमशः*)

| | मनोसामाजिक विकास अवस्था | व्यक्ति और उसकी आयु अवधि | आवश्यकताएँ एवं अपेक्षाएँ |
|---|---|---|---|
| 6. | अन्तरंगता बनाम अकेलापन (Intimacy vs. Isolation) | पूर्व वयस्क (Young Adult) – 20 से 45 वर्ष तक | पति-पत्नी, माता-पिता तथा प्रेमी युगल के रूप में एक-दूसरे के साथ आत्मीय सम्बन्ध बनाने और प्रतिबद्धता निभाने सम्बन्धी क्षमता अर्जित करता है। |
| 7. | उत्पादनशीलता या सृजनात्मकता बनाम जड़ता (Generativity or Creativity vs. Stagnation) | वयस्कावस्था या प्रौढ़ावस्था (Middle Age Adult) – 45 से 65 वर्ष तक | व्यवसाय, परिवार तथा अन्य सामाजिक क्षेत्रों में अपनी उत्पादनशीलता तथा सृजनात्मकता के माध्यम से संतुष्टि पाने का प्रयत्न करता है। |
| 8. | अहं संतुष्टि बनाम हताशा (lgo Integrity vs. Despair) | उत्तर प्रौढ़ावस्था या वृद्धावस्था (Older Adult) – 65 वर्ष से मृत्यु तक | अपने जीवन की उपलब्धियों पर नजर डालता है, आयु के साथ आने वाली कमियों से निपटता है और मृत्यु का सामना करने के लिये आवश्यक तैयारियों में जुटा रहता है। |

है। उन्हें अपने अतीत में झाँककर निराशा हाथ लगती है। ऐसा हो गया, ऐसा नहीं होना चाहिए, मुझे ऐसा न करके ऐसा करना चाहिए था, यही सोच-सोचकर वे पश्चाताप की अग्नि में जलते रहते हैं और अपने विगत इतिहास को लेकर अपने से काफी नाराज और दुखी दिखायी देते हैं। जीवन में इतना लम्बा रास्ता तय करने के बाद अब वह यह सोचते हैं कि उनकी जिन्दगी ठीक तरह नहीं बीती और अब तो उनके पास अपनी भूलें सुधारने तथा कुछ नया हट कर करने का समय ही कहाँ बचा है, यही बात अब उन्हें पूरी तरह हताशा की ओर धकेल देती है। इन व्यक्तियों को ही मृत्यु का भय हर समय सताता रहता है। दूसरी ओर वे व्यक्ति जिन्हें अपने अतीत पर कोई पश्चाताप नहीं होता और जो अपने किए पर गौरवान्वित या संतुष्टि का अनुभव करते है वे जीवन और मरण को एक स्वाभाविक प्रक्रिया मानकर डर-डर कर नहीं जीते बल्कि अपनी आखिरी साँस तक अपनी जिन्दगी को पूरी तरह से जीते हैं।

दूसरी ओर देखा जाए तो असंतुष्टि और हताशा आवश्यक रूप से व्यक्तित्व का नकारात्मक पहलू नहीं है। किसी काम से या किसी बात से हमारा संतुष्ट होना या न होना नितान्त सामान्य और स्वाभाविक है। हम अपनी जिन्दगी में हमारे द्वारा की जाने वाली कई भूलों तथा कमियों का स्मरण कर पछताते हैं। परन्तु यह बात इतनी अधिक नहीं बढ़ जानी चाहिए कि इससे हम में अपने स्वयं के प्रति नफरत या हीनता के भाव पैदा हो जाएँ तथा हम निराशा और हताशा के अँधेरों में खो जाएँ। इसलिए यह आवश्यक है कि वृद्धावस्था से अहं संतुष्टि तथा हताशा के बीच भली भाँति सन्तुलन कायम करने का प्रयत्न किया जाए ताकि जिन्दगी के इस आखिरी पड़ाव में व्यक्ति अपने और अपनी दुनिया के प्रति सकारात्मक आशावादी दृष्टिकोण अपनाते हुए दुनिया और समाज के लिए उपयोगी बनकर अपने शेष दिनों को सम्मानपूर्वक जिए।

इरिकसन की उपरोक्त वर्णित सभी आठों मनोसामाजिक विकास अवस्थाओं की लम्बी यात्रा को जिसे व्यक्ति विशेष द्वारा अपने संपूर्ण जीवन में तय किया जाता है अपनी विशेष चुनौतियों तथा संकट घड़ियों (Crises of life) से जुड़ी विभिन्न आवश्यकताओं एवं अपेक्षाओं के परिप्रेक्ष्य में जिस तरह भलीभाँति संक्षिप्त रूप में प्रस्तुत किया जा सकता है उसका एक प्रयास जो कुछ भी अभी तक इस बारे में कहा गया है उसके सार रूप में हमने तालिका 3.2 के माध्यम से किया हैं ताकि पाठकों को इरिकसन के इस बहुउपयोगी मनोसामाजिक सिद्धान्त की आधारभूत धारणाओं को अच्छी तरह समझने में यथासंभव सहायता की जा सके।

## कोहलबर्ग का नैतिक विकास सिद्धान्त

## (Kohlberg's Theory of Moral Development)

हार्वर्ड विश्वविद्यालय के प्रसिद्ध मनोवैज्ञानिक लोरेन्स कोहलबर्ग का जन्म 1927 में न्यूयार्क के ब्रोन्सविले स्थान पर हुआ था। उन्होंने यह सोचकर शिकागो में मनोविज्ञान की स्नातक स्तर की पढ़ाई करने का इरादा किया था कि वे आगे जाकर चिकित्सक मनोवैज्ञानिक बनेंगे। लेकिन इस दौरान उसकी पियाजे द्वारा किए जा रहे कार्यों में रुचि

पैदा हो गई और वे पियाजे के द्वारा बालकों के नैतिक विकास सम्बन्धी कार्य को आगे बढ़ाने हेतु बालकों तथा किशोरों का उनकी नैतिक विचार प्रक्रिया तथा विकास के सन्दर्भ में साक्षात्कार करने में जुट गये। अपने इन अध्ययन प्रयासों के द्वारा उन्होंने व्यक्तियों में उनके जीवन से लेकर अंत तक की अवधि में होने वाली नैतिक निर्णय क्षमता के विकास से सम्बन्धित एक महत्त्वपूर्ण सिद्धान्त को जन्म दिया। अपने अध्ययन के लिए प्रयुक्त इस प्रतिदर्श (Sample) में कोहलबर्ग ने विभिन्न सांस्कृतिक और सामाजिक परिवेश, घर-परिवार तथा देशों के विभिन्न आयु वर्ग के सैकड़ों बालकों तथा किशोरों को शामिल करने का प्रयत्न किया। नैतिकता तथा नैतिकता के बारे में निर्णय लेने सम्बन्धी जो विचार कोहलबर्ग ने अपने नैतिक विकास सिद्धान्त के माध्यम से सबके सामने रखे वे उनके बारे में वे आम प्रचलित इस मान्यता से काफी भिन्न थे कि बालक अपने माता-पिता तथा अन्य गुरुजनों से ही नैतिकता का पाठ पढ़ते हैं। कोहलबर्ग (1968) के अनुसार,

> *"जैसे ही हम बालकों से नैतिकता के सम्बन्ध में बात करते हैं तो हम यह पाते हैं कि वे अनेक ऐसे तरीकों से भी अपना नैतिक निर्णय लेते हैं जो उन पर बाहर से नहीं लादे जाते और कम से कम जिनका सम्बन्ध प्रत्यक्ष रूप से माता-पिता, अध्यापकों तथा यहाँ तक कि उनके समवयस्क साथियों से नहीं होता।"*
>
> *(As soon as we talk with children about morality, we find that they have many ways of making judgements which are not internalized from the outside, and which do not come in any direct and obvious way from parents, teachers and even peers.)*

इस सम्बन्ध में कोहलबर्ग ने आगे यह भी स्पष्ट किया कि बालक की संज्ञानात्मक प्रक्रियाओं जैसे उनकी सोच तथा विचार शक्ति भी बालकों के द्वारा लिए जाने वाले नैतिक निर्णयों सम्बन्धी विकास में काफी महत्वपूर्ण भूमिका निभाती हैं। दूसरे शब्दों में, यह अच्छी तरह कहा जा सकता है कि जिस रूप में बालकों द्वारा अपने नैतिक निर्णय लिये जाते हैं वह उनके बौद्धिक विकास के स्तर, उनके लालन-पालन एवं उनके द्वारा अर्जित अधिगम अनुभवों इन सभी के सम्मिलित प्रभाव का प्रतिफल होता है।

मनुष्य मात्र की नैतिक विकास सम्बन्धी प्रक्रिया का अध्ययन करने के लिए कोहलबर्ग ने पहले तो नैतिक विकास को व्यक्ति विशेष की एक ऐसी योग्यता तथा क्षमता के रूप में परिभाषित किया जो उनसे न्याय तथा अन्याय, भले या बुरे में भेद करने में मदद करती है और फिर बालकों में इस प्रकार की योग्यता तथा क्षमता के स्तर का पता लगाने हेतु उसने उनके नैतिकता सम्बन्धी दृष्टिकोणों के अध्ययन पर अपना ध्यान केन्द्रित किया और इसके लिए अपने द्वारा बनाये गए एक नैतिक निर्णय परीक्षण (Test of moral judgement) का प्रयोग किया। इस परीक्षण में उन्होंने विभिन्न प्रकार के नैतिक धर्म संकटों (moral dilemmas) से युक्त घटनाओं को बालकों के सामने प्रस्तुत करते हुए उनके नैतिक निर्णय की जाँच हेतु कुछ इस प्रकार के प्रश्न

किए जैसे क्या उस व्यक्ति के द्वारा जो अपनी मरती हुई पत्नी के लिए दवा खरीदने की आर्थिक स्थिति में नहीं है, दवा के लिए चोरी करना ठीक है? क्या एक महत्त्वपूर्ण व्यक्ति की जान बचाने के लिए अनेक सामान्य व्यक्तियों की जान को दाँव पर लगाना उचित कहा जा सकता है? क्या कष्ट से तड़पते हुए किसी व्यक्ति को डॉक्टर द्वारा जहर के इंजेक्शन देकर मारना उचित है? आदि-आदि। अपने अध्ययन के प्रतिदर्श में शामिल बालकों का साक्षात्कार लेने हेतु उनमें उचित रुचि तथा आकर्षण पैदा करने के लिए उसने नैतिक धर्म संकटों से युक्त घटनाओं को रोचक कहानियों तथा व्याख्यात्मक वर्णन द्वारा प्रस्तुत करने की चेष्टा की। उदाहरण स्वरूप यहाँ हम एक ऐसी कहानी या विवरण को प्रस्तुत कर रहे हैं।

### *हेन्ज ने दवा की चोरी की (Heinz steals the drug)*

यूरोप में एक महिला एक विशेष प्रकार के कैन्सर से पीड़ित होने के कारण मृत्यु की कगार पर थी। डॉक्टर के परामर्श के मुताबिक केवल एक ही दवाई ऐसी थी जो उसकी जिन्दगी बचा सकती थी। वह एक ऐसे रेडियम के रूप में थी जिसे उसी शहर के एक दवाई विक्रेता द्वारा अभी हाल ही में आविष्कृत किया गया था। दवाई को बनाने में यद्धपि काफी खर्चा आता था परन्तु दवाई विक्रेता उसकी लागत से 10 गुनी कीमत वसूल रहा था। वह रेडियम के लिए 200 डॉलर खर्च कर रहा था परन्तु दवा की एक छोटी सी खुराक की कीमत उसने 2000 डॉलर रखी हुई थी। बीमार औरत के पति हेन्ज में इस दवा को खरीदने का सामर्थ्य नहीं था। वह अपने सभी परिचितों के पास सहायता के लिए पहुँचा परन्तु अपने भरसक प्रयास के बावजूद कुल 1000 डॉलर ही इकट्ठे कर पाया। उसने दवाई विक्रेता से प्रार्थना की कि उसकी पत्नी मृत्यु शैया पर है और वह उसे यह दवाई की खुराक 1000 डॉलर में ही दे दे अथवा अभी इतना ही ले ले शेष 1000 डॉलर वह बाद में चुकता कर देगा। लेकिन दवाई विक्रेता ने इस बात को नकारते हुए उसे उत्तर दिया कि "नहीं, मैंने इस दवाई की खोज की है और मैं इससे पूरी कमाई करना चाहूँगा।" ऐसा सुनकर हेन्ज के धैर्य की सीमा समाप्त हो गई और अपनी मरती हुई पत्नी के लिए दवा उपलब्ध करने हेतु उसने रात के अँधेरे में दवा विक्रेता के स्टोर का ताला तोड़कर चोरी करने की कोशिश की। क्या हेन्ज का ऐसा करना उचित था? (कोहलबर्ग, 1963, पृष्ठ 19)

इस प्रकार के नैतिक धर्म संकटों से युक्त किसी घटना विशेष को किसी बालक या व्यक्ति विशेष के सामने रखकर कोहलबर्ग ने उसे अपने कुछ विशेष प्रश्नों के उत्तर प्राप्त करने हेतु भली भाँति प्रेरित किया। कोहलबर्ग मात्र इस बात से संतुष्ट नहीं था कि प्रयोज्य (subject) द्वारा उसके प्रश्न का उत्तर हाँ या ना में दिया जाए जैसे हेनरी का ऐसा करना ठीक था अथवा ठीक नहीं था। उसे यह जानने में विशेष रुचि थी कि प्रयोज्य (subject) के द्वारा जो उत्तर दिया जा रहा है उसके पीछे क्या औचित्य है ताकि प्रयोज्य के नैतिक विकास स्तर की थाह पाने हेतु उसमें निहित नैतिक सोच के स्तर की पकड़ की जा सके। अपने इस उद्देश्य की पूर्ति हेतु कोहलबर्ग ने आगे बढ़कर

अपने प्रयोज्य से कुछ इस प्रकार के प्रश्न किए जैसे आप ऐसा क्यों सोचते हैं कि हेन्ज द्वारा दवाई चुराना ठीक था या ठीक नहीं था? कुछ और अधिक जानने हेतु कोहलबर्ग ने कुछ और प्रश्नों का चुनाव कर रखा था जैसे क्या आप यह सोचते हैं कि दवाई चुराने का हेन्ज का हक बनता था? क्या इससे औषधि विक्रेता के अधिकारों का हनन नहीं हो रहा था? हेन्ज को पकड़े जाने पर जज द्वारा उसे क्या सजा सुनाई जानी चाहिए? कोहलबर्ग ने अपने प्रयोज्यों से इस तरह के प्रश्न पूछे ताकि प्रयोज्य विशेष द्वारा दिये गए किसी उत्तर के औचित्य को परखने का इच्छित अवसर प्राप्त हो सके।

अंत में उन सभी उत्तरों का जो कोहलबर्ग को अपने प्रयोज्य से प्राप्त हुए, विश्लेषण करके वह इस निष्कर्ष पर पहुँचा कि पियाजे की संज्ञानात्मक विकास अवस्थाओं की तरह नैतिक मूल्यों के विकास की भी कुछ निश्चित एवं सार्वभौमिक अवस्थाएँ होती हैं और बालक का एक अवस्था से दूसरी अवस्था में पदार्पण करना उसके माता-पिता, गुरुजन तथा साथी बालकों के नैतिक मूल्यों के अर्जन पर नहीं बल्कि उसकी स्वयं के संज्ञानात्मक योग्यताओं पर निर्भर करता है। उसने आगे नैतिक विकास के तीन विभिन्न स्तरों का उल्लेख किया तथा प्रत्येक स्तर पर बालक या व्यक्ति विशेष के नैतिक विकास सम्बन्धी दो अवस्थाओं की चर्चा की। कोहलबर्ग द्वारा प्रदत्त नैतिक विकास के इन तीन स्तरों तथा उनसे जुड़ी हुई अवस्थाओं को तालिका 3.3 में दिखाया गया है।

**तालिका 3.3:** कोहलबर्ग के नैतिक विकास सम्बन्धी तीन स्तर तथा छः अवस्थाएँ

| | |
|---|---|
| *स्तर-I* | *पूर्व नैतिक या पूर्व-पारम्परिक नैतिकता (4-10 वर्ष)* |
| अवस्था-1: | सजा से बचने हेतु आज्ञापालन की अवस्था |
| अवस्था 2: | इनाम तथा अन्य लाभों के लालच में अनुपालन करने की अवस्था |
| *स्तर-II* | *पारम्परिक नैतिकता (10-13 वर्ष)* |
| अवस्था-3: | अच्छे अन्तः वैयक्तिक सम्बन्ध (पारस्परिक सम्बन्ध बनाये रखने तथा दूसरों की स्वीकृति पाने की अवस्था) |
| अवस्था-4: | सामाजिक व्यवस्था बनाये रखना (उच्च अधिकारीगण या सामाजिक संगठनों के द्वारा लगाये गये प्रतिबन्ध से बचने हेतु आज्ञापालन की अवस्था। |
| *स्तर-III* | *स्व-मान्य नैतिक सिद्धान्तों पर आधारित उत्तर-पारम्परिक नैतिकता (13 वर्ष में या अधेड़/प्रौढ़ावस्था में अथवा कभी नहीं)* |
| आवस्था-5: | सामाजिक अनुबन्ध तथा वैयक्तिक अधिकार (जनतांत्रिक रूप से स्वीकृत नियमों तथा सामुदायिक कल्याण सम्बन्धी रीतियों की अनुपालन सम्बन्धी अवस्था) |
| अवस्था-6: | सार्वभौमिक नैतिक सिद्धान्त (सार्वभौमिक नैतिक सिद्धान्तों तथा अपनी आत्मा की आवाज पर चलने की अवस्था) |

आइये अब हम कोहलबर्ग द्वारा वर्णित इन सभी नैतिक विकास स्तरों तथा अवस्थाओं से ठीक तरह परिचित होने का प्रयत्न करें।

### *स्तर-1: पूर्व नैतिक या पूर्व-पारम्परिक नैतिकता (4-10 वर्ष)*
### *(Pre-moral or Pre-conventional Morality)*

नैतिकता के इस स्तर पर बालकों में क्या सही है अथवा क्या गलत और क्या अच्छा है अथवा क्या बुरा इस तरह के निर्णय लेने की शुरूआत हो जाती है। परन्तु मानदंड जिन्हें वह इस प्रकार के नैतिकता सम्बन्धी निर्णय लेने के लिए प्रयुक्त करता है, वे अभी दूसरों के ही होते हैं (या तो उन्हें माँ-बाप या गुरुजनों द्वारा नियमों के रूप में लागू किया जाता है अथवा स्वयं अपने व्यवहार में दिखाया जाता है) वह प्राय: इस प्रकार के निर्णय या तो सजा से बचने के लिए लेता है अथवा किसी इनाम और अन्य प्रकार के लाभों/रियायतों का लालच उसे यह करने को प्रेरित करता है। इस स्तर पर होने वाला नैतिक विकास निम्न दो चरणों या अवस्थाओं में से गुजरता हुआ पाया जाता है।

### *अवस्था-1: सजा से बचने हेतु आज्ञापालन की अवस्था*
### *(The Stage of Obedience for Avoiding Punishment)*

प्रारम्भ में बालकों की नैतिकता का नियन्त्रण और नियमन सजा मिलने के डर पर आधारित रहता है। वह अपने माता-पिता तथा गुरुजनों की आज्ञा केवल डाँट -फटकार और सजा के डर से ही मानता है। कोहलबर्ग द्वारा प्रतिपादित यह प्रथम नैतिक विकास अवस्था पियाजे द्वारा प्रतिपादित प्रथम नैतिक विकास चरण या अवस्था-हेटरोनोमस अवस्था से मेल खाती है। यहाँ बालक यह मानकर चलता है कि जिनके पास अधिकार और शक्तियाँ है (जैसे माता-पिता, गुरुजन आदि) उनके द्वारा कुछ निश्चित नियम तथा कायदे कानून बनाये गए हैं। जिनका उसके द्वारा बिना किसी आपत्ति के अक्षरश: पालन करना जरूरी है। अगर पूर्व वर्णित हेन्ज सम्बन्धी घटना कहानी का यहाँ पुन:स्मरण किया जाए तो इस अवस्था का बालक अपने नैतिक विकास स्तर के हिसाब से यही कहेगा कि हेन्ज को दवाई चुराने के लिए इसलिए दोषी कहा जाना चाहिए क्योंकि "ऐसा करना कानून/नियम के विरुद्ध है" अथवा "आपको नहीं मालूम कि चोरी करना बुरी बात है।" अगर इस सम्बन्ध में उससे आगे और कुछ कहने के लिए कहा जाए जैसे चोरी करना बुरी बात क्यों है? तो उसका स्पष्ट यही जबाव होगा कि आप नहीं जानते इससे कितनी बड़ी सजा मिलती है।

### *अवस्था 2: इनाम तथा अन्य लाभों के लालच में अनुपालन करने की अवस्था*
### *(The Stage of Conforming to obtain Awards and Favour in Return)*

नैतिक विकास की इस अवस्था में बालक यह जान जाते हैं कि क्या अच्छा है और क्या बुरा। ऐसा निर्णय लेने के लिए कोई ऐसा सर्वमान्य निश्चित नियम नहीं होता

जिसे अधिकारीगण/बड़ों द्वारा सबके लिए निर्धारित कर रखा हो। सब की इसमें अलग-अलग राय हो सकती है। जैसे अगर हेन्ज सम्बन्धी घटना को ही लिया जाए तो क्या उचित है और क्या अनुचित इसके बारे में जहाँ हेन्ज यह सोच सकता है कि उसका इन परिस्थितियों में दवाई की चोरी करना बिलकुल जायज है वहीं दवाई विक्रेता इसे अपने अधिकारों पर हनन, अपनी असुरक्षा तथा होने वाले नुकसान की दृष्टि से बिल्कुल गलत करार देकर हेन्ज को कड़ी से कड़ी सजा दिलाने के हक में दिखाई दे सकता है। दूसरे अन्य व्यक्तियों की राय यहाँ अगर ली जाए तो किसी को यह उचित तथा न्यायसंगत दिखाई देगा तो कुछ इसे गलत करार देकर हेन्ज को जेल में सींखचों में बन्द करने की सिफारिश करते पाए जाएँगे। कोहलबर्ग(1963, पृष्ठ 24) ने इस अवस्था के बालकों का साक्षात्कार करते हुए उनकी नैतिक सोच के बारे में यही निष्कर्ष निकाला कि ये बालक अब जान जाते हैं कि "नैतिकता से जुड़ी हुई सब बातें शाश्वत नहीं बल्कि सापेक्ष होती हैं। सभी व्यक्ति अपनी-अपनी तरह से क्या अच्छा है, क्या बुरा यह निर्णय लेने के लिए स्वतन्त्र होते हैं।"

यहाँ हेन्ज के बारे में ही देख लीजिये एक बालक ने बिल्कुल अलग सा जबाव देते हुए कहा "हेन्ज को दवा अवश्य चुरानी चाहिए थी अगर वह अपनी पत्नी को आगे जीवित देखना चाहता था परन्तु उसे उस अवस्था में यह करने की कोई जरूरत नहीं थी कि अगर वह किसी और कम उम्र की सुन्दर स्त्री से शादी करने के लिए इच्छुक होता।"

इस तरह देखा जाए तो इस अवस्था से बालकों में कोई निश्चित मूल्य नहीं होते। वे मौके के हिसाब से क्या सही है और क्या गलत है इसके बारे में निर्णय अपने-अपने हिसाब से लेते हैं। ज्यादातर उनके ये निर्णय उनकी स्वार्थपूर्ति पर आधारित होते हैं। वह किसी का कहना इसलिए मानते हैं कि यह बात उसके लिए फायदेमंद है इससे उनकी आवश्यकताओं को पूरा करने का मौका मिलता है।

### *स्तर-II: पारम्परिक नैतिकता (10-13 वर्ष)*
### *(Conventional Morality)*

नैतिक अवस्था के इस दूसरे स्तर पर भी बालकों की नैतिक सोच एवं निर्णय की आधारभूमि दूसरों को क्या अच्छा लगता है और क्या बुरा, इसी पर विराजमान रहती है। उसके लिए वही नैतिक या अनैतिक होता है जिसका विधान समाज में निहित नियमों, कायदे कानूनों, आचार संहिता, परम्पराओं तथा रीति-रिवाजों द्वारा उसके सामने होता है। चोरी करना अथवा अपनी जिन्दगी से मुक्ति पाने की इच्छा रखने वाले व्यक्ति को दयावश मारना इस प्रकार की बातें उनके द्वारा अनैतिक करार दी जाएँगी क्योंकि न तो समाज इन्हें मान्यता देता है और न कानून। इस प्रकार से पारम्परिक नैतिकता के स्तर के बालक के लिए नैतिक वही होता है जो उसे समाज में बड़े अधिकारियों तथा कानून की किताबों द्वारा निर्धारित किया जाता है। इस स्तर की नैतिकता में निम्न दो अवस्थाएँ लक्षित होती हैं।

### *अवस्था 3: अच्छे वैयक्तिक अंतः सम्बन्ध*

### *(Good Interpersonal Relationships)*

पारम्परिक नैतिकता स्तर के पहले चरण में बालक के नैतिक निर्णयों के मूल में यह भावना कार्य करती है कि वह ऐसे काम न करे जिनसे दूसरे नाराज हों। दूसरे शब्दों में वह 'एक अच्छा लड़का' या 'एक अच्छी लड़की' के रूप में अपनी तस्वीर दूसरों के सामने रखने की यथा संभव कोशिश करता/करती है। इस उद्देश्य हेतु वह दूसरों की पसंद-नापसंद तथा इरादों को भाँपता रहता है और उन्हीं के मुताबिक व्यवहार चेष्ठाओं में संलग्न रहना चाहता है। कोहलबर्ग ने अपने अनुसंधान कार्य के दौरान यही पाया कि उसके बहुत सारे प्रयोज्य (subjects) इस बात पर एकमत थे कि हेन्ज ने चोरी करके ठीक किया। वह एक अच्छा आदमी था क्योंकि कोई भी पति चुपचाप रहकर अपनी पत्नी को मौत से लड़ते हुए नहीं देख सकता। इस सम्बन्ध में प्रयोज्यों द्वारा दिये गए उत्तरों में से अपने एक प्रयोज्य डॉन (13 वर्ष) के उत्तर को कोहलबर्ग (1963:25) ने निम्न प्रकार प्रस्तुत किया है:

"वास्तव में यह दवा विक्रेता का कसूर था, उसका व्यवहार अनुचित था, वह बहुत वसूली कर रहा था और उसे किसी की जान की भी परवाह नहीं थी। हेन्ज अपनी पत्नी से बहुत प्यार करता था और उसकी जान बचाना चाहता था। मैं सोचता हूँ कि कोई भी ऐसा ही करेगा। मेरे विचार से वे उसे जेल में बन्द नहीं करेंगे। जज सब बातों को ध्यान में रखेगा और देखेगा कि दवा विक्रता बहुत ज्यादा कीमत वसूल रहा था"।

अपने प्रयोज्यों द्वारा दी गई इस प्रकार की प्रतिक्रियाओं के आधार पर कोहलबर्ग ने यह निष्कर्ष निकाला कि 10 से 13 वर्ष की आयु के ये प्रयोज्य अपनी ऐसी प्रतिक्रियाओं के माध्यम से यह प्रमाणित कर रहे थे कि उनकी नैतिक सोच का स्तर अभी पारम्परिक (Conventional) ही है। वे सभी इसी बात पर ज़ोर दे रहे थे कि हेन्ज ने वही किया जो इस हालत में किसी के द्वारा किया जाता चाहिए था यानी उनके विचार में हेन्ज के द्वारा किया गया कार्य इसलिये ठीक था क्योंकि समाज में ज्यादातर ऐसा ही होता है और अधिक से अधिक लोगों द्वारा ऐसा करना स्वाभाविक ही नजर आता है।

### *अवस्था 4: सामाजिक व्यवस्था बनाए रखना*

### *(Maintaining Social Order)*

कोहलबर्ग के अनुसार तृतीय अवस्था में बालकों की नैतिक सोच दो व्यक्तियों में पारस्परिक सम्बन्धों विशेषकर परिवार के सदस्यों या अच्छे दोस्तों के साथ जहाँ एक-दूसरे की आवश्यकताओं तथा भावनाओं को समझने और एक-दूसरे के लिए कुछ करने के ईमानदारी से प्रयत्न किए जाते हैं, के परिप्रेक्ष्य में ठीक तरह कार्य करती है। परन्तु चौथी अवस्था में प्रवेश करते ही बालक अपने में होने वाले सामाजिक विकास के फलस्वरूप परिवार या दोस्तों तक ही सीमित नहीं रहता वह पूरे समाज का हो जाता है। इसलिए समाज के साथ अच्छी तरह समायोजित होने की उसकी आवश्यकता

आवश्यक रूप से बढ़ जाती है। अब वह समाज के नियमों, आचार- विचारों तथा कायदे-कानूनों के अन्तर्गत काम करने को महत्व देने लगता है ताकि समाज में कानून और व्यवस्था बनाये रखने में उसकी उचित भागीदारी हो सके। अपनी इस प्रकार की राय की पुष्टि में कोहलबर्ग हेन्ज के कथानक के सन्दर्भ में अपने प्रयोज्यों द्वारा दिये गए उत्तरों की ओर हमारा ध्यान दिलाते हुए कहता है कि उसके बहुत से प्रयोज्यों ने स्पष्ट रूप से यह स्वीकार किया कि यह ठीक है कि हेन्ज का चोरी करने पीछे जो उद्देश्य था वह कल्याणकारी था परन्तु इस बात को लेकर उसके द्वारा चोरी करने का अपराध कम नहीं हो जाता। क्या होगा अगर हम सब अपने-अपने हिसाब से कानून की धज्जियाँ उड़ाने लग जाएँ चाहे इसके पीछे कितना भी कल्याणकारी प्रयोजन छुपा हो? इससे तो पूरी तरह अराजकता फैल जाएगी, फिर बताओ समाज किस तरह चलेगा।

इस प्रकार से बालकों की अपने नैतिक विकास की इस चौथी अवस्था में नैतिक सोच तथा निर्णय लेने का कार्य पूरे समाज के कल्याण और हित चिन्तन से जुड़ा हुआ दिखाई देता है। उनकी नैतिकता की परिभाषा का दर्शन अब समाज के बनाए हुए नियम, कायदे कानून तथा आचार संहिता और समाज में चली आ रही परम्पराओं तथा रीतिरिवाजों से निर्देशित और अनुप्रेरित रहता है। चाहे इसमें समाज के हित की लोक कल्याण भावना छुपी हो अथवा समाज की नाराजगी (जिसमें उनके माँ-बाप, गुरुजन तथा समाज के अन्य सम्मानित सदस्य, कानून और न्याय से जुड़े अधिकारीगण शामिल होते हैं) का डर। वे समाज द्वारा स्थापित नैतिकता और अनैतिकता की परिभाषाओं के सन्दर्भ में ही अपने व्यवहार का निरूपण करते हुए दिखाई देते हैं।

### *स्तर III: स्व-मान्य नैतिक सिद्धान्तों पर आधारित उत्तर-पारम्परिक नैतिकता (13 वर्ष तथा उसके पश्चात्)*

### *(Post-Conventional Morality Involving Self Accepted Moral Principles)*

नैतिक विकास का यह स्तर व्यक्ति के नैतिक विकास का सर्वोच्च स्तर कहलाता है, यहाँ अब व्यक्ति की नैतिक सोच और निर्णय को नियमित एवं नियंत्रित करने की कुंजी किसी बाहरी व्यक्ति, संस्था या समाज द्वारा बनाए गए कायदे कानूनों में नहीं बल्कि व्यक्ति विशेष में ही निहित पाई जाती है। कोई बात सही है या गलत इस बात का फैसला इस आधार पर नहीं लिया जाता कि दूसरों द्वारा या समाज विशेष के बनाये गए नियमों, कायदे-कानूनों अथवा चली आ रही परम्पराओं तथा रीतिरिवाजों द्वारा इस सम्बन्ध में क्या कहा जाता है। बल्कि इस बात पर होता है कि उसके स्वयं का अन्तरमन इस बारे में क्या कहता है। उसके लिए नैतिकता की परिभाषा अब दूसरों द्वारा नहीं दी जाती बल्कि इसके पीछे अब वे नियम सिद्धान्त एवं मूल्य होते हैं जो स्वयं उसके द्वारा अपनी विकसित मानसिक सोच, जागरूकता तथा अनुभवों के आधार पर बनाये जाते हैं। परन्तु नैतिक विकास के इस स्तर पर पहुँचना कोई सामान्य बात नहीं है। किसी को तो इसकी किशोरावस्था के शुरू या बीच ही में उपलब्धि हो जाती है किसी को इसके लिए

अधेड़ या प्रौढ़ावस्था के आखिरी वर्षों तक इन्तजार करना पड़ता है और किसी को यह अपनी जिन्दगी में नसीब ही नहीं होता। नैतिक विकास के इस उच्चतम स्तर का सफर भी निम्न दो चरणों या अवस्थाओं से गुजरता हुआ दिखाई देता है।

### *अवस्था 5: सामाजिक अनुबन्ध तथा वैयक्तिक अधिकार*
### *(Social Contracts and Individual Rights)*

इस अवस्था में प्रवेश करते हुए, जैसा कि कोहलबर्ग का मत है, व्यक्ति विशेष के मन में यह प्रश्न उठता है कि अच्छे समाज की परिभाषा क्या है? मूल रूप से वे यह मानते हैं कि अच्छे समाज का दर्जा उस समाज को दिया जा सकता है जिसमें रहने वाले व्यक्ति किसी एक ऐसे सामाजिक अनुबन्ध में बंधे हों जिसके तहत वे स्वतन्त्र रूप से कार्य करते हुए समाज का आवश्यक हित चिन्तन कर सकें । वे यह मानते हैं कि समाज में रहने वाले सभी विचारवान व्यक्ति इन दो बिन्दुओं पर अवश्य ही सहमत होंगे। (i) अपने लिये कुछ मूलभूत अधिकारों जैसे स्वतन्त्रता, तथा जीवन सुरक्षा और (ii) अनुचित नियमों कानून में परिवर्तन तथा समाज में सुधार लाने हेतु एक जनतन्त्रात्मक प्रक्रिया या तरीके की आवश्यकता। अपने इसी प्रकार के विचारों को कुछ ठोस आधार देने हेतु कोहलबर्ग ने एक बार फिर अपने प्रयोज्यों (Subjects) द्वारा हेन्ज से जुड़ी हुई घटना के सम्बन्ध में दिए गए उत्तरों पर ध्यान केन्द्रित करने की बात हमारे सामने रखी। उसके प्रयोज्यों में अधिकांश ने अपने उत्तरों द्वारा यह कहने की कोशिश की कि "वे सामान्य तौर पर नियम या कानून का उल्लंघन करने में विश्वास नहीं करते, ये तो एक ऐसे सामाजिक अनुबन्ध होते हैं जिन्हें निभाने के लिए हम प्रतिबद्ध हैं जब तक कि इनमें जनतांत्रिक ढंग से कोई बदलाव नहीं लाया जाता। फिर भी उसकी पत्नी का जीवित रहने का अधिकार एक नैतिक अधिकार है जिसकी रक्षा की जानी चाहिए।"

इस प्रकार से इस अवस्था में व्यक्ति विशेष की नैतिकता इस स्तर के नैतिक सोच पर पहुँच जाती है कि जहाँ वह किसी अधिकारी या कानून की बात तभी मानता है जब वह तार्किक दृष्टि से उन सिद्धान्तों या उसूलों को स्वीकार कर ले जिन पर अधिकारी विशेष द्वारा जारी किया गया आदेश निर्भर करता है। व्यक्ति की इस स्तर पर सोच नितांत तार्किक तथा विवेकपूर्ण हो जाती है और उसकी नैतिकता की परिभाषा में मानव अधिकारों, समाज कल्याण तथा विश्व बंधुत्व जैसे मानवीय तथा सामाजिक गुणों का समावेश हो जाता है। उदारहण के लिए इस स्तर से सम्बन्धित कोई व्यक्ति मानव अधिकार संरक्षण के परिप्रेक्ष्य में यह कहता हुआ पाया जा सकता है कि मृत्यु की कामना करने वाले व्यक्ति को मौत प्रदान करने की बात उसी व्यक्ति पर छोड़ देनी चाहिए जो अपने जीवन से तंग आकर मौत की पुकार लगा रहा हो, इसके लिए अगर जरूरत हो तो समाज विशेष के भले के लिए सम्बन्धित कानून में भी परिवर्तन किया जा सकता है।

***अवस्था 6: सार्वभौमिक नैतिक सिद्धान्त*** ***(Universal Moral Principles)***

नैतिक विकास की यह अवस्था नैतिक सोच तथा विकास की सबसे अन्तिम और चरम अवस्था है। अपने नैतिक विकास सिद्धान्त को प्रतिपादित करते हुए कोहलबर्ग ने इस अवस्था के नैतिक विकास की अपने इस विकास के आधार पर कल्पना की कि व्यक्ति के नैतिक विकास में एक मुकाम ऐसा भी होना चाहिए जिसमें नैतिकता को उन सार्वभौमिक नैतिक सिद्धान्तों या शाश्वत मूल्यों के हिसाब से पारिभाषित किया जा सकता हो जिसका प्रमाण महात्मा गांधी तथा मार्टिन लूथर किंग जैसे चरित्रवान महान पुरुषों ने अपने जीवन को जीकर दिया है। नैतिकतापूर्ण उनके जीवन में शाश्वत मूल्यों तथा सार्वभौमिक एवं सर्वमान्य नैतिक सिद्धान्तों जैसे स्वतन्त्रता, समानता, विश्वबंधुत्व, जियो और जीने दो, न्याय तथा दूसरों के प्रति आदर भाव की स्पष्ट झलक देखने को मिल सकती है। इस प्रकार की नैतिकता में व्यक्ति खुद के लिए ही नहीं जीता बल्कि उसे अपने से ज्यादा दूसरों के हित की परवाह रहती है। कोहलबर्ग के अनुसार हम इस अवस्था में पहुँच सकते हैं अगर हम हालातों को दूसरों के नजरिये से देखना शुरू कर दें। हेन्ज की कहानी में ही देख लीजिए, नैतिकता के इस सर्वोच्च रूप के दर्शन तभी संभव हैं कि जब समस्या का उपयुक्त और न्यायोचित समाधान सभी की सहमति से हो सके। इसके लिए निश्चित रूप से सभी को (दवा विक्रेता, हेन्ज और उसकी पत्नी तथा कानून) यहाँ पैदा हुए हालातों को दूसरों के नजरिये से देखना पड़ेगा। अगर वे सभी ऐसा करते हैं तो निस्संदेह ही आखिर में वे इस बात पर अवश्य ही एकमत होते दिखाई देंगे कि छोटी-छोटी बातों जैसे ज्यादा कमाई, परम्परागत नियम और कानूनों को ताक पर रखकर एक जान बचाने जैसे विशाल उद्‌देश्य की पूर्ति हेतु वही करना ठीक रहेगा जिससे हेन्ज की पत्नी की जान बच सके। इस प्रकार से नैतिक विकास की छठी अवस्था में आसीन व्यक्ति विशेष के नैतिक निर्णय को नियमित एवं नियन्त्रित करने वाली शक्तियाँ उसके स्वयं के अन्दर विराजमान रहती हैं। इस समय जो उसकी नैतिक सोच या फैसले होते हैं उनकी चाबी उसके अन्तःकरण तथा उसके द्वारा मान्य शाश्वत मूल्यों तथा सार्वभौमिक सिद्धान्तों (जैसे सभी के लिए न्याय, समानता, स्वतन्त्रता, आदरभाव) में निहित रहती है। वह वही करता है जो उसका अंतःकरण करने के लिए कहता है चाहे इसमें उसे दूसरों का विरोध, समाज की भर्त्सना तथा कानून की अवज्ञा करने की त्रासदी का सामना क्यों न करना पड़े।

कोहलबर्ग द्वारा सुझाई गई उपरोक्त नैतिक विकास सम्बन्धी अवस्थाओं के विवरण द्वारा अब यह अच्छी तरह से समझा जा सकता है कि यद्यपि बालक बहुत छोटी उम्र में ही क्या सही है और क्या गलत इस तरह का निर्णय लेने सम्बन्धी योग्यता का प्रमाण देकर अपने नैतिक विकास की यात्रा प्रारम्भ करते हुए दिखाई दे सकते हैं, परन्तु नैतिकता के वास्तविक धरातल पर अपने पैर जमाने हेतु उन्हें किशोरावस्था या कभी-कभी प्रौढ़ावस्था का इन्तजार भी करना पड़ सकता है। इस तृतीय अवस्था तक सभी पहुँच जाएँ इसकी भी कोई गारंटी नहीं है। बहुत से वयस्क व्यक्ति अपनी नैतिक

सोच या विचार क्षमता को लेकर कोहलबर्ग द्वारा सुझाई गई द्वितीय नैतिक अवस्था को भी पार नहीं कर पाते। अगर उचित आँकड़े इकट्ठे किए जाएँ तो यह आसानी से पता लग सकता है कि आज के इस भौतिकवादी युग में हम में से बहुत कम ऐसे हैं जो कोहलबर्ग द्वारा इंगित नैतिक विकास की पाँचवी अवस्था तक पहुँच पाएँ और उनमें से भी बहुत ही कम ऐसे होंगे जिन्हें छठी अवस्था सम्बन्धी नैतिकता का वास्तविक हकदार समझा जाए यानी वे इस स्तर की नैतिकता की माँग के अनुरूप ही बौद्धिक रूप से सक्षम और विवेकशील हों, उनके नैतिक निर्णय केवल मात्र उनकी आत्मा की आवाज से नियंत्रित हों तथा उनमें अपने इन निर्णयों पर डटे रहने का असीम साहस हो चाहे इसके लिए उन्हें कैसे भी कुर्बानी क्यों न देनी पड़े।

## *कोहलबर्ग के नैतिक विकास सिद्धान्त की समीक्षा*
## *(Evaluation of the Kohlberg's Theory of Moral Development)*

*अच्छाइयाँ (Positive Attributes)*

कोहलबर्ग के नैतिक विकास सिद्धान्त की उसकी कुछ निम्न अच्छाइयों के कारण प्रशंसा की जाती है।

1. कोहलबर्ग को वह पहला मनोवैज्ञानिक तथा अनुसंधानकर्ता कहलाने का गौरव प्राप्त है जिसने पहली बार मानव नैतिक विकास की प्रक्रिया के सन्दर्भ में व्यापक और पूर्ण नैतिक विकास सिद्धान्त को सबके सामने रख कर यह स्पष्ट करने का प्रयत्न किया कि जीवनपर्यन्त चलने वाली हमारी नैतिक विकास यात्रा बहुत ही सुनिश्चित एवं क्रमबद्ध पड़ावों यानी अवस्थाओं से गुजरती है। एक अवस्था में होने वाले विकास स्तर को उपलब्ध करके ही व्यक्ति विशेष आगे की विकास अवस्था में प्रवेश कर सकता है। इस तरह किसी एक अवस्था के नैतिक विकास हेतु पिछली अवस्थाओं का नैतिक विकास से वांछित आधार भूमि का तो कार्य करता है परन्तु हर अवस्था विशेष की एक अनूठी नैतिक सोच होती है जो उसे उस अवस्था विशेष के नैतिक स्तर तक पहुँचाने में मदद करती है।

2. कोहलबर्ग के अपने नैतिक विकास सिद्धान्त द्वारा हमारे नैतिक विकास के उच्चतर स्तर की नैतिक सोच तथा विचार प्रक्रिया के क्रमिक विकास का काफी महत्त्वपूर्ण विवरण देने का प्रयास किया है और अपने इस स्पष्टीकरण का आधार पियाजे द्वारा सुझाई गई संज्ञानात्मक विकास प्रक्रिया को बनाया है।

नैतिक विकास की उत्तर-पारम्परिक नैतिक अवस्था में जिस प्रकार के उच्चतर नैतिक सोच या विचार प्रक्रिया की जरूरत होती है वह व्यक्ति विशेष द्वारा तब तक नहीं अपनाई जा सकती जब तक कि उसने पियाजे द्वारा वर्णित संज्ञानात्मक विकास की औपचारिक संक्रियात्मक अवस्था (formal operational stage) में प्रवेश नहीं किया हो। संज्ञानात्मक रूप से सूक्ष्म चिन्तन तथा समझ विकसित होने पर ही व्यक्ति विशेष सामाजिक व्यवस्था को ठीक तरह से कायम रखने के लिए बनाए गए कायदे-कानूनों की औचित्यता सम्बन्धी बारीकियों को जानकर उनका अनुपालन करने

के लिए आगे आ सकता है। इसलिए यह स्पष्ट हो जाता है कि इस प्रकार की नैतिकता किशोरावस्था के आगमन से पहले इसलिए विकसित नहीं हो सकती कि इससे पूर्व बालकों में इसके लिए अपेक्षित मानसिक या संज्ञानात्मक विकास नहीं हो पाता। इस तरह हम देख सकते हैं कि कोहलबर्ग ने पियाजे द्वारा प्रतिपादित सृजनात्मक विकास अवस्थाओं को स्वीकार करते हुए यह दिखाने का प्रयास किया है कि व्यक्ति के नैतिक विकास में उसके संज्ञानात्मक विकास की अहम भूमिका रहती है। परन्तु इसी दिशा में आगे अपने विचार प्रकट करते हुए कोहलबर्ग ने यह भी स्पष्ट किया है कि बौद्धिक विकास नैतिक विकास की पूरी गारन्टी नहीं दे सकता। एक व्यक्ति बौद्धिक रूप से बहुत अधिक आगे निकला हुआ हो सकता है परन्तु अपनी नैतिक सोच तथा विचारों के कारण वह अपनी नैतिक विकास से सम्बन्धित पिछली अवस्थाओं को ही पार नहीं कर पाता। इसलिये बौद्धिक रूप से सबल व्यक्तियों का नैतिक रूप से दुर्बल दिखाई देना कोई अपवाद नहीं है।

3. पियाजे की संज्ञानात्मक विकास अवस्थाओं में पाई जाने वाली संज्ञानात्मक सोच तथा विचार प्रक्रिया को अपनी नैतिक अवस्थाओं की नैतिक सोच या विचार प्रक्रिया को स्पष्ट करने हेतु काम में लाने के अतिरिक्त कोहलबर्ग ने पियाजे की सन्तुलनीकरण तथा अंसतुलनीकरण (disequilibrium) सम्बन्धी अवधारणाओं को भी अपने बालकों में विकसित होने वाली उच्चतर नैतिक सोच तथा विचार प्रक्रिया को समझने हेतु प्रयोग में लाने का सफल प्रयास किया। जैसा कि हम जानते हैं कि पियाजे ने यह प्रतिपादित किया कि जब बालक किसी प्रकार नए अधिगम अनुभव का आत्मसातीकरण (assimilation) करने में अपने आपको असमर्थ पाता है तो यह बात उसे अनुक्रिया करने का कोई नया ढंग अपनाने के लिए अनुप्रेरित करती है। पियाजे के पद चिन्हों पर चलते हुए कोहलबर्ग ने भी अपने नैतिक विकास सिद्धान्त में यह प्रतिपादित किया कि व्यक्ति विशेष नैतिक विकास की एक अवस्था से निकलकर उसके आगे की अवस्था में तभी प्रवेश करता है जब वह सब कुछ नहीं दे पा रही जिसकी जरूरत उसे किसी प्रकार के नैतिक निर्णय लेने में अब पड़ रही है। इस प्रकार का असंतोष या असंतुलनीकरण महसूस करने से ही वह कुछ नया अपनाने के लिए आगे की नैतिक विकास अवस्था में पहुँचने के लिए तत्पर दिखाई दे सकता है। कोहलबर्ग ने अपने नैतिक विकास सिद्धान्त द्वारा बालकों के नैतिक विकास में अनुभवों सामाजिक अन्तःक्रिया तथा दूसरों के व्यवहार का अवलोकन और अनुकरण कर सीखने की प्रक्रिया के महत्व को भी भली-भाँति सबके सामने रखा। कोहलबर्ग ने पूरी तरह स्पष्ट किया कि नैतिकता एक अर्जित व्यवहार है और नैतिक सोच तथा विचार प्रक्रिया का विकास बालक में धीरे-धीरे क्रमबद्ध रूप से विभिन्न नैतिक विकास अवस्थाओं के रूप में उसमें और उसके सामाजिक परिवेश में विद्यमान कारकों के बीच होने वाली अन्तःक्रिया के माध्यम से ही होता है।

5. कोहलबर्ग का नैतिक विकास सिद्धान्त अपने आप में इतना अधिक व्यापक एवं विस्तृत है कि उसने हमारी नैतिकता से संबंधित किसी भी स्तर के विकास को

अनछुआ नहीं छोड़ा। नैतिक विकास के उस उच्चतम स्तर के विकास को भी उसने अपने वर्णन और स्पष्टीकरण का विषय बनाया जिसमें व्यक्ति अपने समाज तथा समाज के बनाये गए कायदे-कानूनों, रीति-रिवाज तक परम्पराओं को चुनौती देता हुआ ऐसे बदलाव लाने के लिए अपना सब कुछ न्यौछावर करने को तत्पर रहता है जिनसे समाज की प्रगति का पहिया ठीक ढंग से आगे बढ़ता रहे और मानवता की प्रतिष्ठा हो। इस प्रकार कोहलबर्ग का नैतिक विकास सिद्धान्त हमें अपने चरित्रवान महान पुरुषों तथा समाज सुधारकों के नैतिक विकास स्तर से परिचित कराकर यह प्रेरणा देता हुआ नजर आता है कि हम नैतिकता की ऊँचाइयों को छूकर किस प्रकार समाज, राष्ट्र और विश्व कल्याण के लिए अपना योगदान दे सकते हैं।

*कमियाँ तथा कमजोरियाँ (Negative Attributes)*

कोहलबर्ग के नैतिक विकास सिद्धान्त की उसकी कुछ निम्न कमियों तथा कमजोरियों की वजह से आलोचना की जाती है।

1. कोहलबर्ग के नैतिक विकास सिद्धान्त की एक बड़ी कमजोरी यह है कि इसमें नैतिक व्यवहार के विकास सम्बन्धी प्रक्रिया को चर्चा का विषय न बनाकर मात्र नैतिक सोच तथा विचार प्रक्रिया के विकास की ही बात की गई है। किसी का किसी अवस्था विशेष में नैतिक विकास सम्बन्धी स्तर क्या है इसका पता तो उसके द्वारा किए जाने वाले नैतिक व्यवहार से ही अच्छी तरह लगाया जा सकता है उसकी नैतिक सोच के स्तर से नहीं। अगर कोहलबर्ग द्वारा किए गए अनुसंधान कार्य को ही लिया जाए तो यहाँ यह पाया जा सकता है कि कोई बालक अपनी नैतिक सोच तथा विचारों की काफी उच्च अवस्था पर विराजमान हो (जैसा कि उसके द्वारा दिए गए उन उत्तरों से प्रकट होता है कि जो उसने किसी नैतिक धर्मसंकट से सम्बन्धित घटना के बारे में अपने विचार व्यक्त करने को दिए हों) परन्तु दूसरी ओर यह जरूरी नहीं है कि वह अपनी इस नैतिक विकास के अनुरूप ही इस प्रकार की नैतिकता को वास्तविक जीवन में व्यवहार करते हुए प्रदर्शित करने में सफल हो । इस तरह बालकों की सोच कुछ और ही सकती है और उनके व्यवहार करने का ढंग कुछ और। बालक अपने विकास अवस्था के विभिन्न आयु वर्षों में तरह-तरह की बातें नैतिक सोच तथा नैतिक निर्णयों के बारे में पढ़ और सीख सकते हैं परन्तु यह जरूरी नहीं कि वे इन सब को अपने व्यवहार में भी उतार सकें। कोहलबर्ग का सिद्धान्त यह बताने में असमर्थ रहा है कि क्या नैतिक सोच-विचार तथा नैतिक विकास दोनों ही आवश्यक रूप से हाथ में हाथ मिलाते हुए एक साथ विकसित होते हैं अथवा यहाँ कुछ कमी होती है।

2. कोहलबर्ग ने नैतिक विकास की विभिन्न अवस्थाओं का उल्लेख कर ऐसी सीमा रेखाएँ खींचने का प्रयत्न किया है कि विभिन्न आयु वर्षों में व्यक्तियों में कुछ विशिष्ट प्रकार की नैतिकताओं या नैतिक विकास का प्रादुर्भाव होता है। परन्तु व्यावहारिक रूप से इस प्रकार के निश्चित नैतिकता प्रारूप के दर्शन हमें अपने आप में तथा अन्य व्यक्तियों में देखने को नहीं मिलते। अपनी जिन्दगी के किसी एक मोड़

पर आयु अवधि तथा जीवनावस्था में एक व्यक्ति-परिस्थिति अनुसार कई प्रकार की नैतिकता–पूर्व-पारम्परिक, पारम्परिक तथा उत्तर-पारम्परिक का अपने नैतिक व्यवहार में प्रदर्शन करता हुआ पाया जा सकता है। इस तरह हमारा नैतिक व्यवहार अधिकतर परिस्थिति निर्देशित ही होता है। हम किसी एक विशेष आयु के कोहलबर्ग द्वारा सीमाबद्ध अवस्था अन्य विशिष्ट व्यवहार के संपादन तक ही सीमित नहीं रहते। इसलिये कोहलबर्ग के सिद्धान्त द्वारा इस बात पर जोर देना ठीक नहीं है कि व्यक्ति अपनी एक आयु अवधि में एक निश्चित प्रकार की नैतिकता से ही जुड़ा होता है।

3. कोहलबर्ग के सिद्धान्त की इस सन्दर्भ में भी आलोचना की जाती है कि कोहलबर्ग ने बालकों के नैतिक विकास का वर्णन करने हेतु जो आयु सीमा रेखाएँ खींची हैं बालकों का नैतिक विकास उस से मेल नहीं खाता। जैसे कि स्मेताना (Smetana, 1981) ने अपने निरीक्षण के द्वारा स्पष्ट किया है कि आज के बच्चे नैतिकता सम्बन्धी मानक, जो कोहलबर्ग ने निर्धारित किए थे, उनसे काफी आगे निकले हुए दिखाई देते हैं। स्कूल जाने से पूर्व ही बालकों में भले-बुरे, उचित-अनुचित, सही-गलत आदि के बारे में निर्णय लेने हेतु स्वयं उनकी स्थापित की हुई मान्यताएँ तथा मानक होते हैं चाहे इस सम्बन्ध में माता-पिता तथा बड़ों द्वारा उन्हें कुछ भी कहा जाए और चाहे उनके द्वारा अपने निर्णयों के आधार पर किए गए कार्यों का कुछ भी परिणाम हो।

4. यह भी कहा जाता है कि कोहलबर्ग ने केवल मात्र पश्चिमी संस्कृति के साँचे में ढले हुए व्यक्तियों की नैतिक सोच तथा विचार प्रक्रिया का विभिन्न आयु अवधियों के सन्दर्भ में अध्ययन किया था। उसके इस तरह के एकपक्षीय सांस्कृतिक अध्ययन को दूसरी संस्कृतियों, विशेषकर विकासशील देशों, ग्रामीण और पिछड़े इलाकों तथा जन जाति के बालकों या व्यक्तियों के नैतिक स्तर का वर्णन/मापन करने के लिए कैसे प्रयुक्त किया जा सकता है।

5. कारोल गिलीगेन (Carol Gilligan, 1987) ने कोहलबर्ग के सिद्धान्त पर लैंगिक पक्षपात का आरोप लगाते हुए कहा है कि इसमें स्त्रियों में होने वाले नैतिक विकास का कोई उचित वर्णन नहीं मिलता। गिलिगेन के अनुसार यह शायद इसलिए हुआ है कि कोहलबर्ग ने अपने अध्ययन प्रतिदर्शों में जो प्रयोज्य चुने थे वे सभी पुरुष थे इसलिये उसके द्वारा विकसित नैतिक सिद्धान्त का पुरुषों के नैतिक विकास सम्बन्धी व्याख्या तक ही सीमित रह जाना नितान्त स्वाभाविक हैं। गिलीगेन अपने इस आरोप के पक्ष में दलील देते हुए लिखती हैं कि जहां कोहलबर्ग द्वारा सुझाई गई नैतिक अवस्थाओं में अधिकारों तथा नियमों के औचित्य तथा न्याय-अन्याय से सम्बन्धित पुरुष प्रधान व्यक्तित्व विशेषताओं को ही नैतिकता स्तरों का मानक बनाने का प्रयत्न किया गया है वहाँ विशिष्ट प्रकार की स्त्रियोचित तथा नारी प्रधान विशेषताओं जैसे जरूरत मंदों की सेवा तथा देखभाल करना, दयालुता, सहिष्णुता तथा विनम्रता आदि की पूरी तरह अनदेखी की गई है।

6. कोहलबर्ग की उत्तर-पारम्परिक नैतिकता सम्बन्धी अवधारणा भी उसके सिद्धान्त की आलोचना का कारण बनी है। कोहलबर्ग ने यहाँ अपनी आत्मा की पुकार से

नैतिक निर्णय लेने की बात कही है। व्यावहारिक दृष्टि से सोचा जाए तो इस प्रकार की नैतिकता समाज में स्थापित आचार संहिता तथा कानून व्यवस्था के खिलाफ खुला विद्रोह है। इससे सामाजिक व्यवस्था के चरमराने का खतरा पैदा हो जाता है। समाज में रहने वाले व्यक्तियों के लिए नैतिकता के अपने-अपने मानक तथा मानदंड निर्धारण कर समाज के नियमों तथा कानून की हालत बताना किसी भी अवस्था में उचित नहीं ठहराया जा सकता। सभी लोगों में गाँधी तथा मार्टिन लूथर किंग के पद चिन्हों पर चलने की योग्यता, क्षमता तथा परहितचिन्तन की भावना नहीं पाई जा सकती और न इतना संयम, धैर्य तथा आत्म नियन्त्रण पाया जा सकता है। इस तरह कोहलबर्ग द्वारा इस प्रकार की नैतिकता को नैतिकता की उत्कृष्टता तथा पराकाष्ठा बताकार आदर्श रूप में ग्रहण करने की प्रेरणा देना सही नहीं कहा जा सकता।

7. अंत में यह कहा जा सकता है कि कोहलबर्ग का नैतिक विकास सिद्धान्त सही मायने में इतना सक्षम और व्यापक नहीं है जिसके द्वारा चाहे कोई भी परिस्थिति क्यों न हो उससे सम्बन्धित व्यवहार के नैतिक या अनैतिक होने का निर्णय लिया जा सके। यद्यपि कोहलबर्ग यह दावा करता है कि नैतिक विकास सम्बन्धी उसकी छः अवस्थाओं में होने वाला विकास व्यक्ति को उचित निर्णय लेने वाली उन क्षमताओं से युक्त कर देता है जिनके सहारे वह अपनी जिन्दगी में आने वाली नैतिक समस्याओं या नैतिक निर्णय लेने सम्बन्धी चुनौतियों से अच्छी तरह निपट सकता है। परन्तु व्यवहार में ऐसा नहीं है आज के इस प्रगतिशील और निरन्तर परिवर्तित समाज में ऐसे बहुत से नैतिक निर्णय प्रश्न चिन्ह बन कर हमारे सामने खड़े हो सकते हैं जिनके उचित समाधान में कोहलबर्ग द्वारा उसकी अवस्था विशेषों में विकसित, नैतिक सूझबूझ कुछ भी काम न आ सके। ऐसा एक उदाहरण 'गर्भपात' को नैतिक या अनैतिक करार देने का है। इसी तरह से किसी भी प्रकार का घोर अनिष्टकारी तथा समाज विरोधी आचरण करने पर मृत्युदंड देना कितना सही है अथवा गलत, इस बात पर अपनी राय व्यक्त करना है। इस तरह के नैतिक निर्णयों पर आम सहमति बनाना संभव नहीं है और इसलिये यह नहीं कहा जा सकता कि इस प्रकार के नैतिक निर्णयों के लिए कोहलबर्ग द्वारा सुझाई गई किस अवस्था की नैतिकता यहाँ उचित रूप से सहायक सिद्ध हो सकती है। इस प्रकार से यह अच्छी तरह समझा जा सकता है कि कोहलबर्ग द्वारा प्रतिपादित नैतिक विकास सिद्धान्त और इसमें सुझाया गया मार्ग सभी प्रकार की नैतिक समस्याओं तथा चुनौतियों के लिए उचित हल प्रस्तुत करने में सक्षम है। कोहलबर्ग के सिद्धान्त को उपरोक्त वर्णित कमियों और आलोचनाओं के दृष्टिगत यह नहीं समझ लिया जाना चाहिए कि कोहलबर्ग का सिद्धान्त अपनी कोई उपयोगिता नहीं रखता। इस सम्बन्ध में अगर अब हम कोहलबर्ग द्वारा अपने नैतिक विकास सिद्धान्त द्वारा दिये गए योगदान तथा उसकी कमियों और आलोचनाओं की निष्पक्ष रूप से समीक्षा करें तो हम यह पाएंगे कि हर सिद्धान्त की तरह कोहलबर्ग द्वारा प्रतिपादित सिद्धान्त में भी कुछ कमियाँ पाई जा सकती हैं परन्तु ये कमियाँ ऐसी नहीं हैं जिनके आधार पर कोहलबर्ग द्वारा मानव नैतिक विकास को समझने में दिए गए उसके योगदान को कम करके आंका

जाए। बालकों और किशोरों के नैतिक विकास की उनके मानसिक तथा सामाजिक विकास में विस्तृत एवं अनुसंधान आधारित व्याख्या करने में कोहलबर्ग के सिद्धान्त को ही अब तक के नैतिक विकास सिद्धान्तों में सबसे उपयुक्त और व्यावहारिक माना जा सकता है। उसने इस सन्दर्भ में केवल पियाजे के द्वारा किए गए अधूरे कार्य को ही पूरा नहीं किया बल्कि हमारे सामने मानव जीवन की शुरू से अंत तक होने वाली संपूर्ण नैतिक विकास यात्रा का संपूर्ण चित्र उसकी वैयक्तिकता तथा सामाजिकता दोनों को ही ध्यान में रखते हुए अच्छी तरह प्रस्तुत करने का अनुपम प्रयास किया। निस्संदेह इस दृष्टि से हम सभी उसके द्वारा दिये गए योगदान के काफी ऋणी रहेंगे।

## *नैतिक विकास सिद्धान्तों के शैक्षिक निहितार्थ*
## *(Educational Implications of Moral Development Theories)*

कोहलबर्ग द्वारा प्रतिपादित नैतिक विकास सिद्धान्त माता-पिता शिक्षकों तथा विद्यार्थियों को अपने अपने उत्तरदायित्वों को निभाने में काफी सहयोगी सिद्ध हो सकते हैं। उसकी इस प्रकार की शैक्षिक उपयोगिता को निम्न रूप में प्रस्तुत किया जा सकता है।

1. नैतिक विकास सभी तरह से एक अर्जित प्रक्रिया है। कोहलबर्ग (1968) ने इस बारे में स्पष्ट रूप से संकेत दिया है कि नैतिक विकास परिपक्वन (स्वाभाविक वृद्धि एवं विकास) का प्रतिफल नहीं है। यह आनुवंशिकता से प्रभावित तथा निर्देशित नहीं होता। अतः हम बड़ों तथा अध्यापकों को चाहिए कि वे किसी भी परिस्थिति में बालक के नैतिक विकास तथा उसकी नैतिक सूझबूझ के लिए आनुवंशिकता को नहीं कोसे।

2. बालक अपने विकास के शुरूआती वर्षों में (4 या 10 वर्ष तक) न तो नैतिक होता है और न अनैतिक। इन दोनों के स्थान पर वह नैतिकता से परे दिखाई देता है क्योंकि उसमें उचित-अनुचित तथा भले-बुरे की पहचान करने सम्बन्धी नैतिक सोच का नितान्त अभाव पाया जाता है। वह बिना पूछे या बताये दूसरों की चीजें इसलिये उठा लेता है क्योंकि ऐसा करने में उसे कोई बुराई नजर नहीं आती। अब यहाँ माता-पिता, अध्यापक तथा अन्य सभी बड़ों को सावधान रहने की जरूरत है ताकि बालक द्वारा अनजाने में की गई गलती या अपराध (चूँकि वह नहीं जानता कि वह कोई बुरा या समाज विरोधी आचरण कर रहा है) को तूल न देकर उसके ऐसे व्यवहार को पुनर्वलित करने और चोरी जैसी बुरी आदत में बदलने से रोकें।

3. कोहलबर्ग के नैतिक विकास सम्बन्धी पहली तीनों अवस्थाओं से सम्बन्धित बालक नियमों के शाश्वत स्वरूप तथा बड़ों की आज्ञा पालन करना अपना धर्म समझते हैं। वे आँख बंद कर उनके बनाये गए नियमों का बिना कोई सवाल किए अक्षरशः पालन करने के हिमायती होते हैं। इसलिये हम बड़ों को चाहिए कि इन अवस्थाओं तथा आयु वर्ग के बालकों को कायदे-कानून तथा व्यवहार मानक तय करने में पूरी सावधानी बरतें। नियम जो एक बार बना दिये जाएँ उनमें जल्दी-जल्दी कोई बदलाव नहीं लाएँ तथा बिना किसी पक्षपात और भेदभाव के उनको सभी के लिए लागू किया जाएँ। ध्यान रहे कि ऐसा करना यहाँ काफी जरूरी है क्योंकि बालकों

में अब तक अपने आप इस प्रकार की सोच या समझ विकसित नहीं होती कि उनके लिए क्या अच्छा है और क्या बुरा। विकास की इस अवस्था में तो यही ठीक रहता है कि बालकों को वैयक्तिक तथा सामाजिक रूप से किस प्रकार का व्यवहार करना चाहिए इससे सम्बन्धित उचित नियम, आचार संहिता तथा आदर्श उनके सामने रख दिए जाएँ और उनसे उनका अनुपालन तथा अनुकरण भलीभाँति कराया जाए।

4. किशोरावस्था के आगमन से पहले की आयु वर्षों से सम्बन्धित बालक नैतिकता के बारे में केवल स्थूल रूप में सोचने-विचारने में समर्थ होते हैं। उन्हें तो बताने की बजाए यह दिखाया जाना चाहिए कि किस प्रकार का व्यवहार एवं आचरण नैतिकता के दायरे में आता है। इसलिए बाल्यावस्था से सम्बन्धित बालकों के सामने हम बड़ों के द्वारा अपने व्यवहार तथा आचरण के माध्यम से ऐसे प्रतिमान (Models) रखे जाने चाहिए जिनके अवलोकन एवं अनुकरण से उनमें वांछित नैतिकता का विकास हो सके। नैतिकता सम्बन्धी सूक्ष्म अवधारणाएँ अभी बालकों की पहुँच के बाहर होती हैं। इसलिये उनसे आत्मा, कर्मों के फल भोग, धर्म और ईश्वर का विधान इत्यादि बातों को जानने और समझने की आशा करना व्यर्थ ही है।

5. अपनी मानसिक योग्यताओं में वृद्धि होने के फलस्वरूप किशोरावस्था के बालक अब ये नहीं मानते कि नियमों में बदलाव नहीं लाया जा सकता उनकी अनुपालना उसी रूप में अक्षरशः होनी चाहिए। इसलिये अब किशोरावस्था के इन बालकों से यह अपेक्षा नहीं की जा सकती कि वे बिना कोई प्रश्न पूछे और प्रतिवाद किए चुपचाप नियमों के अनुपालना तथा बड़ों का कहना मानते रहेंगे। इसलिये इस स्तर पर अब नियमों की अनुपालना तथा बालकों के नैतिक आचरण को लेकर काफी सतर्क रहना चाहिए। उनसे आँखें बन्दकर नियमों की अनुपालना तथा नैतिकता की दुहाई देकर इच्छित कार्य कराना ठीक नहीं है जब तक कि उनको ऐसा करने से सम्बन्धित अच्छाई-बुराई तथा इसमें निहित औचित्य को जानने-समझने का मौका न दिया जाए। उन्हें इस बारे में प्रश्न करने तथा अपनी शंकाओं के समाधान हेतु पूरी स्वतन्त्रता एवं उचित अवसर प्रदान किए जाने चाहिएँ। नैतिकता से जुड़ी हुई बातों तथा प्रकरणों पर खुले मंच पर गोष्ठियों, भाषण प्रतियोगिताओं तथा पैनल वार्ताओं के रूप में खुली चर्चा भी होनी चाहिए ताकि किशोरों को नैतिकता को अच्छी तरह से समझकर अपनाने में पूरी-पूरी मदद की जा सके।

6. नैतिक विकास सम्बन्धी इन सिद्धान्तों के अनुसार माँ-बाप तथा अध्यापकों को बालकों का रुख नैतिकता की ओर मोड़ने के लिए उन्हें यह समझना और व्यावहारिक रूप में दिखाना भी काफी लाभदायक हो सकता है कि अच्छा व्यवहार अच्छे व्यवहार को तथा बुरा व्यवहार बुरे व्यवहार को जन्म देता है। अगर कोई बात आपको चुभती है तो फिर दूसरों को भी अवश्य ही चुभेगी। इस तरह की भावनाओं और विचारों को प्रोत्साहित करना बालकों में अच्छी बातों तथा आदतों के समावेश का उपयुक्त साधन बन सकता है।

7. कोहलबर्ग ने इस बात पर काफी जोर दिया है कि नैतिक शिक्षा का उद्देश्य विद्यार्थियों को उसके आगे की अवस्था में होने वाले नैतिक विकास के प्रारम्भिक स्तर तक पहुँचाने में उचित सहायता प्रदान करना है। उसके अनुसार ऐसा करने का सबसे व्यावहारिक तरीका यही है कि उसके सामने मौखिक कथानकों के रूप में या दिन- प्रतिदिन की वास्तविक/अनुरूपित घटनाओं/परिस्थितियों के माध्यम से ऐसे नैतिक धर्मसंकट (moral dilemma) प्रस्तुत किए जाएँ कि उसे अपनी विकसित नैतिक सोच तथा सूझबूझ का यथाशक्ति प्रयोग करते हुए नैतिक निर्णय लेने के लिए प्रतिबद्ध होना पड़े। इस समय बालक विशेष द्वारा अपनी विकास अवस्था के अनुरूप ही उचित प्रयास किए जा सकते हैं परन्तु वह जब यह पाता है कि इस अवस्था तक अर्जित नैतिक सोच तथा सूझबूझ यहाँ उसकी सहायता नहीं कर पा रही है वह बरबस ही नैतिक विकास के अगले स्तर को प्राप्त करने के लिए अभिप्रेरित हो जाता है। कोहलबर्ग की बालक को नैतिक निर्णय सम्बन्धी ऐसे धर्मसंकट में डालकर आगे अपने नैतिक विकास हेतु अभिप्रेरित करने की तकनीक पियाजे द्वारा प्रतिपादित सन्तुलनीकरण (equilibration) की अवधारणा से मेल खाती है। पियाजे के अनुसार जब कोई नई बात पुराने ज्ञान के आधार पर समझ नहीं आती तो उसका इस प्रकार आत्मसातीकरण (assimilation) नहीं होने के कारण बालक उसे करने तथा समझने के नए तरीके सीखने के लिए समायोजीकरण (accommodation) के लिए अभिप्रेरित हो जाता है ताकि नयी बात नहीं सीख सकने के कारण जो असन्तुलन पैदा हो गया था उस को दूर किया जा सके। इस प्रकार से पियाजे तथा कोहलबर्ग दोनों ही इस प्रकार के धर्म संकट या चुनौतीपूर्ण परिस्थिति बालक के सामने लाने के पक्षधर हैं जिससे वह अपने नैतिक विकास के स्तर में आगे कुछ बढ़ोत्तरी करने हेतु भलीभाँति अभिप्रेरित होता हुआ दिखाई दे। इससे अध्यापकों को भी यह सीख मिलती है कि वे बालकों के सामने ऐसी परिस्थितियों तथा अवसरों का सृजन करें जहाँ वे नैतिकता सम्बन्धी विचारों तथा अवधारणाओं का मंथन करते नजर आएँ तथा नैतिक निर्णयों को लेने सम्बन्धी धर्मसंकटों तथा चुनौतियों से उन्हें गुजरना पड़े ताकि वे सम्भावित उचित विकल्पों की तलाश में अपने नैतिक विकास के अगले पड़ाव की राह पकड़ सकें।

8. कोहलबर्ग का नैतिक विकास सिद्धान्त हमें इस तथ्य से अवगत करवाता है और फिर उससे आवश्यक प्रेरणा लेने के लिए अनुप्रेरित करता है कि हम नैतिकता के उस स्तर तक भी पहुँच सकते हैं जिस पर देश और समाज के लिए कुछ कर गुजरने वाले शहीद और महान पुरुष जैसे गांधी, लिंकन, मार्टिन लूथर किंग, सुभाष चन्द्र बोस तथा भगत सिंह पहुँच चुके थे। बालक एवं युवा अपनी आत्मा की आवाज तथा अपने द्वारा मान्य नैतिक सिद्धान्तों पर चलते हुए समाज की कुरीतियों, गलत मान्यताओं तथा कायदे कानूनों के विरुद्ध बिगुल बजाते हुए नई सामाजिक व्यवस्था बनाने में अपना योगदान दे सकें, इस प्रकार की नैतिकता से भरपूर पीढ़ियों को तैयार

करने का कार्य अब उस उचित प्रकार की उच्च स्तरीय शिक्षा-दीक्षा से ही संभव हो सकता है जिसमें नैतिक विकास के उच्चतर स्तर को प्राप्त करने का लक्ष्य बनाया जाए। इस कार्य हेतु बालकों के सामने इन महान पुरुषों तथा कर्मयोगियों के नैतिक जीवन सम्बन्धी उदाहरण रखे जाने चाहिएँ तथा उन्हें वर्तमान समाज की व्यवस्था तथा आचार-विचार पर भी विचारों के आदान-प्रदान करने की समुचित आजादी भी दी जानी चाहिए। यह तो है कि हम कदाचित ही कोई दूसरा गाँधी, लिंकन, लूथर किंग या मदर टैरेसा पैदा कर सकें परन्तु हम इस कार्य के लिए प्रयत्न तो कर सकते हैं और इन प्रयत्नों की थोड़ी बहुत कामयाबी भी हमारे समाज, राष्ट्र या विश्व का कल्याण करने में कितनी सार्थक सिद्ध हो सकती है इस बात की कल्पना ही हमें कोहलबर्ग द्वारा सुझाये गए इस उच्चतम नैतिक स्तर के विकास हेतु भली भाँति अभिप्रेरित कर सकती है।

## फ्रायड का मनोलैंगिक विकास सिद्धान्त

**(Freud's Theory of Psycho-Sexual Development)**

प्रसिद्ध मनोवैज्ञानिक सायमन्ड फ्रायड (1856-1939) ने हमें बालकों के विकास सम्बन्धी एक बहुमूल्य सिद्धान्त, जिसे मनोलैंगिक विकास सिद्धान्त का नाम दिया जाता है, को प्रदान करने का उल्लेखनीय कार्य किया। आइए, देखें कि फ्रायड द्वारा प्रदत्त यह विकास सिद्धान्त अपने आप में क्या है? बालकों के विकास को फ्रायड ने मनोलैंगिक अवस्थाओं (Psycho-Sexual Stages) के माध्यम से समझाने का प्रयत्न किया है। उसके अनुसार व्यक्तित्व के विकास में यौन या कामभावनाओं की प्रमुख भूमिका रहती है। यौन सुख बालक को कैसे मिलता है इसी बात को लेकर उसके व्यक्तित्व को विभिन्न विकास स्तरों पर नया मोड़ मिलता रहता है। फ्रायड के अनुसार बालक के विकास की ये अवस्थायें निम्न हैं:

**1. *मुख चूषण अवस्था (Oral Stage)***-विकास की इस प्रथम अवस्था में मुँह से चूसना एक शिशु (2 वर्ष तक) को सबसे अधिक आनन्दित करता है। शुरूआत माँ के स्तनों को तथा दूध की बोतल की निपल को चूसने से होती है और इसी के साथ बालक हर वस्तु को मुँह में डालकर आनन्द यानी काम-सुख की प्राप्ति करता है।

**2. *गुदा और मूत्र मार्गीय अवस्था (Anal Stage)***-2 से 4 वर्ष के इस विकास स्तर पर बालक के यौन सुख का केन्द्र बिन्दु मुँह से हटकर मल मूत्र विसर्जन स्थानों पर स्थानान्तरित हो जाता है। अत: अब उसे पेशाब करने या पाखाना त्यागने में समय लगाने और इनसे निवृत होने से सुख प्राप्त होता है।

**3. *लिंग-अवस्था (Phallic Stage)***-4 से 6 वर्ष के बालक के यौन सुख का केन्द्र बिन्दु अब उसके यौनांगों में स्थानान्तरित हो जाता है। अब इस स्तर पर बालक और बालिकाएँ अपने यौनांगों में निहित अन्तरों को पहचानने लगते हैं और उनको लेकर उनमें कई तरह की ग्रन्थियाँ बनने की समस्या यहाँ उत्पन्न हो सकती है।

***4. सुप्तावस्था या अव्यक्त अवस्था (Latency Stage)***—यह अवस्था 7 वें वर्ष से लेकर किशोरावस्था के आगमन तक चलती है। यह यौन भावनाओं का सुप्त काल है। इसमें प्रायः बालक और बालिकाएँ अपने-अपने लिंग समूहों में यानी लड़के लड़कों के साथ तथा लड़कियाँ लड़कियों के साथ ही खेलना-कूदना पसंद करते हैं। यहाँ तक कि वे एक-दूसरे से पर्याप्त दूरी बनाने और चिढ़ाने आदि में विश्वास करते हैं।

***5. जनन अवस्था (Genital Stage)***—रज या वीर्य की उत्पति तथा किशोरावस्था के आगमन से विकास की अंतिम अवस्था शुरू होती है। इस अवस्था में लड़के तथा लड़कियाँ दोनों ही अपने-अपने यौनांगों में विचित्र सी अनुभुति का अचानक ही अनुभव करने लगते हैं तथा उन्हें अपने से विपरीत लिंग के सदस्यों के साथ मेल-जोल बढ़ाना तथा उसके द्वारा यौन सुख प्राप्त करने की इच्छा तीव्रता से अनुभव होने लगती है और उनका सम्पूर्ण व्यवहार एवं व्यक्तित्व इसी आवश्यकता के समायोजन के साँचे में ढ़लता जाता है।

इस प्रकार से फ्रायड ने बालकों के विकास को जानने और समझने हेतु एक बिल्कुल अलग और अनूठे उपागम मनोलैंगिक विकास का सहारा लिया। उसके द्वारा प्रतिपादित बालकों के इस मनोलैंगिक विकास सिद्धान्त को काफी ऐसी आलोचनाओं से गुजरना पड़ा जिनमें मुख्यतया उसके द्वारा काम एवं यौन को दी जाने वाली उसकी प्राथमिकता की ही काफी आलोचना हुई। उसके द्वारा व्यक्त बहुत से विचार विशेषकर जिनका संबंध शिशुओं की काम या यौन प्रवृति से रहा या उसने जब इस बात पर जोर दिया कि बालकों के विकास के पीछे उनके द्वारा व्यक्त काम अभिव्यक्तियों या अभिप्रेरकों का हाथ रहता है इत्यादि मनोवैज्ञानिकों को रास नहीं आए। उन्होंने फ्रायड की इस बारे में काफी आलोचना की कि वह हर प्रकार के विकास और व्यवहार में यौन तृप्ति या काम चेष्टाओं की ही बात करता दिखाई देता है। फ्रायड के इस एक तरफा यौन या काम केन्द्रित दृष्टिकोण को लेकर आगे जाकर उसके विरोधियों ने ही नहीं बल्कि उसके स्वयं के शिष्य एलफ्रेड एडलर तथा कार्ल युंग ने काफी आलोचना की तथा अपने-अपने ढंग से अलग-अलग विकास सिद्धान्तों को जन्म दिया।

परंतु इन सभी बातों के रहते हुए भी फ्रायड का बालकों के व्यक्तित्व विकास को एक अलग ढंग से समझने के प्रयास का महत्व कुछ कम नहीं हो जाता। उसने पहली बार लकीर से हटकर यह कहने और समझने का प्रयत्न किया कि काम या यौन इच्छाओं का हमारे व्यवहार एवं व्यक्तित्व विकास में एक महत्त्वपूर्ण स्थान होता है और शुरू से ही बालकों की वृद्धि विकास और व्यवहार को प्रभावित करने में उनकी काम चेष्टाओं तथा अभिप्रेरकों का काफी योगदान रहता है। इस तरह से उसके द्वारा 'मनोलैंगिक विकास' के नाम से प्रतिपादित सिद्धान्त मुख्य रूप से इस बात के लिए तो स्मरणीय रहेगा ही कि उसने काम या यौन शिक्षा के विकास का

मार्ग अपने इस सिद्धान्त के माध्यम से निम्न बातों को प्रकाश में लाते हुए अच्छी तरह प्रशस्त किया:

1. फ्रायड ने पहली बार खुलकर बालकों की वृद्धि और विकास को उनकी मनोलैंगिक विकास अवस्थाओं के रूप में सामने रखने का प्रयत्न किया।
2. उसने यौन सम्बन्धी विचारों, अभिलाषाओं, चेष्टाओं तथा अभिप्रेरकों की स्वाभाविक रूप से स्वतंत्र अभिव्यक्ति पर जोर दिया।
3. उसने काम या यौन के बारे में बने हुए नकारात्मक दृष्टिकोण तथा इसकी अभिव्यक्ति में होने वाली घुटन से आजादी दिलाने का अभियान शुरू किया और इसके बारे में लोगों को बताया कि यौन और काम अभिव्यक्ति नितान्त स्वाभाविक और नैसर्गिक हैं। इसे शर्मिन्दगी या दूषित कार्य के रूप में नहीं समझा जाना चाहिए। इससे सम्बन्धित व्यर्थ की स्वाभाविक पाबन्दियाँ व्यक्तियों को कुसमायोजन का शिकार बनाकर उनके व्यक्तित्व विकास में बाधक बन सकती हैं।

# 4

# शारीरिक एवं गामक विकास
# (Physical and Motor Development)

## बच्चों का शारीरिक विकास
## (Children's Physical Development)

### शारीरिक विकास का अर्थ (Meaning of Physical development)

हमारे शारीरिक ढाँचे और आंतरिक तथा बाह्य अवयवों में जन्म से लेकर मृत्यु तक कुछ न कुछ परिवर्तन आते रहते हैं। परिवर्तनों की इस प्रक्रिया को ही शारीरिक वृद्धि और विकास का नाम दिया जाता है। सामान्यता इस प्रकार के परिवर्तन निम्नलिखित दिशाओं में देखने को मिलते हैं–

*1. डील-डौल एवं बाह्य ढाँचे से सम्बन्धित परिवर्तन (Change in gross physical structure or physique)*— इस प्रकार के परिवर्तनों में ऊँचाई, भार, शारीरिक अनुपात आदि ऊपरी दिखाई देने वाले सभी प्रकार के परिवर्तन शामिल किए जा सकते हैं।

*2. आंतरिक अवयवों में होने वाले परिवर्तन (Changes in internal organs)*— इसके अन्तर्गत शरीर के सभी महत्त्वपूर्ण संस्थानों जैसे स्नायु संस्थान, श्वसन संस्थान, पाचन संस्थान, रक्त संस्थान, उत्सर्जन और उत्पादक आदि महत्त्वपूर्ण संस्थानों तथा विभिन्न ग्रन्थियों की कार्य प्रणाली और क्षमता से सम्बन्धित सभी प्रकार के परिवर्तन शामिल किए जा सकते हैं।

शारीरिक विकास की प्रक्रिया व्यक्तित्व के उचित समायोजन और विकास के मार्ग में एक महत्त्वपूर्ण भूमिका निभाती है। प्रारम्भ में शिशु सब तरह से दूसरे की कृपा पर निर्भर रहता है। उसे अपनी सभी प्रकार की शारीरिक आवश्यकताओं की पूर्ति के लिए माँ-बाप तथा परिवार के सदस्यों पर आश्रित रहना पड़ता है। शारीरिक वृद्धि और विकास प्रक्रिया के फलस्वरूप आए हुए परिवर्तनों के माध्यम से धीरे-धीरे वह अपनी शारीरिक आवश्यकताओं को पूरा करने में समर्थ बनता है। इस क्षेत्र में आई आत्म-निर्भरता उसे अपने व्यक्तित्व के अन्य पक्षों में भी पर्याप्त स्वावलम्बी बनने में

सहायता करती है और इस तरह वह धीरे-धीरे पूर्ण परिपक्वता (maturity) की ओर अग्रसर होता चला जाता है।

## *मानव के शारीरिक विकास का सामान्य रूप*
## *(The General Pattern of Human Physical Development)*

बालकों में व्यक्तिगत भेदों की कोई सीमा नहीं और इस कारण उसके विकास के किसी भी पहलू में एकरूपता की बात भी कुछ अटपटी सी लगती है, परन्तु फिर भी शारीरिक विकास की सामान्य अवस्थाओं के अन्तर्गत सामान्य बच्चों में होने वाले विभिन्न शारीरिक परिवर्तनों के बारे में कुछ अच्छी जानकारी एकत्रित की जा सकती है। नीचे की पंक्तियों में संक्षिप्त रूप से यही सब कुछ करने का प्रयत्न किया जा रहा है–

*1. ऊँचाई और भार में वृद्धि का सामान्य रूप (Normal growth in terms of height and weight)*— जन्म के समय बच्चे की ऊँचाई 19 या 20 इंच तथा भार 7 या 8 पौंड के लगभग होता है। उस समय लड़के लड़कियों की अपेक्षा भार और ऊँचाई दोनों में ही आगे होते हैं। पहले दो वर्षों में दोनों की ही ऊँचाई और भार में तेजी से वृद्धि होती है। तीसरे वर्ष से वृद्धि की यह गति कुछ कम हो जाती है और पूर्व बाल्यावस्था तक यही हाल रहता है। पाँच वर्ष तक एक सामान्य बालक की ऊँचाई उसके जन्म के समय की ऊँचाई की लगभग दो गुनी तथा भार लगभग पाँच गुना हो जाता है। किशोरावस्था के आगमन के साथ-साथ एक बार फिर शैशवावस्था की तरह भार और ऊँचाई दोनों की वृद्धि में तीव्रता आती है। लड़कियाँ, लड़कों की अपेक्षा किशोरावस्था में जल्दी प्रवेश करती हैं, अतः 10 और 12 वर्ष के बीच ऊँचाई और भार दोनों में ही लड़कियाँ अपनी आयु के लड़कों से अधिक आगे निकली होती हैं लेकिन इस मुकाबले में वे बहुत समय तक आगे नहीं रह पातीं तथा किशोरावस्था की समाप्ति होते-होते लड़के लड़कियों से बाजी मार लेते हैं। सामान्यतया यह अनुमान लगाया जाता है कि लड़के और लड़कियाँ दोनों ही किशोरावस्था की समाप्ति तक अपने अधिक से अधिक भार और ऊँचाई की सीमा तक पहुँच जाते हैं, परन्तु भार के बारे में निश्चित रूप में कुछ नहीं कहा जा सकता क्योंकि इसमें बहुत अधिक घटा-बढ़ी होती रहती है।

बालक के वजन के बारे में यह कहा जा सकता है कि यह जन्म के बाद के पहले वर्षों में तेजी से बढ़ता है। 4 वर्ष की आयु तक बालक का वजन अपने पूरे वजन का 30 प्रतिशत हो जाता है। 8 वर्ष की आयु तक उसके वजन में कुल 10 प्रतिशत भाग और शामिल हो जाता है तथा लगभग 9 वर्ष तक उसका जितना भी वजन होना होता है, हो जाता है।

विभिन्न आयु वर्ग के लड़के तथा लड़कियों में ऊँचाई तथा भार में औसतन वृद्धि किस प्रकार होती है इसका बहुत कुछ अनुमान निम्न तालिका द्वारा लगाया जा सकता है।

| आयु | औसत ऊँचाई (सें. मी. में) | | औसत भार (कि.ग्रा. में) | |
|---|---|---|---|---|
| | लड़कियाँ | लड़के | लड़कियाँ | लड़के |
| 3 महीने से कम | 55.0 | 56.2 | 4.2 | 4.5 |
| 3 महीने | 60.9 | 62.7 | 5.6 | 6.7 |
| 6 महीने | 64.4 | 64.9 | 6.2 | 6.9 |
| 9 महीने | 66.7 | 69.5 | 6.6 | 7.4 |
| 1 वर्ष | 72.5 | 73.9 | 7.8 | 8.4 |
| 2 वर्ष | 80.1 | 81.6 | 9.6 | 10.1 |
| 3 वर्ष | 87.2 | 88.8 | 11.2 | 11.8 |
| 4 वर्ष | 94.5 | 96.0 | 12.9 | 13.5 |
| 5 वर्ष | 101.4 | 102.1 | 14.5 | 14.8 |
| 6 वर्ष | 107.4 | 108.5 | 16.0 | 16.3 |
| 7 वर्ष | 112.8 | 113.9 | 17.6 | 18.0 |
| 8 वर्ष | 118.2 | 119.8 | 19.4 | 19.7 |
| 9 वर्ष | 112.9 | 123.7 | 21.3 | 21.5 |
| 10 वर्ष | 128.4 | 124.4 | 23.6 | 23.5 |
| 11 वर्ष | 133.6 | 133.4 | 26.4 | 25.9 |
| 12 वर्ष | 139.6 | 138.3 | 29.8 | 28.5 |
| 13 वर्ष | 143.9 | 144.6 | 33.3 | 32.1 |
| 14 वर्ष | 147.5 | 150.1 | 36.8 | 35.7 |
| 15 वर्ष | 149.6 | 155.5 | 38.8 | 39.6 |
| 16 वर्ष | 151.0 | 159.5 | 41.4 | 43.2 |
| 17 वर्ष | 151.5 | 161.4 | 42.4 | 45.7 |
| 18 वर्ष | 151.7 | 163.1 | 42.4 | 47.4 |
| 19 वर्ष | 151.7 | 163.5 | 42.4 | 48.1 |

(*Source*: Growth and Development of Indian Infants and Children, Technical Report series, No. 18, Indian Council of Medical Research, 1972)

*शारीरिक अनुपात में परिवर्तन (Change in Body Proportion)*— अपने आकार में वृद्धि होने के साथ-साथ बच्चों के शारीरिक अवयवों के अनुपात में भी उल्लेखनीय परिवर्तन दृष्टिगोचर होते हैं। उदाहरण के लिए, जन्म के समय बच्चे का सिर उसके

शरीर की सम्पूर्ण लम्बाई का 1/4 भाग होता है और वह आकार में हाथ पैरों की तुलना में अधिक बड़ा दिखाई देता है, परन्तु जैसे-जैसे बच्चा बड़ा होता चला जाता है उसका सिर अपने अनुपात में छोटा होता चला जाता है और किशोरावस्था की समाप्ति तक यह शारीरिक लम्बाई के 1/8 भाग के बराबर ही रह जाता है। सिर के अतिरिक्त टांगें, बाजू तथा शरीर के अन्य अवयवों के अनुपात में भी तेजी से परिवर्तन आते चले जाते हैं।

*3. आंतरिक अंगों में विकास (Development of Internal Organs)*— जन्म के बाद से ही शरीर के समस्त आंतरिक अवयवों में वृद्धि और विकास की प्रक्रिया प्रारम्भ हो जाती है जिसके फलस्वरूप बच्चा अपनी बढ़ती हुई आवश्यकताओं को पूरा करने में पर्याप्त स्वावलम्बी बनता जाता है। नीचे कुछ महत्त्वपूर्ण अंगों की वृद्धि और विकास का संक्षिप्त रूप से वर्णन किया जाएगा।

*(i) स्नायु संस्थान (Nervous System)*— माँ के गर्भ और जीवन के प्रथम चार वर्षों में स्नायु संस्थान तेजी से विकसित होता है। इस विकास के फलस्वरूप जन्म से पूर्व ही स्नायु कोशिकाओं की संख्या और आकार में पर्याप्त वृद्धि हो जाती है। जन्म के बाद के वर्षों में नवीन कोशिकाओं का निर्माण नहीं होता, अपितु कोशिकाओं में जो कुछ अपरिपक्वता रह जाती है, उसे पूरा करने के लिए ही विकास कार्य चलता है। चार वर्ष के बाद स्नायु संस्थान से सम्बधित विकास की प्रक्रिया धीमी गति से चलती रहती है।

*(ii) मांसपेशी संस्थान (Muscular System)*— यद्यपि जन्म के पश्चात् मांसपेशी तन्तुओं का निर्माण नहीं होता, फिर भी उसका समुचित रूप से विकास होता है। बच्चे की मांसपेशियाँ हड्डियों से भली-भाँति नहीं जुड़ी होतीं और प्रौढ़ों की अपेक्षा वे अधिक नाजुक भी होती हैं, परन्तु धीरे-धीरे उनकी आकृति, आकार एवं संरचना में अन्तर आता चला जाता हैं और वे अधिक से अधिक दृढ़ और शक्तिशाली होती जाती हैं।

*(iii) रक्त परिभ्रमण और श्वसन संस्थान (Circulatory and Respiratory System)*— जीवन के प्रारम्भिक वर्षों में फेफड़े और हृदय दोनों ही आकार में बहुत छोटे होते हैं। आयु के साथ-साथ उनका आकार और वजन बढ़ता जाता है और किशोरावस्था की समाप्ति तक उनका पर्याप्त विकास हो जाता है। आकार, वजन आदि बढ़ने के साथ-साथ उनकी कार्य-क्षमता में भी यथेष्ट वृद्धि हो जाती है। रक्त वाहिनी शिराओं और धमनियों (Veins and Arteries) में वृद्धि फेफड़ों और हृदय की तरह नहीं होती। जहाँ किशोरावस्था से पहले उनका विकास तेजी से होता है वहाँ किशोरावस्था के पश्चात् विकास की यह गति बहुत कम हो जाती है।

*(iv) पाचन संस्थान (Digestive System)*— प्रौढ़ों की तुलना में बच्चों के पेट का आकार बहुत छोटा होता है। जहाँ प्रौढ़ों का पेट थैले (Bag) जैसी आकृति का होता है वहाँ बच्चे का पेट नली जैसी आकृति (Tubular Shape) का होता है। इसी कारण बच्चों के पेट में एक साथ न केवल कम भोजन समा सकता है, बल्कि वह प्रौढ़ों की अपेक्षा खाली भी जल्दी हो जाता है। इसी कारण बच्चों को प्रौढ़ों की अपेक्षा अधिक बार भोजन ग्रहण करने की आवश्यकता होती है। अधिक भोजन ग्रहण करने

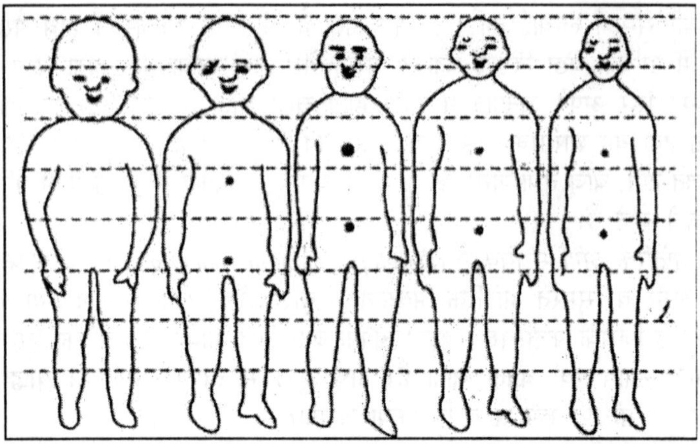

**चित्र 4.1:** जन्म से लेकर 25 वर्ष तक की आयु तक शरीर के अनुपात में परिवर्तन

के अतिरिक्त उन्हें अपने विकास की तीव्र गति को यथावत् बनाए रखने के लिए अधिक सन्तुलित और शक्तिजन्य आहार की आवश्यकता होती है।

*(v) लिम्फैटिक संस्थान (Lymphatic System)*— इस संस्थान का कार्य अनावश्यक पदार्थों जैसे पसीना, मल-मूत्र इत्यादि को बाहर निकालना और शरीर के अन्दर पैदा होने वाले रोगाणुओं का विनाश करना है। जन्म के बाद से ही इस संस्थान का पर्याप्त विकास होने लगता है और 12-13 वर्ष की अवस्था तक यह अपने शिखर पर पहुँच जाता है। इसी कारण इन्हीं वर्षों में मृत्यु दर (Death Rate) सबसे कम देखने को मिलती है। 12 वर्ष के पश्चात् इस संस्थान के विकास की गति में क्रमशः गिरावट आने लगती है।

*(vi) प्रजनन संस्थान (Reproductive System)*— प्रजनन अंगों का विकास शरीर के अन्य अवयवों की अपेक्षा न होकर एक अलग ही रूप में होता है। बाल्यावस्था में इनकी वृद्धि और विकास की गति बहुत धीमी होती है। धीरे-धीरे इसमें वृद्धि होती है, परन्तु किशोरावस्था के आगमन के साथ-साथ यह पर्याप्त गति पकड़ लेती है तथा किशोरावस्था के अन्त तक जो कुछ भी वृद्धि और विकास होना होता है, हो जाता है।

अगर शारीरिक वृद्धि और विकास के उपरोक्त खाते का ठीक प्रकार से अवलोकन किया जाए तो हमें निष्कर्ष रूप में निम्न बातें मिलती हैं–

(a) पहले दो या तीन वर्षों में शारीरिक वृद्धि और विकास की गति बहुत तीव्र होती है।

(b) इसके पश्चात् के वर्षों में किशोरावस्था के शुरू होने तक यह मन्द गति से आगे बढ़ता रहता है।

(c) किशोरावस्था के पहले तीन वर्षों में इस गति में शैशवास्था की तरह की तीव्रता देखने को मिलती है।

(d) बाद के वर्षों में परिपक्वता (Maturity) ग्रहण करने तक वृद्धि और विकास की गति में पुनः गिरावट आने लगती है।

## बालक के शारीरिक विकास को प्रभावित करने वाले कारक (Factors Affecting Child's Physical Growth and Development)

शारीरिक विकास के मार्ग में वंशानुक्रम एवं वातावरण दोनों ही संयुक्त रूप से पर्याप्त सहायक सिद्ध होते हैं। ऐसे वंशानुक्रम तथा वातावरण सम्बन्धी कुछ महत्त्वपूर्ण तत्वों या कारकों का उल्लेख नीचे किया जा रहा है–

1. गर्भाधान के समय वंशानुक्रम द्वारा ग्रहण की गई पैतृक विशेषताएँ और गुण।
2. अकेले एक बच्चे का अथवा एक साथ कई बच्चों का जन्म।
3. गर्भकाल में माता की शारीरिक और मानसिक अवस्था।
4. गर्भवस्था में माता के माध्यम से बच्चे को प्राप्त होने वाली पोषक सामग्री।
5. माता के द्वारा बच्चों को सामान्य अथवा असामान्य रूप से जन्म देना।
6. जन्म देने के समय माता का स्वास्थ्य और उसकी देखभाल।
7. जन्म के बाद शिशु और माता की देखभाल।
8. जन्म के पश्चात् के वर्षों में शिशु का पोषण।
9. शारीरिक दोषों एवं न्यूनता की उपस्थिति अथवा अनुपस्थिति।
10. शारीरिक, सामाजिक और सांस्कृतिक परिस्थितियाँ तथा वातावरण।
11. आत्माभिव्यक्ति और खेल-कूद, व्यायाम तथा मनोरंजन के अवसर।
12. बालक का संवेगात्मक और सामाजिक समायोजन।
13. पर्याप्त अथवा अपर्याप्त निद्रा एवं विश्राम।
14. पर्याप्त अथवा अपर्याप्त चिकित्सा सुविधाएँ।

## शारीरिक विकास का महत्त्व और उसकी शैक्षिक उपयोगिता (Importance of Physical Development and its Educational Significance)

बालक के विकास के शारीरिक, मानसिक, संवेगात्मक, सामाजिक और नैतिक पहलू एक-दूसरे से बहुत अधिक सम्बन्धित हैं। अतः किसी भी पहलू से सम्बन्धित वृद्धि और विकास को पर्याप्त मात्रा में प्रभावित करते हैं। शारीरिक विकास के सम्बन्ध में भी यह बात पूरी तरह ठीक है। इस दिशा में होने वाला विकास, वृद्धि और विकास के अन्य पक्षों को पूरी तरह प्रभावित करता है। उदाहरण के रूप में स्नायु संस्थान में होने वाली वृद्धि और विकास मानसिक शक्तियों के विकास में सहायक होता है। संवेगात्मक और सामाजिक समायोजन भी एक सीमा तक शारीरिक वृद्धि और विकास के ऊपर आधारित होता है। शारीरिक रूप से स्वस्थ और सामान्य बालकों को प्रायः उनकी मित्र मण्डली या वय-समूह में समुचित स्थान मिल जाता है जबकि ऐसे बच्चे जो बहुत पतले, मोटे, लम्बे, कुरूप और विकलांग आदि होते हैं उनकी खिल्ली उड़ाई जाती है तथा उनके साथी उन्हें अपने मित्र के रूप में स्वीकार करने में कन्नी काटते

हैं। परिणामस्वरूप वे कई प्रकार की संवेगात्मक और सामाजिक समायोजन सम्बन्धी समस्याओं के शिकार हो जाते हैं। दूसरी और देखा जाए तो शरीर के सभी आन्तरिक और बाह्य अवयवों की सन्तुलित वृद्धि और विकास के सभी पहलुओं और मानव-व्यवहार के सभी पक्षों को प्रभावित करता हुआ देखा गया है।

इस प्रकार से शारीरिक विकास व्यक्तित्व के सभी पक्षों के विकास में अपनी महत्त्वपूर्ण भूमिका निभाता है। अत: इस पर पूरा-पूरा ध्यान दिया जाना आवश्यक है। बच्चों के व्यक्तित्व का सर्वांगीण विकास करना शिक्षा का एक महत्वपूर्ण उद्देश्य है। बच्चों की शारीरिक वृद्धि और विकास की प्रक्रिया से अपने आपको परिचित करना अत्यन्त आवश्यक हो जाता है। विशेष तौर पर इस प्रकार का ज्ञान उनके लिए निम्न रूप में सहायक सिद्ध हो सकता है–

1. शारीरिक रूप से असामान्य बच्चों से वह परिचित हो सकता है। उनके मनोविज्ञान और समायोजन सम्बन्धी समस्याओं से भी वह अवगत हो सकता है। इस प्रकार के ज्ञान द्वारा वह ऐसे बच्चों को उचित सामाजिक एवं संवेगात्मक समायोजन तथा शिक्षा ग्रहण करने में सहायता कर सकता है।

2. बालकों के समुचित विकास के लिए उनके शारीरिक स्वास्थ्य और विकास का ध्यान रखना भी अध्यापक का परम कर्त्तव्य होता है। शारीरिक वृद्धि और विकास की प्रक्रिया से परिचित होने से उसे इस कार्य में सहायता मिल सकती है।

3. बच्चों की रुचियाँ, आवश्यकताएँ, इच्छाएँ, दृष्टिकोण और एक तरह से उसका सम्पूर्ण व्यवहार शारीरिक वृद्धि और विकास पर निर्भर करता है। इस दृष्टिकोण से एक बच्चा वृद्धि और विकास की विभिन्न अवस्थाओं के किसी भी वर्ग विशेष में किस प्रकार का व्यवहार करेगा, इसका अनुमान लगाया जा सकता है। उदाहरण के लिए बाल्यावस्था में होने वाले शारीरिक विकास से परिचित हो जाने के बाद उनकी शारीरिक, संवेगात्मक और सामाजिक आवश्यकताओं को समझने में बहुत सहायता मिलती है। इस प्रकार के ज्ञान द्वारा अध्यापकों के लिए बालकों को उनके भली-भाँति समायोजित होने, उनकी समस्याओं को सुलझाने और आवश्यकताओं को पूरा करने में आसानी हो सकती है।

4. बच्चों के शारीरिक विकास के सामान्य ढाँचे से परिचित होकर अध्यापक यह जान सकता है कि एक विशेष आयु स्तर पर बच्चों से क्या आशा की जा सकती है? इस प्रकार के ज्ञान द्वारा अध्यापक को विद्यालय की पाठान्तर क्रियाओं,.समय विभाग चक्र, पढ़ाने की विधियों, पाठ्य पुस्तक, सहायक सामग्री और पढ़ने के लिए उपयुक्त स्थान, फर्नीचर और वातावरण आदि का चुनाव करने में पर्याप्त सहायता मिल सकती है।

इस प्रकार से शारीरिक विकास की प्रक्रिया का ज्ञान अध्यापक को अपने उद्देश्यों की पूर्ति में बहुत अधिक सहयोग दे सकता है। इस ज्ञान द्वारा न केवल वह अपने कार्य को विद्यार्थियों की आवश्यकता के अनुसार ढाल सकता है, बल्कि वह उन्हें अपने स्वास्थ्य को बनाए रखने और शारीरिक योग्यताओं और क्षमताओं को पर्याप्त विकसित करने में भी भरपूर सहयोग दे सकता है।

## बालकों का गामक विकास (Children's Motor Development)

### *गामक या गत्यात्मक विकास का अर्थ (Meaning of Motor Development)*

गामक या गत्यात्मक विकास का सामान्य रूप से अर्थ होता है– व्यक्ति की गामक या गत्यात्मक शक्तियों, क्षमताओं या योग्यताओं का विकास। प्रश्न उठता है कि व्यक्ति की ये गामक या गत्यात्मक शक्तियाँ, योग्यताएँ या क्षमताएँ क्या होती हैं? इस पर प्रकाश डालते हुए क्रो एवं क्रो (Crow and Crow, 1953 : 34) ने अपनी पुस्तक *बाल विकास एवं समायोजन* (*Child Development and Adjustment*) में लिखा है।

"गामक योग्यताओं तथा क्षमताओं से तात्पर्य उन विभिन्न प्रकार की शारीरिक गतियों अथवा क्रियाओं से है जिनके संपादन की कुंजी नाड़ियों और मांसपेशियों गतिविधियों के संयोजन के साथ होती है।"

(Motor capacities and abilities stand for the various kinds of bodily movements that are made possible through the co-ordination of nerve and muscle activity.)

इस प्रकार की शारीरिक क्रियाओं अथवा गतियों के उदाहरण के रूप में हम मानव व्यवहार के क्रियात्मक पक्ष से जुड़ी हुई अनेक गतिविधियों जैसे चलना-फिरना, घूमना-दौड़ना, कूदना, पकड़ना, फेंकना, लिखना-पढ़ना, तैरना, टाइप करना, विभिन्न प्रकार के औजारों तथा यंत्रों का संचालन करना आदि के नाम गिना सकते हैं। हम यह भी अच्छी तरह जानते हैं कि एक नवजात शिशु तथा छोटा बालक इन सभी क्रियात्मक या गामक योग्यताओं के प्रदर्शन में किस प्रकार असहाय तथा असमर्थ होता है इसकी इस असमर्थता के दर्शन हमें निम्न प्रकार के व्यवहार अवलोकन द्वारा भली-भाँति हो सकते हैं–

- वह देख तो सकता है, परन्तु किसी एक विशेष वस्तु पर अपनी दृष्टि बराबर टिकाए नहीं रख सकता।
- वह जमीन पर लेटा रह सकता है, परन्तु रेंगकर आगे नहीं बढ़ पाता और न खड़ा होकर चल फिर सकता है।
- वह वस्तुओं को अपने हाथ में नहीं सँभाल सकता और न किसी औजार या उपकरण को हाथ से पकड़ कर काम में ला सकता है।
- वह शारीरिक या क्रियात्मक कार्यों से जुड़े हुए कोई व्यक्तिगत या सामूहिक खेल नहीं खेल सकता है।
- वह शारीरिक क्षमताओं तथा गतिविधियों की दृष्टि से इतना अधिक असहाय हो सकता है कि वह अपने आप खा-पी नहीं सकता, अपने कपड़े अपने आप नहीं पहन सकता और न शरीर सम्बन्धी अन्य आवश्यक कार्य जैसे मल-मूत्र विसर्जन, शरीर के अंगों की सफाई, आग, पानी, कीड़े-मकोड़ों तथा पशु-पक्षियों से अपनी रक्षा ही कर सकता है।

परन्तु उसकी यह उपरोक्त असहाय अवस्था एवं अक्षमता बहुत अधिक लम्बे समय तक नहीं रह पाती। जैसे-जैसे वह शिशु से बालक तथा फिर किशोर बनने की और

उन्मुख होता है उसे स्नायु एवं मांसपेशीय संस्थान की गतिविधियों पर नियन्त्रण स्थापित करने में सफलता मिलने लगती है। परिपक्वन तथा अधिगम के संयुक्त परिणामों के माध्यम से वह विचित्र प्रकार की शारीरिक एवं क्रियात्मक गतिविधियों को सम्पन्न करने में सक्षम बनता चला जाता है। वह अपनी गामक तथा क्रियात्मक योग्यताओं तथा क्षमताओं को इतना अधिक विकसित कर लेता है कि अपने परिवेश की माँग के अनुरूप जटिल से जटिल गामक एवं क्रियात्मक क्रियाओं को भलीभाँति सम्पन्न कर सके। अब वह असहाय तथा असमर्थ नहीं दिखाई देता, बल्कि सभी प्रकार के गामक तथा शारीरिक क्रियाकलापों को करने हेतु उसमें आवश्यक आत्मविश्वास पैदा हो जाता है। बालक में गामक तथा क्रियात्मक योग्यताएँ एवं क्षमताओं को उपयोग में लाने से सम्बन्धित इस प्रकार का जो परिवर्तन दिखाई देता है उसका श्रेय जिस विकासात्मक प्रक्रिया को दिया जा सकता है उसी को गामक या गत्यात्मक विकास का नाम दिया जाता है।

इस तरह गामक या गत्यात्मक विकास पद का सामान्य रूप से प्रयोग बालक में गामक या गत्यामक क्रियाओं के ऐसे क्रमिक विकास के लिए किया जाता है जिसमें बालक अपनी शारीरिक गतिविधियों पर नियन्त्रण प्राप्त करने में लगातार प्रगति के मार्ग पर आगे बढ़ता हुआ दिखाई दे। इस नियन्त्रण के मूल में एक तरह से स्नायु एवं मांसपेशीय संस्थानों का संपूर्ण सहयोग तथा समुचित समन्वयन कार्य करता है इसी कारण जैसा कि श्रीमती हरलॉक (Hurlock, 1987 : 138) ने अपनी पुस्तक *बाल विकास (Child Development)* में लिखा–

"गामक या क्रियात्मक विकास से तात्पर्य नाड़ी केन्द्र, नाड़ियों तथा मांसपेशियों के समन्वित तथा संयोजित प्रयास द्वारा शारीरिक गतिविधियों पर नियन्त्रण स्थापित करने की योग्यता तथा क्षमता का विकास है।"

(Motor Development may be defined as development of control over bodily movements through the co-ordinated activity of the nerve centres, the nerves and the muscles.)

इस तरह गामक या गत्यात्मक विकास सम्बन्धी अवधारणा में निम्न बातों का समावेश पाया जाता है–

- इसमें केवल बालक की गामक या गत्यात्मक योग्यताओं तथा शक्तियों के विकास को शामिल किया जाता है।
- इन शक्तियों के विकास से बालक अपनी शारीरिक गतिविधियों पर उचित नियन्त्रण स्थापित करने में सक्षम से सक्षम बनता चला जाता है।
- शारीरिक गतिविधियों पर नियन्त्रण स्थापित करने में बालक के स्नानु या नाड़ी संस्थान (Nervous System) तथा मांसपेशीय संस्थान (Muscular System) की प्रधान भूमिका रहती है। जितना सुन्दर एवं प्रभावपूर्ण इन दोनों संस्थानों की गतिविधियों में तालमेल रहता है। उतनी ही अच्छी तरह से बालक अपनी शारीरिक गतिविधियों पर नियंत्रण स्थापित करने में सक्षम बनता जाता है।

नियंत्रण स्थापित करने में यह सक्षमता बालक में आयु के साथ-साथ परिपक्वन तथा अनुभवों के मिले-जुले प्रभाव के फलस्वरूप आती जाती है। इस प्रकार की सक्षमता के क्रमिक विकास सम्बन्धी प्रक्रिया को ही मनोविज्ञान तथा शरीर विज्ञान की भाषा में गामक या गत्यात्मक विकास का नाम दिया जाता है।

प्रश्न उठता है कि आयु के साथ-साथ बालक में इस प्रकार के गामक विकास की प्रक्रिया किस तरह आगे बढ़ती है? और इस विकास के प्रारंभिक दौर में तथा बाद में किस तरह का स्वरूप होता है। इसी बात पर हम आगे विचार करना चाहेंगे।

## *बालकों में गामक विकास किस तरह आगे बढ़ता है?*
### *(How does Motor Development take place in the Growing Children)*

अपने नन्हें-नन्हें शिशुओं को पहला कदम रखने की बात माता-पिता तथा अन्य परिजनों के लिए एक ऐसा महत्त्वपूर्ण समय और घटना होती है जो भुलाए नहीं भूलती और जिसे वे बड़े गर्व से कहते फिरते हैं कि 'देखो मेरी अनिता ने तीन दिन पहले अपना पहला कदम रखा।' वे ऐसा क्यों न कहें, सचमुच ही बालक का पहला कदम रखना उसके गामक विकास का काफी महत्त्वपूर्ण मुकाम (Significant milestone) होता है। इस तरह के अन्य बहुत से महत्त्वपूर्ण मुकाम बालक के गामक विकास सम्बन्धी सफर में आते रहते हैं जो माँ-बाप के लिए आनन्ददायी सिद्ध होने के अतिरिक्त बालक के स्वयं के जीवनयापन, समायोजन, कल्याण और प्रगति के लिए काफी आवश्यक होते हैं। गामक विकास इस तरह से एक ऐसी सार्वभौमिक प्रक्रिया है जिसमें से प्रत्येक बालक को (अपने वंशक्रम और वातावरणजन्य कारकों से प्रभावित होते हुए) अवश्य ही गुजरना पड़ता है। यद्यपि वैयक्तिक भेदों के फलस्वरूप हर बालक अपनी-अपनी तरह से गामक विकास की मंजिलें तय करता है परन्तु फिर भी बालकों की आयु विशेष के स्तर को ध्यान में रखते हुए यह अच्छी तरह सोचा जा सकता है कि वृद्धि और विकास की किसी विशेष आयु या स्तर पर बालक से किस प्रकार के गामक विकास और उससे जुड़े हुए पूर्ण तथा सूक्ष्म गामक कौशलों (Gross and Fine Motor Skills) के अर्जन की अपेक्षा की जा सकती है। इस सम्बन्ध में एक और प्रमुख बात जो सामने आती है वह यह है कि गामक विकास के अपने प्रारम्भिक दौर में बालकों में ऐसे गामक कौशलों का विकास होता है जिनका सम्बन्ध उनके शरीर के बड़े मांसपेशीय समूहों (जैसे भुजाएँ, टाँगें तथा धड़) की गामक क्रियाओं के समन्वयन से होता है। इन्हें अपने आप में पूर्ण गामक कौशल (Gross Motor Skills) का नाम दिया जाता है। इस प्रकार के कौशलों के उदाहरणों के रूप में हम बैठना, चलना, लुढ़कना, खड़ा होना, चढ़ना, उतरना, कूदना, फेंकना, दौड़ना आदि का नाम ले सकते हैं। गामक विकास के अपने दूसरे दौर में बालकों में ऐसे गामक कौशलों का विकास होता है जिनका सम्बन्ध उनके शरीर के छोटे मांसपेशीय समूह (जैसे हाथ, पैर, चेहरे आदि) की गामक क्रियाओं में समन्वयन से होता है। इन्हें सूक्ष्म गामक कौशल (Fine motor skills) का नाम दिया जाता है। छोटी-छोटी वस्तुओं

को चुनना या उठना, लिखने के लिए पेन्सिल पकड़ना, कमीज के बटन बंद करना, पुस्तक के पृष्ठ उलटना, जूते के फीते बाँधना, टाइप करना, चित्रकारी करना और ऐसे अन्य कार्य करना जिनमें उंगलियों, हाथों तथा कलाइयों का प्रयोग करके काफी छोटे-छोटे, सूक्ष्म, कलात्मक एवं कारीगरी के कार्य किए जाते हैं। इस तरह गामक विकास में बालक अपने शरीर के प्रमुख अंगों की गामक गतिविधियों के सम्बन्ध में पहले पूर्ण गामक विकास की मंजिलें (Milestones of Gross Motor Development) तय करते हैं और इसके लिए उनमें पूर्ण गामक कौशलों (Gross motor skills) का विकास भी पहले ही होता है। इसके पश्चात् बालकों में जैसे-जैसे वे बड़े होते हैं उत्तम कोटि के सूक्ष्म गामक कौशलों (Fine motor skills) का अर्जन होता है और वे अपने सूक्ष्म गामक विकास की मंजिलें (Milestones of Fine Motor Development) भी इन्हीं कौशलों के आधार पर तय करते जाते हैं।

वृद्धि और विकास की विभिन्न अवस्थाओं में इस प्रकार के गामक विकास का क्या स्वरूप होता है इसी बात पर अब हम विस्तार से चर्चा करना चाहेंगे।

## *शैशवकाल ( जन्म से 2 वर्ष तक ) में गामक विकास*
## *(Motor Development in Infancy—from birth to 2 years)*

शैशवकाल में जन्म के तुरन्त बाद बालक में बहुत से महत्त्वपूर्ण गामक कौशलों के लक्षण उभरने शुरू हो जाते हैं। गामक विकास के एक महत्त्वपूर्ण नियम तथा प्रवृत्ति "ऊपर से नीचे" (Head to foot) का अनुगमन करते हुए शिशुओं का गामक विकास क्रमशः सिर से धड़, भुजाओं, हाथों, टाँगों तथा पैरों की ओर यात्रा करता हुआ पाया जाता है। इस दृष्टि से हम शिशुओं में इस गामक विकास का उसके इन अंग प्रत्यंगों की गामक गतिविधियों के विकास के सम्बन्ध में ही चर्चा करना चाहेंगे।

### *A. सिर से सम्बन्धित गामक गतिविधियाँ तथा गामक विकास*
### *(Motor Development and Activities in the Region of Head)*

*1. आँखों की गामक गतिविधियाँ (Motor Movements of Eyes)*— जन्म के तुरन्त बाद बालक की आँखों में किसी भी प्रकार की कोई विशेष गामक गतिविधियाँ लक्षित नहीं होती। उसकी दृष्टि किसी वस्तु विशेष पर नहीं टिक पाती परन्तु कुछ ही महीनों में उसमें विविध प्रकार की गामक क्षमताएँ दिखाई देने लग जाती हैं जैसे अपने नेत्रों को स्थिर वस्तुओं पर जमाए रखना और चलती हुई वस्तुओं पर अपनी दृष्टि घुमाना आदि।

2. सिर की गतिविधियाँ और नियन्त्रण (Control and Movements of Head)–जन्म के एक माह तक शिशुओं को अपने सिर को सीधा सँभाले रखना कठिन होता है, उनको उठाते-बिठाते ही उनका सिर एक ओर को लटक जाता है। इसलिए यह आवश्यक हो जाता है कि जब भी ऐसे शिशु को उठाया जाए तो उठाने से पहले अपना एक हाथ शिशु के सिर के पीछे लगाया जाए ताकि उसके सिर को ठीक तरह सँभाले रखा जा सके।

- 1 माह से 2 माह की आयु के शिशु लिटाने पर अपने सिर को कुछ ऊपर उठाने के काबिल हो जाते हैं। जैसे-जैसे वे बड़े होते हैं, अपने सिर को काफी लम्बे समय तक ऊपर उठाए रखने में सक्षम बनते चले जाते हैं।
- तीन माह के शिशु को बिठाने पर उसका सिर अब भी इधर-उधर डोलता, है, परन्तु यहाँ अब अपने सिर को सीधा स्थिर बनाए रखने सम्बंधी कौशल का उसमें विकास होने लगता है। 3-4 माह का शिशु पेट के बल लिटाने पर अपने सिर तथा सीने को चटाई या गद्दे से ऊपर उठाने तथा अपने वजन को अपनी हथेलियों पर लेता हुआ दिखाई दे सकता है।

*B. धड़ से सम्बंधित गामक गतिविधियाँ और विकास*
*(Development and Activities of Trunk)*

- जब शिशु 4 या 5 माह का होता है तब वह पहली बार पेट के बल लेटता हुआ कमर के बल लेटने के लिए पलटी मारता हुआ देखा जाता है। इसलिए इस समय पर चेतावनी दी जाती है कि बालक को कभी किसी मेज या चारपाई पर अकेला न छोड़ा जाए। अगर इस आयु के शिशु को कमर के बल लिटाया जाए तो वह जल्दी ही पलटी मार कर पेट के बल लेटता हुआ नजर आ सकता है और फिर अपने सिर और घुटनों को इस तरह की स्थिति में लाने की कोशिश करता है जैसे रेंगने के लिए तैयार हो। अपनी कमर के बल लेटते हुए वह अपने सिर और कंधों को भी ऐसे ऊपर उठाने की कोशिश कर सकता है जिससे यह प्रतीत होता है कि वह बैठने के लिए आतुर है।
- 5 से 8 माह के शिशु को जब हम अपने हाथ आगे बढ़ाकर उसे उठाएँ तो उठते हुए अपनी बैठने की स्थिति लेने का प्रयास करता है और अगर सँभाले रखा जाए तो 30 मिनट तक बैठ सकता है। हाँ कुछ मोटे और असंतुलित शिशु दूसरों की अपेक्षा कुछ और लम्बे समय तक अपनी कमर के बल लेटे हुए पाए जा सकते हैं और ऐसे बालक 7 माह के बाद ही अपने आप बैठने का प्रयास करते पाए जाते हैं।
- 9-10 माह के शिशु पेट के बल लेटे हुए हाथों और घुटनों के सहारे रेंगना प्रारम्भ कर देते हैं।
- 9-10 माह के शिशु अब हाथों के बल रेंगकर ही नहीं बल्कि अपने पूरे शरीर का प्रयोग कर अपने परिवेश के इधर-उधर घूमने लगते हैं। अब वे बैठ सकते हैं, अपनी कमर के बल लेट सकते हैं और फिर दुबारा अपने आप बैठ सकते हैं। इस आयु के अधिकतर बालक बिना दूसरों की मदद के अपने आप खड़ा होना भी प्रारम्भ कर देते हैं। हाँ शुरू-शुरू में ऐसा हो सकता है कि वे खड़े तो हो जाएँ परन्तु फिर उनको बैठना न आए।

*C. भुजाओं तथा हाथों की गामक गतिविधियाँ तथा विकास*
*(Development and Activities of the Arms and Hands)*

- तीन माह का शिशु अपने हाथों से ऐसे खेलता है जैसे वह किसी खिलौने से खेल रहा हो। चार-माह का शिशु अपने दोनों हाथों को एक साथ अपने सामने ला सकता है तथा इससे पहले ही अँगूठा पीने में लगा दिखाई दे सकता है।
- 3-4 माह के शिशु में यद्यपि भुजाओं तथा हाथों से सम्बंधित आवश्यक गतिविधियाँ नजर आने लगती हैं परन्तु इस आयु के बालक से अभी वस्तुओं तक पहुँचने तथा उन्हें पकड़ने सम्बंधी क्रियाओं की अपेक्षा नहीं की जा सकती क्योंकि उनमें भुजाओं तथा हाथों की गतिविधियों द्वारा इस प्रकार के काम करने हेतु आवश्यक नेत्र-हस्त समन्वयन (Eye Hand Co-ordination) क्षमता का अभाव होता है।
- 6 माह का शिशु वस्तुओं तक पहुँचने, उन्हें पकड़ने तथा फिर इन्हें अपने मुँह में रखने में समर्थ हो जाता है।
- 6-7 माह के शिशु में एक हाथ से दूसरे हाथ में वस्तुओं को लेने-देने की योग्यता आ जाती है। अब वह किसी वस्तु को पकड़ सकता है। इसे अपने दूसरे हाथ में स्थानान्तरण कर अच्छी तरह थामे रख सकता है।
- शुरू-शुरू में शिशु पूरे हाथ से किसी वस्तु को पकड़ते हैं (इसे पाल्मर पकड़ (Palmer grip) कहा जाता है) बाद में 8-9 माह में शिशु में छोटी वस्तुओं को अँगूठे तथा तर्जनी (Index finger) की सहायता से पकड़ने की योग्यता विकसित हो जाती है। (इसे पिन्सर पकड़ (Pincer Grasp) कहा जाता है)। अब वह दोनों हाथों को एक साथ काम में लाना (जैसे एक हाथ से बिस्कुट खाना तथा दूसरे हाथ से किसी प्लेट को थामना या खिलौने से खेलते रहना) सीख जाता है।
- 12 से 15 माह का शिशु अब अन्य प्रकार की ऐसी गामक क्रियाओं को रोकने में समर्थ हो जाता है जो उसे किसी तरह के मनोरंजन तथा खेल क्रियाओं में सहायक हों जैसे इस आयु के किसी शिशु को किसी बोतल तथा बॉक्स में भरी हुई वस्तुओं को बाहर निकालने में बहुत आनन्द आता है, इसी तरह किसी शिशु को लगातार किसी मैगजीन के चित्र या पुस्तिका के पन्ने पलटते हुए, ब्लॉक तथा खिलौनों से खेलते हुए देखना भी इस आयु में आम बात है अब वह अपने आप कपड़े पहनने और उतारने की कोशिशों में भी लगा दिखाई दे सकता है यद्यपि ऐसा करने में उसे जरूरत से काफी ज्यादा देर लग सकती है।
- 18 माह का शिशु बिना किसी दूसरे की सहायता के खा सकता है, कप से दूध पी सकता है, चम्मच का प्रयोग कर सकता है और घर के कामकाज में हाथ बँटाने की जिद कर सकता है।
- दो वर्ष का होने पर शिशु काफी नाजुक कार्य जिनके लिए सूक्ष्म प्रकार के गामक कौशलों की जरूरत होती है जैसे- पुस्तक के पृष्ठ सही तरह से

पलटना आदि करने में समर्थ हो जाते हैं। इस आयु में अब वे शौचादि, नहाने, दाँतों को ब्रुश करने आदि नित्यपृति के कार्य भी करने योग्य हो जाते हैं।

### *D. टाँगों एवं पैरों की गामक गतिविधियाँ तथा विकास (Development of Motor activities of legs and feet)*

जब कोई शिशु सहारे या उसके बिना खड़ा होने लग जाए तो यह समझा जाना चाहिए कि अब वह चलने सम्बंधी गामक कौशल के अर्जन की तैयारी में है। टाँगों तथा पैरों की सहायता से जो गामक गतिविधियाँ जैसे-जैसे वह आगे करता है उससे सम्बन्धित बातों को संक्षिप्त में आगे लिपिबद्ध किया जा सकता है।

(i) 9 से 11 माह का शिशु जब अपने चलने की शुरूआत करता है तो उसे एक हाथ से किसी सहारे की जरूरत पड़ती है। उसके कदम लड़खड़ाते हैं तथा सन्तुलन बिगड़ने का डर रहता है। बालक की इस प्रकार की शुरूआत के सन्दर्भ में अपनी राय व्यक्त करते हुए श्रीमती हैरलाक (1956 : 147) ने लिखा है–

"शुरू में सन्तुलन ठीक नहीं होता। अपना सन्तुलन बनाए रखने के लिए शिशु अपनी भुजाओं को या तो दोनों और (दाएँ-बाएँ) फैलाता है (जैसा कि किसी रस्से पर चलने वाला कोई नट करता है) या शरीर के साथ चिपकाता है। उसके पैर बाहर की ओर मुड़ जाते हैं तथा टाँगे सख्त हो जाती हैं। दोनों पैर बारी-बारी से एक लय में आगे उठते हैं। सिर थोड़ा आगे निकला होता है तथा नीचे फर्श पर देखने की बजाय शिशु अपने सीधे आगे देखता है। सन्तुलन बनाए रखने के लिए यह जरूरी है ऐसा करते हुए भी वह बहुधा गिरता रहता है।" ("At first balance is poor. As an aid to maintaining equilibrium, the baby's arms are held outright, much like those of a tightrope walker are pulled up to the body. The feet are turned outward and the legs are stiff. A rhythmic alteration of the two legs occurs. The head is held slightly forward and the baby looks straight ahead of him, instead of at the floor. This is necessary if balance is to be maintained, though it usually results in many falls.")

(ii) अपने पहले जन्म दिन तक अधिकांश शिशु किसी सहारे के या बिना किसी सहारे के चलना सीख जाते हैं और 14 माह के शिशुओं को तो ठीक तरह से स्वतन्त्रतापूर्वक आत्मविश्वास के साथ चलते हुए पाया जा सकता है।

(iii) 14 से 18 माह तक के बालकों की टाँगों एवं पैरों की गामक क्रिया सम्बन्धी गतिविधियाँ इतने अच्छे स्तर पर पहुँच जाती हैं कि–

- वे चलने की बजाय दौड़ना शुरू कर देते हैं। ऐसा लगता है कि वे एक कमरे से दूसरे कमरे में अपने पर कोई ब्रेक लगाए बिना दौड़ते ही रहते हैं।
- इस प्रकार दौड़ते रहने के अतिरिक्त वे आपका हाथ पकड़े हुए कुर्सी, मेजों, सोफों आदि पर चढ़ते उतरते रहते हैं। यह भी देखा जा सकता है कि बालक पहले सीढ़ियों पर चढ़ना सीखते हैं परन्तु बिना किसी सहारे के उतरना उनके लिए कठिन होता है।

- यह भी देखा जा सकता है कि फर्श पर खिलौनों से खेलते हुए अपने पैरों पर उकड़ू (Squat position) बैठने में वे इस तरह के अपने सन्तुलन बनाने की क्षमता का परिचय देते हैं।
- पैरों सम्बंधी अपने इस प्रकार की सन्तुलन क्षमता का परिचय वे उलटा चलने, बिना सन्तुलन खोए पंजों पर चलने, बिना गिरे बॉल में किक लगाने, खड़े होकर बॉल को फेंकने तथा अपने स्थान पर कूदते रहने जैसी गामक गतिविधियों के द्वारा भी देने का प्रयत्न करते हैं।

(iv) बाद में अपने दूसरे जन्म दिन तक बालक पूरी तरह स्वतन्त्र रूप से सीढ़ियों से उतरना-चढ़ना तथा किसी ऊँचाई या फिसल पट्टी (sliders) से ऊपर चढ़ना-उतरना सीख जाते हैं।

(v) दो वर्ष के बालक अच्छी तरह से दौड़ना, गेंद फेंकना और वस्तुओं को इधर-उधर बिखेरना सीख लेते हैं।

(vi) अपने शैशवकाल की समाप्ति पर बालकों को आत्मनिर्भरता और दूसरों पर निर्भरता इन दोनों के बीच झूलता हुआ पाया जाता है। वे अपनी ओर से चलने, चढ़ने, दरवाजा खोलने, अपने कपड़े पहनने, अपने आप खाना खाने आदि गामक कार्यों को स्वयं करने के सभी प्रयत्न करते हुए दिखाई देते हैं परन्तु ऐसा करने में उन्हें सदैव यह जरूरत रहती है कि वे जिन सीढ़ियों से चढ़कर ऊपर पहुँच गए हैं वहाँ से उतरने में उनकी मदद की जाए, दुर्घटनाओं से उनका बचाव किया जाए तथा कोहनी पर खरोंच लगने पर उनकी मरहम पट्टी की जाए।

### *शैशवकाल के गामक विकास सम्बन्धी महत्त्वपूर्ण मुकाम*
### *(Major Milestones of the Motor Development in Infancy)*

| *गामक कौशल (Motor Skills)* | *सीखने की औसत आयु (Average age of Learning)* | *आयु सीमा जिसमें 90% शिशु सीख लेते हैं (Age limit in which 90% child learns)* |
|---|---|---|
| (1) | (2) | (3) |
| (i) सीधे ऊपर उठाने पर अपने सिर को सीधे तथा स्थिर रखता है। | 6 सप्ताह | 3 सप्ताह – 4 माह |
| (ii) लेटे रहने की अवस्था में अपने आप को बाजुओं से ऊपर उठाने का प्रयत्न करता है। | 2 माह | 3 सप्ताह – 4 माह |
| (iii) बगल से पीठ की ओर पलटी लेता है। | 2 माह | 3 सप्ताह – 5 माह |
| (iv) क्यूब (cube) को पकड़ता है। | 3 माह, 3 सप्ताह | 2 – 7 माह |

(क्रमशः)

| (1) | (2) | (3) |
|---|---|---|
| (v) पीठ की ओर से बगल की ओर पलटी लेता है। | 4½ माह | 2 – 7 माह |
| (vi) अकेले बैठ जाता है। | 7 माह | 5 – 9 माह |
| (vii) रेंगता है। | 7 माह | 5 – 11 माह |
| (viii) खड़े होने के लिए ऊपर जोर लगाता है। | 9 माह | 5 – 12 माह |
| (ix) हाथ पर हाथ रखने सम्बन्धी खेल किया करता है। | 9 माह, 3 सप्ताह | 7 – 15 माह |
| (x) अकेले खड़ा हो जाता है। | 11 माह | 9 – 16 माह |
| (xi) अकेले चलता है। | 11 माह, 3 सप्ताह | 9 – 17 माह |
| (xii) दो क्यूबों (cubes) की मीनार (Tower) बना लेता है। | 13 माह, 3 सप्ताह | 10 – 19 माह |
| (xiii) तेजी से इधर-उधर वस्तुएँ बिखेरता है | 14 माह | 10 – 21 माह |
| (xiv) सहायता लेते हुए सीढ़ियों पर चलता है। | 16 माह | 12 – 23 माह |
| (xv) एक स्थान पर कूदता है। | 23 माह, 2 सप्ताह | 17 – 30 माह |
| (xvi) पंजों पर चलता है। | 25 माह | 16 – 30 माह |

बेयले (Baylay, 1993) से उद्धृत

**नोट–** ऊपर दिए गए गामक विकास सम्बन्धी तथ्य शैशवकाल की सामान्य प्रवृति के हिसाब से हैं। व्यक्तिगत भेदों की उपस्थिति के कारण ज्यादातर बालकों के लिए यह सही हो सकते हैं सबके लिए नहीं।

## बाल्यावस्था ( 3-12 वर्ष ) में गामक विकास

**(Motor Development in Childhood-3 to 12 years)**

अपनी शैशवावस्था के गामक विकास के फलस्वरूप बालकों में ऐसी गत्यात्मक योग्यता विकसित हो जाती है जिनके बलबूते पर बाल्यावस्था में होने वाली इस गामक विकास प्रक्रिया को संक्षेप में निम्न प्रकार लिपिबद्ध किया जा सकता है:

*1. बाल्यावस्था के 2 से लेकर 3 वर्ष (During 2-3 years)*

(i) बहुत ही हड़बड़ाहट में बड़े ही आत्मविश्वास और लय से उन्हें जल्दी-जल्दी चलते हुए या दौड़ते हुए (कभी-कभी आगे-पीछे चलते और दौड़ते हुए भी) देखा जा सकता है।

(ii) उन्हें सरल गामक गतिविधियों जैसे कूदने-फाँदने, फेंकने-पकड़ने (प्राय: अपने शरीर के ऊपरी भाग का प्रयोग करते हुए) में लिप्त होता हुआ पाया जा सकता है। वे ऐसा करके प्राय: अपने आपको काफी गौरवान्वित अनुभव करते हैं।

(iii) पैर से तीन पहियों की साइकिल या सवारी खिलौने आदि को धकेलते हैं। इस अवस्था में स्टीयरिंग या पैडल को काम में लाने की आदत उन्हें कम ही होती है।

(iv) अपने अँगूठे तथा तर्जनी की मदद से छोटी-छोटी वस्तुओं को पकड़ने की योग्यता भी उनमें थोड़ी बहुत आ जाती है परन्तु ऐसा वे ठीक ढंग से नहीं कर पाते।

(v) वे ब्लॉक (Block) की सहायता से कई बार काफी बड़ी मीनार (Tower) बना लेते हैं परन्तु ज्यादातर वे इसे एक सीध में नहीं बना पाते।

(vi) फॉर्म बोर्ड और अन्य सरल समस्यात्मक खेलों (Puzzles) को खेलने सम्बन्धी कुशलताएँ अभी उनमें ठीक तरह विकसित नहीं हो पातीं।

*2. बाल्यावस्था के 3 से लेकर 4 वर्ष (During 3-4 years)*

(i) इससे पहले गामक विकास द्वारा बालक सीढ़ियों पर (एक पैर को कुछ समय तक एक ही सीढ़ी पर रखकर) चढ़ना तो सीख लेते हैं परन्तु उस समय उन्हें बिना किसी की सहायता के उतरना नहीं आता। परन्तु इस समय के गामक विकास के फलस्वरूप वे जिस क्रम से चढ़े थे वैसे ही अपने आप उतरने में भी सफल हो जाते हैं।

(ii) शरीर के ऊपरी भाग को काम में लाते हुए वे एक स्थान पर कूदते, फाँदते रहने तथा वृत्ताकार घूमने जैसी गामक गतिविधियों का प्रदर्शन करते हैं।

(iii) अपने शरीर के ऊपरी भाग को काम में लाते हुए वस्तुओं को फेंकने की शुरूआत अब उनमें देखी जा सकती है। गेंद को वे हाथों में ठीक तरह से नहीं लपक पाते, दोनों हाथों से पकड़कर सीने से चिपकाकर वे इसे थाम पाते हैं।

(iv) वे अपनी तीन पहियों की साइकिल स्टीयरिंग तथा पैडलों का उपयोग करके अब अच्छी तरह चला सकते हैं।

(v) अपनी छोटी मांसपेशियों के समन्वयन से अब वे काफी नाजुक और सूक्ष्म गामक क्रियाएँ करने का प्रयत्न करते दिखाई दे सकते हैं।

(vi) अपने उतावलेपन और जल्दबाजी की वजह से अभी ब्लॉक की सहायता से ऊँची-ऊँची मीनार (Tower) खड़ी करने में उन्हें कठिनाई होती है।

3. *बाल्यावस्था के 4 से लेकर 5 वर्ष (During 4-5 years)*

(i) अब वे दोनों पैरों को बारी-बारी से एक-एक सीढ़ी पर रखते हुए चलने लगते हैं तथा जमीन पर अच्छी तरह भागने लगते हैं।

(ii) वे एक पैर पर कूदने-फाँदने लगते हैं।

(iii) शरीर को घुमाकर तथा उसके वजन को पैरों पर लेकर वे इच्छानुसार दिशा में गेंद फेंक सकते हैं तथा उसे हाथों में लपक सकते हैं।

(iv) अपनी तीन पहियों की साइकिल को पैडल तथा स्टीयरिंग का प्रयोग कर बहुत तेज भगाने में अब समर्थ बन जाते हैं। तेज भगाने में किसी मोड़ पर रुकावट की परवाह नहीं करने से उन्हें चोट लगने की आशंका भी यहाँ अब काफी बढ़ जाती है।

(v) अब हाथ, भुजाओं तथा अंगुलियों के संचालन में वे अच्छी कुशलता अर्जित कर लेते हैं तथा नेत्रों के नेतृत्व में इन कुशलताओं के प्रयोग से वे उच्च कोटि की सूक्ष्म गामक क्रियाओं के संपादन में भी रूचि दिखाने लगते हैं।

(vi) वे बिना किसी की सहायता के अपने कपड़े पहनना तथा बाल सँवारना आदि कार्य कर सकते हैं।

4. *बाल्यावस्था के 5 से लेकर 6 वर्ष (During 5-6 years)*

(i) अब वे ज्यादा तेज दौड़ सकते हैं तथा दूसरों (माता-पिता भी) के साथ दौड़ की शर्त लगाना अब उन्हें अच्छा लगता है।

(ii) अब वे अच्छी तरह कूद-फाँद सकते हैं। रस्सी कूदने तथा छलांग लगाने जैसे कार्यों में रत रहते हुए अब उन्हें अच्छी तरह देखा जा सकता है।

(iii) अपने पूरे शरीर को प्रयोग में लाते हुए अब उन्हें काफी कुशलता से गेंद या अन्य वस्तुएँ फेंकते और लपकते हुए देखा जा सकता है। फेंकने की गति और क्षमता भी अब उनकी काफी बढ़ी दिखाई देती है।

(iv) अब वे दो पहियों वाली साइकिल (छोटी या प्रशिक्षण पहिए वाली) चलाना प्रारम्भ कर देते हैं।

(v) गामक समन्वय क्षमता का अच्छा विकास होने के कारण अब बालक अपने हाथों को उचित साधन या औजारों की तरह प्रयोग करने लगते हैं। 6 वर्ष का एक बालक अब कील ठोक सकता है, जूते के फीते बाँध सकता है, अपनी बेल्ट लगा सकता है तथा वस्त्रों की डोरियों को कसकर ठीक तरह पहन सकता है। अभी वह ठीक तरह लिखने में समर्थ नहीं बन पाता क्योंकि न तो उसके हाथों और उँगलियों को नियन्त्रित करने वाली छोटी मांसपेशियों का अभी ठीक विकास हो पाता है और न उसके हाथ-नेत्र समन्वयन सम्बंधी क्षमता ठीक तरह विकसित हो पाती है। निस्संदेह उचित लेखन कार्य हेतु अभी अपने गामक विकास को लेकर कुछ और इन्तजार करना होता है।

*5. बाल्यावस्था के 7 से लेकर 12 वर्ष (During 7-12 years)*

(i) अब बालकों का अपने शरीर पर काफी कुछ नियन्त्रण हो जाता है और इसलिए अब वे ज्यादा समय तक बैठे रहकर अपने कार्यों में लगे रह सकते हैं। परन्तु अभी उन्हें ऐसा करने में जल्दी थकान हो जाती है क्योंकि वे शारीरिक रूप से अभी ठीक प्रकार परिपक्व नहीं होते।

(ii) अब उनकी दौड़ने की रफ्तार काफी बढ़ जाती है और वे अधिक ध्यान और रुचि विविध प्रकार की गामक क्रियाओं जैसे दौड़ना, लगातार रस्सी कूदना, ऊँचाई पर चढ़ना–उतरना, साइकिल चलाना आदि पर केन्द्रित करते हैं। इसके अतिरिक्त अन्य गामक कौशलों जैसे फेंकना, लपकना, किक लगाना, बल्लेबाजी करना, हॉकी की गेंद पर नियंत्रण करते हुए आगे बढ़ना, छड़ पर अपना सन्तुलन बनाए रखना आदि में शारीरिक नियन्त्रण, तकनीक, दूरी तथा गति की दृष्टि से भी बहुत प्रगति हो जाती है।

(iii) छोटी मांसपेशियों के नियन्त्रण और समन्वय सम्बन्धी सूक्ष्म गामक कौशलों (Fine motor skills) की गुणवत्ता में भी अब काफी वृद्धि होती जाती है। उदाहरण के लिए जहाँ 4 वर्ष के शिशु से किसी ब्लॉक को अपनी पूरी हथेली पर थोड़ी देर ही सँभाले रखने की आशा की जा सकती है वहीं 8 और 9 वर्ष का बालक अपने अँगूठे और तर्जनी (Fore finger) से वस्तुओं को सँभालने का उत्तम कौशल अर्जित कर लेता है।

(iv) 7 वर्ष तक बालकों के हाथों में स्थिरता और मजबूती आ जाती है और अब वह क्रेयोन (Crayon) की जगह पेन्सिल के उपयोग को प्राथमिकता देने लगते हैं, लिखने में अब वह अच्छी तरह ध्यान देने लगते हैं, पेन्सिल के उपयोग को प्राथमिकता देने लगते हैं। लिखने में अब वह अच्छी तरह ध्यान देने लगता है, पेन्सिल को मजबूती से पकड़ता है और इसे लिखने की जगह (Point) के बिल्कुल पास से पकड़ने लगता है। जैसे ही वह 8 वर्ष का होता है उसके हस्त–नेत्र समन्वय (Hand-eye co-ordination) तथा हाथ और अँगुलियों की छोटी मांसपेशियों से संबंधित गामक क्षमताओं में काफी विकास हो जाता है। फलस्वरूप अब वह बड़ी आसानी से ठीक प्रकार से लिख सकता है।

(v) 10 से 12 वर्ष के बालक अपने गामक विकास के उस मुकाम पर पहुँच जाते हैं जबकि वे हाथों से संबंधित गामक क्रियाओं के संपादन में वयस्क व्यक्तियों की तरह अपनी कुशलता का प्रदर्शन करने लगते हैं। अब वे छोटे से छोटे आकार में सही तरह से लिख सकते हैं, बाह्य यंत्रों पर सुरीले तान छेड़ सकते हैं तथा उत्तम कोटि क्राफ्ट सामग्री का निर्माण कर सकते हैं।

## बाल्यकाल के गामक विकास सम्बन्धी महत्त्वपूर्ण मुकाम
## *(Major Milestones of the Motor Development in Childhood)*

| आयु *(Age)* | संपूर्ण गामक कौशल *(Gross Motor Skills)* | सूक्ष्म गामक कौशल *(Fine Motor Skills)* |
|---|---|---|
| (1) | (2) | (3) |
| 2–3 वर्ष | 1. पूरी लय और आत्मविश्वास से चलता है। चलने में जल्दी और और हड़बड़ाहट प्रदर्शन करता है तथा धीरे-धीरे भागता है। | 1. अपने अँगूठे तथा तर्जनी से छोटी-छोटी वस्तुओं को उठा सकता है। |
| | 2. अपने शरीर के ऊपरी भाग को कड़ा रखते हुए सरल गामक क्रियाओं जैसे उछल-कूद, फेंकना, लपकना आदि का संपादन कर सकता है और ऐसा करने में काफी खुशी का इजहार करता है। | 2. ब्लॉकों से ऊँची मीनारें बना सकता है परन्तु वे पूरी तरह सीधी ऊँचाई की नहीं होती। |
| | 3. बिना स्टीयरिंग तथा पैडल के तीन पहिया-साइकिल या खिलौना सवारी को धक्का दे सकता है। | 3. बोर्ड या सरल समस्यात्मक खेल (Puzzles) के साथ खेलते हुए टुकड़ों को ठीक ढंग से नहीं रख पाता है। |
| 3–4 वर्ष | 1. सिर्फ एक के बाद दूसरे पैर को हर एक सीढ़ी पर रखते हुए सीढ़ियाँ चढ़ता है और इसी तरह उतरने की कोशिश करता है। | 1. अपनी जल्दबाजी और हड़बड़ाहट के कारण ब्लॉकों से ऊँची मीनारें बनाने में कठिनाई का अनुभव करता है। |
| | 2. अपने शरीर के ऊपरी भाग की सहायता से उछल-कूद करता है। | 2. छोटी मांसपेशियों के नियन्त्रण और समन्वय सम्बन्धी गामक क्रियाओं के संपादन में अधिक कुशलता का प्रदर्शन करता है। |
| | 3. अपने शरीर के ऊपरी भाग को काम में लाते हुए वस्तुओं को फेंकता है तथा छाती से सटाते हुए वस्तुओं का लपकने का प्रयत्न करता है। | |

(क्रमशः)

| (1) | (2) | (3) |
|---|---|---|
| | 4. स्टीयरिंग तथा पैडलों का प्रयोग करके तीन पहिया साइकिल चलाता हैं। | |
| 4-5 वर्ष | 1. दोनों पैरों को बारी-बारी से हर एक सीढ़ी पर रखते हुए सीढ़ियों पर चलता है तथा अच्छी तरह से छोड़ता है। | 1. नेत्रों के नेतृत्व में उसके हाथ भुजाएँ तथा अँगुलियाँ समन्वित ढंग से गतियाँ करती हैं। |
| | 2. एक पैर से छलांग लगाने तथा कूदने में अपनी योग्यता दिखाता है। | 2. दूसरों की सहायता लिए बिना स्वयं कपड़े पहनना सीख जाता है। |
| | 3. शरीर को अच्छी तरह घुमाकर गेंद फेंक सकता है तथा हाथ में गेंद लपक सकता है। | 3. अक्षरों को लिखना, केयान्स (Crayons) से रंग करना, स्केच बनाना, नृत्य करना, दूसरों की नकल उतारना, वाद्य यंत्रों को बजाना तथा तैरना आदि गामक क्रियाओं का संपादन अपनी रूचि के अनुसार बालक सीख जाते हैं। |
| | 4. तीन पहिया साइकिल को पेडल और स्टीयरिंग का प्रयोग करके बहुत तेज चलाता है और ऐसा करने में मोड़ और बाधाओं की भी परवाह नहीं करता। | |
| 5-6 वर्ष | 1. अब अच्छी तरह तेज और ज्यादा दूर तक दौड़ सकता है तथा दूसरों (माता-पिता भी) के साथ दौड़ की प्रतियोगिता में रूचि दिखाता है। | 1. अपने हाथों कों औजारों के रूप में इस्तेमाल करना सीख जाता है। |
| | 2. अच्छी तरह कूद फाँद सकता है। कूदने तथा छलांग लगाने में रूचि दिखाता है। | 2. हथोड़ा चलाना, जूते के फीते बाँधना बेल्अ बाँधना सीख जाता है। |

(क्रमशः)

| (1) | (2) | (3) |
|---|---|---|
| | 3. फेंकने और लपकने के कौशल में बढ़ोत्तरी का प्रदर्शन करता है। | 3. लिखने, चित्रकारी करने, नाचने, वाद्य यंत्र बजाने, तैरने तथा अभिनय करने में अपने विकसित गामक कौशलों का परिचय देता है। |
| | 4. साइकिल (छोटी या प्रशिक्षण पहिए युक्त) चलाना शुरू कर देता है। | |
| 7-12 वर्ष | 1. अपने शरीर पर अब अधिक नियंत्रण स्थापित कर सकता है। अधिक समय तक बैठे रहने तथा किए जाने वाले कार्यों पर अधिक ध्यान देने में समर्थ होता है। | 1. केवल अँगूठे तथा तर्जनी के सहारे वस्तुओं का उचित कौशलात्मक तरीके से प्रयोग करना सीख जाता है। |
| | 2. दौड़ने की क्षमता में वृद्धि हो जाती है। अब वह विभिन्न प्रकार की गामक क्रियाओं जैसे दौड़ना, रस्सी कूदना, सीढ़ियों पर चढ़ने-उतरने, कूदने, तैरने तथा साइकिल चलाने आदि में ज्यादा थकावट अनुभव किए बिना अच्छी तरह संपादित कर सकता है। | 2. हस्त-नेत्र समन्वय (Hand eye coordination) में बढ़ी हुई क्षमता का प्रदर्शन करता है। |
| | 3. फेंकने, लपकने, बैटिंग, किकिंग, हॉकी का गेंद को नियंत्रित कर आगे बढाने, छड़ों पर अपना संतुलन बनाए रखने आदि गामक कौशलों में अपनी बढ़ी हुई क्षमता का प्रदर्शन करता है। | 3. अपने हाथों और अँगुलियों की छोटी मांसपेशियों के उचित तालमेल के द्वारा सूक्ष्म गामक क्रियाओं के संपादन में अपनी योग्यता का प्रदर्शन करते हैं। |
| | | 4. अब वे वयस्कों की तरह ही ऐसी सभी गामक गतिवधियों के संपादन में सिद्धहस्त हो जाते हैं जिनमें सुक्ष्म गामक कौशलों (Fine motor skills) की जरूरत पड़ती है। |

## किशोरावस्था तथा वयस्क अवस्था में गामक विकास
## (Motor Development in Adolescence and Adulthood)

किशोरावस्था को वृद्धि विकास की दृष्टि से स्वर्णिम काल कहा जाता है। इस अवस्था में वृद्धि और विकास के सभी आयामों (जिसमें गामक विकास भी शामिल है।) में बालक अपनी ऊँचाइयों को छूता हुआ पाया जाता है। फलस्वरूप किशोरावस्था के अंत तक या उसके कुछ साल के अन्तराल में (प्रायः 19 से लेकर 25 वर्ष तक) अपने गामक विकास के शिखर पर आसीन हो जाते हैं। यह बात सामान्य रूप से सभी वयस्क व्यक्तियों (जिनमें एथलीट तथा खेल जगत के सितारे भी शामिल हैं) पर लागू होती है। इसके बाद प्रौढ़ावस्था (वयस्क अवस्था) के उत्तरार्ध में गामक क्षमताओं तथा कौशलों में उतार या गिरावट का दौर शुरू हो जाता है। वृद्धावस्था तक पहुँचते-पहुँचते अब वे अपनी विभिन्न प्रकार की संपूर्ण गामक गतिविधियाँ जैसे चलने-फिरने, दौड़ने, सन्तुलन बनाने की विधियों के संपादन में अक्षमता तथा गिरावट आने के पूरे-पूरे प्रमाण देने लगते हैं।

## बालकों में हाथ तथा पैरों के विभिन्न कौशलों का विकास
## (Development of Various Hand Skills and Leg Skills among Children)

अपने विकासकाल (Development period) में जिन गामक कौशलों का सामान्य रूप से विकास तथा अर्जन बालकों द्वारा किया जाता है उन्हें मुख्य रूप से निम्न दो भागों-हाथ के कौशल (Hand Skills) तथा पैर के कौशल (Leg Skills) में बाँट कर अच्छी तरह समझा जा सकता है।

हाथ के कौशल (Hand Skills)–बालकों द्वारा हाथ के कौशलों का अर्जन पैर के कौशलों के अर्जन की अपेक्षा पहले सम्पन्न होता है। इसका कारण यह है कि हाथ सम्बन्धी गामक विकास पैर सम्बन्धी गामक विकास से पहले सम्पन्न होता है। हाथ, उँगलियों और भुजाओं से सम्बन्धित मांसपेशियों तथा नाड़ियों पर बालक पैर, पंजे तथा टखने आदि की मांसपेशियों तथा नाड़ियों की अपेक्षा पहले नियन्त्रण तथा समन्वय सम्बन्धी समर्थता अर्जित कर लेता है। दूसरी यह बात भी है कि हाथ के कौशलों की आवश्यकता उसे अपनी रोजमर्रा की जिन्दगी में अपने वातावरण के साथ समायोजन करने में पैर के कौशलों की अपेक्षा अधिक जल्दी अनुभव होती है। अतः आवश्यकता आविष्कार की जननी है– इस कहावत को चरितार्थ करते हुए प्रायः सभी बालक हाथ के कौशलों के अर्जन में पैर के कौशलों की अपेक्षा कुछ अधिक ही आगे बढ़े हुए पाए जाते हैं।

हाथ के जिन महत्त्वपूर्ण कौशलों का बालकों द्वारा सामान्य रूप से अर्जन होता है उनमें मुख्य रूप से जिन कौशलों के विकास का अध्ययन मनोवैज्ञानिकों द्वारा विशेष रूप से किया गया है, वे निम्न हैं–

1. अपने आप खाना खाने सम्बन्धी कौशल (Self-feeding Skill)

2. अपने आप नहाने-धोने एवं स्वच्छता सम्बन्धी कौशल (Self Bathing or Cleaning Skill)
3. अपने आप कपड़े पहनने सम्बन्धी कौशल (Self Dressing Skill)
4. अपने आप बाल सँवारने सम्बन्धी कौशल (Self Combing or Grooming Skill)
5. गेंद फेंकने और लपकने सम्बन्धी कौशल (Ball Throwing and Catching Skills)
6. लिखने सम्बन्धी कौशल (Writing Skill)
7. नकल करने सम्बन्धी कौशल (Copying Skill)
8. ब्लॉक बिल्डिंग तथा सृजनात्मक कौशल (Block Building and Creative Skill)

आइए, बालकों में इन कौशलों के विकास के बारे में मनोवैज्ञानिकों की आम राय जानने का प्रयत्न किया जाए–

*1. अपने आप खाना खाने सम्बन्धी कौशल का विकास (Development of Self Feeding Skill)*–शुरू के वर्षों में शैशवावस्था में बालक अपने आप खाने और पीने में काफी असमर्थता एवं अक्षमता का अनुभव करता है। उसे माँ स्तन से अपने ही प्रयत्नों से दूध पिलाती है अथवा दूध की बोतल के निप्पल को उसके मुँह से लगाने का प्रयत्न करती है। धीरे-धीरे 8-9 माह के बालक में माँ के स्तन से स्वयं दूध पीने या फीडिंग बोतल को स्वयं सँभालने की क्षमता विकसित होने लगती है। कुछ समय बाद बालक इस बोतल को इच्छानुसार मुँह में रखने तथा निकालने के योग्य बन जाता है। अभी उसमें अन्य खाद्य या पेय पदार्थों को स्वयं लेने की क्षमता नहीं आ पाती। 1 साल का होते-होते अब वह कप, प्लेट या तस्तरी में रखे भोज्य तथा पेय पदार्थों को अपने आप ग्रहण करने का प्रयत्न करता दिखाई देने लगता है। परन्तु ऐसा करने में अभी वह वस्तुओं को फैला देता है तथा अपने आपको, अपने वस्त्रों को तथा आस-पास की सभी चीजों को गंदा भी कर देता है। इस बात से घबराकर उसके निजी प्रयत्नों पर कोई अंकुश लगा देना अच्छा नहीं होता। असफल प्रयत्नों के बाद ही सफलता हाथ लगती है। इसी शृंखला में आगे बढ़ते-बढ़ते जब बालक शैशवावस्था को पार कर बाल्यावस्था में प्रवेश करता है तो उसमें स्वयं खाने तथा पीने सम्बन्धी आवश्यक कौशलों का तेजी से विकास होना शुरू हो जाता है। तीन या चार वर्ष की आयु तक अब बालक अपने खाने या पीने की चीजों को ठीक तरह खाने-पीने में समर्थ होते देखे जा सकते हैं। नींबू निचोड़ना-फल काटकर या छील कर खाना, चम्मच, छुरी, काँटे आदि का उपयोग कर सकना आदि बातों में 5 वर्ष तक बालक आवश्यक कुशलता अर्जित कर लेते हैं। 8-9 वर्ष की आयु का होते-होते अब वे खाने-पीने में उतनी ही समर्थता एवं योग्यता अर्जित कर लेते हैं जितनी कि परिपक्वता ग्रहण करने के बाद वयस्क (Adults) में पायी जाती है।

*2. अपने आप नहाने-धोने एवं स्वच्छता सम्बन्धी कौशल (Self Bathing and Cleaning Skills)*–शुरू के वर्षों में, जैसा कि हम देखते हैं, बालकों में अपने आप नहाने-धोने, अपने अंग-प्रत्यंगों की सफाई करने सम्बन्धी योग्यता तथा कुशलताओं का बिल्कुल अभाव ही पाया जाता है। वे सभी कामों में अपने माँ-बाप तथा अन्य बड़ों के ऊपर ही आश्रित होते हैं। यहाँ तक कि उनके मल-मूत्र विसर्जन से सम्बन्धित सफाई का उत्तरदायित्व भी बड़ों को ही सँभालना होता है। परन्तु जैसे-जैसे वह बड़े होते हैं उनको इन बातों की पर्याप्त समझ आने लगती है और उनके गामक विकास से अर्जित हस्तकौशल उन्हें अपने आप नहाने-धोने, अपने अंगों की सफाई करने तथा मल-मूत्र विसर्जन इत्यादि से सम्बन्धित गामक क्रियाओं को ठीक प्रकार से करने में पूरी तरह समर्थ बनाते जाते हैं।

*3. अपने आप कपड़े पहनने सम्बन्धी कौशल (Self-Dressing Skills)*–शुरू के वर्षों में माँ-बाप तथा बड़ों का बहुत कुछ समय बालकों को आवश्यकतानुसार कपड़े पहनने तथा बदलने इत्यादि में व्यतीत होता है, परन्तु जैसे-जैसे वे शैशवावस्था को पार करते हैं उनमें अपने आप कपड़े पहनने, उतारने तथा इच्छानुसार बदलने इत्यादि से सम्बन्धित समझ तथा कौशलों का विकास हो जाता है। प्रायः यह देखा जाता है कि लड़कियों में इस प्रकार के कौशल का विकास लड़कों की अपेक्षा जल्दी और अधिक अच्छी तरह होता है। इसका कारण यह होता है कि एक तो उनका गामक समन्वय लड़कों की अपेक्षा अधिक उपयुक्त होता है और दूसरे उनके पहनने की पोशाक इत्यादि भी लड़कों से सरल होती हैं। सामान्यतया एक बालक, चाहे वह लड़का हो या लड़की, पाँच वर्ष की अवस्था तक इतनी कुशलता अर्जित कर लेता है कि वह अपनी निकर, कमीज, फ्रॉक, स्वेटर, बनियान, मोजे, जूते इत्यादि ठीक तरह से पहन सके। ऐसे परिधान जैसे–धोती बाँधना, पगड़ी बाँधना, टाई की गाँठ लगाना आदि के लिए उन्हें थोड़ा इन्तजार करना पड़ता है; परन्तु किशोरावस्था को पार करते-करते उनमें इस प्रकार के कौशलों का विकास भी देखने को मिल जाता है।

*4. अपने आप बाल सँवारने सम्बन्धी कौशल (Self Hair Dressing Skills)*–इस प्रकार के कौशल का विकास हाथ, आँख की मांसपेशियों तथा गामक क्रियाओं के उचित समन्वय पर निर्भर करता है। शिशुकाल में ही बालक अनुकरण की प्रक्रिया के फलस्वरूप कंघी लेकर अपने बाल सँवारने के प्रयत्न करते देखे जाते हैं, परन्तु उचित गामक विकास के अभाव में अभी उन्हें असफलता ही हाथ लगती है; लेकिन धीरे-धीरे उनमें इस कार्य से सम्बन्धित उचित नियन्त्रण एवं कुशलता का विकास होने लगता है। तीन या चार साल का बालक दर्पण में अपना चेहरा देखकर कंघे या ब्रश से बाल सँवारने में सामान्य-सी सफलता अर्जित कर लेता है। पूरी सफलता प्राप्त करने हेतु उसे दो-तीन वर्ष और इन्तजार करना होता है। इस कार्य में लड़के, लड़कियों की अपेक्षा ज्यादा आगे बढ़ जाते हैं। इसके पीछे यही कारण होता है कि उनके बालों को सँवारने में ज्यादा कुशलता तथा परिश्रम की आवश्यकता नहीं रहती। लड़कियों को

इसमें दिक्कत आती है और उन्हें अपने बालों को सुलझाने, काढ़ने सँवारने (विशेषकर जबकि उनके बाल लम्बे या कोई विशेष साज-सज्जा के हों) में प्रायः दूसरों का सहारा लेते रहना पड़ता है।

*5. गेंद फेंकने और लपकने सम्बन्धी कौशल (Ball Throwing and Catching Skills)*— गेंद फेंकने और लपकने सम्बन्धी कौशल का विकास बालक से यह अपेक्षा करता है कि उसमें स्थिर तथा गतिशील अवस्था में अपने शरीर का सन्तुलन बनाए रख सकने की क्षमता विकसित हो जाए। आँख और हाथों की उँगलियों तथा मांसपेशियों के संचालन में समन्वय करने की योग्यता आ जाए, अपनी उँगलियों, भुजाओं, कलाइयों, सिर, धड़ और पैर आदि के संचालन में समन्वय तथा नियन्त्रण करने की क्षमता विकसित हो जाए तथा सही समय पर सही प्रकार से गेंद फेंकने तथा लपकने की कुशलता का अर्जन हो जाएँ। इन सभी कार्यों को ठीक प्रकार से संचालित करने में बालकों को उचित परिपक्वता, अनुभव, प्रशिक्षण, अभ्यास तथा परिश्रम की आवश्यकता होती है। शुरू के वर्षों में उचित गामक क्रियाओं तथा कौशलों के अभाव में वह गेंद या अन्य खेल और दिन-प्रतिदिन की वस्तुओं के प्रयोग में काफी कठिनाई अनुभव करता है। उसमें वस्तुओं सम्बन्धी पकड़, फेंक तथा सँभालने सम्बन्धी योग्यता तथा कार्यक्षमता का पूरी तरह अभाव ही पाया जाता है। परन्तु जैसे-जैसे वह शिशु-अवस्था को पार करके आता है उसमें वस्तुओं को ठीक प्रकार पकड़ने, सँभालने तथा प्रयोग में लाने की योग्यता तथा क्षमता का विकास होने लगता है। गेंद से खेलने में उसे फेंकने सम्बन्धी कौशल का विकास पकड़ने से पहले होता है। इसका कारण यही है कि पकड़ना फेंकने की अपेक्षा कठिन होता है। इन कौशलों को अर्जित करने में बालक पहले तो इनसे सम्बन्धित क्रियाओं में अपने पूरे शरीर का इस्तेमाल करते देखे जाते हैं। फिर इसके बाद क्रमिक रूप से भुजा (Arms), कुहनियों (Elbow), कलाई, हथेलियों तथा ऊँगलियों की गतियों के उपयोग की दिशा में आगे बढ़ते रहते हैं। इस तरह फेंकने तथा पकड़ने में कलाई, हथेली तथा उँगलियों में उचित नियन्त्रण एवं समन्वय सम्बन्धी गामक कौशल के अर्जन में बालक को कुछ इन्तजार ही करना पड़ता है। सामान्यतया लगभग 6 वर्ष के बालक में गेंद फेंकने तथा पकड़ने आदि से सम्बन्धित कौशल का आवश्यक विकास एवं अर्जन भलीभाँति हो जाता है। आगे विशेष दक्षता अर्जित करने में अब उसे विशेष प्रशिक्षण, अवसर, अभ्यास तथा परिश्रम की ही आवश्यकता होती है।

*6. लिखने सम्बन्धी कौशल (Writing Skill)*— लिखने सम्बन्धी कौशल में हाथों के अँगूठे तथा उसके पास की दो उँगलियों द्वारा लेखनी की सही पकड़ तथा कलाई की गति आदि के तालमेल और उन पर उचित नियन्त्रण स्थापित करने की कुशलता का उपयोग होता है। बालक में इस प्रकार की योग्यता तथा क्षमता का विकास शिशुकाल के बाद से ही सामान्य रूप से प्रारम्भ हो जाता है। 3-4 वर्ष का बालक लेखनी को पकड़कर लिखने सम्बन्धी ठीक प्रयत्न करता हुआ देखा जा सकता है। प्रारम्भ में

उसके द्वारा लिखे हुए अक्षरों का आकार बड़ा होता है तथा उसकी लिखाई एक पंक्ति में सीधी नहीं होती। अक्षरों की बनावट भी एक जैसी संतुलित और संयमित नहीं होती। उसमें क्रमिकता का भी अभाव होता है, परन्तु जैसे-जैसे वह बड़ा होता है, परिपक्वन तथा अभ्यास उसकी लेखन सम्बन्धी आवश्यक मांसपेशियों, नाड़ियों तथा अंग-प्रत्यंगों के समन्वय, नियन्त्रण तथा कार्यक्षमता में उचित रूप से प्रगति ला देता है, साथ ही अनुभव, प्रशिक्षण, अभ्यास और अवसर भी उसके इस कौशल के अर्जन में सहायता करते जाते हैं और फलस्वरूप वह लेखन सम्बन्धी कौशल के विकास तथा अर्जन में निरन्तर प्रगति करता जाता है।

*7. आकृति बनाने या नकल करने सम्बन्धी कौशल (Copying Skill)*— किसी दी हुई आकृति, आकार या वस्तु का हाथों से प्रतिरूप, अनुकृति या नकल बनाने के कौशल में हाथों की मांसपेशियों तथा नाड़ियों के समन्वयन, नियन्त्रण तथा कार्यात्मक क्षमता के अतिरिक्त, वस्तुओं की प्रत्यक्षीकरण योग्यता और इस प्रत्यक्षीकरण का अनुकरणात्मक योग्यता से तालमेल बनाने की आवश्यकता होती है। बालकों में जैसे-जैसे ये योग्यताएँ तथा क्षमताएँ आती जाती हैं वैसे-वैसे ही उनसे सम्बन्धित कौशल का विकास सामान्य ढंग से होने लगता है। चार-पाँच वर्ष का बालक इस प्रकार के कौशल का सामान्य रूप से प्रदर्शन करता हुआ देखा जा सकता है, परन्तु एक शिशु से हमें इस प्रकार के कौशल के विकास की अपेक्षा नहीं करनी चाहिए, अतः ज्यामिति, रेखाचित्र, मॉडल निर्माण आदि कार्यों के संपादन के लिए हमें थोड़ा इन्तजार करके इसे 4-5 वर्ष की आयु से ही प्रारम्भ कराना चाहिए। यद्यपि शुरू-शुरू में बालक अपने कॉपी करने सम्बन्धी प्रयासों में अधिक त्रुटि करते पाए जाते हैं परन्तु प्रयास, प्रशिक्षण और अभ्यास द्वारा उनकी यह कमी दूर होने लगती है और वे कॉपी करने सम्बन्धी कौशल के विकास में अच्छी तरह आगे बढ़ते हुए पाए जा सकते हैं।

*8. ब्लॉक बिल्डिंग तथा सृजनात्मक कौशल (Block Building and Creative Skill)*—छोटे-छोटे बालकों को प्रायः तरह-तरह के ब्लॉकों से कई प्रकार की आकृतियों का निर्माण करते हुए देखा जा सकता है। घरौंदे बनाना, गीली मिट्टी को अच्छी तरह से भिन्न-भिन्न आकार देना, तरह-तरह की बिखरी हुई चीजों से कुछ नव-निर्माण करना आदि ऐसी कुशलताएँ हैं जिनका विकास बालकों में उम्र के साथ-साथ प्रगति करता हुआ दिखाई देता है। विकास की इस प्रगति में बालक के गामक विकास तथा सम्बन्धित कौशलों के अर्जन की विशेष भूमिका रहती है। जब तक बालक ब्लॉकों को हाथ से भलीभाँति पकड़ नहीं पाएगा, उन्हें ठीक प्रकार संभालकर मनचाही जगह उचित रूप से रख नहीं पाएगा तथा इस प्रकार से रखने में अपनी रचनात्मक शक्ति, कल्पना, अनुकरण क्षमता आदि का उपयोग करते हुए आँख तथा हाथों की क्रियाओं में परस्पर तालमेल नहीं बना पाएगा, वह ब्लॉक बिल्डिंग तथा अन्य सृजन या निर्माण प्रक्रिया के लिए आवश्यक कुशलता का विकास नहीं कर पाएगा। शिशुकाल में पर्याप्त गामक तथा बौद्धिक विकास के अभाव में इस प्रकार की

कुशलता बालकों में विकसित नहीं हो पाती। इसके बाद के कुछ वर्षों के बालक भी दिए हुए ब्लॉकों या सामग्री से निर्माण करने की अपेक्षा उनसे खेलने या उन्हें इधर-उधर करने में ही अपना समय व्यतीत करते देखे जाते हैं, परन्तु 4-5 वर्ष के बालक में इनके निर्माणात्मक तथा सृजनात्मक उपयोग का कौशल विकसित होने लगता है तथा फिर समय के साथ उनमें उस प्रकार के निर्माणात्मक तथा सृजनात्मक कौशल का अभ्यास, अवसर और प्रशिक्षण के प्रभाव से भलीभाँति विकास तथा अर्जन हो जाता है।

*9. पैरों के कौशल (Leg Skill)*— बालकों में पैरों के कौशल के विकास का उनके पैरों से गति करने सम्बन्धी क्रियाओं जैसे चलने, दौड़ने, उछलने, कूदने, सीढ़ियाँ चढ़ने-उतरने, थिरकने, नाचने आदि से गहरा सम्बन्ध होता है। सामान्यतया बाल्यावस्था के बालक में जिन पैर सम्बन्धी कौशलों का विकास होता है उनमें से कुछ उल्लेखनीय कौशल निम्न कहे जा सकते हैं–

1. दौड़ना (Running)
2. कूदना, चलना तथा छलाँग लगाना (Jumping, Skipping and Hopping)
3. सीढ़ियाँ चढ़ना (Climbing)
4. साइकिल चलाना (Cycling)
5. नृत्य करना तथा तैरना (Dancing and Swimming)

आइए, अब इन कौशलों के विकास का सामान्य परिचय प्राप्त किया जाए।

*1. दौड़ना (Running)*— बालक में जब बिना किसी सहारे के खड़ा होने तथा भलीभाँति चलने-फिरने की क्षमता विकसित हो जाती है तब उनका आगामी विकास भागने-दौड़ने सम्बन्धी गामक कौशल के विकास के रूप में होता पाया जाता है। शिशु अवस्था में इस प्रकार के कौशल का विकास नहीं हो पाता। इसका कारण बालकों में पैरों सम्बन्धी आवश्यक गामक क्षमता तथा परिपक्वता का विकास नहीं हो पाना होता है। तीन-चार वर्ष की अवस्था से बालक में दौड़ते समय शारीरिक सन्तुलन बनाए रखने, सिर को सीधा रखकर आगे की वस्तुओं तथा जमीन को देखते रहने आदि बातों में कुछ कठिनाई आती है और वह दौड़ते समय प्रायः गिरता रहता है, परन्तु जैसे-जैसे उसकी पैर सम्बन्धी नाड़ियों एवं मांसपेशियों में उम्र के साथ-साथ ताकत आती जाती है तथा प्रत्यक्षीकरण और गत्यात्मक क्रियाओं में उचित तालमेल बैठने लगता है उसकी दौड़ने सम्बन्धी कुशलता में प्रगति आती जाती है। धीरे-धीरे वह दौड़ने सम्बन्धी विशेष कुशलताओं जैसे–इच्छानुसार कम या अधिक गति से दौड़ना, दौड़ते हुए अचानक रुक जाने, मुड़ जाने, कूदने, फाँदने आदि क्रियाओं को करने में भी समर्थ बनता जाता है तथा किशोरावस्था के आगमन और समाप्ति तक एक कुशल धावक बनने की क्षमता अर्जित कर लेता है।

*2. कूदना, उछलना तथा छलाँग लगाना (Jumping, Skipping and Hopping)*— किसी विशेष ऊँचाई तक उछलना, किसी विशेष दूरी को कूदकर छलाँग लगाकर तय

करना आदि गामक क्रियाओं से सम्बन्धित कौशलों का विकास भी बालक मे पैरों सम्बन्धी आवश्यक गामक क्रियाओं के उचित विकास के पश्चात ही होता है। अत: इन बातों की एक शिशु से विशेष अपेक्षा नहीं की जा सकती। हाँ, इस दिशा में वे कुछ प्रयत्न करते हुए (अनुकरण के आधार पर) अवश्य देखे जा सकते हैं जिनमें सामान्य रूप से उन्हें असफलता ही हाथ लगती है तथा वे अनावश्यक रूप से किसी चोट तथा दुर्घटना के भी शिकार होते पाए जाते हैं। कुछ छोटे बालकों के साथ भी ऐसा ही घटित होता पाया जाता है। कूदने, उछलने तथा छलाँग लगाने में जहाँ इन क्रियाओं को अच्छी तरह से करने का ज्ञान और अभ्यास आवश्यक है वहीं शरीर सम्बन्धी सामर्थ्य तथा आवश्यक शारीरिक एवं गामक विकास की भी अत्यधिक आवश्यकता होती है। इसलिए प्राय: 4 वर्ष की आयु से ही कूदने उछलने तथा छलाँग लगाने सम्बन्धी कुशलताओं के विकास का रास्ता बालकों में ठीक प्रकार से खुल पाता है। 6-7 वर्ष के बालक इन सभी क्रियाओं के कुशल संपादन हेतु उचित कौशलों का अर्जन करते हुए देखे जा सकते हैं। इसके साथ उन्हें जितने अभ्यास और प्रशिक्षण के अवसर मिलते हैं उसी के अनुकूल वे अच्छे ऐथलीट तथा प्रोफेशनल बन जाते हैं।

*3. सीढ़ियाँ चढ़ना (Climbing)*— बालक में शिशु अवस्था से ही इस कौशल का विकास प्रारम्भ हो जाता है। खड़ा होना सीखने से पहले ही बालक जब रेंगकर या घिसटकर चल रहे होते हैं तब ही वे सीढ़ियों पर भी इसी रूप में चढ़ना प्रारम्भ कर देते हैं। हाँ, इस अवस्था में उनका उतरना मुश्किल हो जाता है। रेंगकर हाथों के बल चढ़ते हुए बालक क्रमश: अपने हाथों को ऊँची सीढ़ी पर तत्पश्चात् किसी एक टाँग तथा घुटने का उससे नीचे की सीढ़ी पर तथा दूसरी टाँग को उससे निचली सीढ़ी पर रखते हुए चढ़ने की कोशिश करते हैं। खड़ा होकर चलने की अवस्था में आने पर अब वे सीढ़ियाँ चढ़ने के लिए रेलिंग का सहारा लेना प्रारम्भ करते हैं या किसी अपने से बड़े की सहायता लेकर पहले एक पैर आगे की सीढ़ी पर जमाते हैं तथा फिर दूसरे पैर को उठाकर उसी सीढ़ी पर ले आते हैं। जब दोनों पैर चढ़ी हुई सीढ़ी पर आ जाते हैं तो फिर आगे उसी क्रम से पहला और दूसरा पैर उठाते जाते हैं, जिसका प्रयोग उनके द्वारा पहली सीढ़ी चढ़ने के लिए किया जाता है। थोड़ा और बड़ा हो जाने पर सीढ़ियाँ चढ़ने में अब उन्हें किसी सहारे की आवश्यकता नहीं रहती और अब वे सीढ़ियाँ चढ़ने में अपने पैरों का इस्तेमाल उसी तरह शीघ्रता से करने लग जाते हैं जिस प्रकार पैदल चलने में वे उल्टा उतरते हैं यानी उतरते समय उनका मुँह सीढ़ियों से ऊपर की ओर रहता है और वे नीचे की ओर पहले एक टाँग तथा फिर दूसरी टाँग को नीचे लटकाते हैं। परन्तु जैसे ही कुछ बड़े होते हैं, उल्टे उतरने के स्थान पर सीधे उतरने लगते हैं।

एक के बाद दूसरे पैर को वे वैसे ही उतरने में रखने लगते हैं जैसे कि वे इनका प्रयोग चढ़ने में करते हैं। लगभग 5-6 वर्ष का बालक धीरे-धीरे अपने इस कौशल

का विकास करता हुआ वयस्कों भी भाँति ठीक प्रकार से चढ़ता-उतरता देखा जा सकता है।

*4. साइकिल चलाना (Cycling)*— जब बालक खड़े होने तथा चलने की सामर्थ्य अर्जित कर लेता है तब वह पहले तीन पहिए वाली साइकिल (Tricycle) चलाने का प्रयत्न करने के काबिल बन जाता है। इस अवस्था में शुरूआत में बालक किसी बड़े की मदद से ही इस प्रकार की साइकिल पर बैठकर उसे इधर-उधर हिलाने का प्रयत्न करते हैं तथा धीरे-धीरे पैडल मारकर उसे आगे-पीछे करते रहते हैं। थोड़ा बड़ा होने पर अब वे उस पर अपने आप सवार होकर उसे पैडलों की सहायता से कुशलतापूर्वक चलाना सीख जाते हैं। 3-4 वर्ष के बालकों में तीन पहियों की साइकिल चलाने सम्बन्धी पर्याप्त कुशलता आ जाती है। इच्छानुसार रोकना, मुड़ना, भगाना इत्यादि सभी प्रकार की क्रियाओं को करने की उनमें योग्यता तथा क्षमता आ जाती है। अब आगे वे अपने से छोटे बालकों को भी पीछे बिठाकर घुमाना शुरू कर देते हैं।

दो *पहियों वाली साइकिल (Bicycle)* चलाना बालक प्रायः देर से ही सीखते हैं। इसका कारण यह है कि इस प्रकार के कौशल का विकास बालकों से कई प्रकार की विकसित शारीरिक क्षमताओं तथा गामक कुशलताओं की माँग करता है। सीट पर बैठे हुए या पैडल पर खड़े-खड़े साइकिल को आगे ले जाने में उन्हें हैन्डल को भलीभाँति साधने की आवश्यकता होती है। शरीर का सन्तुलन बनाए रखते हुए आँख तथा साइकिल की गति में समन्वय रखने में उसे प्रारम्भ में काफी कठिनाई होती है, परन्तु धीरे-धीरे वह इस पर सफलता प्राप्त कर लेता है और लगभग 7-8 वर्ष तक पहुँचते-पहुँचते वह पहले पैडल पर खड़े होकर कैंची चलाता हुआ और फिर प्रयास तथा अभ्यास द्वारा बड़े व्यक्तियों की तरह साइकिल चलाने में प्रवीणता अर्जित कर लेता है।

*5. नृत्य करना तथा तैरना (Dancing and Swimming)*—पैर के कौशलों में नृत्य करने तथा तैरने सम्बन्धी कौशलों का काफी महत्त्वपूर्ण स्थान है। बच्चा जब अपने पैरों पर खड़ा होना सीख जाता है। उसी से उसके पैरों में नृत्य की थिरकन होने लगती है। दो वर्ष का बालक भी दूसरों को देखकर सिखाने पर या टी.वी. तथा फिल्म में दूसरों का अनुकरण करके नृत्य के सरल कदम एवं थिरकन दिखाने में सक्षम हो जाता है। शुरू-शुरू में ऐसा करने पर उसके पैर संतुलित एवं संयमित ढंग से नहीं पड़ते, परन्तु अभ्यास द्वारा फिर सब कुछ सहज होता जाता है। एक 6-7 वर्ष के बालक से काफी अच्छी तरह नृत्य करने की अपेक्षा की जा सकती है बशर्ते उसे इस कार्य हेतु उचित प्रशिक्षण एवं अभ्यास के अवसर प्रदान किए जाएँ तथा उसमें इसके प्रति पूरी रुचि तथा लगन हो।

तैरने का कौशल भी बालक से उचित अभ्यास एवं प्रशिक्षण की माँग करता है। छोटे बालक तब तक तैरने में प्रशिक्षण लेने के काबिल नहीं हो सकते जब तक कि उनके हाथ और पैरों में गामक विकास सम्बन्धी पर्याप्त क्षमताएँ जैसे नाड़ियों और मांसपेशियों का उचित समन्वय, साँस पर नियन्त्रण करने का अभ्यास तथा तैरने

सम्बन्धी निर्देशों पर अमल करने की मानसिक योग्यता विकसित नहीं हो जाती। अतः तैरने में प्रशिक्षण का काल शिशुकाल के बाद ही ठीक से प्रारम्भ हो सकता है। उचित अभ्यास एवं प्रशिक्षण द्वारा 4–5 वर्ष का बालक सामान्य रूप से तैरने में सक्षम सिद्ध हो सकता है तथा आगे के 2–3 वर्षों में इस दिशा में काफी प्रवीणता अर्जित कर सकता है।

## देरी से होने वाला या विलम्बित विकास (Delayed Motor Development)

अपनी विकासात्मक अवधि के दौरान सभी बालकों से निश्चित पैटर्न के तहत अपने गामक विकास सम्बन्धी मुकाम या मंजिल तय करने की अपेक्षा की जाती है। परन्तु वैयक्तिक भेदों की उपस्थिति के कारण अपवाद (Exceptions) तो रहेंगे ही। इसलिए अपने गामक विकास तथा गामक कौशलों के अर्जन के परिपेक्ष्य में कुछ बालक सामान्य से काफी आगे तथा कुछ काफी पिछड़े हुए नजर आ सकते हैं। अगर यह अंतर सीमा के अंदर ही रहता है तब तो ठीक है परंतु इसकी अतिशयता समस्या पैदा कर सकती है विशेषकर उस अवस्था में जब बालकों को अपनी आयु तथा अवस्था की दृष्टि से गामक क्षमताओं के विकास में काफी पिछड़ा हुआ पाया जाता है। उनमें या तो इन क्षमताओं की अनुपस्थिति पाई जाती है अथवा उनमें इनका विकास निश्चित आयु तथा अवस्था के गुजरने के काफी बाद होता हुआ पाया जाता है। इस तरह के गामक विकास (सम्पूर्ण तथा सूक्ष्म गामक कौशलों के अर्जन) सम्बन्धी महत्वपूर्ण मुकामों (Significant milestones of motor development) पर पहुचने में सामान्य बालकों की तुलना में काफी देरी कर देते हैं। उनकी अपने गामक विकास सम्बन्धी यह देरी उनके लिए कई तरह से घातक और हानिप्रद सिद्ध हो सकती है जैसे–

(i) इसके फलस्वरूप बालक स्वतन्त्र रूप से ऐसी गामक गतिविधियों को करने में अपने आपको असमर्थ अनुभव कर सकता है जिनकी किसी विशेष आयु तथा वृद्धि एवं विकास की अवस्था में उससे अपेक्षा की जाती है।

(ii) इससे उनकी शारीरिक वृद्धि एवं विकास की सामान्य प्रक्रिया प्रभावित होती और वे इस क्षेत्र में भी पिछड़ जाते हैं।

(iii) इससे उनकी अपने साथियों के साथ उचित अंतःक्रिया नकारात्मक रूप से प्रभावित होती है और उनका सामान्य रूप से सामाजिक विकास नहीं हो पाता है।

(iv) गामक कौशलों के सम्पूर्ण तथा सूक्ष्म (Gross and Fine) के समय पर विकास न होने से उनके मानसिक विकास के मार्ग में रोड़े आ जाते हैं और इस तरह उनका सामान्य रूप से मानसिक विकास नहीं हो पाता है और वे अपनी आयु तथा अवस्था के लिए अपेक्षित मानसिक कार्य करने में अपने आपको असमर्थ पाते हैं।

(v) इससे उनका सामाजिक-संवेगात्मक व्यवहार नकारात्मक रूप से प्रभावित होता है। इस सम्बन्ध में अपनी बात कहते हुए श्रीमती हरलॉक (1956:1967) ने लिखा हैं–

*"गामक नियंत्रण के विकास में पिछड़ जाने के कारण, बहुत से युवा बालकों में हीनता की भावना घर कर जाती है जिससे वे सामाजिक समूह में भाग लेने से कतराने लगते हैं और उसमें असामाजिक दृष्टिकोण तथा व्यवहार के पनपने का रास्ता खुल जाता हैं।"*

*("Because as a result of this early backwardness in the development of motor control, many young children develop feelings of inferiority which cause them to withdraw from the social group and this lays the foundation for unsocial attitudes and behaviour".)*

## बालकों में होने वाले विलम्बित विकास के कारण

### *(Causes of Delayed Motor Development in Children)*

बालकों में गामक विकास अपने समय पर न होकर देरी से होने के पीछे जो कारण कार्य कर संकते हैं उन्हें संक्षेप में निम्न प्रकार लिपिबद्ध किया जा सकता है।

1. माँ के गर्भ में बालक की वृद्धि और विकास हेतु मिलने वाला अनुपयुक्त वातावरण तथा उससे मिलने वाला अपर्याप्त पोषण।
2. बीमारी, कुपोषण, ग्रन्थि दोष, रासायनिक असन्तुलन तथा गड़बड़ी और इसी तरह की अन्य बातों की वजह से बालक का खराब शारीरिक स्वास्थ्य।
3. बालक का अनुपयुक्त एवं असामान्य शारीरिक आकार, बनावट तथा शारीरिक अनुपात।
4. निम्न बुद्धि स्तर।
5. मांसपेशियों के नियंत्रण सम्बन्धी गामक विकास की अनुपयुक्तता और अपर्याप्तता जिसके मूल में कुछ निम्न परिवेशजन्य कारक उपस्थित हो सकते हैं:
   - गामक क्रियाओं हेतु पर्याप्त जगह की कमी।
   - खेलने, व्यायाम करने तथा अन्य गामक गतिविधियों को संपादित करने हेतु उचित सुविधा का अभाव।
   - प्रोत्साहन का अभाव।
   - उचित वातावरणजन्य अनुभवों, अवलोकन तथा अनुकरण करने लायक उचित मॉडलों का उपलब्ध न होना तथा समयानुसार उचित प्रशिक्षण सुविधाओं का अभाव।
6. तंग वस्त्र या जूते पहनने के अनुचित प्रभाव।
7. गामक कौशलों के सीखने या प्रशिक्षण तथा परिपक्वन स्तर में परस्पर तालमेल का अभाव।

8. गामक गतिविधियों/कार्यों के संपादन हेतु बालक को इस सीमा तक मजबूर करना कि या तो उसमें ऐसे कार्यों को करने के प्रति डर घर कर जाए या फिर वे इन्हें न करने के लिए लिए विद्रोह पर पर उतारू हो जाएँ।

### *गामक विकास संबंधी ज्ञान की अध्यापक तथा माता-पिता के लिए उपयोगिता एवं महत्व (Importance and Implications of the Knowledge of Motor Development for Teacher and Parents)*

बालकों के गामक विकास या क्रियात्मक विकास के स्वरूप तथा उसकी प्रक्रिया की जानकारी शिक्षकों तथा माता-पिता को अपने उतरदायित्व के निर्वाह में जिस रूप में सहायक सिद्ध हो सकती है उसका निम्न रूप में वर्णन किया जा सकता है:

1. गामक विकास के स्वरूप तथा उसकी प्रक्रिया के ज्ञान द्वारा उन्हें यह पता चल जाता है कि बालक के गामक विकास का कार्य धीरे-धीरे विभिन्न आयु की अवस्थाओं में से गुजरता हुआ किस प्रकार आगे बढ़ता है। किस आयु वर्ग के बालक में किस प्रकार की गामक क्षमताएँ तथा कुशलताएँ किस स्तर तक या किस रूप में सामान्य तौर पर विकसित होती हैं, इसका पूर्व अनुमान भी वह इस जानकारी के आधार पर लगा सकता है। बालक से इन आयु अवस्थाओं में किस प्रकार की गामक क्रियाओं तथा कुशलताओं की अपेक्षा की जा सकती है इस बात का ज्ञान माता-पिता या अध्यापकों को बालकों का अपने पर्यावरण से ठीक प्रकार समायोजन करा सकने में सिद्ध होता है। बच्चा अभी रेगनें या घुटनों के बल चलने के ही काबिल है, अभी उससे खड़ा होने, चलने या दौड़ने इत्यादि की आशा नहीं कि जा सकती। अगर ऐसे प्रयत्न किए भी जाएँ तो यह बालक के लिए काफी अहितकर सिद्ध हो सकते हैं। कब उससे इन सभी क्रियाओं में आत्मनिर्भरता कि आशा की जा सकती है, उस समय का इन्तजार करना ही चाहिए। इस तरह की बात का ज्ञान अध्यापक को तथा माता-पिता को अपना योगदान देने में काफी सहायता कर सकता है यथा–

- बालकों में लेखन कौशल का विकास उनकी हाथ से लिखने सम्बन्धी गामक क्षमताओं तथा योग्यताओं के विकास से बहुत कुछ सम्बन्धित होता है बालक को किस ढंग से लेखनी अच्छी प्रकार पकड़नी चाहिए–यह उसकी उँगलियों की बनावट, मांसपेशियों तथा नाड़ियों की क्षमता तथा उनके द्वारा बनाए जाने वाले सन्तुलन तथा समन्वयन पर बहुत कुछ निर्भर करता है। अध्यापक को बालक विशेष की इस प्रकार की क्षमताओं को आधार बनाकर उन्हें लेखन कौशल में आगे बढ़ाने का प्रयत्न करना चाहिए।
- बालकों द्वारा जो भी प्रयोगात्मक कार्य किए जाते हैं तथा कार्य अनुभव सम्बन्धी क्रियाएँ की जाती हैं उन्हें भलीभाँति प्रशिक्षित करने तथा अभ्यास कराने के लिए भी उनके व्यक्तिगत गामक विकास को ध्यान में रखा जाना चाहिए। बालकों से किसी आयु विशेष या अवस्था विशेष में उन्हीं क्रियाओं

के संपादन की तथा वस्तुओं, साज-सामान या उदाहरणों के ठीक तरह उपयोग में लाने की आशा की जानी चाहिए जिनके लिए उनका गामक विकास अनुमति देता हो।

- शारीरिक शिक्षा तथा क्रीड़ा प्रशिक्षण योग अध्यापक आदि को तो विशेष रूप से बालकों के गामक विकास को ध्यान में रखकर ही अपने प्रशिक्षण कार्यक्रमों का आयोजन करना चाहिए। जिन क्रियाओं तथा अभ्यास के संपादन की बालकों से जिस आयु तथा अवस्था विशेष में आशा की जा सकती हो, उसी के अनुरूप उन्हें अपना कार्यक्रम तैयार करना चाहिए।

2. गामक विकास के स्वरूप तथा प्रक्रिया का अध्ययन अध्यापकों तथा माता-पिता को अपने बालकों के व्यक्तिगत भेदों के सन्दर्भ में उनकी सामान्यतया तथा सामान्य से अधिक या कम होने की क्षमता या सामर्थ्य से भी परिचय करा सकता है। किस बालक का गामक विकास कितना है उसकी यह सामान्यता, अतिसामान्यतया तथा उपसामान्यता को ध्यान में रखकर वह उसके लिए व्यक्तिगत निर्देशन तथा परामर्श की व्यवस्था कर सकता है और उसे अपने ढंग से अपने भौतिक, सामाजिक तथा शैक्षिक वातावरण से समायोजित होने में मदद कर सकता है। इस दृष्टि से उसके द्वारा निम्न प्रयत्न किए जा सकते हैं:

- जिन बालकों का गामक विकास सामान्य है, उन्हें शिक्षित करने तथा उनके व्यक्तित्व का सर्वांगीण विकास करने के प्रयास सामूहिक रूप से सामान्य बालकों के साथ में लाकर किए जा सकते हैं।
- जिन बालकों का गामक विकास सामान्य से अच्छा और अधिक गति वाला है उन्हें अपनी उसी गति से आगे बढ़ने के पर्याप्त अवसर प्रदान किए जाने चाहिए। कुशल नर्तक, कुशल तैराक, कुशल खिलाड़ी, कुशल मैकेनिक बनने में उसकी पर्याप्त सहायता उनकी गामक योग्यता सम्बन्धी प्रतिभा के आधार पर भली भाँति की जानी चाहिए।
- जिन बालकों में गामक विकास या गामक कौशलों को ग्रहण करने सम्बन्धी क्षमताएँ सामान्य से नीचे पाई जाती हैं, उनके समायोजन और विकास हेतु विशेष उपाय किए जाने चाहिए। इस दिशा में निरोधात्मक, उपचारात्मक तथा समायोजनात्मक-तीनों तरह के कार्य किए जाने चाहिए। पहले तो उन सभी विषय, प्रतिकूल तथा हानिकारक परिस्थितियों तथा कारणों का पता लगाया जाना चाहिए जिनके द्वारा बालकों के विकास का मार्ग अवरूद्ध होता है; इसके पश्चात प्रयत्न होना चाहिए की बालकों के मार्ग में इस प्रकार की बाधाएँ कम-से-कम आएँ। अगर बालक में गामक क्षमताओं से सम्बन्धित कमियाँ तथा दोष आ ही गए हैं तो अब उनके भली भाँति समायोजन के सभी संभव उपाय किए जाने चाहिए। उनके हिसाब से अब विकास, समायोजन तथा शैक्षणिक कार्यक्रमों का आयोजन किया जाना

चाहिए तथा उन्हें उनकी सामर्थ्य के अनुसार आगे बढ़ाने का प्रयत्न करना चाहिए।

3. बालकों का जिस आयु विशेष या अवस्था विशेष में जिस प्रकार का भी गामक विकास है उसके अनुरूप उन्हें सभी उपयुक्त गामक कौशलों के अर्जन में पूरी सहायता की जानी चाहिए। स्पष्ट है कि यह सहायता उन्हीं व्यक्तियों द्वारा अच्छी तरह दी जा सकती है जो बालक के गामक विकास की दशा, दिशा, स्वरूप तथा प्रक्रिया से भलीभाँति परिचित हो। इस गामक विकास और गामक कौशल के अर्जन का लाभ फिर अध्यापक तथा माता-पिता को उनके कल्याण हेतु अवश्य उठाना चाहिए। इस कार्य हेतु विद्यालयों में बालकों से उपयुक्त गामक क्रियाएँ अवश्य करवाई जानी चाहिए। इनमें खेलकूद, व्यायाम, योग, कार्य अनुभव आदि से सम्बन्धित ऐसी क्रियाएँ हो सकती हैं जिन्हें बालक अपने गामक विकास के आधार पर करने में समर्थ हों। इन क्रियाओं के आयोजन से सभी प्रकार के अन्य लाभ जैसे–शारीरिक विकास तथा स्वास्थ्य की प्राप्ति, मानसिक विकास तथा स्वास्थ्य की प्राप्ति, सामाजिक विकास तथा नैतिक विकास आदि भी समुचित रूप से प्राप्त होते रहें, इस बात का भी ध्यान रखा जाना चाहिए।

इस प्रकार यह भलीभाँति अनुमान लगाया जा सकता है कि अगर अध्यापकों तथा माता-पिता को गामक विकास के स्वरूप तथा प्रक्रिया से परिचित होने के लिए उपयुक्त सुविधाएँ एवं अवसर मिलें तो वह अपनी इस जानकारी का उपयोग बालकों के समुचित विकास करने तथा उनके समायोजन में उनकी सहायता करने हेतु अच्छी तरह कर सकते हैं। इस तरह बालकों के गामक विकास का अध्ययन एक अध्यापक तथा माता-पिता को सभी तरह से अपने कर्त्तव्य निर्वाह में भलीभाँति सहायता करता हुआ पाया जा सकता है।

## शारीरिक एवं गामक विकास के अवसर प्रदान करने में माता-पिता एवं शिक्षकों की भूमिका (Role of Parents and Teachers in Providing Opportunities of Physical—Motor Development)

माता-पिता और अध्यापक विकासशील बालकों को उनके अधिक से अधिक उपयुक्त शारीरिक एवं गामक विकास में आवश्यक सहायता पहुँचाने के सन्दर्भ में वास्तविक हितैषी और सहायक सिद्ध होते हैं। उनके जन्म के बाद से ही बालकों को उनकी शैशवावस्था के प्रारम्भ से ही उनके माता-पिता उनके इस विकास कार्य में विभिन्न प्रकार की शारीरिक क्रियाओं जैसे–खेलकूद, व्यायाम, तथा मनोरंजनात्मक एवम् सामान्य बाल सुलभ खेलों द्वारा उनको उचित अवसर प्रदान कर भलीभाँति सहायता करते हैं। जब बालक विद्यालय जाने की आयु में प्रवेश करते हैं तब माता-पिता द्वारा किए गए ये प्रयत्न विद्यालय के शारीरिक शिक्षा अध्यापक एवं प्रशिक्षकों के नेतृत्व के सक्रिय सहयोग के साथ प्रभावशाली रूप में अपना योगदान करते हैं। इस प्रकार की सभी शारीरिक क्रियाओं में बालकों की सहभागिता बालकों

के समुचित शारीरिक और गामक विकास में निम्न रूप से काफी सहायक सिद्ध हो सकती है:

### *बालकों के शारीरिक एवं गामक विकास में शारीरिक क्रियाओं, जैसे खेल की भूमिका (Role of Physical activities e.g. Play in Children's Physical and Motor Development)*

बालकों के सभी प्रकार के शारीरिक एवं गामक विकास में शारीरिक क्रियाएँ, शारीरिक व्यायाम, खेल आदि की महत्त्वपूर्ण भूमिका होती है। विकास के विभिन्न स्तरों पर ये शारीरिक क्रियाएँ एवं विभिन्न प्रकार की खेलकूद क्रियाएँ निम्न प्रकार से बालकों की बहुमूल्य सहायता करती हुई पाई जाती हैं:

(i) खेलकूद सम्बन्धी विभिन्न क्रियाएँ बालकों को अपनी मांसपेशियों हड्डियों को क्रियाशील रखकर उनमें सुदृढ़ता तथा लचीलापन लाने का अवसर प्रदान करती हैं।

(ii) इन क्रियाओं में भाग लेने से बालकों के शरीर की त्वचा को अतिरिक्त पोषण प्राप्त होता है।

(iii) बालकों की बाह्य शारीरिक बनावट को सुन्दर, सुडौल एवं सुदृढ़ बनाने में सहायता मिलती है।

(iv) शरीर की ऊँचाई बढ़ाने तथा भार में उचित तालमेल बनाए रखने में भी सहायता मिलती है।

(v) इन शारीरिक क्रियाओं जैसे विभिन्न खेलों में भाग लेने से बालकों के शरीर के आंतरिक अवयवों तथा संस्थानों जैसे–श्वसन संस्थान (Respiratory System), रक्त परिभ्रमण संस्थान (Blood Circulatory System), उत्सर्जन संस्थान (Excretory System), पाचन संस्थान (Digestive System), स्नायु संस्थान (Nervous System) तथा शारीरिक ग्रन्थियों आदि को स्वस्थ, क्रियाशील एवं सजग बनाए रखने में सहायता मिलती है।

(vi) इन क्रियाओं में भाग लेने से पेशीतंत्रिका की नियन्त्रण शक्ति (Muscular Nervous Control) का विकास होता है जिसके फलस्वरूप गामक विकास को सभी तरह का प्रत्यक्ष व अप्रत्यक्ष लाभ पहुँचता है।

(vii) खेल क्रियाओं द्वारा शरीर को स्वस्थ एवं निरोग रखकर दीर्घायु बनाने में भी सहयोग मिलता है।

(viii) आयु के जिस स्तर पर जिस प्रकार के शारीरिक एवं गामक विकास की बच्चे से अपेक्षा की जाती है, उस स्तर तक भलीभाँति पहुँचने में खेल सम्बन्धी क्रियाएँ भरपूर मदद करती हैं।

### माता-पिता की भूमिका (Role of Parents)

बालकों को उनके विकास की शैशवावस्था से ही उनकी प्रारम्भिक शारीरिक गतिविधियों के लिए समुचित अवसर प्रदान करने के लिए माता-पिता पूर्ण रूप से उत्तरदायी होते हैं। वे उन्हें उनके उचित शारीरिक और गामक विकास हेतु खेलने के लिए उचित खिलौने, खेलने का उचित स्थान, हमजोलियों का साथ तथा उनके अच्छे स्वास्थ्य एवं पोषण हेतु स्वस्थ वातावरण और संतुलित भोजन की व्यवस्था करते हैं। शैशवावस्था को पार कर जब वे विद्यालय जाने वाली आयु में प्रवेश करते हैं तब अपने प्रविष्ट विद्यार्थियों को उचित खेलकूद के और शारीरिक क्रियाओं के सम्पादन करने के उचित अवसर प्रदान करने का कार्य विद्यालय पर आ जाता है परन्तु विद्यालय और अध्यापक बालकों के शारीरिक और गामक विकास सम्बन्धी अपने इस उत्तरदायित्व का निर्वहन तभी कर सकते हैं जब उन्हें अपने इस कार्य में बालकों के माता-पिता का उचित साथ मिलता रहे। वे माता-पिता ही होते हैं जो विद्यालय द्वारा संगठित एवं आयोजित शारीरिक क्रियाओं और खेलकूद सम्बन्धी गतिविधियों में भाग लेने हेतु अपने बालकों को उचित अवसर, साधन एवं प्रोत्साहन देने के लिए आगे आते हैं। इसके अतिरिक्त माता-पिता अपने बालकों के लिए विद्यालय द्वारा संगठित एवं आयोजित इस प्रकार की शारीरिक एवं गामक विकास गतिविधियों को अपनी उचित सहभागिता प्रदान करने का भी कार्य करते हैं। जैसे वे इसके आयोजन सम्बन्धी जिम्मेदारियाँ निभाने के लिए आगे आते हैं, वित्तीय सहायता करते हैं तथा प्रयुक्त सम्पर्क एवं खेलकूद साधन/उपकरणों की व्यवस्था में हाथ बढ़ाते हैं, आदि।

### विद्यालय एवं अध्यापकों की भूमिका (Role of the School and Teachers)

बालकों के शारीरिक एवं गामक विकास हेतु विद्यालयों में संगठित अनेक प्रकार की शारीरिक और गामक गतिविधियों तथा खेलकूद क्रियाओं का अध्यापकों के नेतृत्व में सम्पादन कराने का कार्य किया जाता है। इन क्रियाओं में प्राय: निम्न प्रकार की गतिविधियाँ शामिल की जाती है।

(i) विभिन्न प्रकार की ड्रिल एवं मार्चिंग गतिविधियाँ (Marching activities).

(ii) कैलेस्थेनिक (Calisthenics) शारीरिक व्यायाम

(iii) नकल करने वाली गतिविधियाँ, जो प्राय: छोटे बालकों द्वारा सम्पन्न की जाती है, जैसे–मेढ़क की तरह फुदकना, खरगोश, तितली, शेर, वायुयान या हवाई जहाज, रेलगाड़ी आदि की नकल करते हुए गतिविधियाँ करना।

(iv) यौगिक आसन एवं व्यायाम।

(v) लयात्मक क्रियाएँ, जैसे–हाथ से लययुक्त तालियाँ बजाना, कलामंडी खाना तथा लयात्मक रूप में जिमनास्टिक क्रियाएँ करना।

(vi) मुख्य खेल या बाहर मैदान में खेले जाने वाले खेल, जैसे क्रिकेट, हॉकी, फुटबॉल, बालीबॉल, बास्केट बॉल, लॉन टेनिस आदि।

(vii) छोटे-खेल या अंदर खेले जाने वाले खेल (Minor or Indoor games) जैसे–टेबल टेनिस, रिंग, नेट बाल, बैड मिंटन, कैरम, शतरंज आदि।

(viii) स्वदेशी भारतीय खेल (Indigenous or Indian games) जैसे– कुश्ती, कबड्डी, खो-खो, गुल्लीडंडा, रस्सी कूद आदि।

(ix) खेलकूद सम्बन्धी क्रियाएँ (Athletic Activities) जैसे– विभिन्न प्रकार की दौड़, लम्बी-कूद, ऊँची-कूद, गोला-फेंक, चक्का-फेंक, भाला फेंक, तैरना, जिमनास्टिक एवं कसरतें करना आदि।

(x) छोटे बच्चों द्वारा खेले जाने वाले स्थानीय खेल (Local Play Activities) जैसे– चोर सिपाही, शेर-बकरी, विष-अमृत, चूहा-बिल्ली, छुपा-छुपाई, लंगड़ी टांग, पिट्ठू, बोल मेरी मछली कितना पानी, गुड्डे-गुड़ियों का खेल, गुटके खेलना, रस्सी कूदना, ब्लॉक्स से बिल्डिंग बनाना, नकल करना आदि।

ऊपर बनाए गए सभी खेल, शारीरिक एवं गामक गतिविधियाँ आदि का संगठन विद्यालय अध्यापकों, अनुदेशकों तथा विद्यालय अधिकारियों द्वारा काफी सावधानी के साथ भलीभाँति सोच विचार कर किया जाना चाहिए। तभी विद्यार्थियों को उसका पूरा-पूरा लाभ प्राप्त हो सकता है। आइए देखते हैं यह संगठन कार्य किस प्रकार से किया जाए?

*A. चयन (Selection)*

किस प्रकार की शारीरिक-गामक, खेल और खेलकूद क्रियाएँ विद्यालय में आयोजित की जानी चाहिए, इस सम्बन्ध में निर्णय लेने हेतु निम्न बातों को ध्यान में रखना ठीक रहता है:

- विद्यालयों में इन क्रियाओं के आयोजन के लिए कितना स्थान और खेलकूद के लिए मैदान है?
- इन क्रियाओं के सम्पादन हेतु किस तरह की सामग्री और साधन मौजूद हैं?
- इनके लिए किस प्रकार का प्रशिक्षित स्टॉफ और व्यक्तियों की उपस्थिति है?
- वित्तीय संसाधन किस रूप में मौजूद हैं?
- बालकों की किस प्रकार की रुचियों एवं क्षमताओं की सन्तुष्टि करनी है और वे किस आयु और लिंग से सम्बन्धित हैं?
- बालकों के विभिन्न आयामी वृद्धि और विकास की उपलब्धि में ये किस प्रकार सहायक हो सकती हैं?

*B. संगठन और प्रबन्धन (Organisation and Management)*

विभिन्न प्रकार की शारीरिक-गामक गतिविधियों, खेल और खेलकूद क्रियाओं को विद्यालय में उचित रूप में संगठित और प्रबन्धन करने के बारे में निम्न बातें काफी सहायक सिद्ध हो सकती हैं:

- विद्यार्थियों को अपनी रुचि और इच्छा के अनुसार इन गतिविधियों और खेलकूद सम्बन्धी क्रियाओं में भाग लेने की अनुमति दी जाना चाहिए।
- इन सभी गामक गतिविधियों, खेल और खेलकूद सम्बन्धी क्रियाओं के संगठन के लिए विद्यालय के समय विभाग चक्र में उचित प्रावधान किया जाना चाहिए।
- इन क्रियाओं के आयोजन के लिए विद्यालय अधिकारियों को उचित मानवीय एवं भौतिक संसाधनों से सम्बन्धित सुविधाएँ प्रदान करनी चाहिए।
- सीखी हुई शारीरिक गतिविधियों और खेलकूद आदि के पर्याप्त अभ्यास हेतु आवश्यक सुविधाएँ और अवसर विद्यालय द्वारा बालकों को प्रदान किए जाने चाहिए।
- जहाँ शारीरिक गतिविधियों और खेलकूद क्रियाओं का सम्पादन किया जाए उस स्थल पर पर्याप्त अनुशासन बनाए रखने का प्रयत्न किया जाना चाहिए।
- इन क्रियाओं और खेलकूद के आयोजन में समय की पाबन्दी तथा खेलने के नियम इत्यादि का भलीभांति अनुपालन होना चाहिए।
- बालकों के प्रदर्शन और प्रतिभागिता को सदैव ही अच्छी तरह प्रोत्साहित किया जाना चाहिए और इस बारे में विद्यार्थियों के प्रमाण पत्र, संचित अभिलेख पत्र और प्रोफाइलों में उनकी शारीरिक क्रियाओं और खेलकूद सम्बन्धी उपलब्धियों का भलीभाँति उल्लेख होना चाहिए।

# 5

# संवेगात्मक विकास
# (Emotional Development)

## विषय प्रवेश (Introduction)

संवेगात्मक विकास मानव वृद्धि और विकास का एक महत्त्वपूर्ण पहलू है। प्रेम, क्रोध, भय, घृणा आदि संवेग बच्चे के व्यक्तित्व और विकास में महत्त्वपूर्ण भूमिका निभाते हैं। व्यक्ति का संवेगात्मक व्यवहार केवल उसकी शारीरिक वृद्धि और विकास को ही प्रभावित नहीं करता, बल्कि बौद्धिक, सामाजिक, नैतिक और सौन्दर्य के विकास पर भी यथेष्ट प्रभाव डालता है। संवेगों की मानव जीवन में इस बहुमुखी उपयोगिता के कारण उनके बारे में पूरी तरह जानना अति आवश्यक हो जाता है। संवेग क्या है? इनका उद्‌गम (Origin) क्या है? इनका विकास कैसे होता है? व्यक्ति को ये किस प्रकार प्रभावित करते हैं? संवेगों को किस प्रकार ठीक तरह प्रशिक्षित किया जा सकता है? इस प्रकार के कुछ प्रश्नों के उत्तर के बारे में नीचे की पंक्तियों पर विचार करना चाहेंगे।

## संवेग क्या है? (What are Emotions? )

संवेग शब्द अंग्रेजी के इमोशन (Emotion) शब्द का हिन्दी रूपांतर है। शब्द व्युत्पत्ति के अनुसार (Emotion) शब्द की उत्पति लैटिन भाषा के शब्द (Emotion) से मानी जाती है जो 'उत्तेजित करने', 'हलचल मचाने', 'उथल-पुथल या क्रांति करने' जैसे अर्थों में प्रयुक्त होता है।

वुडवर्थ (Wood Worth 1945 : 410) ने इन अर्थों से प्रेरणा ग्रहण करके (Emotion) अर्थात् संवेग को निम्न शब्दों में परिभाषित करने का प्रयत्न किया है–

> *"संवेग किसी प्राणी की गतिमान और हलचल अवस्था है। व्यक्ति को यह स्वयं अपनी भावना की उत्तेजनापूर्ण स्थिति प्रतीत होती है। दूसरे व्यक्ति को यह उत्तेजित अथवा मांसपेशियों और ग्रन्थियों को एक क्रिया के रूप में दिखाई देता है।"*

क्रो एवं क्रो *(Crow and Crow, 1973 : 83)* ने संवेगों की परिभाषा इस प्रकार दी है–*"संवेग वह भावात्मक अनुभूति है जो व्यक्ति की मानसिक और शारीरिक उत्तेजनापूर्ण अवस्था तथा सामान्यीकृत आंतरिक समायोजन के साथ जुड़ी होती है और जिसकी अभिव्यक्ति ऊपरी व्यवहार के द्वारा होती है।"*

मैकडूगल (Mc Dougall, 1949) ने मूल प्रवृत्तियों (Instincts) को जन्मजात प्रवृतियाँ

मानते हुए उन्हें सभी प्रकार के संवेगों को जन्म देने वाला कहा है। उसके अनुसार मूल प्रवृत्तिजन्य व्यवहार के तीन पक्ष होते हैं–

(a) ज्ञानात्मक पक्ष (Cognitive Aspect)
(b) भावात्मक पक्ष (Affective Aspect)
(c) क्रियात्मक पक्ष (Conative Aspect)

उदाहरण के रूप में, जब बच्चा किसी साँड़ को अपनी ओर आते हुए देखता है तब उसके मूल प्रवृत्तिजन्य व्यवहार में उपरोक्त तीनों पक्ष देखने की मिलते हैं। पहले तो साँड़ का प्रत्यक्षीकरण करता है। यह जानकर कि यह साँड़ है उसे भय नामक संवेग की अनुभूति होती है। इस अनुभूति के परिणामस्वरूप वह भागकर अपनी प्राण-रक्षा करने का प्रयत्न करता है। इस प्रकार के उदाहरणों के द्वारा मैकडूगल ने यह निष्कर्ष निकाला कि मूल प्रवृत्तिजन्य उत्तेजना के समय होने वाली भावात्मक अनुभूति को ही संवेग कहा जाता है। उसने मुख्य रूप से 14 मूल प्रवृत्तियों की चर्चा की और स्पष्ट रूप से संवेगों को इन मूल वृत्तियों से विकसित होते हुए दिखाया। कौन से संवेग के साथ कौन-सी मूल प्रवृत्तियाँ जुड़ी हैं, उसका ज्ञान निम्न तालिका से हो सकता है :

| *क्रमांक (S. No.)* | *मूल प्रवृत्ति (Instinct)* | *संबंधित संवेग (Emotional Accompanying it)* |
|---|---|---|
| 1. | पलायन या भागना (Escape) | भय (Fear) |
| 2. | युयुत्सा, युद्धप्रियता (Combat) | क्रोध (Anger) |
| 3. | निवृत्ति (Repulsion) | घृणा (Disgust) |
| 4. | जिज्ञासा (Curiosity) | आश्चर्य (Wonder) |
| 5. | शिशुरक्षा (Parental) | वात्सल्य, स्नेह (Tender Emotion, Love) |
| 6. | शरणगति (Appeal) | विषाद (Distress) |
| 7. | रचनात्मकता (Construction) | सृजनात्मक भावना (Feeling of Creativeness) |
| 8. | संचय प्रवृत्ति (Acquisition) | स्वामित्व की भावना (Feeling of Ownership) |
| 9. | सामूहिकता (Gregariousness) | एकाकीपन (Feeling of Loneliness) |
| 10. | काम (Sex, Mating) | कामुकता (Lust) |
| 11. | आत्मगौरव (Self Assertion) | श्रेष्ठता की भावना (Positive Self Feeling or Elation) |
| 12. | दैन्य (Submission) | आत्महीनता (Negative Self-Feeling) |
| 13. | भोजन अन्वेषण (Food Seeking) | भूख (Appetite) |
| 14. | हास (Laughter) | आमोद (Amusement) |

उपरोक्त परिभाषाओं और संवेगों की उत्पत्ति संबंधी व्याख्या के माध्यम से हमें संवेगों की विशेषताओं के बारे में कुछ निम्न प्रकार का ज्ञान हो सकता है।

*1. संवेगात्मक अनुभूतियों के साथ कोई मूल प्रवृत्ति अथवा मूलभूत आवश्यकता जुड़ी रहती है। (The emotional experiences are associated with some instincts of biological drives)*—जब मूलभूत आवश्यकताओं की संतुष्टि होती है अथवा उसकी संतुष्टि में बाधा पड़ती है। तो उस समय संवेग अपना-अपना कार्य प्रारम्भ कर देते हैं।

*2. सामान्य रूप में संवेग की उत्पत्ति प्रत्यक्षीकरण के माध्यम से होती है।* किसी भी संवेगात्मक अनुभूति के लिए पदार्थ या परिस्थिति के रूप में किसी सशक्त उद्दीपक (Strong Stimulus) की आवश्यकता होती है। शरीर में होने वाले सभी प्रकार के अनुकूल या प्रतिकूल परिवर्तनों द्वारा संवेगों की मात्रा और गति दोनों में तीव्रता आती है।

*3. किसी भी संवेग के जागृत होने के लिए भावनाओं (Feelings) का होना आवश्यक है*—भावनाओं का उफान ही उत्तेजनापूर्ण स्थिति पैदा करके व्यक्ति को कुछ करने के लिए मजबूत करता है। भावनाएँ जब इतनी अधिक बलवती हो जाती हैं कि वे व्यक्ति के मस्तिष्क को बेचैन कर उसे तत्काल कार्यवाई करने के लिए पूरी तरह उत्तेजित कर दें तब वे संवेग का रूप धारण कर लेती हैं। इस तरह कुछ न कुछ करने की वेगवती इच्छा संवेगात्मक अनुभवों की एक मुख्य विशेषता मानी जाती है।

*4. प्रत्येक संवेगात्मक अनुभूति व्यक्ति में कई प्रकार के शारीरिक और शरीर सम्बन्धी परिवर्तनों को जन्म देती है*—इनमें से कुछ को जिनकी अभिव्यक्ति बाह्य व्यवहार के माध्यम से होती है, आसानी से देखा जा सकता है। आँख की पुतलियों का फैलना, उनके डोरे लाल होना, चेहरा लाल होना, आँसू बहाना, भागने का प्रयत्न करना अथवा संवेग जागृत करने के लिए उत्तरदायी व्यक्तियों या वस्तुओं पर आक्रमण करना आदि सभी इस प्रकार के परिवर्तन हैं। दूसरे, इस प्रकार के परिवर्तन हैं जिन्हें आसानी से देखा नहीं जा सकता और शरीर के भीतर घटित होते हैं। रक्त संचार, पाचन, श्वसन आदि संस्थाओं और ग्रंथियों (Glands) की कार्यप्रणाली और क्षमता में अंतर आ जाना इस प्रकार के परिवर्तनों के कुछ उदाहरण हैं। इस प्रकार के परिवर्तनों के माध्यम से यह पहचानना कि कौन व्यक्ति क्रोधित है, भयभीत है अथवा किसी अन्य संवेग का शिकार है, आसान होता है।

इन विशेषताओं के अतिरिक्त संवेगों के सम्बन्ध में कुछ और महत्त्वपूर्ण बातें कही जा सकती हैं जो निम्न हैं–

(i) प्रत्येक जीवित प्राणी को संवेगों की अनुभूति होती है।

(ii) व्यक्ति को अपनी वृद्धि और विकास की हर अवस्था में उनकी अनुभूति होती है।

(iii) सभी व्यक्ति संवेगात्मक रूप से एक जैसे नहीं होते। संवेगों की मात्रा तथा अभिव्यक्ति के ढंग में पर्याप्त अंतर पाया जाता है।

(iv) एक ही संवेग विभिन्न प्रकार के उद्दीपक, चेष्टाओं, वस्तुओं और क्रियाओं के द्वारा जागृत किया जा सकता है।

(v) संवेग तुरंत ही जागृत हो जाते हैं, परंतु उनका अंत धीरे-धीरे होता है। कोई भी संवेग एक बार जागृत होने पर काफी लम्बे समय तक बना रहता है और जाते-जाते अपना प्रभाव संवेगात्मक मूड (Emotional Mood) के रूप में छोड़ जाता है।

(vi) संवेगों में स्थानांतरण (Transferability) का गुण भी पाया जाता है। अपने ऑफीसर से बिना अपराध झिड़की या डाँट फटकार खाने पर उत्पन्न क्रोध, घर में बच्चों या पत्नी के साथ बुरा व्यवहार करने के रूप में अभिव्यक्त होता है।

(vii) एक संवेग अपनी तरह के कई संवेगों को जन्म दे सकता है।

(viii) संवेगों के जागृत होने और बुद्धि में ऋणात्मक सह सम्बन्ध (Negative Correlation) पाया जाता है। तीक्ष्ण और कुशाग्र बुद्धि संवेगों की आँधी को रोकने का प्रयास करती है तो दूसरी ओर संवेगों का बहाव, बुद्धि सम्बन्धी दीवार को गिराकर मनुष्य को कर्तव्यविमूढ़ तथा विवेकशून्य बना देता है।

## संवेगों के प्रकार (Kinds of Emotions)

अगर हम विभिन्न संवेगों द्वारा व्यक्ति विशेष पर पड़ने वाले प्रभावों का विश्लेषण करें तो हम यह निष्कर्ष निकाल सकते हैं कि वह अनुकूल और प्रतिकूल दोनों प्रकार के ही प्रभाव छोड़ सकते हैं। कोई एक संवेग व्यक्ति के लिए कितना लाभदायक अथवा हानिकारक सिद्ध हो सकता है, यह कुछ निम्न बातों पर निर्भर करता है।

(i) संवेगात्मक अनुभवों की आवृत्ति (Frequency) और तीव्रता (Intensity)

(ii) संवेग जागृत करने वाले उद्दीपन (Stimulus) की प्रकृति और संबंधित परिस्थितियाँ तथा अवसर।

(iii) संवेगात्मक अनुभव या संवेग विशेष की प्रकृति अथवा प्रकार।

सभी प्रकार के संवेगों को मोटे तौर पर दो भागों में बाँटा जा सकता है। इनमें से एक को सकारात्मक संवेग (Positive Emotions) तथा दूसरे को नकारात्मक संवेग (Negative Emotions) का नाम दिया जाता है।

भय, क्रोध ईर्ष्या आदि विषादयुक्त संवेग जो व्यक्ति और समाज के लिए अहितकर सिद्ध होते हैं, नकारात्मक संवेग (Negative Emotions) कहलाते हैं। जबकि प्रेम, आमोद, सृजनात्मकता आदि मन को आह्लादित करने वाले संवेग, (Positive Emotions) कहलाते हैं। दोनों प्रकार के संवेगों के सकारात्मक-नकारात्मक नामकरण से यह नहीं सोच लिया जाना चाहिए कि सकारात्मक संवेग हर अवस्था में अच्छे ही होते हैं और नकारात्मक संवेग बुरे। संवेगों के प्रभाव का मूल्यांकन करते समय उनकी तीव्रता, आवृत्ति, उद्दीपक की प्रकृति और संबंधित परिस्थितियों के ऊपर भी पूरा-पूरा ध्यान देने की आवश्यकता है। अति सदैव ही बुरी होती है। संवेग चाहे वे सकारात्मक

हों या नकरात्मक, उनकी अधिक तीव्रता अथवा अत्यधिक आवृत्ति अहितकर ही सिद्ध होती है। दूसरी ओर बुरे समझे जाने वाले नकारात्मक संवेग (Negative Emotions) बहुत ही उपयोगी तथा हितकर सिद्ध हो सकते हैं। उदाहरण के तौर पर भय के संवेग द्वारा व्यक्ति अपने आपको आने वाले खतरे का सामना करने के लिए तैयार कर सकता है। एक बच्चा जिसमें भय का संवेग ठीक प्रकार से विकसित नहीं होता है साँप को पकड़ने, कुत्ते के मुँह में अँगुली डालने, छत से छलांग लगाने आदि कार्यों से अपने जीवन को खतरे में डालता रहता है।

## विकास की विभिन्न अवस्थाओं में संवेगात्मक विकास
## (Emotional Development during Different Stages of Development)

विकास अपने सामान्य रूप से आयु बढ़ने के साथ-साथ होने वाले परिवर्तन का ही दूसरा नाम है। इस दृष्टिकोण से संवेगात्मक विकास में निम्न प्रकार के परिवर्तन देखने को मिलते हैं।

(a) जन्म के पश्चात् बच्चे में धीरे-धीरे विभिन्न संवेगों का जन्म होता है

(b) बचपन में संवेगों को जागृत करने वाले उद्दीपन (Stimulus) की प्रकृति में भी बाद में पर्याप्त अंतर आता चला जाता है।

(c) संवेगों को अभिव्यक्त करने का ढंग भी परिवर्तित हो जाता है।

इन सब परिवर्तनों को ध्यान में रखते हुए विभिन्न अवस्थाओं में होने वाले संवेगात्मक विकास की हम आगे चर्चा करना चाहेंगे।

### *शैशवस्था में संवेगात्मक विकास*
### *(Emotional Development during Infancy)*

1. अपने जन्म के समय से ही अपनी चीख-पुकार और हाथ-पैर चलाने के द्वारा बच्चा अपने संवेगों की उपस्थिति का आभास देता है, परंतु इस अवस्था में इसमें कौन-कौन से विशेष संवेग विद्यमान रहते हैं इस बात के कोई निश्चित प्रमाण नहीं मिलते।

2. वास्तव में अगर देखा जाए तो जैसा कि श्रीमती हरलॉक (Hurlock) लिखती हैं-"जन्म के समय और इससे कुछ देर बाद संवेगात्मक व्यवहार के प्रथम दर्शन शक्तिशाली उद्दीपकों के प्रति सामान्य उत्तेजना के रूप में होते हैं। इस समय शिशु में कोई ऐसे स्पष्ट निश्चित संवेगात्मक पैटर्न (Emotional Patterns) का पता नहीं चलता जिन्हें विशेष संवेगात्मक अवस्थाओं के रूप में पहचाना और जाना जा सकता है।"

इस तरह से प्रारम्भिक अवस्था में बच्चा किसी भी उद्दीपन के प्रति बिना उसको जाने पहचाने सामान्य उत्तेजना के रूप में अपनी संवेगात्मक अभिव्यक्ति करता है।

3. सामान्य उत्तेजना व्यक्त करने की यह अंधावस्था कुछ समय पश्चात् समाप्त हो जाती है। अब शिशु की सामान्य उत्तेजना के द्वारा उसके हर्ष और विषाद का अनुमान लगाया जा सकता है। अचानक होने वाली जोर की आवाज और शोरगुल, गीला

बिछौना, अधिक ठण्डी और गर्म चीजों का स्पर्श, भूख आदि उद्दीपकों के प्रति शिशु की प्रतिक्रिया विषादयुक्त होती है। दूसरी ओर प्यार से थपथपाना, गोदी में लेकर प्यार करना और माँ द्वारा स्तनपान कराना आदि उद्दीपकों के प्रति उसकी क्रिया आनंदमय चेष्टाओं के रूप में प्रकट होती है।

4. **स्पिट्ज** (Spitz) के अनुसार सामान्य उत्तेजना की आनंददायक तथा विषादमय दो प्रकार की अलग-अलग अनुक्रियाओं (Responses) की अभिव्यक्ति निम्न प्रकार की होती है-"पहले दो मास में शारीरिक उद्दीपकों द्वारा हर्ष और विषाद की उत्पत्ति होती है। तीसरे माह में बड़ों के हँसने या उनसे खेलने के परिणामस्वरूप उसमें आनदंमय अनुक्रिया (Pleasant Response) होती है। कुछ समय बाद यह देखा जाता है कि अगर शिशु को अकेले छोड़ दिया जाए तो वह बहुत दुःखी होकर रोने लग जाता है। और इस तरह से मनोवैज्ञानिक उद्दीपकों के माध्यम से उसमें विषाद की अनुभूति होने लगती है।"

5. जैसा कि ऊपर कहा गया है कि छः मास की अवस्था तक संवेगात्मक व्यवहार आनंद और विषादयुक्त अनुक्रियाओं तथा चेष्टाओं के माध्यम से व्यक्त होता है। इस तरह से शिशु में इस अवस्था तक हर्ष और विषाद नामक दो संवेगों का ही अस्तित्व पाया जाता है। जब शिशु छः मास का हो जाता है तब वह नकारात्मक संवेग ग्रहण करता है। फलस्वरूप आने वाले महीनों में भय, घृणा क्रोध, ईर्ष्या आदि संवेग उसमें अपना घर बना लेते हैं। 10 और 12 माह के शिशु में प्रेम, सहानुभूति, आमोद, आत्म-गौरव आदि सकारात्मक संवेग उत्पन्न हो जाते हैं। 12 वर्ष तक शिशु में जैसा कि 1931 में ब्रिज (Bridge) द्वारा किए गए अध्ययन से पता चलता है, प्रायः उन्हें अच्छी तरह से पहचाना जा सकता है।

6. शैशवास्था में संवेगों की अभिव्यक्ति में भी निरंतर निखार आता रहता है। शुरू-शुरू में मुखमुद्रा और शारीरिक चेष्टाओं के माध्यम से यह पहचाना नहीं जा सकता कि शिशु किस संवेग की अभिव्यक्ति कर रहा है। केवल माता द्वारा ही अपने बच्चों द्वारा अभिव्यक्त संवेगों को बाह्य लक्षणों से पहचाना जा सकता है। इसे अतिरिक्त शैशवास्था के प्रारम्भिक महीनों में संवेगात्मक रूप से उत्तेजित करने वाली परिस्थितियों में शिशु अपनी प्रतिक्रिया तेजी से व्यक्त करता है। लेकिन जैसे-जैसे वह बाल्यावस्था की ओर बढ़ता है उसका चीखना-चिल्लाना और हाथ-पैर चलाना कम हो जाता है। धीरे-धीरे आयु के बढ़ने के साथ-साथ अपने संवेगों की अभिव्यक्ति गत्यात्मक क्रियाओं के माध्यम से न कर भाषा के द्वारा करने लगता है।

### *बाल्यावस्था में संवेगात्मक विकास*
### *(Emotional Development during Childhood)*

जैसा कि ऊपर बताया गया है कि बाल्यावस्था के प्रारम्भ काल तक बच्चे में प्रायः सभी संवेगों का जन्म हो चुका होता है। अतः बाल्यावस्था में कोई नवीन संवेग की उत्पत्ति न होकर संवेग जागृत करने वाली परिस्थितियों और उद्दीपकों की प्रकृति और

संवेगों को अभिव्यक्त करने के ढंग में परिवर्तन होते रहते हैं। इस दृष्टिकोण से बाल्यावस्था में बच्चे में निम्न परिवर्तन दिखाई देते हैं।

1. शैशवस्था में बच्चा बहुत स्वार्थी होता है। वह अपनी ही हित साधना में लीन रहता है। अतः इस अवस्था में बच्चे के संवेग प्रायः भूख, प्यास, नींद, माँ-बाप का स्नेह, खिलौने की इच्छा आदि तत्कालीन आवश्यकताओं द्वारा ही संचालित होते हैं लेकिन जैसे-जैसे वह बड़ा होता चला जाता है उसकी दुनिया भी बड़ी होती जाती है। अब उसके संबेग अनेक प्रकार के उद्दीपकों और परिस्थितियों द्वारा जागृत होना प्रारम्भ कर देते हैं। बालक के संवेगात्मक व्यवहार को स्कूल का वातावरण, हमजोलियों के साथ उनका सम्बन्ध और अन्य वातावरण सम्बन्धी कारक प्रभावित करते हैं। उसकी रुचियों और अनुभवों से उसके संवेगात्मक व्यवहार को नई दिशा मिलती है। एक ओर जहाँ उसके संवेग नवीन उद्दीपकों से जुड़ जाते हैं वहीं दूसरी ओर कुछ पुराने उद्दीपकों द्वारा संवेगों को जागृत करने की क्षमता प्रायः समाप्त होती जाती है। अब वह कपड़े पहनने अथवा स्नान करने में, हाथ-पैर पटकने जैसी चेष्टाएँ नहीं करता और न अब उसे अपरिचितों से भय ही लगता है।

2. इस अवस्था में संवेगों की अभिव्यक्ति के ढंग में पर्याप्त पविर्तन दिखाई देता है। शैशवावस्था में संवेगात्मक व्यवहार में आँधी और तूफान की सी गति होती है। और यह प्रायः चीखने-चिल्लाने, हाथ-पैर पटकने आदि गत्यात्मक क्रियाओं द्वारा व्यक्त होता है लेकिन बाल्यावस्था और विशेष रूप से उसके आखिरी वर्षों में बालक अपने संवेगों की अभिव्यक्ति उचित माध्यम से करने का प्रयास करता है। संवेगात्मक रूप से उसे कुछ स्थिरता एवं गम्भीरता आने लगती है। परिवर्तनों के मूल में कई कारण हैं, प्रथम तो बाल्यावस्था में बालक को अपनी भावनाओं के प्रकाशन के लिए भाषा का माध्यम मिल जाता है, दूसरे अब वह अधिक सामाजिक हो जाता है और यह अनुभव करने लगता है कि अब डरना या बातचीत में रोना अथवा गुस्सा होना शोभा नहीं देता, तीसरे, उसमें बुद्धि का पर्याप्त विकास हो जाने के कारण अब वह अपनी संवेगात्मक उफान पर नियंत्रण स्थापित करने में समर्थ बन जाता है।

इस प्रकार से बच्चा बाल्यावस्था में पदार्पण करने के साथ संवेगात्मक स्थिरता और परिपक्वता की ओर बढ़ना प्रारम्भ करता है और बाल्यावस्था की समाप्ति तक अपने इस ध्येय में बहुत कुछ सफलता प्राप्त कर लेता है।

## *किशोरावस्था में संवेगात्मक विकास*
### *(Emotional Development during Adolescence)*

किशोरावस्था में एक बार फिर संवेगात्मक सन्तुलन बिगड़ जाता है। इस समय संवेगों में आँधी और तूफान की सी गति और प्रचण्डता होती है। इसलिए किशोरावस्था को प्रायः तूफान और तनाव का समय माना जाता है। जीवन की किसी अन्य अवस्था में संवेगात्मक शक्ति का प्रवाह इतना भीषण नहीं होता जितना कि इस अवस्था में पाया जाता है। एक किशोर के लिए अपने संवेगों पर नियंत्रण रखना बहुत कठिन होता है।

योनि-ग्रन्थियों के तेजी से क्रियान्वित होने और शारीरिक शक्ति में पर्याप्त वृद्धि हो जाने के कारण बाल्यावस्था में पाई जाने वाली संवेगात्मक स्थिरता और शान्ति भंग हो जाती है। वे संवेगात्मक दृष्टिकोण से बहुत चंचल और अस्थिर हो जाते हैं। शिशु की तरह किशोर क्षण में रुष्ट और क्षण में तुष्ट दिखाई देते हैं। जरा-जरा सी बात पर बिगड़ पड़ना, उत्तेजित हो जाना, निराश होकर आत्महत्या पर उतारू हो जाना, प्रथम दृष्टि में एक-दूसरे को दिल दे बैठना आदि किशोरों के संवेगात्मक व्यवहार की सामान्य विशेषताएँ हैं।

इन सब बातों को देखते हुए इस अवस्था में संवेगों को ठीक प्रकार प्रशिक्षित करने और संवेगात्मक शक्तियों को अनुकूल दिशा में प्रभावित करने की अत्यंत आवश्यकता होती है। हैडो-रिपोर्ट (Hadow Report) ने इस आवश्यकता को निम्नलिखित शब्दों में व्यक्त करने का प्रयत्न किया है–

"युवाओं की धमनियों में 11 से 12 वर्ष की अवस्था से ही एक ज्वार-उमड़ना प्रारम्भ हो जाता है, इसे किशोरावस्था के नाम से पुकारा जाता है। यह ज्वार बाढ़ का रूप धारण कर सकता है, परंतु अगर इस प्रचण्ड जल प्रवाह को पूरी शक्ति के साथ अनुकूल दिशा में प्रवाहित किया जाए तो यह अपने निश्चित लक्ष्य पर पहुँच सकता है।"

## संवेगात्मक विकास को प्रभावित करने वाले कारक
## (Factors Influencing Emotional Development)

बच्चों का संवेदात्मक विकास अनेक कारकों द्वारा प्रभावित होता है। इसमें से कुछ मुख्य कारक नीचे दिए जा रहे हैं–

*1. स्वास्थ्य एवं शारीरिक विकास (Health and Physical Development)*–शारीरिक विकास एवं स्वास्थ्य का संवेगात्मक विकास के साथ बहुत गहरा सम्बन्ध है। आंतरिक और बाह्य दोनों प्रकार की शारीरिक न्यूनताएँ कई प्रकार की संवेगात्मक समस्याओं को जन्म दे सकती हैं। स्वस्थ एवं हृष्ट-पुष्ट बच्चों की अपेक्षा प्रायः कमजोर अथवा बीमार बच्चे संवेगात्मक रूप से अधिक असंतुलित एवं असमायोजित पाए जाते हैं। संतुलित संवेगात्मक विकास के लिए विभिन्न ग्रंथियों का ठीक प्रकार काम करना अत्यंत आवश्यक है जो केवल स्वस्थ ठीक ढंग से विकसित होते हुए शरीर में ही संभव हो सकता है। इस प्रकार से शारीरिक विकास की दशा और इसके स्वास्थ्य का बच्चे के संवेगात्मक विकास पर गहरा प्रभाव पड़ता है।

*2. बुद्धि (Intelligence)*–समायोजन करने की योग्यता के रूप में बालक के संवेगात्मक समायोजन और स्थिरता की दिशा में महत्त्वपूर्ण भूमिका है। इन सम्बन्धों में मिल्टजर (Miltzer) ने अपने विचार प्रकट करते हुए लिखा है-"सामान्य रूप से अपनी ही उम्र के कुशाग्र बालकों की अपेक्षा बौद्धिक शक्तियों के सहारे ही व्यक्ति संवेगों पर अंकुश लगाकर उनको अनुकूल दिशा देने में सफल बना सकता है। अतः प्रारम्भ से ही बच्चों की बौद्धिक शक्तियाँ, बच्चों के संवेगात्मक विकास को दिशा प्रदान करने में लगी रहती हैं।"

*3. पारिवारिक वातावरण और आपसी सम्बन्ध (Family Atmosphere and Relationships)*—परिवार के वातावरण और आपसी सम्बन्धों का भी बच्चों के संवेगात्मक विकास के साथ गहरा सम्बन्ध है, जो कुछ बड़े करते हैं उसकी छाप बच्चों पर अवश्य पड़ती है। अतः परिवार में बड़ों का जैसा संवेगात्मक व्यवहार होता है बच्चे भी उसी तरह का व्यवहार करना सीख जाते हैं। अशांतिमय, कलह, लड़ाई-झगड़े से युक्त पारिवारिक वातावरण, क्रोध, भय, चिंता, ईर्ष्या आदि कलुषित संवेगों को ही जन्म दे सकता है। जबकि प्रेम, दया, सहानुभूति और आत्म-सम्मान से भरपूर वातावरण द्वारा बच्चे में उचित और अनुकूल संवेग अपनी जड़ जमाते हैं। माता-पिता तथा अन्य परिजनों के द्वारा उसके साथ किए जाने वाला व्यवहार भी उसके संवेगात्मक विकास को प्रभावित करता है। यहाँ तक कि परिवार में बच्चों अथवा भाई-बहन की संख्या, उसका पहली, दूसरी या आखिरी संतान होना, परिवार की सामूहिक और आर्थिक स्थिति, माता-पिता द्वारा उसकी अपेक्षा या आवश्यकता से अधिक देखभाल और प्यार-दुलार आदि भी बच्चे के संवेगात्मक विकास को बहुत प्रभावित करता है।

*4. विद्यालय का वातावरण और अध्यापक (School Atmosphere and Teacher)*—विद्यालय का वातावरण भी बालकों के संवेगात्मक विकास को पूरा-पूरा प्रभाव डालता है। स्वस्थ और अनुकूल वातावरण के द्वारा बच्चों को अपना उचित समायोजन करने में बहुत आसानी होती है। विद्यालय के वातावरण में व्याप्त सभी बातें जैसे विद्यालय की स्थिति, उसका प्राकृतिक एवं सामाजिक अध्ययन का स्तर, पाठांतर क्रियाओं और सामाजिक कार्यों की व्यवस्था, मुख्याध्यापक एवं अध्यापकों के पारस्परिक सम्बन्ध और अध्यापकों का स्वयं का संवेगात्मक व्यवहार आदि बातें बालकों के संवेगात्मक विकास को पर्याप्त रूप से प्रभावित करता है।

*5. सामाजिक विकास और हमजोलियों के साथ सम्बन्ध (Social Development and Peer Group Relationship)*—सामाजिक विकास और संवेगात्मक विकास का आपस में गहरा सम्बन्ध है। बच्चा जितना अधिक सामाजिक होगा संवेगात्मक रूप से वह उतना ही परिपक्व और संयमशील बनेगा। सामाजिक रूप से अविकसित अथवा उपेक्षित बच्चों को अपने संवेगात्मक समायोजन में बहुत कठिनाइयों का सामना करना पड़ता है। सामाजीकरण प्रक्रिया (Process of Socialization) बच्चों के ठीक-ठीक संवेगात्मक विकास और संवेगात्मक अभिव्यक्ति में बहुत सहायता करती है। सामाजिक दृष्टि से जिस प्रकार का संवेगात्मक व्यवहार अपेक्षित है उसका पोषण बच्चे में उचित सामाजिक गुणों के विकास पर ही निर्भर करता है। और इस दृष्टि से सामाजिक विकास संवेगात्मक विकास को प्रभावित करने में पूरी-पूरी भूमिका निभाता है।

*6. पास पड़ोस, समुदाय और समाज (Neighbourhood, the Community and the Society)*—परिवार और विद्यालय के अतिरिक्त बच्चों का अपना पड़ोस, समुदाय और समाज जिसमें वह रहता है, उसके संवेगात्मक विकास को बहुत प्रभावित करते हैं। अपने संवेगात्मक व्यवहार से संबंधित सभी अच्छे और बुरे संवेग और आदतों को वह इन्हीं सामाजिक संस्थाओं के माध्यम से ग्रहण करता है। एक साहसी और निर्भय जाति

या समुदाय से पैदा होने वाले अथवा ऐसे वातावरण में पलने वाले बच्चों में साहस और निर्भयता का गुण आ जाना स्वाभाविक ही है। जिस समाज में बड़े लोग शीघ्र ही उत्तेजित होकर गाली-गलौज और मारपीट करते रहते हैं, उनके बच्चे भी अनायास ऐसी ही संवेगात्मक कमजोरियों के शिकार हो जाते हैं। भय, ईर्ष्या, घृणा, क्रोध, प्रेम, सहानुभूति, दया आदि सभी तरह के अच्छे और बुरे संवेगात्मक गुण अच्छे और बुरे सामाजिक परिवेश के ही परिणाम होते हैं।

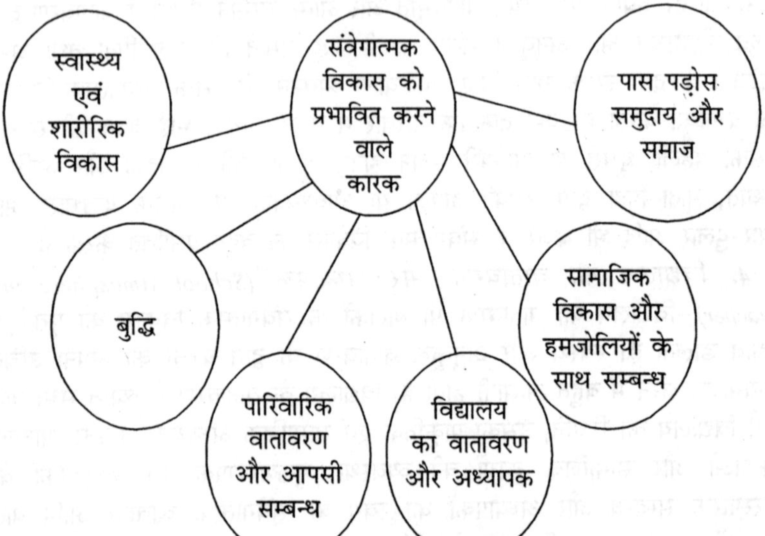


**चित्र 5.1:** संवेगात्मक विकास को प्रभावित करने वाले कारक

इस प्रकार से संवेगात्मक विकास को प्रभावित करने वाले कारकों को दो मुख्य श्रेणियों में विभाजित किया जा सकता है। पहली श्रेणी में शारीरिक, मानसिक और सामाजिक विकास जैसे कारक हैं, जिन्हें पूर्ण रूप से व्यक्तिगत माना जा सकता है। दूसरी श्रेणी में माता-पिता, परिवार, विद्यालय, पास-पड़ोस, समुदाय और समाज जैसे महत्त्वपूर्ण सामाजिक कारक आते हैं। व्यक्तिगत और सामाजिक दोनों ही प्रकार के कारक बच्चे के संवेगात्मक विकास को प्रभावित करने में कोई कसर नहीं छोड़ते। इसलिए बच्चे के संवेगात्मक विकास को यथावत बनाए रखने में माता-पिता और अध्यापकों द्वारा दोनों ही प्रकार के कारकों का पूरा-पूरा ध्यान रखना चाहिए।

## बच्चों के संवेगात्मक विकास के लिए अध्यापक क्या करें?
## (What can the Teacher Do in bringing balanced Emotional Development of Children?)

संवेगात्मक विकास को प्रभावित करने वाले व्यक्तिगत तथा सामाजिक-दोनों प्रकार के कारकों की चर्चा हम पहले कर चुके हैं। अगर इन कारकों का भलीभाँति ध्यान रखा

जाए तो अध्यापक वर्ग बालकों के संतुलित संवेगात्मक विकास में अपनी भूमिका अच्छी तरह निभा सकता है। अध्यापकों द्वारा अपना उत्तरदायित्व कैसे निभाया जाए, इसकी चर्चा निम्न पंक्तियों में की जा रही है।

1. संवेगात्मक विकास के लिए जैसा कि पहले कहा जा चुका है, स्वास्थ्य और शारीरिक विकास पर पूरा-पूरा ध्यान देने की आवश्यकता है। स्वस्थ और निरोग कैसे रहा जाए, इस बात का बच्चों को भलीभाँति ज्ञान कराया जाना चाहिए। माता-पिता और राज्याधिकारों के सहयोग से बच्चों के संतुलित आहार और खान-पान की उचित व्यवस्था की जानी चाहिए। कमजोरियों, न्यूनताओं तथा बीमारियों आदि से अवगत कराना चाहिए। तथा निराकरण के लिए घर, विद्यालय और चिकित्सालयों द्वारा उचित प्रबंध की व्यवस्था होनी चाहिए।

2. बच्चों के संवेगात्मक विकास पर पारिवारिक वातावरण भी बहुत प्रभाव डालता है। अतः अध्यापकों को बालकों के माता-पिता का सहयोग प्राप्त कर उन्हें अनुकूल पारिवारिक वातावरण प्रदान कराने का पूरा-पूरा प्रयत्न करना चाहिए। बच्चों के अधिक निकट आकर अध्यापकों को उनके संवेगात्मक व्यवहार को उनके पारिवारिक वातावरण के सन्दर्भ में समझने का प्रयत्न करना चाहिए तथा इसी को ध्यान में रखते हुए उनके माता-पिता तथा अभिभावक वर्ग को अपने बच्चों के कल्याण के लिए उचित परामर्श देने का प्रयत्न करना चाहिए तथा अपने स्वयं के व्यवहार द्वारा भी उन्हें संवेगात्मक सन्तुलन बनाने में पूरी सहायता देनी चाहिए।

3. विद्यालय के परिवेश और क्रिया-कलापों को उचित प्रकार से संगठित कर अध्यापक बच्चों के संवेगात्मक विकास में भरपूर योगदान दे सकते हैं। इसके लिए उन्हें निम्न बातों को ध्यान में रखना चाहिए।

(i) बच्चों की संवेगात्मक शक्तियों को उचित प्रकाशन और अभिव्यक्ति के लिए उन्हें पाठांतर क्रियाओं तथा रोचक क्रियाओं (Hobbies) के माध्यम से उचित अवसर प्रदान किए जाने चाहिए।

(ii) पाठ्यक्रम और अध्यापन विधियाँ यथेष्ट रूप में परिवर्तनशील, प्रगतिशील और बाल केंद्रित होनी चाहिए।

(iii) बालकों को अपने अध्यापकों से पर्याप्त स्नेह तथा सहयोग मिलना चाहिए। प्रत्येक अवस्था में बालकों के स्वाभिमान का ध्यान रखा जाना चाहिए तथा भूलकर भी उनका अपमान एवं अवज्ञा नहीं की जानी चाहिए। जहाँ तक हो सके अध्यापकों को बच्चों की सभी प्रकार की संवेगात्मक आवश्यकताओं की पूर्ति के लिए पूरा-पूरा प्रयत्न करना चाहिए।

(iv) बालकों के संवेगों को संयमित एवं प्रशिक्षित करने के लिए अध्यापक द्वारा उपयुक्त विधियों को प्रयोग किया जाना चाहिए। जैसा भी हो बच्चे के संवेगात्मक तनाव को समाप्त करने की चेष्टा की जानी चाहिए तथा उसके अंदर किसी प्रकार भी की अनावश्यक मानसिक ग्रन्थियों और विकारों को पनपने का अवसर नहीं दिया जाना चाहिए।

(v) धार्मिक और नैतिक शिक्षा को विद्यालय कार्यक्रम में महत्त्वपूर्ण स्थान दिया जाना चाहिए। जहाँ तक हो सके 'सादा जीवन उच्च विचार' को बच्चों के जीवन का एक मूल–मंत्र बनाया जाना चाहिए।

(vi) अध्यापक बच्चों के लिए आदर्श होते हैं। वे उनके हर आचरण का अनुकरण करने का प्रयत्न करते हैं। अतः अध्यापक को स्वयं अपना उदाहरण प्रस्तुत कर बालकों को संवेगात्मक रूप से अधिक संतुलित और संयमित बनाने का प्रयत्न करना चाहिए।

(vii) बच्चों के संतुलित सामाजिक विकास की ओर भी पूरा–पूरा ध्यान दिया जाना चाहिए। उन्हें अपनी मित्र–मण्डली, वय–समूह तथा सामाजिक परिवेश में उचित स्थान मिलना चाहिए।

(viii) अध्यापकों द्वारा बालकों का संवेगात्मक व्यवहार सामान्य है या असामान्य है, इस बात का अच्छी तरह से अध्ययन किया जाना चाहिए। अगर उन्हें उसमें कुछ असामान्यता का आभास हो तो समय से पहले योग्य व्यक्तियों की सहायता ले कर उसके निराकरण और रोकथाम के लिए पूरा प्रयत्न करना चाहिए।

(ix) सीखने की प्रक्रिया में संवेगों की रचनात्मक भूमिका की ओर भी अध्यापक को ध्यान रखना आवश्यक है। संतुलित और संयमित संवेगात्मक व्यवहार और भावनाएँ न केवल शारीरिक विकास के लिए एक अमूल्य टॉनिक का कार्य करती हैं, बल्कि ज्ञान और कौशल अर्जित करने के लिए भी उचित वातावरण का निर्माण करती है। अतः अध्यापकों को विद्यार्थियों को शिक्षा ग्रहण कराने में संवेगात्मक रूप से सक्रिय साझीदार बनाने का प्रयत्न करना चाहिए।

# 6

# सामाजिक विकास
# (Social Development)

## सामाजिक विकास क्या है?
## (What is Social Development?)

मानव को अपनी एक अपूर्व विशेषता के कारण अन्य वर्ग से भिन्न माना जाता है। वह विशेषता यह है कि वह एक सामाजिक प्राणी है। समाज उसके लिए जल, वायु तथा भोजन की तरह ही एक आवश्यक वस्तु है। वह समाज में रहकर जीना चाहता है और सामाजिक सम्बन्धों को बनाने तथा दूसरों के साथ समायोजन करने की चेष्टा करता है। लेकिन इसका यह अर्थ नहीं है कि मानव शिशु में इस प्रकार के सामाजिक गुण और व्यावहारिक विशेषताएँ जन्मजात होती हैं। वृद्धि और विकास के अन्य पहलुओं की तरह ही सामाजिक गुण भी बच्चे में धीरे-धीरे पनपते हैं। इन गुणों के विकास की प्रक्रिया जो बच्चे के मानसिक व्यवहार में वांछनीय परिवर्तन लाने का कार्य संपन्न करती हैं, सामाजिक विकास अथवा सामाजीकरण के नाम से जानी जाती है। सामाजिक विकास या समाजीकरण मानव वृद्धि और विकास की सम्पूर्ण प्रक्रिया में महत्त्वपूर्ण स्थान रखता है, यहाँ तक कि हम किसी को व्यक्ति (Person) कहकर तभी पुकारते हैं जब वह सामाजिक विकास या सामाजीकरण की प्रक्रिया में से हो कर गुजर चुका हो। सामाजिक विकास या सामाजीकरण के अर्थ को स्पष्ट रूप से समझने के लिए हमें कुछ निम्नलिखित परिभाषाओं से और अधिक सहायता मिल सकती है–

सोरेन्सन (Sorenson 1948 : 50)–"सामाजिक वृद्धि और विकास से हमारा तात्पर्य अपने साथ और दूसरों के साथ भलीभाँति चले चलने (समायोजन करने) की बढ़ती हुई योग्यता से है।" ("By social growth development we mean increasing ability to get along well with one self and others").

इस प्रकार से सोरेंसन यह स्पष्ट करते हैं कि सामाजिक विकास की प्रक्रिया के दौरान व्यक्ति की सामाजिक योग्याताओं और कौशल में बढोत्तरी होती है। इन बढ़ी हुई योग्यताओं और क्षमताओं के सहारे वह सामाजिक सम्बन्धों को अच्छी तरह निभाने में

कुशल बनता चला जाता है। वह अपने व्यवहार में वांछित परिवर्तन लाने की चेष्टा करता है तथा दूसरों के साथ समझौता करने और हिल-मिल कर प्रेम से रहने की लालसा रखता है।

फ्रीमेन एवं शोवल (Freeman and Showel)–"सामाजिक विकास सीखने की वह प्रक्रिया है जो समूह के स्तर, परम्पराओं तथा रीति रिवाजों के अनुकूल अपने आप को ढालने तथा एकता, मेलजोल और पारस्परिक सहयोग की भावना भरने में सहायक होती है।"

Social development is the process of learning to confirm to group standards, morals and traditions and becoming imbued with a sense of oneness, inter communication and co-operation.

—Hurlock, E.B., 1956 : 257)

यह परिभाषा निम्न बातों पर जोर देती है-

(i) सामाजिक विकास वह प्रक्रिया है जिसके द्वारा एक व्यक्ति अपने समूह विशेष में अपना ठीक प्रकार से समायोजन करने के लिए सभी प्रकार के आवश्यक ज्ञान, कौशल और अभिवृत्तियों को अर्जित कर पाता है।

(ii) सामाजिक विकास के फलस्वरूप समूह के प्रति भक्ति-भाव और आस्था को जन्म मिलता है और पारस्परिक निर्भरता, सहयोग और एकता के बंधन मजबूत होते हैं।

(iii) सामाजिक विकास की प्रक्रिया व्यक्ति को सामाजिक मान्यताओं, रीति-रिवाजों और परम्पराओं के अनुकूल आचरण करने में पूरी-पूरी सहायता करती है और इस तरह से अपने सामाजिक परिवेश में ठीक प्रकार से समायोजित होने में समर्थ बनाती है।

श्रीमती हरलॉक (Hurlock 1956 : 257)–"सामाजिक विकास से अभिप्राय सामाजिक सम्बन्धों में परिपक्वता प्राप्त करने से है।" ("Social development means the attaining of maturity in social relationship".)

इस छोटी सी परिभाषा में गहरा अर्थ छिपा हुआ है। यह संकेत करती है कि जैसे संवेगात्मक विकास के फलस्वरूप संवेगात्मकता ग्रहण करना अंतिम लक्ष्य होता है, उसी प्रकार सामाजिक विकास का लक्ष्य भी बच्चे में सामाजिक परिपक्वता लाना होना चाहिए। एक व्यक्ति को अपने सामाजिक विकास का लक्ष्य भी बच्चे में सामाजिक परिपक्वता लाना होना चाहिए। एक व्यक्ति को अपने सामाजिक व्यवहार को सुधारने और उसमें प्रगति लाने के लिए सभी प्रकार के अवसर उपलब्ध होने चाहिए ताकि वह सामाजिक सम्बन्धों को ठीक प्रकार से बनाए रख सके और अपने सामाजिक परिवेश में अपना समायोजन कर सके।

उपरोक्त विचारों के आधार पर हम इस निष्कर्ष पर पहुँचते हैं कि सामाजिक विकास और सामाजीकरण वह प्रक्रिया है-

(i) जो शिशु के पहले दूसरे व्यक्तियों के सम्पर्क में आने के साथ-साथ ही शुरू हो जाती है और जीवनपर्यन्त चलती रहती है।

(ii) जिसमें सामाजिक परिवेश से संबंधित शक्तियाँ व्यक्ति के सामाजिक व्यवहार में अनुकूल परिवर्तन लाती रहती हैं।

(iii) जो व्यक्ति को विभिन्न सामाजिक गुणों और विशेषताओं को सीखने तथा अर्जित करने में सहायता करती है।

(iv) जो इस प्रकार के सीखने तथा अर्जन द्वारा व्यक्ति को अपने सामाजिक परिवेश में ठीक प्रकार से समायोजित होने तथा सामाजिक सम्बन्धों को भलीभाँति निभा सकने में पूर्ण सक्षम बनाती है।

## बाल विकास की विभिन्न अवस्थाओं में सामाजिक विकास (Social Development during Different Stages of Child's Development)

***(A) शैशवावस्था में सामाजिक विकास (Social Development in Infancy)*** –जन्म के समय शिशु का व्यवहार सामाजिकता से काफी दूर होता है। वह अत्यधिक स्वार्थी होता है। उसे केवल अपनी शारीरिक आवश्यकताओं की पूर्ति की जिद लगी रहती है तथा दूसरों के हित चिंतन की वह कुछ भी परवाह नहीं करता। वह इस आयु में गुड्डे-गुड़ियों, खिलौनों, मूर्तियों आदि वस्तुओं तथा पशु-पक्षी, मनुष्य आदि सजीव प्राणियों में कोई अंतर नहीं समझ पाता।

बच्चों में सामाजिक व्यवहार के प्रथम लक्षण उस समय प्रकट होते हैं जब वह वस्तुओं और व्यक्तियों में अंतर करने लगता है। इस अवस्था में वह अपनी मूल आवश्यकताओं की पूर्ति के लिए प्रौढ़ व्यक्तियों के साथ ही जुड़ता है। श्रीमती हरलॉक (Mrs. Hurlock) ने अपनी पुस्तक 'बाल मनोविज्ञान' (Child Psychology) में प्रौढ़ों के सम्पर्क के फलस्वरूप प्रथम दो वर्ष में होने वाली सामाजिक विकास की प्रक्रिया को बड़े अच्छे ढंग से प्रस्तुत किया है। उनके विचारों का सार हम नीचे दे रहे हैं–

| *आयु की अवधि (Duration of Age)* | *सामाजिक व्यवहार का रूप (Pattern of Social Behaviour)* |
|---|---|
| पहले माह की अवधि में | बालक ध्वनि और अन्य ध्वनियों में अंतर समझने में समर्थ होता है। |
| दूसरे माह की अवधि में | बालक ध्वनि या आवाज को पहचानने लगता है और व्यक्ति का मुस्कान के साथ स्वागत करता है। |
| तीसरे माह में | अपनी माता को पहचानता है और उससे अलग होने पर दुखित होता है। |
| चौथे माह में | व्यक्तियों के चेहरों को अलग-अलग रूप से पहचान कर ध्यान देना शुरू करता है। उसे व्यक्तियों का साथ अच्छा लगता है। |

*(क्रमश:)*

| आयु की अवधि (Duration of Age) | सामाजिक व्यवहार का रूप (Pattern of Social Behaviour) |
|---|---|
| पाँचवे माह में | हँसने और डाँट-फटकार पर अलग-अलग प्रतिक्रिया करता है और प्यार तथा क्रोध की आवाज समझने लगता है। |
| छठे और सातवें माह में | परिचितों का मुस्कान के साथ स्वागत करता है जबकि अपरिचितों को देखकर भय की अनुभूति दिखाता है। |
| आठवें और नौंवे माह में | दूसरों की बोली, हावभाव, मुद्रा तथा अंग संचालन की नकल करने का प्रयत्न करता है। |
| दसवें और ग्यारहवें माह में | अपनी छाया के साथ क्रीड़ा करता हैं, यहाँ तक कि वह इस प्रकार चुंबन करता है जैसे कि वह कोई दूसरा शिशु हो। |
| बारहवें माह में | न-न कहने अथवा किसी और तरह से मना करने पर किसी कार्य को न करने के लिए मान जाता है। |
| दूसरे वर्ष की अवधि में | बड़ों के दिन-प्रतिदिन के कार्यों में हाथ बँटाने का प्रयत्न करता है तथा धीरे-धीरे परिवार का सक्रिय सदस्य बन जाने का प्रयास करता है। |

*अन्य शिशुओं तथा बालकों के साथ सम्पर्क में आने के फलस्वरूप शिशुओं का सामाजिक विकास (Social Development of Infants as a result of contact with other infants and Children)*

शिशुओं के सामाजिक व्यवहार का अध्ययन करने पर पता चलता है कि उनका प्रारम्भिक व्यवहार बहुत ही स्वार्थी और अहं से भरा हुआ होता है। वे अपने खिलौनों से दूसरे को खेलते हुए नहीं देख सकते। वे चाहते हैं कि कुछ भी हो सब उन्हीं के लिए हो। वे किसी अन्य शिशु या बालक का हस्तक्षेप पसंद नहीं करते। परंतु लगभग 13वें माह से लेकर 18वें माह के बीच शिशु का ध्यान खेलने वाले साथियों की ओर उन्मुख हो जाता है। अब खिलौनों के लिए लड़ना कम हो जाता है और मिल-जुल कर खेलने की भावना जोर पकड़ने लगती है। 3 वर्ष का बच्चा अपने पास जो कुछ है, उसमें से दूसरों को बाँटना मिल-जुल कर खेलना, खाना इत्यादि सीख लेता है। अब वह सामूहिक और संगठित खेलों में रुचि लेने लगता है। 6 वर्ष की आयु तक बालक और बालिकाएँ बिना किसी लैंगिक भेदभाव के एक दूसरे के साथ हिलमिल कर खेलते रहते हैं।

संवेगों की भाँति सामाजिक व्यवहार की प्रारम्भिक अवस्था में शिशुओं में नकारात्मक सामाजिक गुणों (Negative Social Qualities) का समावेश पाया जाता है।

प्रथम दो वर्ष में अनुकरण, दब्बूपन, लज्जाशीलता, प्रतिद्वन्द्विता, ईर्ष्या और समूह सम्बन्धी लालच ये सभी प्रवृत्तियाँ हावी रहती हैं। धीरे-धीरे सकारात्मक सामाजिक गुण अपना प्रभाव स्थापित करने का प्रयास करते हैं तथा 2 और 6 वर्ष के बीच सकारात्मक और नकारात्मक दोनों ही प्रकार के सामाजिक गुणों का प्रभाव बच्चों में अच्छी तरह देखा जा सकता है।

***(B) बाल्यावस्था में सामाजिक विकास (Social Development during Childhood)***–शिशुओं के सामाजिक सम्पर्क का दायरा बहुत ही सीमित होता है। अतः सामाजिक विकास के दृष्टिकोण से उनसे बहुत अधिक आशा नहीं की जा सकती है। बाल्यावस्था में प्रवेश करने के साथ-साथ अधिकांश बच्चे विद्यालय में जाना प्रारम्भ कर देते हैं और अब उनका सामाजिक दायरा बहुत विस्तृत बनता चला जाता है। इस अवस्था में उनके सामाजिक व्यवहार में कुछ निम्न परिवर्तन दृष्टिगोचर होते हैं।

1. इस अवस्था में बालकों में सामाजिक चेतना का यथेष्ट विकास हो जाता है। उनकी सामाजिक दुनिया बड़ी और विस्तृत हो जाती है। दूसरों के साथ समायोजन के लिए आवश्यक सामाजिक गुण भी उनमें पनपने लगते हैं।

2. अब वह अपने माता-पिता तथा अन्य बड़ों की छत्रछाया से अपने आपको मुक्त कर स्वतंत्र होने की कामना करते हैं और उनके साथ कम से कम समय बिताना चाहते हैं। वास्तव में अब उसे उनके साथ खेलने-कूदने में कोई आनंद नहीं आता। उसे अपनी आयु के बच्चों के साथ खेलना अधिक अच्छा लगता है।

3. अब वह अपनी अवस्था के बच्चों के किसी न किसी समूह (Group) का सक्रिय सदस्य बन जाता है। इस समूह की गतिविधियों का बालक पर गहरा प्रभाव पड़ता है। इसके आदर्श और मान्यताएँ उसके लिए बहुत ही प्रिय होते हैं तथा वह हर प्रकार से इस समूह में अपना एक गौरवपूर्ण स्थान बनाना चाहता है।

4. अपने समूह विशेष के प्रति बालकों में गहरी आस्था या भक्ति-भाव पाया जाता है। दूसरी ओर अन्य पीढ़ियों के बालकों की टोली या गिरोह की मान्यताओं तथा आदर्शों से प्रायः टकराव होता रहता है।

5. इस आयु में बालक और बालिकाओं में एक-दूसरे से अलग-अलग रहने की प्रवृत्ति पाई जाती है। आदतें, रुचियों और अभिरुचियों में पर्याप्त अंतर होने के कारण दोनों ही अपने अलग-अलग समूह बनाकर खेलना-कूदना पसंद करते हैं।

6. बाल्यकाल की अंतिम अवस्था में अर्थात् 11 वें और 12 वें वर्ष की आयु में बालक समूहावस्था (Group Age) के शिखर (Peak) पर पहुँच जाता है। अब उसमें अपनी टोली या समूह, यहाँ तक कि अपने माता-पिता और गुरुजनों का साथ संघर्षरत दिखलाई पड़ता है। यह विशेष टोली या समूह उसमें विभिन्न प्रकार के अच्छे और बुरे सामाजिक गुणों को विकसित करता है।

***(C) किशोरावस्था में सामाजिक विकास (Social Development during Adolescence)***–किशोरावस्था तीव्र परिवर्तन और समायोजन की अवस्था है। सामाजिक

विकास के दृष्टिकोण से इस अवस्था में बच्चे में बहुत कुछ परिवर्तन और विशेषताएँ दिखाई पड़ती हैं। इनमें से कुछ की चर्चा नीचे की जा रही है।

1. किशोरावस्था में लिंग सम्बन्धी चेतना (Sex-consciousness) तीव्र हो जाती है। फलस्वरूप लड़के और लड़कियाँ एक-दूसरे के प्रति आकर्षण रखते हैं। तरह-तरह की वेशभूषा, केश विन्यास, हाव-भाव द्वारा वे विपरीत लिंग के सदस्यों का ध्यान अपनी ओर आकर्षित करने का प्रयत्न करते दिखलाई पड़ते हैं। उनके मन में एक दूसरे के निकट आने, मित्र बनाने तथा यहाँ तक कि यौन सम्बन्ध स्थापित करने की लालसा उत्पन्न होने लगती है। इस अवस्था में इस तरह सामाजिक व्यवहार की कुंजी प्राय: यौन सम्बन्धी आवश्यकताओं और अभिलाषाओं के हाथ में चली जाती है।

2. इस आयु में अधिकतर किशोर और किशोरियाँ अपने वय-समूह (Peer Group) के सक्रिय सदस्य होते हैं। उनमें समूह के प्रति असीम भक्त और आस्था पाई जाती है। वे अपने समूह के विचार, व्यवहार के ढंग, आदतें और दृष्टिकोण अपनाने का प्रयत्न करते हैं। वे अपने दल या समूह के लिए हर प्रकार का त्याग करने को उद्यत रहते हैं। समूह के प्रति श्रद्धा के कारण प्राय: उनका उनके माता-पिता या गुरुजनों के साथ संघर्ष भी छिड़ा रहता है।

3. समूह के प्रति उत्पन्न भक्ति-भावना अब केवल टोली या समूह विशेष तक ही सीमित नहीं रहती बल्कि यह विद्यालय, समुदाय, प्रांत और राष्ट्र तक व्यापक बन जाती है। सहानुभूति, सहयोग, सद्भावना, परोपकार और त्याग का अद्भुत सामंजस्य इस अवस्था में देखने को मिलता है और इसके लिए किशोरावस्था को अधिकांश शहीद और देशभक्तों को उत्पन्न करने का श्रेय मिलता है।

4. किशोरावस्था में मैत्री सम्बन्धों में भी अत्यधिक वृद्धि दिखलाई पड़ती है। बाल्यावस्था की मित्रता से जो केवल खेलकूद की दुनिया तक ही सीमित होती है, कुछ अधिक व्यापक और स्थिर होती है। कभी-कभी यह मित्रता जीवन भर के आत्मीय सम्बन्धों में बदल जाती है।

5. किशोरावस्था संवेगों की तीव्र अभिव्यक्ति की अवस्था है। किशोर का सामाजिक व्यवहार, उसके संवेगों के अधीन होता है। किशोर स्वभाव से ही संवेदनशील, कल्पना और आदर्शों की दुनिया में विचरण करने वाला, भावुक तथा समाज सुधारक होता है। वह पीड़ितों और शक्तिहीन के प्रति पूरी सहानुभूति रखता है और उसके लिए कुछ करना चाहता है। यही कारण है कि सामाजिक बुराइयों और अन्याय का प्रतिकार करने के लिए किशोर लड़के और लड़कियाँ ही प्राय: क्रांति के कर्णधार बनते हुए दिखाई देते हैं।

6. किशोरावस्था में विशिष्ट रुचियों और सामाजिक सम्पर्क का क्षेत्र भी अत्यधिक विस्तृत होता है। वैयक्तिक विशेषताओं के अतिरिक्त संस्कृति, परिवार की सामाजिक और आर्थिक स्थिति, यौन सम्बन्धी स्वतंत्रता और जानकारी इत्यादि उनकी सामाजिक रुचियों और सामाजिक सम्बन्धों को प्रभावित करती है। किशोरों में रुचियों और सामाजिकता के दृष्टिकोण से वैयक्तिकता भी बहुत अधिक देखने को मिलती है।

कुछ तो अधिक मिलनसार और सामाजिक होते हैं जबकि कुछ को सामाजिक सम्पर्क से दूर भागते हुए अधिक से अधिक एकांत का इच्छुक पाया जाता है।

अंत में यह कहा जा सकता है कि किशोरावस्था अत्यधिक सामाजिक चेतना, बढ़ते हुए सामाजिक सम्बन्धों और प्रगाढ़ मित्रता की अवस्था है। इस अवस्था में व्यक्ति को सामाजिक समायोजन तथा सामाजिक गुणों का अर्जन करने के लिए पर्याप्त अवसर तथा रुचियों एवं अभिरुचियों का विशाल क्षेत्र मिलता है। इस अवस्था के दौरान व्यक्ति अपने आपको अपने सामाजिक जीवन में एक उत्तरदायित्वपूर्ण प्रौढ़ व्यक्ति की भूमिका निभाने के लिए पूरी तरह तैयार करता है। इस अवस्था के अंत तक प्रायः बालक सामाजिक रूप में परिपक्व (Socially mature) हो जाता है।

## सामाजिक विकास को प्रभावित करने वाले कारक
## (Factors Affecting Social Development)

बच्चे की सामाजिक रूप से अच्छी तरह विकसित होने में किस प्रकार सहायता की जाए, यह एक विचारणीय प्रश्न है। इसके लिए यह सोचना अधिक उपयोगी है कि ऐसे कौन से तत्त्व या कारक हैं जो बच्चे के सामाजिक विकास को प्रभावित अथवा नियंत्रित करते हैं। इन सभी कारकों या तत्त्वों में से कुछ तो व्यक्तिगत हैं और कुछ वातावरण से संबंधित हैं। यह कारक क्या हैं और किस प्रकार ये सामाजिक विकास को प्रभावित करते हैं, इसकी चर्चा आगे की जा रही है।

### *व्यक्तिगत कारक (Personal Factors)*

*1. शारीरिक ढाँचा और स्वास्थ्य (Bodily Structure and Health)*–सामाजिक व्यवहार व्यक्ति के अपने शारीरिक ढाँचे और स्वास्थ्य पर बहुत कुछ निर्भर करता है। एक स्वस्थ और सामान्य डीलडौल वाले बच्चे में आत्म-विश्वास होता है और वह आत्म-गौरव से युक्त होता है। उसमें कठिन से कठिन सामाजिक परिस्थितियों में अपने आप को समायोजित करने की पूरी योग्यता और क्षमता होती है। यह सहयोगी प्रवृत्ति का होता है तथा हर अवस्था में खुश रहने का प्रयत्न करता है। दूसरों के साथ मिलकर कार्य करने में उसे कोई असुविधा नहीं होती। इसके विपरीत एक बीमार, शक्तिहीन अथवा किसी प्रकार के शारीरिक दोषों या न्यूनताओं से ग्रस्त बच्चा हीन भावना का शिकार होने के कारण अपने सामाजिक समायोजन में कठिनाई अनुभव करता है। इसलिए सामाजिक विकास के लिए यह आवश्यक हो जाता है कि बच्चों के शारीरिक विकास की ओर शुरू से ही यथेष्ट ध्यान दिया जाएँ।

*2. बुद्धि (Intelligence)*–बुद्धि की परिभाषा उचित समय पर उचित निर्णय लेने और नवीन परिस्थितियों में ठीक प्रकार अपना समायोजन कर सकने की योग्यता और क्षमता के रूप में दी जाती है। इस प्रकार की योग्यता और क्षमता कुशल सामाजिक व्यवहार के लिए अत्यन्त आवश्यक होती है। अतः बौद्धिक विकास का सामाजिक विकास से बहुत निकट का सम्बन्ध है। कोई व्यक्ति जितना अधिक बुद्धिमान होता है,

वह उतना सफलतापूर्वक परिवेश में अपने आप को समायोजित कर अधिक सामाजिक सिद्ध होता है।

*3. संवेगात्मक विकास (Emotional Development)*–बच्चे के संवेगात्मक और सामाजिक विकास में भी धनात्मक सह-सम्बन्ध (Positive Correlation) पाया जाता है। संवेगात्मक समायोजन और परिपक्वता को बहुत ही महत्त्वपूर्ण अंग माना जाता है। जो व्यक्ति अपने संवेगों को समय का विचार करते हुए ठीक मात्रा में व्यक्त करने की क्षमता रखते हैं वे सामाजिक रूप से अधिक स्वस्थ एवं कुशल पाए जाते हैं। इसके विपरीत संवेगात्मक रूप से जिन व्यक्तियों का समायोजन ठीक प्रकार नहीं हो पाता वे सामाजिक बुराइयों और दोषों से ग्रस्त रहते हैं। अतः बच्चों के संवेगों को उचित प्रशिक्षण देने तथा संवेगात्मक विकास को उचित दिशा प्रदान करने का हर संभव प्रयत्न किया जाना चाहिए ताकि वे अपने सामाजिक विकास में कोई कठिनाई अनुभव न करें।

***वातावरण सम्बन्धी कारक (Environment Factors)***

*1. परिवार का वातावरण (Family Environment)*–बच्चे के सामाजीकरण में परिवार सबसे अधिक महत्त्वपूर्ण भूमिका निभाते हैं। घर का वातावरण और आपसी पारिवारिक सम्बन्ध बच्चे के सामाजिक विकास पर गहरा प्रभाव डालते हैं। बच्चा अपने माता-पिता तथा परिवार के अन्य सदस्यों में सामाजिकता के प्रारम्भिक पाठ पढ़ता है। जाने अनजाने वह उनके व्यवहार का अनुकरण करता है और इस तरह अच्छे या बुरे सामाजिक गुणों और आदतों को ग्रहण करता है जो उसके साथ कभी-कभी जीवनपर्यन्त चलती रहती है। घर में बच्चों की संख्या, परिवार के आपसी सम्बन्ध, माता-पिता और परिवार के सदस्यों का बच्चे के प्रति किया जाने वाला व्यवहार, परिवार की आर्थिक और सामाजिक स्थिति, पारिवारिक मूल्य, परम्पराएँ और मान्यताएँ आदि सभी बातें बच्चे के विकास पर प्रभाव डालती हैं।

ऐसे परिवार में जहाँ बच्चे को स्वस्थ्य सामाजिक वातावरण मिलता है। और जहाँ बच्चे की मूलभूत आवश्यकताओं की पूर्ति होती रहती है, सामाजिक रूप से स्वस्थ एवं संतुलित बच्चों को जन्म मिलता है। लेकिन ऐसे घरों में जहाँ पारिवारिक सम्बन्धों में कटुता और खिंचाव पाया जाता है, तथा परिवार के बड़े लोगों में सामाजिक कुसंस्कार और बुराइयाँ व्याप्त होती हैं वहाँ बच्चों में अवांछित सामाजिक बुराइयाँ और दोष घर कर जाते हैं। इसलिए बच्चों के उचित सामाजिक विकास के लिए यह आवश्यक हो जाता है कि स्वस्थ एवं सुंदर पारिवारिक वातावरण प्रदान करने के लिए उनके माता-पिता का अधिक सहयोग प्राप्त किया जाए।

*2. विद्यालय और उसका वातावरण (The School and its Atmosphere)*–बच्चों का सामाजिक विकास विद्यालय किस प्रकार करता है और बच्चे को किस प्रकार का सामाजिक परिवेश वहाँ मिल पाता है यह इस बात पर निर्भर करता है कि विद्यालय में अध्यापकगण और विद्यार्थियों के पारस्परिक सम्बन्ध, उसके द्वारा संचालित क्रियाएँ और विभिन्न कार्यक्रम उसके आदर्श, सिद्धान्त तथा मान्यताएँ अध्यापक और साथ में पढ़ने वाले विद्यार्थियों का सामाजिक व्यवहार और गुण-दोष सभी बातें बच्चे के

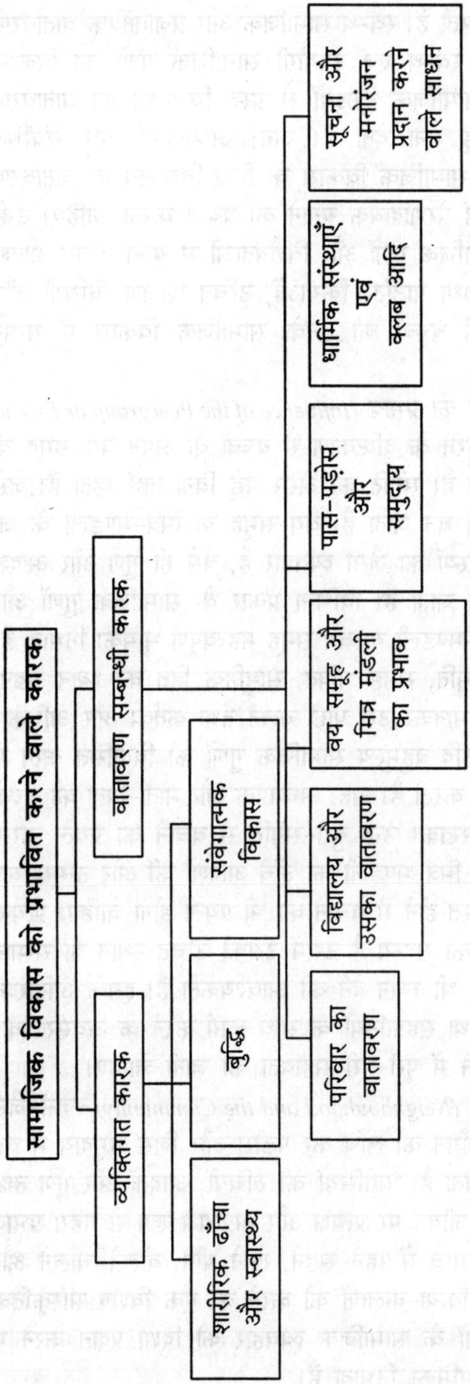


**चित्र 6.1: सामाजिक विकास को प्रभावित करने वाले कारक**

सामाजिक विकास को प्रभावित करती हैं। स्वस्थ सामाजिक और प्रजातांत्रिक वातावरण से युक्त विद्यालय विद्यार्थियों में स्वस्थ एवं उपयोगी सामाजिक गुणों का विकास करता है जबकि अस्वस्थ एवं सामाजिक बुराइयों से ग्रस्त विद्यालय का वातावरण विद्यार्थियों को समाज का कोढ़ बना देता है। अतः अध्यापकों और संबंधित अधिकारियों को बच्चे के उचित सामाजिक विकास के लिए विद्यालय के वातावरण को अधिक से अधिक स्वस्थ एवं प्रेरणादायक बनाने का प्रयत्न करना चाहिए। उन्हें अपने स्वयं के व्यवहार द्वारा सामाजिक गुणों और विशेषताओं से युक्त उचित आदर्श बच्चों के सामने रखना चाहिए तथा पाठांतर क्रियाओं, उचित शिक्षण विधियों और व्यक्तिगत सम्पर्क के माध्यम से बच्चों को उनके सामाजिक विकास में भरपूर सहायता करनी चाहिए।

*3. वय समूह या मित्र मण्डली का प्रभाव (Influence of the Peergroup or Friend Circle)*—सामाजिकता विकसित करने के दृष्टिकोण से बच्चों के अपने वय-समूह या मित्र-मण्डली का भी बहुत महत्त्व है। संगति का असर पड़े बिना नहीं रहता है। जैसे जिसके साथी होते हैं वह वैसे ही बन जाता है। वय-समूह या मित्र-मण्डली के जो आदर्श होते हैं और समूह के सदस्यों का जैसा व्यवहार है, वैसे ही गुण और आदर्श बच्चा अपनाने के लिए बाध्य हो जाता है। विभिन्न प्रकार के सामाजिक गुणों और अवगुणों को अर्जित करने में मित्र-मण्डली या वय समूह महत्त्वपूर्ण भूमिका निभाता है। सहयोग, त्याग, सद्भावना, सहानुभूति, समूह भक्ति, सामूहिक हित का ध्यान रखने, नेतृत्व करने और किसी को नेता मानकर उसे पीछे चलने तथा कर्तव्य और अधिकार का पारस्परिक सम्बन्ध समझने आदि बहुमूल्य सामाजिक गुणों को विकसित करने में वय-समूह या टोली बहुत सहायता करती है। अतः अध्यापक और माता-पिता को बच्चों के मित्रों और साथियों पर नजर रखकर उन्हें बुरी-संगति से बचाने का प्रयत्न करना चाहिए। बच्चों के वय-समूह और मित्र-मण्डली को ऊँचे आदर्शों की ओर उन्मुख कर सामाजिक बुराइयों और दोषों से ग्रस्त होने से बचाने का भी प्रयत्न होना चाहिए। प्रत्येक बच्चा जिस वय-समूह या टोली का सदस्य है उसमें उसको उचित स्थान या सम्मान मिल रहा है या नहीं, इसके ऊपर भी ध्यान देने की आवश्यकता है। इसके अतिरिक्त बच्चों को अपने मित्रों, साथियों तथा सहपाठियों के साथ कार्य करने के अवसर देकर सामाजिक रूप से समायोजित होने में पूरी-पूरी सहायता की जानी चाहिए।

*4. पास-पड़ोस और समुदाय (Neighbouhood and the Community)*—जैसे-जैसे बच्चा बड़ा होता है वह घर में आँगन को लाँघ कर पड़ोस और जिस समुदाय में वह पैदा हुआ है उसके सम्पर्क में आता है। पड़ोसियों की रुचियों, आदतों और गुण तथा अवगुणों का बच्चे के सामाजिक जीवन पर प्रत्यक्ष और अप्रत्यक्ष रूप से गहरा प्रभाव पड़ता है। प्रत्येक समुदाय और समाज में रहने-सहने, खाने-पीने, बोलने-चालने और अन्य सांस्कृतिक और सामाजिक क्रिया-कलापों को करने का एक विशेष सांस्कृतिक ढंग होता है। इस प्रकार से बच्चों के सामाजिक व्यवहार को दिशा प्रदान करने में पड़ोस, समुदाय एक महत्त्वपूर्ण भूमिका निभाता है।

*5. धार्मिक संस्थाएँ और क्लब इत्यादि (Religious Institutions and Clubs etc.)*–विभिन्न धार्मिक संस्थाएँ जैसे मंदिर, मस्जिद, गिरजाघर और सामाजिक क्लब इत्यादि बच्चों के सामाजिक विकास को प्रभावित करते हैं। समाज के सदस्यों को इकट्ठे होकर विचार विनिमय करने, एक दूसरे के सम्पर्क में आने तथा पारस्परिक सम्बन्धों को बढ़ाने के दृष्टिकोण से इन स्थानों का बहुत महत्त्व है। इन धार्मिक और सामाजिक स्थानों में जिस तरह का वातावरण होता है और इन संस्थाओं की जो आदर्श परम्पराएँ और मान्यताएँ होती है उनका व्यक्तियों के सामाजिक व्यवहार को उचित और अनुचित दिशा प्रदान करने में बहुत हाथ रहता है।

*6. सूचना और मनोरंजन प्रदान करने वाले साधन (Means of Information and Entertainment)*–समाचार पत्र एवं पत्रिकाओं, पुस्तकों, रेडियो, सिनेमा, टेलीविज़न आदि सूचना और मनोरंजन प्रदान करने वाले साधनों का बच्चे के सामाजिक विकास के दृष्टिकोण से काफी महत्त्व है। सूचना देने वाले साधन अपने पाठक अथवा श्रोताओं को सामाजिक संरचना तथा मूल्यों और मान्यताओं में होने वाले परिवर्तनों से परिचित कराते रहते हैं। ये जनमानस में सामाजिक कुरीतियों, बुराइयों और कुसंस्कारों के प्रति घृणा पैदा कर उनका उन्मूलन करने का प्रयास भी करते हैं और इस तरह व्यक्तियों के सामाजिक व्यवहार को वांछित दिशा प्रदान करने में भरपूर सहयोग देते हैं। जनसमूह का मनोरंजन करने वाले साधन जैसे रेडियो, सिनेमा, टेलीविजन इत्यादि भी समाज के सदस्यों के व्यवहार एवं आचरण पर गहरा प्रभाव डालते हैं। सिनेमा के पर्दे पर जो कुछ नायक नायिका करते हैं उनका अनुकरण नई पीढ़ी बहुत शीघ्रता से कर लेती है। इस तरह इन साधनों द्वारा जीवन मूल्यों, आदर्शों, रहन-सहन, खान-पान तथा बोल-चाल के तरीकों एवं सामाजिक व्यवहार अत्यधिक प्रभावित करने वाले इन साधनों को मनमाने ढंग से कार्य करने की छूट देना किसी भी अवस्था में उचित नहीं ठहराया जा सकता। इनके द्वारा किसी प्रकार का अवांछनीय प्रभाव बच्चों और युवकों पर न पड़े, इस बात का पूरा-पूरा ध्यान रखा जाना चाहिए तथा प्रत्यक्ष अथवा अप्रत्यक्ष रूप में भी सभी प्रकार से इन साधनों को बहुमूल्य प्रजातांत्रिक मूल्यों और सामाजिक गुणों को ग्रहण करने का साधन बनाया जाना चाहिए।

## बालक के सामाजिक विकास में लैंगिक भूमिका का स्थान
## (The Place of Gender Roles in One's Social Development)

### *लिंग एवं लैंगिक भूमिका से अभिप्राय*
### *(Meaning of the Term Gender and Gender Role)*

विद्यालय में पढ़ने वाले बालकों को लिंग अथवा लैंगिक भूमिका की अवधारणा के बारे में सामान्य रूप में इसी तरह की जानकारी होती है कि वे लड़के हैं अथवा लड़कियाँ और अगर विद्यालय के किसी फार्म (form) में यह सूचना दी जा रही है कि उनका लिंग क्या है, तो वे पुरुष (male) या महिला (female) कहकर उसका उत्तर

दें। परन्तु अपने विस्तृत अर्थ में तकनीकी और सामाजिक रूप से लिंग (gender) पद को विभिन्न शब्द कोषों तथा विद्वानों की रचनाओं में निम्न प्रकार दर्शाया गया है :

रेन्डम हाउस डिक्शनरी (2017)–हम किस लिंग विशेष से संबंधित हैं इसके बारे में बनी हुई हमारी अवधारणा का जन्म इस बात से होता है कि हमारी वह सार्वजनिक छवि कैसी है जिसे हम एक लिंग विशेष (लड़का-लड़की, पुरुष या स्त्री) के रूप में दूसरों को बताते हैं।

(Our conception of belonging to a particular gender originates from the public image of being a particular gender that we present to others."

–Random House Dictionary (2017)

ऑक्सफोर्ड डिक्शनरी–लिंग पद से अभिप्राय किसी व्यक्ति द्वारा उस अर्जित व्यवहार या भूमिका से होता है, जो उसके लिंग विशेष से मेल खाते हों और उनका निर्धारण प्रचलित सांस्कृतिक मानदण्डों के द्वारा किया जाता हो।

(The term gender stands for "The role or behaviour learned by a person as appropriate to their gender, determined by the prevailing cultural norms-Oxford Dictionary)

गुप्ता, जी.आर., (2000)–लिंग पद को समाज में व्याप्त उन साझी अपेक्षाओं और मानदण्डों के रूप में परिभाषित किया जा सकता है जो पुरुषों और स्त्रियों के उचित व्यवहार, विशेषताओं और भूमिकाओं के बारे में तय कर लिए जाते हैं। इसे ऐसी सामाजिक और सांस्कृतिक धारणा या मान्यता के रूप में लिया जा सकता है जिनके आधार पर हम पुरुषों और स्त्रियों को अलग-अलग रूप में देख सकें और इस प्रकार से हमें इनके द्वारा उन बातों का ज्ञान होता है जिनसे हम ये जाने कि पुरुषों और स्त्रियों में पारस्परिक अन्त:क्रिया किस प्रकार होती है। ऐसी सभी भूमिकाओं और अपेक्षाओं का अधिगम होता है, जो समय के साथ-साथ बदलती रहती है और विभिन्न संस्कृतियों के अन्दर और भिन्न-भिन्न संस्कृतियों में ये भिन्न-भिन्न रूप से पाई जा सकती है।

विश्व स्वास्थ्य संगठन–लिंग शब्द का प्रयोग समाज द्वारा सृजित/निर्मित ऐसी विशेषताओं, भूमिकाओं और उत्तरदायित्वों के लिए किया जाता है जिनका निर्वहन पुरुषों और स्त्रियों, लड़के और लड़कियों द्वारा किया जाता है। लिंग को उस रूप में जाना जाता है जिस रूप में हमें स्त्री और पुरुषों के रूप में देखा जाता है और हमसे सोचने और करने के सम्बन्ध में जो अपेक्षा की जाती है। ऐसा सब इसलिए नहीं होता है क्योंकि हममें जैविक अन्तर पाए जाते हैं बल्कि इसलिए होता है कि समाज इस बारे में किस प्रकार की धारणा रखता है।

इस प्रकार से लिंग तथा लैंगिक भूमिका पद एक दूसरे में समाये हुए नजर आते हैं। जब हम किसी विद्यार्थी को लड़का या लड़की संबोधन दे रहे होते हैं तो हमारे सामने उसका पुरुष या स्त्री के रूप में उसका लिंग वर्गीकरण करने के पीछे हमारे

सामने उसके पुरूष या स्त्री के रूप में निभाई जाने वाली वह भूमिका रहती है जिसकी समाज उससे अपेक्षा रखता है। प्रायः इस प्रकार की अपेक्षाएँ और कुछ नहीं बल्कि लैंगिक भूमिकाओं के बारे में बनी रुढ़िवादी धारणाएँ (Stereotypes) ही होती हैं। परन्तु व्यावहारिक तौर पर यह जरूरी नहीं होता कि लड़के या लड़कियों द्वारा निभाई जाने वाली भूमिकाएँ या समाज द्वारा उनसे की जाने वाली अपेक्षाएँ पुरूषों या स्त्रियों के लिए व्याप्त रूढ़िवादी धारणाओं से अवश्य मेल खाती हों। परन्तु फिर भी लैंगिक रूढ़िबद्धता (gender stereotypes) व्यक्तियों के लैंगिक व्यवहार एवं भूमिकाओं के निर्वहन में काफी गहरा प्रभाव छोड़ती हुई पाई जाती हैं। इसलिये हमारे लिये यह काफी आवश्यक हो जाता है कि हम रूढ़िबद्धता पद, और लड़के और लड़कियों, पुरुषों और स्त्रियों के बारे में घर, पास-पड़ोस तथा विद्यालयों में व्याप्त विभिन्न प्रकार की रूढ़िवादी धारणाओं और विचारों से भली-भाँति परिचित हो जाएँ।

### ***रूढ़िबद्धता–अर्थ एवं अवधारणा (Stereotyping–Meaning and Concept)***

रूढ़िवाद पद के लिए अंग्रेजी में Stereotype शब्द का प्रयोग किया जाता हैं Stereotype शब्द दो ग्रीक शब्दों–Stereos (जिसका अर्थ होता है दृढ़ या ठोस) और Typos (जिसका अर्थ होता है प्रभाव (Impression) या मत (opinion) से मिलकर बना है। अतः अपने सम्पूर्ण रूप में यह ठोस प्रभाव या दृढ़ मत का सूचक है। इन दोनों पदों रूढ़िवाद तथा रूढ़िवादिता को विभिन्न शब्दकोषों तथा विद्वानों की कृतियों में कई प्रकार से परिभाषित किया गया है। इनमें से कुछ परिभाषाओं को हम नीचे प्रस्तुत कर रहे हैं :

द अमेरिकन हेरिटज न्यू डिक्शनरी ऑफ कल्चरल किलरेसी (2005): इसमें रूढ़िवाद को निम्न दो प्रकार से परिभाषित किया गया है:

(i) रूढ़िवाद (Stereotype) से तात्पर्य है एक समूह विशेष की बहुत ही सरलीकृत और इसलिए एक विकृत प्रतिकृति जैसे-फुटबॉल खिलाड़ी मूर्ख होते हैं या अंग्रेज भावना शून्य या मित्रता विहीन होते हैं।

(ii) किसी समूह को चिन्हित तथा वर्णन करने हेतु काम में लाये जाने वाला एक ऐसा सामान्यीकरण जिसमें बहुत अधिक अतिशयवाद या आवश्यकता से अधिक सरलीकरण होता है और जो प्रायः आक्रामक होता है।

मेरियम बेवस्टर डिक्शनरी (Merriam Webster Dictionary 1970 : 1980): रूढ़िवाद किसी समूह के सदस्यों के द्वारा सामान्य रूप से मान्य एक ऐसी मानसिक प्रतिकृति है जो किसी व्यक्ति, प्रजाति, मामले या घटना के बारे में आलोचना रहित निर्णय या आवश्यकता से अधिक सरलीकृत मत और भावनात्मक दृष्टिकोण का प्रतिनिधित्व करता है।

Stereotype is "a standardized mental picture held in common by members of a group and representing an over simplified opinion, affective attitude or uncritical judgement (as of a person, a race, an issue, or an event."

मेगाटी क्रेग आदि: (Megarty, Creig. *et al.* (2002)

सामाजिक मनोविज्ञान में रूढ़िवाद से तात्पर्य उस सोच या विचार से है जिसे किसी विशिष्ट प्रकार के व्यक्तियों या बातों को किन्हीं विशिष्ट तरीकों से करने हेतु काम में लाया जाता है।

(In Social Psychology, a stereotype is a thought that can be adopted about specific types of Individuals or certain ways of doing things.)

जुड, सी. एम. एन्ड पार्क, बी. (Judd, C.H. and Park, B., 1993)

रूढ़िवाद से तात्पर्य उन विचारों और मान्यताओं से है जो व्यक्ति और मामलों विशेष के बारे में बनाए रखी जाती हैं। उन विचारों और मान्यताओं से वास्तविकता का प्रतिनिधित्व हो भी सकता है और नहीं भी।

(The thoughts and beliefs maintained about the people or issues. These thoughts or beliefs may or may not accurately reflect reality.)

उपरोक्त परिभाषाएँ हमें रूढ़िबद्धता पद के अर्थ और प्रकृति के बारे में निम्न निष्कर्ष निकालने में मदद कर सकती हैं:

- रूढ़िबद्धता किन्हीं विशिष्ट प्रकार के व्यक्तियों, समुदायों और समूहों के प्रति लोगों की सामन्य रूप से बनी हुई एक आवश्यकता से अधिक सरलीकृत अभिवृतियों तथा भावनाओं को प्रतिबिम्बित करती है।
- ये उन अधूरी या विकृत सूचनाओं को बिना कोई पूछताछ, प्रमाण तथा आलोचनात्मक निर्णय लिए बिना तथ्य के रूप में मान्यता प्रदान करने का प्रतिफल होती हैं।
- ये उस व्यक्ति के प्रति जो रूढ़िबद्धता का शिकार होता है, शत्रुतापूर्ण अभिवृत्ति, द्वेष एवं विद्वेष को पोषित करने के लिए उत्तरदायी होती है।
- रूढ़िबद्धता के प्रभाववश पीड़ित व्यक्ति या समूह निम्न बातों का शिकार होता हुआ देखा जा सकता है :
  - (i) समूह या समुदाय स्तर पर ईर्ष्या, अलगाव, भेदभाव या पार्श्वीकरण को झेलना।
  - (ii) व्यक्तिगत स्तर पर असफल होने की चिन्ता, हीनता की भावना, तथा समायोजन और प्रगति के सम्बन्ध में आत्मविश्वास की कमी अनुभव करना।

***घर, पास पड़ोस तथा विद्यालयों में व्याप्त लैंगिग रूढ़िबद्धता (Gender Stereotypes experienced in Home, Neighbourhood and Schools)***–प्राय: लड़कियों के बारे में हमें इस समय में कुछ निम्न प्रकार के रूढ़िवादी विचार देखने को मिलते हैं।

- लड़कों की अपेक्षा लड़कियों को आश्रित रहना, सुरक्षा में रहना, दूसरों की देख-रेख में रहना अच्छा लगता है।
- माता-पिता की नजर में लड़कियों में निष्क्रियता तथा आश्रितता को बढ़ावा देना ठीक रहता है और लड़कों में आक्रामक और स्वतन्त्र मनोवृत्ति को बढ़ावा

देना (इसलिए वे बेटियों की आजादी पर प्रतिबन्ध लगाते हैं और बेटों की निष्क्रियता को ठीक नहीं समझते।)

- लड़कियाँ और महिलाएँ पुरूषों की अपेक्षा अधिक सामाजिक वांछित व्यवहार का प्रदर्शन करती हैं।
- लडके रोते नहीं है और लड़कियाँ लड़ती नहीं है।
- घरेलू कामकाज के लिए लड़कियाँ और महिलाएँ अधिक उपयुक्त हैं जबकि लड़के और पुरूष बाहर के काम के लिए अधिक ठीक होते हैं।
- लड़कियाँ और महिलाएँ बातूनी होती हैं, इसीलिए किसी गम्भीर और उत्तरदायी कार्यों को कारने के लिए उपयुक्त नहीं हैं।
- लड़कियों का काम गणित, कम्प्यूटर, वाणिज्य तथा तकनीकी विषयों की शिक्षा ग्रहण करना नहीं है, वे भाषा साहित्य, कला, संगीत, गृहविज्ञान आदि मानिविकी विषयों के अध्ययन के लिए उपयुक्त हैं।
- लड़कियाँ और महिलाएँ लड़कों और पुरूषों से कार्यक्षमता में पिछड़ी हुई होती हैं।
- साहसिक कार्यों, शारीरिक शक्ति आदि से जुड़ी हुई क्रियाओं और खेलकूद गतिविधियों जैसे-कुश्ती, निशानेबाजी, मुक्केबाजी, भारोत्तोलन पर्वतारोहण, आदि में भाग लेने के लिए लड़कियां उपयुक्त नहीं है।
- लड़कियाँ सम्प्रेषण और सामाजिक कौशलों, संगीत और नृत्य कौशलों, कलात्मक रूचियों तथा सौन्दर्यानुभूति सम्बन्धी विषयों में प्रदर्शन की दृष्टि से लड़कों को पीछे छोड़ देती है।

### *लैंगिक भूमिकाओं को प्रभावित करने वाली बातें*
### *(Influences on Gender Roles)*

किसी एक लिंग विशेष-पुरूष या स्त्री द्वारा निभाई जाने वाली भूमिकाओं पर वातावरण विशेष या घर, पास-पड़ोस तथा विद्यालयों में होने वाली अन्त:क्रियाओं का किस प्रकार का प्रभाव पड़ता हुआ नजर आता है, इस बात की जानकारी होना बालकों के विकास की वृद्धि में काफी महत्त्वपूर्ण सिद्ध हो सकता है। आइये इस प्रकार के प्रभावों के बारे में जानकारी ली जाय।

### *लैंगिक भूमिकाओं पर माता-पिता तथा परिवार का प्रभाव*
### *(Parental and Family Influence on Gender Roles)*

एक व्यक्ति को पुरुष या महिला (लड़का या लड़की) समझने या जानने की बात एक बालक सर्वप्रथम अपने माता-पिता और परिवार के सदस्यों द्वारा लड़के और लड़की के प्रति प्रदर्शित व्यवहार को देखकर अर्जित की जाती है, साथ ही परिवार के पुरूष और महिला सदस्य द्वारा निभाई जा रही भूमिका और सम्पन्न की जा रही गतिविधियों का निरीक्षण करके भी वह इस बात को ग्रहण करता है। इस सम्बन्ध में निम्न बातें लिंगीय भूमिका को प्रभावित करने में काफी महत्त्वपूर्ण सिद्ध होती हैं–

- बालकों की प्रारम्भिक अवस्था से ही माता-पिता और परिवार के सदस्य अपने बालक और बालिकाओं के साथ एकदम से अलग-अलग ढंग से व्यवहार करते हुए पाए जाते हैं। बच्चों के लिंग के आधार पर ही उनका भिन्न-भिन्न सुविधाओं के साथ पालन पोषण किया जाता है। उनके लिंग के अनुरूप उनकी वेशभूशा प्रदान करना, लिंग के अनुरूप खेलने के लिए खिलौने प्रदान करते हुए उनके लिंग के अनुरूप व्यवहार प्रदर्शन की उनसे आशा करना।
- हमारे देश भारतवर्ष में हमारे अधिकांश परिवारों में स्त्रीलिंग बच्चों के साथ एक स्पष्ट रूप में पक्षपातपूर्ण और विरोधी रुख देखने को मिलता है। जबकि लड़के के जन्म पर जश्न मनाया जाता है तो लड़की के जन्म को माता-पिता पर एक बड़ा बोझ समझा जाता है। लड़की का जन्म न हो, इस बात को लेकर भ्रूण की जाँच तथा उसे माँ के गर्भ में ही मारने के लिए तरह-तरह के उपाय किए जाते हैं। लड़कियों के प्रति ऐसा पक्षपात एवं अन्याय पूर्ण व्यवहार उसके गर्भ में रहते हुए ही नहीं बल्कि जन्म के बाद और भी तेजी से बढ़ता जाता है। इस प्रकार के व्यवहार से लड़कियों के मन को बहुत ही उदास, निराशावादी, और उनके साथ होने वाले अन्याय, पक्षपात और अत्याचार युक्त व्यवहार को सहते-रहने के योग्य बना देता है और वे जिन्दगी भर पूरी तरह सहमी सहमी और दबी-दबी सी रहती हैं।
- एक लड़की अपने बचपन से ही अपनी माँ, बहनों, तथा परिवार की अन्य महिला सदस्यों को विशेष प्रकार के घरेलू कार्यों को करते हुए, विशेष प्रकार की पोषाक और परिधानों को धारण करते हुए, और उसी प्रकार की भूमिका बातचीत करने के तरीके और व्यवहार करने के ढंग का प्रदर्शन करती हुई देखती हैं जिनकी स्त्रीलिंग से संबंधित होने की वजह से उनसे अपेक्षा की जाती है। यही बात एक लड़के के साथ घटती हुई दिखाई देती है जबकि वह अपने पिता और भाइयों, परिवार के सदस्यों और पुरूष रिश्तेदारों को अपने रहने-सहने तथा व्यवहार करने में उन विशिष्ट प्रकार के गुण, विशेषताओं और आदतों को प्रदर्शित करते हुए देखता हैं जिनका सम्बन्ध पुरूषोचित रहन-सहन तथा व्यवहार से होता है। लड़कियां और लड़के फिर इन दिखाई देने वाले व्यवहारों और आदतों को अपने अन्दर ढालने का प्रयास करते हैं। उनका इस प्रकार का प्रयास उन्हें स्त्रियोचित और पुरूषोचित इस प्रकार का व्यवहार करने का आदी बना देता है जो कि स्त्रियों और पुरूषों के बारे में समाज में बने हुए रूढ़िबद्ध विचारों और धारणाओं से मेल खाता है।

## *लैंगिक भूमिकाओं पर समाज और संस्कृति का प्रभाव*
## *(Social and Cultural Influences on Gender Roles)*

बालक के पास पड़ोस और समुदाय में जो कुछ भी घटित होता है वह काफी छोटी आयु से ही उनके मन और मस्तिष्क पर काफी गहरा प्रभाव छोड़ता रहता है। वे अपने चारों ओर उपस्थित लोगों में पाई जाने वाली विशेषताओं और किए जाने वाले कार्यों के सम्पर्क में आकर उसी प्रकार के रहन-सहन और व्यवहार को सीख जाते हैं जो उनके समाज और संस्कृति से जुड़े हुए हों। इसलिए जब हम किसी लड़के और लड़की को कोई कार्य करते हुए या व्यवहार प्रदर्शित करते हुए पाते हैं तब हमें यही देखने को मिलता है कि वे अपने रहन-सहन और व्यवहार में उसी प्रकार की बातों का प्रदर्शन कर रहे हैं जिनका अर्जन उन्होंने अपने सामाजिक और सांस्कृतिक परिवेश में किया है। उदाहरण के लिए हरियाणा प्रदेश में अक्सर हम देखते हैं कि एक महिला अपने सिर पर कंधों पर भारी बोझ उठाए हुए चली जा रही है और उसके साथ चलता हुए पुरूष सदस्य बिना किसी सामान के आराम से चला जा रहा है। इस प्रकार का दोनों के द्वारा किए जाने वाला व्यवहार वही होता है जिस व्यवहार का उसके समुदाय और सांस्कृतिक परिवेश उनसे अपेक्षा रखते हैं। इसके ठीक विपरीत इस प्रकार पुरूष और स्त्रियों द्वारा किया जाने वाला व्यवहार देश के कई अन्य प्रान्तों में काफी बुरा माना जाता है। क्योंकि वहाँ पुरूषों और स्त्रियों से इस प्रकार के व्यवहार की अपेक्षा नहीं की जाती है।

सामाजिक और सांस्कृतिक परिवेश के ऐसे सामान्य प्रभावों के अलावा लैंगिक भूमिकाओं को समुदाय विशेष में प्रचलित सामाजिक एवं सांस्कृतिक मानदण्डों से भी प्रभावित होता हुआ पाया जाता है। हमारे देश में जहाँ भी स्त्री प्रधान समुदायों की उपस्थिति है वहाँ स्त्रियों को उन सभी प्रकार की गतिविधियों के सम्पादन और व्यवहार क्रियाओं में रत होते हुए पाया जाता है जिनके लिए पुरूष प्रधान समुदायों में उन कार्यों का सम्पादन पुरूषों का एकमात्र अधिकार माना जाता है। यह और कुछ नहीं बल्कि उस समुदाय विशेष में व्याप्त सामाजिक और सांस्कृतिक मानदण्डों के द्वारा व्यक्तियों के रहन सहन और व्यवहार करने के ढंग पर पड़ने वाला प्रभाव ही है जो उन्हें अलग-अलग ढंग से पुरूषोचित और स्त्रियोचित व्यवहार करने की ओर ले जाता है।

## *लैंगिक भूमिकाओं पर विद्यालय और शिक्षा का प्रभाव*
## *(School and Educational Influence on Gender Roles)*

बालक अपने विद्यालयों में जो भी अनुभव प्राप्त करते हैं और भिन्न-भिन्न संस्थाओं (औपचारिक और अनौपचारिक) में अपनी शिक्षा के सन्दर्भ में जो भी कुछ अर्जन करते हैं वह अपनी लिंग सम्बन्धी भूमिकाओं का निर्वहन करने के लिए उन पर काफी निर्णयात्मक प्रभाव डालता है। एक अच्छे विद्यालय का प्रगतिशील और उन्मुक्त वातावरण लड़के और लड़कियों की प्रगति तथा व्यक्तित्व के सर्वांगीण विकास के

मार्ग में आने वाली लिंगीय रूढ़िबद्धता को दूर करने में बहुत सहायक सिद्ध होता है। ऐसा खुला खुला वातावरण बालक और बालिकाओं को व्याप्त रूढ़िबद्धता के द्वारा चलाई जाने वाली रूकावटों को दूर कर, अपनी अपनी प्रकृति और योग्यताओं के अनुसार वृद्धि और विकास करने के अवसर प्रदान कर आगे बढ़ने में सहायता करता है। लड़के उन सभी कलाओं और कलात्मक अभिव्यक्तियों में भाग ले सकते हैं और अपनी रूचि के अनुसार प्रदर्शन कर सकते हैं, जिन कला क्षेत्रों को परम्परागत रूप में केवल मात्र लड़कियों का क्षेत्र समझा जाता था, तो दूसरी तरफ लडकियाँ उन सभी साहसिक और कठिन कार्यों में भाग ले सकती हैं और उन व्यवसाय क्षेत्रों में काम कर सकती है, जिन्हें रूढ़िवादिता के कारण केवल पुरूष प्रधान क्षेत्र माना जाता था। लिंग सम्बन्धी रूढ़िवादिता के कारण, इस प्रकार की जो दूषित सीमाएँ और परिधी बालक और बालिकाओं पर लादी जा रही थी, अब वे सब अच्छे और प्रगतिशील विद्यालयों में दी जाने वाली शिक्षा और शैक्षिक अनुभवों के सकारात्मक असर और प्रभाव के कारण, समाप्त होती हुई दिखाई दे रहीं हैं। विज्ञान और तकनीकी के विकास, वैश्वीकरण, शहरीकरण और बहुसंस्कृतिवाद के प्रभाव ने, बालक बालिकाओं को चारों तरफ रूढ़िवादिता की जिन कड़ी सीमाओं ने घेर रखा था, उनको समाप्त कर लड़के और लड़कियों को लिंगीय भूमिकाओं का निर्वहन करने के लिए एक नई परिभाषा प्रदान करने में काफी समर्थन प्रदान किया है। वास्तव में, यह समाज में विकसित उस ज्ञान और कौशल तथा अभिवृति में आने वाले परिवर्तनों का परिणाम है, जो हमारे देश के बालकों को विद्यालय तथा उसमें प्रदत्त शैक्षिक अनुभवों के माध्यम से प्रकाश में आए हैं।

# 7

# निर्धनता, वैश्वीकरण एवं वयस्क संस्कृति के सन्दर्भ में बाल्यकाल
# (Childhood in the Context of Poverty, Globalization and Adult Culture)

## विषय प्रवेश (Introduction)

आज हम 21 वीं सदी के काल से गुजर रहे हैं। इस आधुनिक युग में हम बालकों की वृद्धि और विकास के ढांचे अर्थात् स्वरूप में बहुत अधिक परिवर्तन होते हुए देख रहे हैं और इसी के परिणाम स्वरूप उनके व्यवहार और व्यक्तित्व में अचानक होते हुए परिवर्तन भी नजर आ रहे हैं। आधुनिक समय में जो भी विकास हो रहा है उसने बालकों के विकास को अनेक प्रकार से प्रभावित किया है। उचित और अनुचित, अमीर और गरीब, शिक्षित और अशिक्षित तथा सांस्कृतिक भेदभावों के मध्य बढ़ती हुई खाई के परिणामस्वरूप विकासशील बालकों में अनेक प्रकार की विभिन्नताएँ और भेदभाव पैदा हो गए हैं। वैश्वीकरण और तीव्र गति से होते हुए औद्योगीकरण ने भी बालकों के अधिगम और विकास को अपने ही तरीके से प्रभावित किया है। इसी तरह वयस्क संस्कृति में आए हुए परिवर्तनों ने भी विकासशील बालकों के व्यवहार और विकास को काफी ज्यादा प्रभावित किया है। यहाँ प्रश्न यह उठता है कि इन सभी कारकों ने बालकों के विकास को किस प्रकार प्रभावित किया है? प्रस्तुत अध्याय में हम निर्धनता, वैश्वीकरण एवं वयस्क संस्कृति के सन्दर्भ में बाल्यकाल पर प्रकाश डालना चाहेंगे। परन्तु सर्वप्रथम हम यह देखेंगे कि बाल्यकाल से हमारा क्या अभिप्राय है?

## बाल्यकाल क्या है? (What is Childhood?)

अपने सामान्य अर्थ में बाल्यावस्था एक बालक होने की अवस्था के लिए प्रयुक्त की जाने वाली है। यह वह अवस्था है जब वह अपने बचपन (यानी वह समय जब उसे बालक कहकर पुकारा जाता है) से गुजर रहा होता है। बालकों के अधिकार विषय पर आयोजित संयुक्त राष्ट्र सम्मेलन (United National 1989) में बाल्यावस्था को परिभाषित करते हुए कहा गया है- "18 वर्ष की आयु से नीचे के सभी बच्चे बालक (Child)

हैं- प्रत्येक व्यक्ति जो 18 वर्ष की आयु से कम है अथवा एक देश के कानून के अनुसार उस आयु से नीचे है जिस आयु के व्यक्ति को प्रौढ़ या वयस्क घोषित किया जाता है। हमारे देश के कानून के अनुसार 18 वर्ष की आयु से कम व्यक्ति को हम एक बालक मानते हैं और उसकी यह अवस्था बाल्यावस्था कही जाती है।

## निर्धनता या गरीबी के सन्दर्भ में बाल्यकाल
## (Childhood in the Context of Poverty)

गरीबी एक बहुत बड़ा अभिशाप है। गरीबी से ग्रस्त बच्चे किसी एक या अन्य कारण से विभिन्न प्रकार के वंचनों और अभावों के द्वारा बुरी तरह से प्रभावित होते हैं। इस सम्बन्ध में उनके दु:खों, अभावों तथा वंचनों की गाथा तभी से शुरू हो जाती है जब वे अपनी माता के गर्भ में ही होते हैं और तब से लेकर उनके सम्पूर्ण विकास काल तक, उनकी वृद्धि और विकास, शिक्षा और प्रगति यहाँ तक कि अनेक तरीकों से उनकी रुचियों और कल्याण को भी जैसा कि आगे बताया गया है, लगातार प्रभावित करती रहती है।

1. गरीबी से घिरे हुए बच्चे, अपने माता-पिता से, जो अपनी गरीबी के कारण अपने रहने तथा कार्य करने की शर्मनाक स्थितियों तथा दूषित पर्यावरण में रहने के कारण स्वयं विभिन्न प्रकार की बीमारियों और संक्रमण से ग्रस्त होते हैं, अनेक प्रकार के वंशानुगत रोग, बीमारियाँ, अयोग्यताएँ, अक्षमताएँ, कमजोरियाँ और कमियाँ वंशपरम्परा के रूप में ग्रहण कर लेते हैं। इस प्रकार से यह दूषित धरोहर अपने जीवन में विकास और तरक्की का सफर शुरू करने के लिए एक कमजोर आधार और शक्तिहीन ढांचे के रूप में उन बच्चों के लिए काफी मँहगी सिद्ध होती है।
2. गरीबी से प्रभावित ये बच्चे अपनी माता के गर्भ में ही अपनी समुचित वृद्धि और विकास के लिए जरूरी पोषण प्राप्त नहीं कर पाते हैं। माता अपने गर्भस्थ शिशु को उचित पोषण देने में असमर्थ होती है क्योंकि वह स्वयं भी भूख, कुपोषण, अस्वस्थकर रहन-सहन, शारीरिक बीमारियों, मानसिक प्रताड़ना और तनाव की स्थिति से गुजरती हुई पाई जाती है।
3. जन्म के समय भी इन नवजात शिशुओं को अनेक समस्याओं और प्रतिकूल परिस्थितियों का सामना करना पड़ता है। इन बालकों के प्रसव के समय भी किसी भी प्रकार ठीक-ठाक सुविधाएँ उपलब्ध नहीं हो पाती हैं। प्रसव स्थान का परिवेश और स्वच्छता सम्बन्धी स्थिति एकदम असन्तोषजनक और अस्वास्थ्यकर होती है और इस कारण से प्रसव के दौरान इन बालकों में किसी भी प्रकार की असमानता और दोष आने की काफी सम्भावना बनी रहती है।
4. बहुत बार गरीबी ग्रस्त परिवारों में बच्चे के जन्म का स्वागत नहीं किया जाता है क्योंकि वे सोचते हैं कि एक तो पहले ही वे अभावग्रस्त है, अब एक और बोझ बढ़ गया। इस दुर्भावना के कारण परिवार के सदस्यों द्वारा इन बच्चों को

उपेक्षा, लापरवाही, लाड़-प्यार का अभाव, दुर्व्यवहार आदि विरोधी अभिवृत्तियों का सामना करना पड़ता है।

5. जन्मोपरान्त भी अपने वृद्धि और विकासात्मक काल में अपनी शिक्षा और प्रगति के लिए उन्हें अपने समुचित पोषण, देखभाल, बुनियादी जरूरतों की सन्तुष्टि, आवश्यक भौतिक सुविधाओं की उपलब्धता आदि के रूप में जो कुछ भी चाहिए होता है, ये बच्चे उन सबसे वंचित रहते हैं। चारो ओर अभाव ही अभाव दिखाई देता है। माता-पिता तथा परिवार की गरीबी और निम्न सामाजिक आर्थिक स्तर पर इन बालकों को अपनी प्रगति और विकास अपने प्रतिकूल ही खड़ा दिखाई देता है, परिणामस्वरूप उन्हें किसी एक या अन्य प्रकार के अभाव, भेदभाव, विद्वेष, रूढ़िवादिता, पार्श्वीकरण और वंचनावस्था का सामना करना पड़ता है कि इनके कारण अनेक प्रकार के नकारात्मक प्रतिफल हमारे सामने दिखाई पड़ने लगते है, जैसा कि आगे उल्लेख किया जा रहा है-

- अत्यधिक गिरी हुई और करुणाजनक स्थिति के कारण निर्धन परिवारों के बच्चे अपने उचित शारीरिक विकास और स्वस्थ्य नीरोग जीवन के लिए जरूरी पौष्टिक भोजन और सन्तुलित खुराक, स्वच्छ पीने का पानी, स्वास्थ्यप्रद रहन-सहन का परिवेश तथा अन्य शारीरिक एवं भौतिक सुविधाओं के बारे में स्वप्न में भी नहीं सोच सकते हैं।
- अपनी गर्भावस्था से लेकर आगे तक कुपोषण, अस्वास्थ्यकर तथा अस्वच्छ रहन-सहन की स्थिति के शिकार होने के कारण गरीबी ग्रस्त बच्चों की इन्द्रियजनित मांसपेशियों तथा मस्तिष्क की कोशिकाओं (cells) की स्वाभाविक वृद्धि नहीं हो पाती है और इस कारण बौद्धिक कार्यप्रणाली में मानसिक मन्दता आने की काफी सम्भावना बनी रहती है।
- गरीब परिवारों में पलने वाले बच्चों को अपने भाषा सम्बन्धी विकास के लिए भी पर्याप्त और समुचित अवसर नहीं मिल पाते हैं। सामान्यत: उनके माता-पिता और परिवार के अन्य सदस्य अशिक्षित और निरक्षर होते हैं। उनके पास अपने बच्चों के साथ ठीक प्रकार से बातचीत करने का न तो समय होता है (जीविकोपार्जन के लिए संघर्षरत रहने के कारण) और न ही समुचित भाषा और शब्दावली पर उनका अधिकार होता है। अपनी विचाराभिव्यक्ति और सम्प्रेषण कौशलों का विकास करने के लिए समुचित अनुभव प्रदान करने के लिए उनके दरिद्र परिवारों और आस-पड़ोस में समाचार पत्र, पत्रिकाएँ, पुस्तकें, पुस्तकालय सुविधाएँ, दूरदर्शन या इन्टरनेट सेवाओं आदि की कोई सुविधा उन्हें उपलब्ध नहीं होती है।
- गरीबी से प्रभावित बच्चे जिस वंचन का सामना करते हैं वह उनकी आवश्यक संज्ञानात्मक योग्यताओं के विकास और जरूरी सामाजिक

एवं संवेगात्मक परिपक्वता प्राप्त करने तथा उनके अधिगम के लिए किए जाने वाले प्रयासों में वांछित शैक्षणिक प्रगति करने आदि सभी को समान रूप से प्रभावित करता है।

कोई भी व्यक्ति क्या सोचता है, क्या महसूस करता है और क्या कार्य करता है यह सब हमेशा ही उसके जीवन और सामाजिक रहन सहन की स्थिति में क्या कुछ चल रहा है, इस से प्रभावित होता है। एक व्यक्ति की मानसिक एवं संवेगात्मक अवस्था किसी विशेष समय में जैसी है, वह उसके मानसिक, संवेगात्मक, सामाजिक एवं शैक्षणिक कार्यप्रणाली के लिए महत्त्वपूर्ण निर्धारक सिद्ध होती है। ये अभावग्रस्त गरीब बच्चे जब अपनी एक या दूसरी विकासात्मक और शैक्षणिक आवश्यकताओं को पूरा करने के लिए सुविधाओं और संसाधनों की कमी तथा हीनता के कारण अक्सर तनावग्रस्त, चिन्तित और संवेगात्मक रूप से कुसमायोजित रहते हैं तो यह स्थिति उनके मानसिक, सामाजिक, संवेगात्मक और शैक्षणिक विकास तथा प्रगति को एकदम प्रतिकूल रूप से प्रभावित करती है।

- शैक्षणिक सुविधाओं की अनुपलब्धता के कारण गरीबी से ग्रस्त बच्चे अपने सम्पूर्ण विकास, समायोजन एवं प्रगति में पिछड़े रहते हैं। इन बच्चों के माता-पिता रोटी-रोजी कमाने में उनकी सहायता लेने, घरेलू काम कराने या बालश्रम के रूप में उन्हें कहीं पर काम धन्धे में लगवा देने के कारण उन्हें विद्यालय पढ़ने के लिए नहीं भेजते है और यदि किसी तरह वे अपने बच्चों को स्कूल भेजना भी चाहते हैं तो स्कूल की फीस आदि का खर्चा चलाना, यहाँ तक कि राजकीय विद्यालयों में पड़ने वाला खर्चा चलाना भी उनके लिए मुश्किल होता है। इन माता-पिता के लिए प्रतिष्ठित और अच्छे स्कूलों में अपने बच्चों को भेजने के बारे में सोचने का तो प्रश्न ही नहीं उठता। यदि किसी प्रकार से इनके बच्चे कुछ विद्यालयों में प्रवेश पा भी लेते हैं तो किसी एक या अन्य कारण से उनका विद्यालय में समायोजन नहीं हो पाता है और कुसमायोजन के कारण वे परेशान होते रहते हैं। अपने परिवार की गरीबी और सामाजिक आर्थिक स्तर के कारण उनको विद्यालय में झिड़क दिया जाता है, नीचा दिखाया जाता है, तथा भेदभाव, पक्षपात आदि का वे शिकार होते रहते हैं। इससे ये बच्चे संवेगात्मक और मानसिक रूप से परेशान रहते हैं जिसका परिणाम यह होता है कि वे पाठ्य एवं सहपाठ्य गतिविधियों सम्बन्धी उपलब्धियों में पिछड़ जाते हैं।
- निर्धनता से प्रभावित बच्चों को अपने विकास के मार्ग में जिन परेशानियों का सामना करना पड़ता है और वे जिस प्रकार के भेदभाव और पार्श्वीकरण से प्रताड़ित होते रहे हैं उसके कारण उनके आत्मविश्वास, आत्मगौरव और आत्मसामर्थ्य के समुचित विकास पर काफी नकारात्मक प्रभाव पड़ता है। ये बच्चे अक्सर असुरक्षा, आत्मविश्वास की कमी, हीनता की भावना और अपराधिक चेतना आदि महसूस करते रहते हैं जो उनके ठीक समायोजन, जीवन में विकास तथा प्रगति के लिए नुकसानदायक सिद्ध होता है।

इस प्रकार से, हम देखते हैं कि एक बालक की निर्धनता और निम्न सामाजिक आर्थिक स्तर विद्यालय, समाज तथा जीवन में उसके समायोजन, विकास और प्रगति में काफी हानिकारक सिद्ध होता है। इसलिए सरकारी तथा गैर-सरकारी संगठनों, विद्यालय अधिकारियों तथा अध्यापकों सभी को उनकी अधिक से अधिक प्रगति के लिए, तथा उनकी समस्याओं को दूर करने के लिए यथासंभव उनकी सहायता, सहयोग एवं मार्गदर्शन करना चाहिए। इस सम्बन्ध में आगे दिए कुछ सुझाव लाभदायक हो सकते हैं:

1. गरीबी से घिरे हुए बालकों को विद्यालयी शिक्षा प्राप्त करने में सहायता करने के लिए प्रेरित करने और आर्थिक सहायता देने हेतु सरकारी और गैर-सरकारी संगठनों को सोच समझ कर ठीक प्रकार से योजनाएँ बनानी चाहिए।
2. इन बच्चों की विद्यालयी शिक्षा पूर्णरूप से निःशुल्क होनी चाहिए। उन्हें अपनी शिक्षा के लिए जिस प्रकार पाठ्य सामग्री आदि की जरूरत है उसकी तथा उनकी विद्यालयी वेशभूषा आदि की जिम्मेदारी सरकार तथा समुदायों को लेनी चाहिए।
3. सभी प्रकार के विद्यालयों (सरकारी, अर्द्धसरकारी, प्राइवेट तथा पब्लिक स्कूल) में इन गरीब बच्चों के लिए कुछ प्रतिशत (एक निश्चित अनुपात में) सीटें आरक्षित होनी चाहिए।
4. गरीब बच्चों के पोषण को ध्यान में रखते हुए विद्यालयों में मध्याह्न भोजन की ठीक प्रकार से व्यवस्था होनी चाहिए।
5. गरीबी से प्रभावित परिवारों के जीवन की दशाओं को सुधारने की तरफ भी ध्यान देना चाहिए। उनकी शौचालय आदि से सम्बन्धित स्थिति को ठीक बनाने में सहायता की जानी चाहिए। उनके घरों को पक्का बनाने, बिजली की सुविधा, रसोई गैस, पीने का शुद्ध पानी आदि रियायती दरों पर प्रदान करना चाहिए। राशन भी रियायती दर पर उपलब्ध होना चाहिए।
6. गरीबी रेखा से नीचे बसर करने वाले परिवारों के लिए निःशुल्क चिकित्सा सुविधा की व्यवस्था होनी चाहिए।
7. गरीबी से घिरे हुए परिवारों के बच्चों के लिए बिना किसी शुल्क के सामुदायिक सेवाएँ, खेलकूद एवं मनोरंजन सुविधाएं समुचित रूप से उपलब्ध होनी चाहिए।
8. इन बालकों के व्यक्तित्व के सर्वांगीण विकास में सहायक पाठ्य-सहगामी क्रियाओं और कार्यक्रम में भाग लेने के लिए उन्हें प्रेरित करना चाहिए और प्रोत्साहन देना चाहिए।
9. इन बच्चों को यह बताया जाना चाहिए कि यदि अपने विकास और तरक्की के लिए उनमें दृढ़ इच्छाशक्ति और पक्का निश्चय हो तो गरीबी कभी उनके मार्ग में रोड़ा नहीं अटका सकती। विद्यालयों और सामुदायिक केन्द्रों

में इस प्रकार के अभिप्रेणात्मक व्याख्यान, संवाद तथा कार्यशालाओं का आयोजन करना चाहिए।

10. जब भी गरीबी ग्रस्त कोई बालक किसी एक या दूसरे क्षेत्र में श्रेष्ठ प्रदर्शन करे या आगे बढ़ता हुआ पाया जाए तो उसके इस प्रयास को प्रोत्साहित करना चाहिए और उसके इस प्रयास को दूसरे बच्चों के सामने एक सजीव उदाहरण के रूप में प्रस्तुत करना चाहिए।

## वैश्वीकरण के सन्दर्भ में बाल्यकाल
## (Childhood in the Context of Globalisation)

आज के विज्ञान और तकनीकी विकास के आधुनिक युग की एक प्रमुख विशिष्टता है वैश्वीकरण (globalization), जिसने बालकों के विकास और व्यवहार को अनेक रूपों में प्रभावित किया है। आइए देखते हैं, कैसे? परन्तु इस प्रकार की चर्चा करने से पहले हमें यह जानने की कोशिश करनी चाहिए कि यह वैश्वीकरण क्या है, इसका अर्थ और अवधारणा क्या है?

### *वैश्वीकरण-अर्थ एवं अवधारणा (Globalization—Meaning and Concept)*

अपने सामान्य अर्थ में वैश्वीकरण, इस भूमंडल जिस पर हम रहते हैं और कार्य करते है पर विद्यमान सभी वस्तुओं और व्यवहार क्रियाओं के समग्र और समन्वित परिदृश्य को हमारे सामने लाता है। इससे इस प्रकार का आभास होता है कि जो कुछ भी इस भूमंडल पर प्रकृति की देन या मानवनिर्मित है, वह इस भूमंडल पर रहने वाले सभी प्राणियों की जिन्दगी और कार्य को प्रभावित करता है। वैश्वीकरण के अर्थ और प्रकृति को समझने हेतु बहुत से विद्वानों और लेखकों ने इसे अपने-अपने ढंग से परिभाषित किया है। हम इनमें से कुछ महत्त्वपूर्ण परिभाषाओं को प्रस्तुत करना चाहेंगे:

मार्टिन एलब्रो और एलिजाबेथ किंग (1990:8): "वैश्वीकरण उन सभी प्रक्रियाओं का प्रतिनिधित्व करता है जिनके द्वारा विश्व के सभी व्यक्ति केवल एक एकल विश्व समाज में समाहित हो जाते हैं।"

(Globalization represents all those process by which the people of the world are incorporated into a single world society.)

एंथोनी गिडेन्स (1990): "वैश्वीकरण को दुनिया भर में फैले सामाजिक सम्बन्धों के तीव्रगति से होने वाले ऐसे विस्तारीकरण के रूप में परिभाषित किया जा सकता है जिसके द्वारा सुदूर स्थानों में बसी हुई बस्तियों को इस प्रकार सम्बन्धित किया जा सकता है जिसमें स्थानीय स्तर पर होने वाली बातों और घटनाओं के घटित होने का निर्धारण अनेकों मील दूर होने वाली घटनाओं पर निर्भर करता है और इसके विपरीत भी स्थानीय घटनाएँ दूर घटने वाली घटनाओं का कारण बन सकती हैं।"

(Globalization can be defined as the intensification of world wide social relations which link distant localities in such a way that local happenings are shaped by events occurring many miles away and vice versa.)

थॉमस लेरसन (2001 : 9) : वैश्वीकरण एक ऐसी प्रक्रिया के रूप में सामने आता है जिससे विश्व अपने आप में सिकुड़ रहा है, दूरियाँ छोटी होती जा रही हैं और चीजें आपस में समीप आ रही हैं। यह उस बढ़ती हुई सुविधा से भी सम्बन्धित है जिससे दुनिया के किसी एक कोने में रहने वाले व्यक्ति, दुनिया के किसी अन्य कोने में रहने वाले व्यक्ति से एक दूसरे के लाभार्थ अन्तःक्रिया कर सकता है।

(Globalization is the process of world shrinkage, of distances getting shorter, things moving closer. It pertains to the increasing care with which somebody on one side of the world can interact, to mutual benefit, with somebody on the other side of the world.)

लेश्नर एवं बोली (2012) : वैश्वीकरण का अर्थ है सुदूर बैठे हुए अधिक से अधिक व्यक्ति अधिक से अधिक और विभिन्न तरीकों से एक दूसरे से सम्बन्धित हों।"

(Globalization means more people across large distances becoming connected in more and different ways.)

ब्राइन (1999) : एक सांस्कृतिक प्रक्रिया के रूप में वैश्वीकरण को जनमाध्यम के विस्तारीकरण तथा इसके परिणामस्वरूप होने वाले पाश्चात्य रीतिरिवाज तथा संस्कृतियों के सार्वभौमीकरण के रूप में समझा जा सकता है।

(Globalization as a cultural process has been seen as an extension of mass media and the conequent universalization of western mores and culture.)

ऊपर दी गई परिभाषाओं का सूक्ष्म विश्लेषण वैश्वीकरण के अर्थ, प्रकृति और महत्त्व के बारे में निम्न बातों को जानने में हमारी सहायता कर सकता है:

- वैश्वीकरण एक ऐसी प्रक्रिया के रूप में जाना जाता है जिससे इस प्रकार के लाभों की प्राप्ति होती है जो हमारे रहने सहने और कार्य प्रणाली को व्यक्तित्व, समूहगत, सामुदायिक, राष्ट्रीय एवं अन्तर्राष्ट्रीय स्तर पर विविध रूपों में प्रभावित करते हैं।
- यह सरहदों को संकुचित करने और व्यक्तियों और समुदायों में आपसी अन्तःक्रिया और सहयोग के लिए अधिक से अधिक अवसर प्रदान करने में सहायता करता है।
- यह पूरे भूमंडल पर व्यक्तियों और देशों के मध्य औद्योगीकरण, व्यापारीकरण में विश्वास और आस्था पैदा करने, अवरोध मुक्त व्यापार करने तथा बैंकिंग और व्यापार को प्रोन्नत करने में एक नवीन क्रान्ति लाने से जुड़ा हुआ है।
- वैश्वीकरण ने एक स्थान पर रहने वाले लोगों को सुदूर स्थानों पर जाकर अपने रोजगार के नवीन अवसर तलाशने की सुविधाएँ प्रदान की हैं।

- वैश्वीकरण के कारण भूमंडल के एक भाग पर रहने वाले विभिन्न संस्कृतियों के लोग जब भूमंडल दूसरे भाग पर रहने लगते हैं तो इसे विभिन्न संस्कृतियों के मध्य अन्तःक्रिया और एक-दूसरे की बातों को आत्मसातीकरण करने के अवसर प्राप्त होते हैं।
- इसने विश्व के विभिन्न राष्ट्रों, व्यक्तियों एवं समुदायों को सरहदों के पार आर्थिक, राजनीतिक और सामाजिक सांस्कृतिक सम्बन्ध बनाने तथा स्थापित करने में सहायता की है।
- इसका लक्ष्य पूर्ण विश्व के व्यक्तियों और समुदायों को विश्व में कहीं पर भी होने वाले आविष्कारों और खोजों, विचारों और मूल्यों, फैशन और कला, स्वास्थ्य के कार्यक्रमों तथा साधनों, शिक्षा और मनोरंजन के साधनों आदि के ज्ञान और समझ को आपस में बाँटने में सहायता करना है।
- सूचना एवं सम्प्रेषण तकनीकी, आने जाने के साधन, कम्प्यूटर अनुप्रयोग, अन्तरिक्ष विज्ञान, सेटेलाइट तकनीकी आदि के क्षेत्र में होने वाली तकनीकी प्रगति और विकास के कारण ही वैश्वीकरण की प्रक्रिया आगे बढ़ी है।
- वैश्वीकरण के फलस्वरूप ही पाश्चात्य दर्शन और रहन सहन के ढंग से प्रभावित भौतिक मूल्यों और शैलियों पर बहुत जोर दिया जाने लगा है।
- इसके परिणामस्वरूप ही विश्व के लोग आज एक एकल विश्व समाज में परिणित हो गए हैं इसी कारण पूरे भूमंडल के किसी भी भाग पर घटित होने वाली घटना या बात सभी पर अपना प्रभाव डालती है।

वैश्वीकरण के उपर्युक्त अर्थ एवं विशेषताओं के सन्दर्भ में हम इसे ऐसी प्रक्रिया के रूप में मान्यता दे सकते हैं, जो विश्व समुदाय से सम्बन्धित व्यक्त्यिों और संस्थाओं को अपने विविध रूपों और तरीकों, जैसे-आर्थिक, शैक्षणिक, राजनीतिक तथा सामाजिक सांस्कृतिक आदि के माध्यम से दूरी और समय की सीमाओं को लाँघते हुए पारस्परिक सम्बन्ध बनाने तथा एक दूसरे की जिन्दगी और कार्यप्रणाली को प्रभावित करने की क्षमता रखती है।

## बालकों और किशोरों के विकास पर वैश्वीकरण का प्रभाव (Impact of Globalisation on Development of Children and Adolescents)

ऊपर वैश्वीकरण की प्रक्रिया के बारे में जो भी चर्चा की गई है उसके फलस्वरूप वैश्विक समुदाय के आर्थिक, राजनीतिक, शैक्षिक और सामाजिक सांस्कृतिक परिदृश्य में पड़े हुए प्रभाव से जो परिवर्तन आए हैं, उसका सम्पूर्ण विश्व के बालकों और किशोरों के विकस पर काफी गहन एवं उल्लेखनीय प्रभाव पड़ा है। जैसा कि अक्सर होता है किसी भी प्रकार के आधुनिकीकरण होने या परिवर्तनों के आने पर उनके जो परिणाम होते हैं उनका प्रभाव मिलाजुला सा सकारात्मक या नकारात्मक दोनों ही प्रकार का होता है। हमारे बालकों के विकास पर वैश्वीकरण के प्रभाव के बारे में भी यही बात सत्य बैठती है। हम इन प्रभावों को निम्न प्रकार संक्षेप में स्पष्ट कर

सकते हैं:

*A. सकारात्मक और लाभदायक प्रभाव (Positive and favourable impact)*

बालकों के समुचित विकास, तरक्की और ठीक-ठाक जीवनयापन के लिए अनेक प्रकार के फायदे, सही अवसर और सहायता प्रदान करने का श्रेय निम्न रूप में वैश्वीकरण को दिया जा सकता है:

1. वैश्वीकरण ने बहुसंस्कृतिवाद की दुनिया के बारे में अनेक प्रकार की बातों से बालकों को परिचित कराकर उनके दृष्टिकोण को खुलापन दिया है। वैश्वीकरण ने बालकों को अनेक प्रकार की संस्कृति, धार्मिक विश्वास तथा विचारधारा से सम्बन्ध रखने वाले लोगों के रहन-सहन तथा व्यवहार करने के ढंग से परिचित होने के काफी अवसर और सुविधाएँ प्रदान की हैं। इस प्रकार का ज्ञान बालकों में विभिन्न संस्कृतियों, धार्मिक विश्वासों तथा विचारधारा को अपनाने वाले व्यक्तियों और समुदायों के प्रति आदर और सहनशीलता विकसित करने में सहायता करता है।
2. ज्ञान के विस्फोट और वैज्ञानिक प्रगति की जानकारी से युक्त बाहर की दुनिया के बारे में ज्ञान बालकों और किशोरों को हमारे समाज में व्याप्त अनेक भेदभाव, जैसे-अन्धविश्वास, रूढ़िवादिता, विद्वेष, पक्षपातपूर्ण वंचन आदि सामाजिक बुराइयों और असमानताओं का त्याग करने तथा स्वयं अपने आप को उनसे बचाने में सहायता करता है।
3. वैश्वीकरण के प्रभाव के कारण आज बालकों और किशोरों को ज्ञान अर्जित करने तथा कौशलों में प्रवीणता हासिल करने के इतने ज्यादा अवसर प्राप्त हो रहे हैं कि उनसे बालकों और किशोरों को अपने जीवन में प्रगति करने के लिए तथा जीवन के साथ अनुकूलन करने के लिए अपना मानसिक क्षेत्र काफी विस्तृत करने, अपनी संज्ञानात्मक क्षमताओं का समुचित रूप से विकास करने तथा जीवनोपयोगी कौशलों का अधिगम करने में काफी सहायता मिलती है।
4. वैश्वीकरण बालकों और किशोरों के मन से विदेश जाने सम्बन्धी किसी प्रकार के डर या हिचक को निकालने में सहायता करता है। बालकों में भूमंडल के किसी भी भाग में उपलब्ध शैक्षिक, व्यापारिक या रोजगार सम्बन्धी अवसरों का फायदा उठाने का सही दृष्टिकोण विकसित करने के लिए वैश्वीकरण को ही उत्तरदायी माना जा सकता है। यही कारण है कि आज किशोर अपनी उच्च शिक्षा में ऐसे विषयों और पाठ्यक्रमों का चयन करने लगे हैं जो वैश्वीकरण के प्रभाव से उन्हें फायदा पहुँचाए और अपना कैरियर बनाने में सहायता करें।
5. वैश्वीकरण अनेक प्रकार की क्षेत्रीय एवं विश्व संगठनों या संस्थाओं जैसे-यूनेस्कों (UNESCO), यूनीसेफ (UNICEF) एवं डब्ल्यू एच ओ (WHO) आदि की

स्थापना करने और क्रियान्वित करने के लिए उत्तरदायी हैं। ये संगठन वैश्विक स्तर पर विकासशील बालकों के लिए आवश्यक सहायता शैक्षिक एवं सांस्कृतिक विकास, स्वास्थ्य एवं आरोग्य की व्यवस्था, बीमारियों से सुरक्षा आदि कार्यों में लगे हुए हैं। ये संगठन सम्पूर्ण विश्व के बालकों के समुचित विकास और तरक्की में सहायता करने के कार्य में सराहनीय प्रयास कर रहे हैं। जीवन के लिए घातक बीमारियों जैसे-पोलियो, चेचक, तपेदिक आदि को (जो कुछ समय पूर्व तक बच्चों के जीवन को काफी बुरी तरह प्रभावित कर रही थीं) समाप्त करने की दिशा में वैश्वीकरण के द्वारा सम्पूर्ण विश्व का सहयोग लेकर, किए जाने वाला एक अत्यन्त प्रशंसनीय कार्य माना जा सकता है।

इसी प्रकार से हमें विश्व के विभिन्न समुदायों तथा राष्ट्रों के बीच क्षेत्रीय और वैश्विक स्तर पर सहयोग और समन्वयन के दर्शन हमें उनके द्वारा पारस्परिक रूप से बालकों की शिक्षा और प्रगति वाले उन प्रयासो में होते हैं जिनमें छात्रवृत्ति प्रदान करना, विद्यार्थी और अध्यापकों को एक दूसरे के यहाँ आमंत्रित करना तथा शैक्षिक सेमीनार कार्यशालाओं तथा सम्मेलनों को आयोजित करना आदि बातें सम्मिलित होती हैं।

*B. नकारात्मक एवं हानिकारक प्रभाव (Negative and unfavourable impact)*

ऊपर वर्णित सकारात्मक और लाभदायक प्रभावों के होने पर भी वैश्वीकरण बालकों के विकास और प्रगति पर काफी नकारात्मक प्रभाव भी डालता है जिनका वर्णन संक्षेप में निम्न प्रकार से किया जा सकता है:

1. अपने आवागमन के साधनों, सूचना एवं सम्प्रेषण तकनीकी, मोबाइल और कम्प्यूटर तकनीकी के विकास के कारण बालकों को बाहर की दुनिया की जानकारी इतनी ज्यादा हो गई है कि वैश्वीकरण ने पाश्चात्य संस्कृति, विचारों और जीवन के मूल्यों से प्रभावित एक विशिष्ट स्वरूप में बालकों के जीवन, कार्य प्रणाली और व्यवहार को निरूपित और परिवर्तित कर दिया है। विभिन्न समुदाय या प्रजातियों के द्वारा जो संस्कृति या जीवन का ढंग अपनाया जाता है, उन सभी में अपनी अच्छाइयाँ और कमियाँ होती हैं। जहां इसकी अच्छाइयाँ इसको अपनाने वाले अनुयायियों को प्रेरणा प्रदान करती हैं और उनके जीवन में तरक्की लाती हैं वहीं उसकी नकारात्मकता और बुराइयाँ अपने अनुयायियों को उनके सही जीवनपथ से भटका देती हैं। जैसा कि हम जानते हैं, नकल करने में हमेशा ही नकारात्मकता व्यक्ति को ज्यादा आकर्षित करती है और व्यक्ति द्वारा अपने रहन सहन और व्यवहार में शीघ्र अपना ली जाती है। यहाँ हमारे बालक और किशोर भी पाश्चात्य संस्कृति में उपस्थित नकारात्मकता और बुराइयों के द्वारा जल्दी ही आकर्षित कर लिए गए। हमारे बालकों और किशोरों द्वारा अपने जीवन को नकारात्मक रूप से प्रभावित करने के लिए यही बात उत्तरदायी है। यही बात उन बालकों के साथ भी घटित होती है जो बहुत से स्वार्थी तत्वों, धर्मान्ध व्यक्तियों तथा आतंकवादी संगठनों

के द्वारा वैश्विक स्तर पर फैलाये गए उनकी विचारधारा के सुनहरी जाल में फँसकर गलत राह पकड़कर अपना जीवन बर्बाद कर लेते हैं।

2. बहुत ज्यादा औद्योगीकरण, शहरीकरण, बाजार तथा व्यापार के केन्द्रीकरण आदि के साथ वैश्वीकरण का घनिष्ट सम्बन्ध है। इन बातों के कारण ही एक बड़ी संख्या में लोगों का, जीविका कमाने की चाह में तथा जीवनयापन और कमाई के लिए अधिक अच्छे अवसरों की तलाश में एक क्षेत्र से दूसरे क्षेत्र में या विश्व के एक भाग से दूसरे भाग में तीव्र गति से आवागमन हुआ है। कुछ मामलों में जहां पलायन करने वाले लोग सौभाग्यशाली रहे, उन्हें अच्छी सुविधाएँ प्राप्त हुई और उनके बच्चों के विकास के लिए काफी अच्छी तरह से अवसर तथा संतोषजनक ढंग से सुविधाएँ मिलीं। परन्तु उनमें से एक बड़ी संख्या में पलायन करने वाले लोगों को इतने अच्छे अवसर प्राप्त नहीं हो पाए परिणामस्वरूप उनके बालकों को भी विकास और ठीक-ठीक रहने के लिए उपयुक्त सुविधाएँ और अवसरों की प्राप्ति नहीं हो सकी। बहुतों ने ठीक प्रकार से रोटी रोजी कमाने और अपने नए रोजगार या व्यापार में ठीक तरह से स्थापित होने के लिए कुछ समय प्राप्त करने के उद्देश्य से अपने परिवारों को अपने मूल स्थान पर ही रहने के लिए छोड़ दिया और हुआ यह कि पिता की अनुपस्थिति में बच्चों को वह देखभाल या पर्याप्त निगरानी नहीं मिल पायी जो उनके उपयुक्त विकास के लिए जरूरी है। उस जगह तो बात और भी बिगड़ जाती है जहां माता भी अपने परिवारिक व्यापार, धंधे या कमाई के स्रोत में सहायता करने के लिए पूरा समय वहाँ ही लगाने लगती हैं।

3. पूँजीवाद और भौतिकतावादी विचार या उपागम तथा उचित या अनुचित किसी भी तरह से समृद्ध होने की अन्धी दौड़ से सम्बन्धित वैश्वीकरण पूरे भूमंडल पर नैतिक मूल्यों का ह्रास होने के लिए उत्तरदायी है। इसी ने सम्पूर्ण विश्व समुदायों के रहन सहन के ढंग तथा व्यवहार करने के तरीकों को प्रभावित किया है। इसने ही बच्चों के लालन पालन तथा पेरेन्टिंग स्टाइल, बच्चों की देखभाल और शिक्षा को विपरीत रूप में प्रभावित किया है जिससे बालकों में नैतिक, सामाजिक तथा सांस्कृतिक मूल्यों में गिरावट आई है। आज माता-पिता और बच्चों के, अध्यापक एवं विद्यार्थी के, बालक के अपने मित्र तथा हम उम्र साथी के साथ सम्बन्ध पूरी तरह से संकुचित भौतिकतावादी रुचियों और स्वपरिभाषित लक्ष्यों के चारो तरफ केन्द्रित होकर रह गए हैं जिसको बालकों की उचित बुद्धि और विकास में काफी बुराई लाने के लिए जिम्मेदार माना जा सकता है।

इस प्रकार से वैश्वीकरण अपनी प्रकृति और प्रक्रियाकरण में निहित अपनी विशेषताओं के फलस्वरूप बालकों के बुद्धि और विकास को सकारात्मक और नकारात्मक दोनों ही प्रकार से प्रभावित करता हुआ देखा जा सकता है। परन्तु यदि सही ढंग से विचार किया जाए तो हम देखते हैं कि वैश्वीकरण अपने उद्देश्य और

कार्यप्रणाली को लेकर वैश्विक समुदाय की एकता, अखंडता, प्रगति और कल्याण में ही विश्वास करता है। इसलिए इसे इसके सकारात्मक पक्ष में ही देखा और समझा जाना चाहिए और इससे बालकों और किशोरों के उचित विकास की ही आशा की जानी चाहिए।

## वयस्क संस्कृति के सन्दर्भ में बाल्यकाल
## (Childhood in the Context of Adult Culture)

एक समुदाय या परिवार की संस्कृति, जिसे हम बच्चों के दृष्टिकोण से वयस्क संस्कृति के नाम से सम्बोधित कर रहे हैं, को उस समुदाय या परिवार के वयस्क सदस्यों के रहन-सहन और व्यवहार करने के ढंग के रूप में परिभाषित किया जा सकता है। एक बालक अपनी प्रारम्भिक अवस्था से ही समाज के वयस्क सदस्यों द्वारा किये जाने वाले प्रयत्नों अथवा स्वाभाविक रूप से उनके आचरण और व्यवहार का निरीक्षण एवं अनुकरण करते हुये उनके व्यवहार एवं जीवनयापन करने के ढंग सीखता रहता है। तरीका चाहे कोई भी हो बालक के जीवन यापन और व्यवहार का ढंग वयस्कों (जिनमें माता-पिता परिवार के सदस्य तथा समुदाय के लोग शामिल हैं) के द्वारा अपनाई जाने वाली संस्कृति से पूरी तरह प्रभावित रहती है। वयस्क संस्कृति पूरे भूमंडल में जीवन दर्शन या जीवन शैली, आदर्श एवं मूल्य, चिन्तन एवं व्यवहार, रुढ़ियों तथा परम्पराओं, आदत एवं स्वभाव तथा जीवन लक्ष्य एवं अभिलाषाओं आदि के संदर्भ में एक जैसे रूप में देखने को नहीं मिलती बल्कि हर समुदाय, क्षेत्र, प्रदेश या भू-भाग में अपने-अपने अलग रूप में विद्यमान होती है। संस्कृतियों में विद्यमान ये सभी बातें बालकों की वृद्धि एवं विकास को प्रचुर मात्रा में प्रभावित करती हैं और यही कारण है कि वयस्क संस्कृति को बालकों के व्यक्तित्व विकास तथा विचारधारा को प्रभावित करने के संदर्भ में काफी अधिक प्रभावशाली कारक माना जाता है।

जब हम अपने चारों ओर देखते हैं तो हमें विश्व में विद्यमान वयस्क संस्कृतियों में काफी अधिक भिन्नतायें और बहुरूपतायें नजर आती हैं जैसे ग्रामीण एवं शहरी संस्कृतियाँ, पूर्व और पाश्चात्य संस्कृतियाँ, जनजाति एवं गैर-जनजाति संस्कृतियाँ, पंजाबी, हरियाणवीं, राजस्थानी, गुजराती, बंगाली एवं तमिल संस्कृतियाँ आदि। मुस्लिम देशों तथा समुदायों में अपनाई जाने वाली वयस्क संस्कृति जो इस्लाम धर्म से अनुप्रेरित रहती है वह दूसरे धर्मों जैसे ईसाई, बौद्ध, हिन्दू आदि से जुड़ी हुई संस्कृतियों में भी बहुत भिन्नता रखती है। इसी तरह से विश्व के विभिन्न भू-भागों यूरोप, अफ्रीका तथा एशियन देशों में प्रचलित वयस्क संस्कृतियों में भी बहुत अधिक अंतर और बहुरूपता देखने को मिल सकती है। आज की दुनियाँ में वे देश तथा भू-भाग जो तकनीकी प्रगति की दौड़ में आगे है उनमें विद्यमान वयस्क संस्कृति तकनीकी दौड़ में पिछड़ जाने वाले देशों से काफी अधिक भिन्नता रखती है। इसी तरह सामाजिक आर्थिक या शैक्षिक दृष्टि से प्रगतिशील और पिछड़ी हुई जातियों तथा समाजों की संस्कृतियों में भी काफी कुछ अंतर देखने को मिलते हैं और यही कारण है कि एक विद्यालय में

शिक्षा ग्रहण करने वाले विद्यार्थियों को विभिन्न संस्कृतियों को अपनाने वाले परिवारों के बालकों का साथ मिलना स्वाभाविक सा ही रहता है। बालक चाहे किसी भी प्रकार की संस्कृति के संपर्क में आये सभी में बालकों और किशोरों की वृद्धि एवं विकास को प्रभावित करने की अद्‌भुत क्षमता रहती है। संस्कृति विशेष के सांस्कृतिक तत्वों से प्रभावित होकर वे एक विशिष्ट तरह के व्यवहार और जीवन शैली को अपनाते हुये पाये जाते हैं और यही बात उनमें सभी प्रकार के विकास, व्यक्तित्व गुणों एवं व्यवहार चेष्टाओं को सकारात्मक या नकारात्मक रूप में प्रभावित करती हुई पाई जाती है।

संस्कृति के द्वारा पडने वाले प्रभाव में ब्रूनर (Bruner, 1996) ने लिखा है कि "संस्कृति हमारे मनों का निरूपण करती है यानी हमारी सोच और समझ पर गहरा प्रभाव डालती है। यह हमें ऐसी साधन सामग्री (Tool Kit) प्रदान करती है जिससे हम केवल अपने संसार की ही सृष्टि नहीं करते बल्कि हमें स्वयं अपने बारे में धारणायें बनाने तथा शक्तियों को प्राप्त करने में इससे सहायता मिलती है।" इसलिये प्राय: यह कहा जाता है कि जैसी संस्कृति में बालक पल रहे होते हैं वैसे ही उनकी प्रकृति बन जाती है तथा उनके विकास का मार्ग उसी तरह प्रशस्त और अवरुद्ध होता हुआ पाया जाता है। संस्कृति के इस प्रकार के प्रभाव को हम निम्न रूप में स्पष्ट देख सकते हैं।

जिस समाज या समुदाय विशेष की वयस्क संस्कृति (Adult Culture) में नकारात्मक और बिगाड़ वाली बातें भरी पड़ी हों। जैसे वयस्कों का अवांछित एवं असामाजिक व्यवहार, आपसी झगड़े तथा दंगा फसाद, नैतिक मूल्यों की गिरावट तथा रहन-सहन की अस्वास्थपद एवं हानिकारक आदतें वहाँ बालकों को अपने व्यवहार में उतारने के लिये यह सभी कुछ प्राप्त हो सकता है। इसलिये उनका बचपन और किशोरावस्था स्वत: ही गलत राह पकड़ लेती है और फलस्वरूप उन्हें अपराधी, असामाजिक व्यक्तित्व, शराबी, जुआरी, मादक, द्रव्य सेवन, निराशा और हताशा में डूबे हुये प्राणी, भिखारी और जीवन संग्राम में हारे हुये व्यक्ति बनने में देर नहीं लगती। इसके विपरीत समाज या समुदाय के सकारात्मक तथा स्वस्थ सांस्कृतिक वातावरण में पल रहे बालकों और किशोरों का व्यक्तित्व विकास उचित रास्ते पर चलता हुआ उन्हें उचित रूप में सामाजिक तथा नैतिक मूल्यों तथा स्वस्थ एवं कल्याणकारी आदतों को ग्रहण करता हुआ जीवन जीने के अच्छे ढंग और प्रगति की सही मंजिले तलाश करने में पर्याप्त सहयोगी सिद्ध होता है।

इस तरह विभिन्न प्रकृति तथा प्रभाव की विभिन्न संस्कृतियाँ बालकों के व्यक्तित्व विकास एवं व्यवहार निरूपण में काफी अधिक प्रभावशाली भूमिका निभाती हुई पाई जा सकती है। इसलिये जब हम बहुसंस्कृतिवादी समाज या राष्ट्र जैसे अमेरिका और भारत की कक्षाओं में पढ़ रहे बालकों पर नजर डालते है तो हमें इन विकसित होते हुये बालकों में विविध प्रकार की ऐसी समानतायें तथा असमानतायें अच्छी तरह देखने को मिल सकती हैं जिनकी प्रादुर्भाव जिस संस्कृति विशेष में वे अपने घर-परिवार और समुदाय में पल रहे होते हैं उसी के फलस्वरूप हो रहा होता है। उनमें संस्कृति विशेष में फलस्वरूप जिस प्रकार की समानतायें या असमानतायें नजर आती हैं उनके बारे में आगे हम विस्तार से चर्चा करना चाहेंगे।

## बाल्यावस्था में पाई जाने वाली समानतायें तथा असमानतायें
## (Similarities and Diversities within the the Stage of Childhood)

बाल्यावस्था को व्यक्ति विशेष की वृद्धि एवं विकास की ऐसी अवस्था या आयुकाल माना जाता है जिसमें वह एक विशिष्ट प्रकार के व्यवहार बचपने या बाल-व्यवहार का प्रदर्शन करता हुआ पाया जाता है जो सोचने, भावानुभूति तथा कार्यात्मकता की दृष्टि से विकसित और परिपक्व वयस्क व्यक्तियों के व्यवहार से काफी भिन्न होता है। इस दृष्टि से सभी व्यक्ति अपनी बाल्यावस्था में एक विशेष प्रकार की सांझी मनोवृत्ति तथा विशेषताओं से युक्त पाये जाते हैं। इन्हें संक्षेप में हम निम्न प्रकार लिपिबद्ध कर सकते हैं:

1. उन सभी में अपने माता-पिता संरक्षक तथा अन्य व्यक्तियों, जो उन्हें उनके लालन-पालन, बृद्धि एवं विकास तथा मूलभूत आवश्यकताओं की पूर्ति में सहायता करते हैं, के ऊपर पूरी निर्भरता पाई जाती है।
2. उन्हें छल कपट रहित, शुद्ध मन का ऐसा प्राणी माना जाता है जो दूसरों के प्रति अपने व्यवहार को लेकर काफी ईमानदार होते हैं।
3. बाल्यावास्था को भोलेपन, आजादी, खुशी, खेलकूद आदि से जुड़ी हुई ऐसी अवस्था माना जाता है जिससे बालक सामाजिक बुराइयों से दूर ऐसी बेफ्रिक जिन्दगी जीते हैं जिनपर बड़ों की तरह निभाई जाने वाली जिम्मेदारियों का कोई बोध न हो।
4. वे अपनी सोच तथा दिन प्रतिदिन के कार्य व्यवहार में काफी अपरिपक्वता तथा लड़कपन का प्रदर्शन करते हुये नजर आते हैं। वास्तव में वे सभी शारीरिक, गाामिक, मानसिक, सामाजिक, संवेगात्मक तथा नैतिक व्यक्तित्व आयामों के अपनी क्षमताओं और योग्यताओं की वृद्धि एवं विकास मार्ग पर अपने-अपने कदम अच्छी तरह रखना सीख रहे होते हैं और इसलिये उनसे इस संबंध में बड़े और वयस्कों की भाँति परिपक्वता तथा समायोजन की आशा नहीं की जा सकती।
5. बालक स्वभाववश काफी जिज्ञासु होते हैं। उनमें सृजनात्मकता तथा निर्माणात्मकता के प्रति काफी लगाव पाया जाता है और इसलिये वे सभी बातों को स्वयं करके या अनुभव करके सीखना चाहते हैं।
6. सभी बालक अपनी शारीरिक तथा सामाजिक-मनोवैज्ञानिक मूलभूत आवश्यकताओं की पूर्ति हेतु संघर्षरत रहते हैं। इस प्रकार की सांझी आवश्यकताओं के अतिरिक्त वे ऐसी अन्य विशिष्ट वैयक्तिक आवश्यकताओं की पूर्ति भी चाहते हैं जिनका संबंध उनकी वैयक्तिक विशिष्टताओं तथा भिन्न योग्यताओं से होता है।

इस प्रकार से हम सभी अपनी बाल्यावस्था में बहुत सारी सांझी विशेषताओं से युक्त पाये जाते हैं और अपने ज्ञानात्मक, भावात्मक तथा क्रियात्मक व्यवहार में काफी अनुरूपता का प्रदर्शन करते हैं।

परन्तु इसका यह अर्थ नहीं कि उनमें अपनी कोई विशिष्टता या वैयक्तिकता नहीं पाई जाती। वास्तव में जैसा कि हमें घर, पास पड़ोस, समुदाय तथा विद्यालय

परिस्थितियों में देखने को मिलता है बालकों की वृद्धि एवं विकास, तथा व्यवहार में प्रचुर मात्रा में वैयक्तिक अन्तरों की उपस्थिति रहती है। एक समेकित कक्षा में शिक्षा प्राप्त कर रहे बालकों में इनका अधिक बोलबाला रहता है जहाँ सभी बालकों को बिना किसी भेदभाव के उन्हें उनके वैयक्तिक भेदों के अनुरूप गुणवक्तायुक्त शिक्षा देना एक नई चुनौती बन जाता है।

समेकित कक्षा के विद्यार्थियों द्वारा बाल्यावस्था संबंधी सांझी विशेषताओं व्यवहारगत चेष्टाओं तथा आवश्यकताओं की उपस्थिति के अतिरिक्त विभिन्न प्रकार की विन्निनताओं का भी प्रदर्शन होता है। बाल्यकाल की इन विविधताओं तथा भिन्नताअें का जो रूप यहाँ दिखाई देता है उसे लेकर सामान्यतया जिस प्रकार के बालकों की उपस्थिति एक समेकित कक्षा में देखने को मिलती है उनकी निम्नप्रकार चर्चा की जा सकती है।

(i) विभिन्न अक्षमताओं तथा अपंगताओं के शिकार बालक जैसे अवण, दृश्य, गामक, मानसित्र, संवेगात्मक, अधिगम अक्षमताओं से युक्त बालक।

(ii) अक्षमता रहित सामान्य बालक जिनमें विभिन्न प्रकार के वैयक्तिक भेद देखने को मिलते हैं जैसे शारीरिक, गामिक मानसिक, सामाजिक, संवेगात्मक, नैतिक, सौंदर्यात्मक योग्यताओं, रुचि, अभिवृत्ति, आदतें, अभिप्रेणा स्तर, लक्ष्य एवं चाहत, आत्मविश्वास, धैर्य एवं वांछित तथा अवांछित व्यक्तित्व गुणों, अधिगम शैली तथा समस्याओं आदि को लेकर विभिन्न प्रकार के वैयक्तिक अन्तर।

(iii) पार्श्वीकृत एवं वांचित बालक जो जाति, प्रजाति, रंग रूप, स्थानीयता, लिंग, सामाजिक-आर्थिक स्तर, ग्रामीण इलाके एवं जनजाति, अल्पसंख्यक वर्ग से संबंधित होने की वजह से विभिन्न प्रकार के अलगाव तथा भेदभाव के शिकार होते हैं।

(iv) समस्यात्मक बालक जो विभिन्न प्रकार की सामाजिक तथा व्यावहारात्मक समस्याओं, से ग्रस्त हों, अपराधी तथा असामाजिक कार्यों में संलग्न हो या मादक द्रव्य सेवी, शराबी, पिछड़े हुये तथा मंदगति अधिगम कर्ता कहलाते हों।

(v) विभिन्न प्रकार की स्वास्थ्य समस्याओं तथा बीमारियों से ग्रस्त बालक

(vi) ऊँची जातियों तथा सुविधा संपन्न परिवारों के बालक तथा उच्चतर सामाजिक आर्थिक स्तर के वे बालक जिन्हें शिक्षा और विकास हेतु सभी प्रकार की आवश्यक सुविधायें उपलब्ध हों।

(vii) उच्चतर उपलब्धि अभिप्रेरणा युक्त सृजनशील एवं मेधावी बालक।

इस प्रकार के सभी उपरोक्त बालकों के बारे में एक बात अब अच्छी तरह समझी जा सकती है कि ये सभी जिस प्रकार का बचपन जीते हैं और वृद्धि एवं विकास की जिस राह पर चल रहे होते हैं उसमें बहुत अधिक विविधता और विभिन्नताओं के दर्शन हो सकते हैं। इसलिये एक विद्यालय की समेकित कक्षा में हमें एक साथ ही विभिन्न प्रकार के बालकों के बहुरंगीय बचपनों की छटा देखने को मिलती है। प्रश्न उठता है कि बालकों में इस प्रकार का अन्तर पैदा करने में किस प्रकार के कारकों का योगदान रहता है। संक्षेप में इस प्रकार के कारकों को हम निम्न रूप में वर्णन कर सकते हैं:

- एक तरफ तो जहाँ सुविधा संपन्न और अच्छे सामाजिक-आर्थिक स्तर के परिवारों तथा समाजों के बालकों को वह सब कुछ प्रचुर मात्रा में उपलब्ध होता है जो उन्हें सही मायनों में बचपन को जीने तथा वृद्धि और विकास को प्राप्त होने के सभी अवसर प्रदान करता है वहीं दूसरी ओर उन बालकों का बचपन होता है जिन्हें अपने घर, पास पड़ोस, समुदाय तथा विद्यालयों में किसी एक या अन्य कारणों (जैसे गरीबी, लिंग भेद, जाति, प्रजाति, रंग-रूप क्षेत्रीयता या प्रान्तीयता, भाषा, ग्रामीण या जन जाति का होने इत्यादि) से विभिन्न प्रकार के अलगाव, भेदभाव, और बंधन का शिकार होना पड़ता है।
- एक तरफ तो सामान्य और सक्षम वे बालक होते हैं जिनकी शिक्षा और समायोजन घर, पास पड़ोस समुदाय तथा विद्यालयों में सामान्य ढंग से पूरी तरह संभव रहता है वहीं दूसरी ओर वे बालक होते हैं जिन्हें वृद्धि एवं विकास के विभिन्न आयामों–शारीरिक, गामिक, मानसिक, सामाजिक, संवेगात्मक से संबंधित विभिन्न प्रकार की अक्षमताओं तथा अपंगताओं का सामना करना पड़ता है।
- माँ-बाप के जीन्स तथा क्रोमोसोमस द्वारा प्रदज वंशक्रम देने में जो अंतर रहता है उसकी छाप बालकों में विविध प्रकार के अंतरों को जन्म देने का कारण बन सकती है। जहाँ एक ओर तो इस देन के फलस्वरूप बालकों की वृद्धि एवं विकास पर बड़ी-बड़ी सीमारेखायें खींच दी जाती हैं वहीं दूसरी ओर उन्हें इस तरह आगे बढ़ने की छूट दी जाती है कि वे आसमान छू सकें।
- माता-पिता, परिजनों तथा अन्य देखभाल करने वाले व्यक्तियों के द्वारा बालकों का लालन-पालन तथा सुविधायें उपलब्ध कराने में जैसा अंतर होता है उसी के अनुरूप बालकों का बचपन और विकास मार्ग तय होता है।
- अपनी शारीरिक तथा मनो-सामाजिक आवश्यकताओं की पूर्ति संबंधी सुविधाओं तथा प्रयत्नों से संतुष्टि अनुभव करने का स्तर।
- बालकों की प्रगति और विकास हेतु मिलने वाले शैक्षिक अवसरों तथा विद्यालय सुविधाओं का स्तर।
- बाल्यकाल में विभिन्न प्रकार की तनाव और दबाव पूर्ण परिस्थितियों जैसे माता-पिता की संबंध विच्छेद, उनसे बिछुड़ जाना, माता-पिता की असमय मृत्यु, बाल-अधिकारों का हनन, बाल-उत्पीड़न का शिकार होना आदि से सामना होना या न होना।
- बाल्यकाल में विभिन्न प्रकार की गहन स्वास्थ्य समस्याओं/बीमारियों, दुर्घटना तथा दिल को ठेस पहुँचने वाली घटनाओं से सामना होना या न होना।

जो कारक और बातें ऊपर बताई गई हैं वे व्यक्ति को बाल्यावस्था को एक विशेष प्रकार का आयाम और दिशा प्रदान करने में पूरी-पूरी भूमिका निभाते हैं। अब चूंकि इन कारकों की प्रकृति और अपना प्रभाव छोड़ने में काफी अन्तर रहता है और सभी बालकों के लिये यह एक जैसा नहीं होता अतः किसी भी समुदाय तथा समेकित कक्षा के विद्यार्थियों में पर्याप्त रूप से विविधतायें, विभिन्नतायें तथा विचित्रतायें दिखाई देना पूरी तरह स्वाभाविक ही रहता है।

# 8

# सामाजीकरण–अवधारणा एवं संस्थाएँ
# (Socialization–Concept and Agencies)

## सामाजीकरण क्या है? (What is Socialisation?)

"मनुष्य एक सामाजिक प्राणी है" इसका अभिप्राय यही है कि वह सामाजिक इसलिए है क्योंकि वह समाज में रहता है और उसी के साथ अपना समायोजन करता है। व्यक्ति के लिए समाज उतना ही जरूरी है जितना कि जीने के लिए भोजन, फलस्वरूप उसे सामाजिक सम्बन्धों को बनाए रखना होता है और दूसरों के साथ सामंजस्य स्थापित करने के लिए कोशिश करनी पड़ती है। परन्तु इसका यह मतलब नहीं कि वह इस प्रकार के सामाजिक व्यवहार और सामाजिक गुणों के साथ जन्म लेता है। वास्तव में जन्म के समय तथा जीवन के प्रारम्भिक वर्षों में बच्चा बहुत ही स्वार्थी और असामाजिक होता है। परन्तु धीरे-धीरे उसकी यह मूल पाशविक प्रकृति अधिगम प्रक्रिया जैसे-अनुभवों का पुनर्निमाण के द्वारा मानव तुल्य सामाजिक प्रकृति में परिवर्तित होती है। व्यक्ति के वातावरण में उपस्थित शक्तियाँ तथा तत्त्व उसे सोचने, महसूस करने तथा समाज के मानदण्ड, आदर्श और महत्त्वाकांक्षाओं के अनुसार कार्य करने के लिए प्रेरित करते हैं।

इस प्रकार से वह प्रक्रिया और क्रियाएँ, जो बालक की मूल पाशविक स्वार्थी प्रकृति को मानव तुल्य सामाजिक प्रकृति में परिवर्तित कर देती है, सामाजीकरण की प्रक्रिया कहलाती है। इस प्रकार सामाजीकरण को एक ऐसी प्रक्रिया के रूप में परिभाषित किया जा सकता है जो व्यक्ति के व्यवहार में इस प्रकार के वांछित परिवर्तन लाने का कार्य करती है जिसके परिणाम स्वरूप उसकी असामाजिक प्रकृति को सामाजिक प्रकृति में परिवर्तित कर उसे अपने उस समाज में समायोजित होने में सहायता की जा सके, जिसमें वह रहता है।

विभिन्न विद्वानों ने सामाजीकरण या सामाजिक विकास पद को अपनी अपनी तरह से परिभाषित करने के प्रयत्न किए हैं। हम उनमें से कुछ प्रमुख परिभाषाओं को आगे उद्घृत कर रहे हैं।

सोरेन्सन (Sorenson, 1948, p. 50): सामाजीकरण से अभिप्राय उत्तरोत्तर वृद्धि को प्राप्त होती हुई ऐसी योग्यता से है जिससे अपने और दूसरों के साथ अच्छी तरह पटरी बैठाने में मदद मिलती है।

(Socialisation is an increasing ability to get along well with one self and others.)

**हरलॉक** (Hurlock, 1959, p. 257) : सामाजीकरण या सामाजिक विकास से तात्पर्य सामाजिक सम्बन्धों में परिपक्वता प्राप्त करने से है।

(Socialisation (or Social Development) means the attaining of maturity in social relationship.)

**गैरेट** (Garrett, 1968, p. 555) : सामाजीकरण एक ऐसी प्रक्रिया है जिसमें जैविक प्राणी को मानवीय व्यक्तित्व में परिवर्तित किया जाता है।

(Socialisation is the process whereby the Biological individual is converted into a human person.)

आइए, अब इन उपरोक्त परिभाषाओं का विश्लेषण करके देखा जाए। सोरेन्सन के द्वारा दी गई परिभाषा इस बात पर जोर देती है कि व्यक्ति के सामाजीकरण के माध्यम से उसकी सामाजिक योग्यताओं और कौशलों में उत्तरोत्तर सुधार और विकास होता रहता है। इस सुधार और विकास के माध्यम से सामाजिक सम्बन्धों को बनाए रखने की क्षमता में वृद्धि होती है जिसके परिणाम स्वरूप उसे अपने साथ तथा दूसरों के साथ समायोजन करने में पर्याप्त मदद मिलती है।

हरलॉक द्वारा दी गई दूसरी परिभाषा सामाजीकरण को एक विस्तृत रूप देती हुई यह बतलाने का प्रयत्न करती है कि सामाजीकरण के द्वारा ही व्यक्ति सामाजिक रूप से परिपक्व होता है। इसी परिपक्वता के परिणाम स्वरूप वह वांछित सामाजिक सम्बन्ध बनाए रखने तथा सामाजिक सांस्कृतिक वातावरण के साथ अपने आप को समायोजित करने सम्बन्धी वांछित और उचित व्यवहार का प्रदर्शन करने में सफल होता है।

गैरेट के द्वारा दी गई तीसरी परिभाषा वैयक्तिकता से युक्त व्यक्ति (Individual) और व्यक्तित्व से विभूषित व्यक्ति (Person) में भेद पर आधारित है। हम सब को व्यक्ति (Person) कह कर सम्बोधित नहीं कर सकते। व्यक्ति वह है जिसका व्यक्तित्व होता है और व्यक्तित्व व्यक्ति के 'स्व' तथा सामाजिक सांस्कृतिक वातावरण की अन्त:क्रिया का प्रतिफल होता है। सामाजीकण सामाजिक अन्त:क्रिया की ऐसी प्रक्रिया है जो व्यक्ति विशेष को व्यक्तित्व सम्बन्धी व्यक्तित्व गुणों को धारण करने में मदद करती है।

उपरोक्त परिभाषाओं के किए गए विश्लेषण के आधार पर हम इस परिणाम पर पहुँच सकते हैं कि सामाजीकरण एक ऐसी प्रक्रिया या प्रक्रियाओं का सम्मिश्रण है जो कि एक व्यक्ति को इस प्रकार की वांछित व्यवहारगत विशेषताओं तथा सामाजिक गुणों को धारण करने में मदद करती है जिसके परिणाम स्वरूप वह (i) सामाजिक परिपक्वता ग्रहण करने, (ii) अपनी पशु प्रवृत्ति को मानवीय सामाजिक प्रवृत्ति में बदलने तथा (iii) अपने तथा समाज के अन्य सदस्यों के साथ सामंजस्यपूर्ण जीवन व्यतीत करने में समर्थ रहता है।

## सामाजीकरण सम्बन्धी संस्थाएँ–अर्थ एवं प्रकार
## (Agencies of Socialisation–Meaning and Types)

अब प्रश्न यह उठता है कि सामाजीकरण किस प्रकार होता है अर्थात् व्यक्ति के सामाजिक व्यवहार में अपेक्षित परिवर्तन कैसे आते हैं। निश्चय ही व्यक्ति के सामाजिक-सांस्कृतिक वातावरण में अनेक ऐसे तत्व या कारक उपस्थित होते हैं जो उसके व्यवहार को प्रभावित करते हैं। हम इन कारकों को निम्न नाम दे सकते हैं: माता-पिता, परिवार, पास पड़ोस, साथ में खेलने वाले साथी, मित्र, विद्यालय, सामाजिक एवं धार्मिक संस्थाएँ, क्षेत्रीय एवं राजनीतिक संगठन, समुदाय, क्लब, आवागमन, सम्प्रेषण और मनोरंजन के साधन, मेले, भ्रमण, पुस्तकालय, समाचारपत्र, पत्रिकाएँ एवं मुद्रित साहित्य आदि।

व्यक्ति के सामाजिक और सांस्कृतिक वातावरण में उपस्थित ऊपर बताए गए सभी साधन एवं संस्थाएं, कारक तत्वों, परिस्थितियों, घटनाओं आदि का व्यक्ति के व्यवहार और कार्य करने के ढंग पर इतना गहन और सशक्त प्रभाव पड़ता है कि वह वातावरण की इन शक्तिशाली ताकतों के हाथों का अनुचर, अनुयायी या दास बनकर रह जाता है। वह वैसा ही बनता है तथा व्यवहार करता है जो इन वातावरण जन्य शक्तियों द्वारा जाने-अनजाने प्रत्यक्ष या परोक्ष रूप से सिखाया जाता है। वातावरण की शक्तियों के इस असीम प्रभाव से प्रभावित होकर हो प्रसिद्ध मनोवैज्ञानिक जे.एस. वाटसन (J.S. Watson) ने निम्न घोषणा की थी-

"अगर मुझे कोई एक दर्जन शारीरिक एवं मानसिक रूप से स्वस्थ एंव सचेत शिशु तथा उनके पालन पोषण के लिए अपनी पसन्द की दुनिया (वातावरण) मिल जाए तो मैं आपको विश्वास दिलाता हूँ कि उनमें से किसी को भी चुनकर ऐसा प्रशिक्षण दूँगा जिससे वे मैं जैसा चाहूँ वैसा विशेषज्ञ-डॉक्टर, वकील, कलाकार, व्यवसाय प्रबन्धक और यहाँ तक कि भिखारी और चोर के रूप में प्रतिष्ठित हो जाए।"

(Give me a dozen healthy infants, well informed and my own specific world to bring them up in and I will guarantee to take anyone at random and train him to become any type of specialist, I might select—doctor, lawyer, artist, merchant chief and yes, even beggarman and thief.)

वाट्सन की इस उक्ति में शायद थोड़ी-बहुत अतिशयोक्ति की गंध आती हो परन्तु यह बात निर्विवाद है कि व्यक्ति के वातावरण में निहित तत्त्व, शक्तियाँ एवं परिस्थितियाँ व्यक्ति के व्यवहार को प्रभावित, निर्देशित एवं नियन्त्रित करने में बहुत ही महत्त्वपूर्ण भूमिका निभाते हैं। व्यक्ति के सामाजिक एवं सांस्कृतिक वातावरण से सम्बन्धित बातें इस प्रकार का प्रभाव डालने में किस तरह किस रूप में सक्षम सिद्ध होती हैं इसके लिए हम सामाजीकरण की सर्वाधिक महत्त्वपूर्ण संस्था-परिवार, विद्यालय और सहपाठी की भूमिका पर अपना ध्यान केन्द्रित करना चाहेंगे।

## परिवार की भूमिका (Role of Family)

घर-परिवार बालक की सभी प्रकार की वृद्धि और विकास की जन्म स्थली है। माँ के गर्भाधान के बाद बालक का जिस प्रकार का विकास होता है उसमें घर-परिवार में उपलब्ध वातावरणजन्य सुविधाओं तथा घटनाओं का बहुत बड़ा हाथ होता है। माँ का जिस प्रकार शारीरिक, मानसिक, संवेगात्मक, सामाजिक तथा नैतिक स्वास्थ्य रहता है उस सबका प्रभाव गर्भ में पलते हुए बालक पर पड़ता है और जन्म के बाद भी माँ के द्वारा लिये गए खान-पान, रहन-सहन तथा स्वास्थ्य का असर दूध पीते बालक पर सहज ही दृष्टिगोचर हो सकता है। जिस प्रकार का खान-पान, संतुलित भोजन, प्रदूषणरहित वातावरण, खेलने-कूदने की सुविधाएं तथा समय-समय पर उपलब्ध टीकाकरण तथा स्वास्थ्य सेवाएँ बढ़ते हुए बालकों को मिलती है उसी के अनुरूप उनका क्रियात्मक (शारीरिक तथा गामिक) विकास होता है। जैसी-जैसी सुविधाएँ और सानिध्य उन्हें घर-परिवार में अपने सामाजिक, सांस्कृतिक विकास के लिए मिलता है, जिस प्रकार की भाषा उनके द्वारा घर परिवार में सीखी जाती है तथा घर-परिवार के सदस्यों के व्यवहार तथा अन्तःक्रियाओं का जैसा प्रभाव बालकों पर पड़ता है, उनकी मूलभूत आवश्यकताओं-शारीरिक तथा मनो-सामाजिक की जिस रूप में पूर्ति होती है उसी रूप में उनका संज्ञानात्मक, भावात्मक तथा क्रियात्मक क्षेत्रों से जुड़े विकास का रास्ता प्रशस्त होता जाता है। बालक जैसा व्यवहार घर-परिवार में देखते हैं उसी का अनुसरण और अभ्यास उनमें उसी प्रकार के उचित-अनुचित विकास के लिए उत्तरदायी रहता हुआ पाया जाता है। सामान्य तौर पर घर-परिवार से जुड़ी जिन बातों तथा कारकों को बालक के संज्ञानात्मक, भावात्मक तथा क्रियात्मक व्यवहार क्षेत्रों से जुड़े विकास के लिए उत्तरदायी माना जा सकता है, उनमें से कुछ निम्न प्रकार की हो सकती हैं।

- स्वास्थ्य और अस्वास्थ्य प्रद रहन-सहन तथा खान-पान की स्थितियाँ, खान-पान आदतें, संतुलित भोजन, प्रदूषण रहित वायु और पानी की उपलब्धि, खेलने-कूदने की सुविधाएँ, टीकाकरण तथा स्वास्थ्य सेवाओं की उपलब्धि आदि।
- माँ-बाप की शिक्षा का स्तर, बच्चों के लालन-पालन में उनकी रुचि तथा इस कार्य हेतु उनकी अपेक्षित योग्यताएँ तथा क्षमताएँ।
- माँ-बाप के पारस्परिक सम्बन्धों में मधुरता या कड़वापन।
- संगठित अथवा टूटते-बिखरते परिवार।
- माँ-बाप, भाई-बहन तथा परिवार के अन्य सदस्यों का निजी आचरण और व्यवहार तथा पारस्परिक सम्बन्ध एवं अन्तःनिर्भरता।
- माँ-बाप तथा परिवार के अन्य सदस्यों का बालक या किशोर के साथ किए जाने वाला वांछित या अवांछित व्यवहार।
- परिवार में बालकों की संख्या तथा बच्चे के अपने जन्म का क्रम (जैसे सबसे बड़ा, छोटा होना)
- परिवार की आर्थिक दशा और समाज में या बिरादरी में उसकी सामाजिक प्रतिष्ठा।

- परिवार में व्याप्त, रीति-रिवाज, मान्यताएँ तथा संस्कार।
- मानव मूल्यों तथा नैतिक गुणों के प्रति माता-पिता तथा परिवार के सदस्यो की अभिवृत्ति एवं झुकाव।
- परिवार पर आई हुई आकस्मिक भौतिक, आर्थिक या सामाजिक विपत्ति या उसकी सम्पन्नता, समृद्धि एवं प्रतिष्ठा में आने वाला परिवर्तन।

परिवार के व्यक्तियों, उसके संगठन तथा उसमें व्याप्त वातावरण का बालक के वृद्धि एवं विकास, उसके आचरण तथा संस्कार तथा व्यवहार एवं व्यक्तित्व को एक निश्चित दिशा या रूप प्रदान करने में विशेष प्रभावी भूमिका रहती है। बालक को अपने उचित विकास तथा समायोजन हेतु मूलभूत आवश्यकताओं-शारीरिक तथा सामाजिक-मनोवैज्ञानिक की पूर्ति की बहुत अधिक आवश्यकता होती है। इन आवश्यकताओं की पूर्ति में परिवार के वातावरण का विशेष योगदान रहता है। जिस सीमा तक यह पूर्ति हो पाती है या इसकी पूर्ति के प्रति बालक या किशोर आशावान रहते हैं उनका व्यवहार एवं आचरण समायोजन के दायरे में रहता है ऐसा न होने पर वे कुसमायोजन के शिकार होकर असामाजिक तथा अवांछित व्यवहार एवं व्यक्तित्व गुणों को अपने अन्दर धारण करना प्रारम्भ कर देते हैं। परिवार का अवांछित तथा नकारात्मक वातावरण चाहे वह परिवार की गरीबी, सामाजिक अप्रतिष्ठा, एवं परिवार के सदस्यों के अवांछित व्यवहार क्रियाओं के कारण हो या आपसी लड़ाई, झगड़े, वैमनस्य, प्रतिस्पर्धा आदि का परिणाम हो अथवा बालक के प्रति किए जाने वाले अत्यधिक लाड़-प्यार, उसकी उपेक्षा तथा तिरस्कार, उसको दी जाने वाली अत्यधिक स्वतन्त्रता तथा उस पर लगाए गए अनावश्यक प्रतिबंधों का दुष्परिणाम हो, ऐसे वातावरण में बालक को प्रत्यक्ष या अप्रत्यक्ष रूप से अवांछित व्यवहार क्रियाओं को सीखने तथा प्रतिक्रियास्वरूप उन्हें अपनाने का पूरा अवसर तथा प्रोत्साहन मिलता है। परिणामस्वरूप बालकों में ऐसे अवांछनीय व्यवहार संस्कार तथा आदतों का विकास हो जाता है जो जीवन पर्यन्त चलती रहती हैं। इसके विपरीत परिवार के सदस्यों के वांछनीय आचरण, व्यवहार तथा व्यक्तित्व के प्रभाव तथा उनके द्वारा उसके साथ किए जाने वाले स्वस्थ एवं वांछनीय व्यवहार के कारण बालक शुरू से ही ऐसे सकारात्मक व्यवहार तथा आचरण को अपनाता है जो उसको सद्वृत्तियों एवं विकास के स्वस्थ मार्ग पर अग्रसर करते रहते हैं। इस तरह परिवार और उसके वातावरण का बालक के संज्ञानात्मक, भावात्मक तथा क्रियात्मक व्यवहार क्षेत्रों से जुड़े हुए सभी प्रकार के संज्ञानात्मक, भावात्मक तथा क्रियात्मक विकास को अच्छे या बुरे ढंग से प्रभावित करने में पूरा-पूरा योगदान रहता है।

बालकों के विकास में परिवार की भूमिका के बारे में ऊपर जो कुछ भी कहा गया है, उसके अलावा एक विशेष बात जो बालकों के विकास को अनेक प्रकार से प्रभावित करती है, वह है पेरेन्टिंग स्टाइल या बालक के पालन पोषण के तरीके, जो कि माता-पिता द्वारा बालक का पालन पोषण करने में अपनाए जाते हैं। आइए इसके बारे में विस्तार में जानने का प्रयास करते हैं।

## पेरेन्टिंग स्टाइल या बालकों के पालन पोषण के तरीके पद का अर्थ
**(Meaning of the Term Parenting Styles or Child Rearing Practices)**

बच्चों के लालन-पालन के तरीके से अभिप्राय उन तरीकों से है जो माता-पिता द्वारा अपने बच्चों का पालन-पोषण करने के लिए अपनाए जाते हैं। मनोविज्ञान में अपनी तकनीकी भाषा में पेरेन्टिंग स्टाइल (Parenting Style) अर्थात् बच्चों के लालन-पालन की शैली या बच्चों के पालन-पोषण करने के इन तरीकों की प्रकृति एकदम अनूठी सी होती है और यह कुछ कारकों जैसे-(i) माता-पिता के स्वयं के अपने माता-पिता या संस्कृति द्वारा अपनाए गए तरीके जिनके द्वारा उनका स्वयं का लालन-पालन किया गया था (ii) बच्चों का स्वभाव (iii) उनका स्वयं का स्वभाव (iv) परिस्थितियाँ तथा वातावरण जिसमें बच्चों का पालन-पोषण किया जाना है आदि, द्वारा निर्धारित की जाती है।

## पेरेन्टिंग स्टाइल या पालन-पोषण के तरीकों के प्रकार
**(The Types of Rearing Practices or Parenting Styles)**

माता-पिता अपने बच्चों का लालन-पालन करने या पालन पोषण करने के लिए अलग प्रकार के तरीकों या पेरेन्टिंग स्टाइल अपनाते हुए देखे जाते हैं वे बच्चों के जीवन में वृद्धि, विकास, समायोजन और प्रगति के आवश्यक कार्य में उन की उचित रूप से सहायता और मार्गदर्शन करने के लिए अपने-अपने तरीके अपनाते हुए उनकी देखभाल करते हैं। पेरेन्टिंग स्टाइल के एक प्रभावपूर्ण सिद्धान्त को प्रस्तुत करने के लिए जानी मानी प्रसिद्ध समाजशास्त्री-मनोवैज्ञानिक डायना बोमरिन्ड (Diana Baumrind, 1967) के विचार से चार बुनियादी अवयव-स्वीकारना बनाम अस्वीकारना (responsiveness v/s unresponsiveness) तथा अपेक्षा रखना बनाम अपेक्षा न रखना (demanding v/s undemanding) होते हैं जो प्राय: माता-पिता द्वारा अपने बच्चों का लालन-पालन करते हुए किसी भी तरीके या शैली में अपनाए जाते हुए देखे जाते हैं। इन बुनियादी अवयवों ने अपने विभिन्न सापेक्षिक संयोग या मेल के द्वारा चार प्रकार के लालन-पालन के तरीकों या पेरेन्टिंग शैलियों को जन्म दिया। वे हैं-

(i) स्वीकारना और अपेक्षा करना (Responsiveness and demanding)
(ii) अस्वीकारना और अपेक्षा करना (Unresponsiveness and demanding)
(iii) स्वीकारना और अपेक्षा न करना (Responsiveness and undemanding)
(iv) अस्वीकार करना और अपेक्षा न करना (unresponsiveness and undemanding)

उपरोक्त चार प्रकार के मिश्रित पेरेन्टिंग स्टाइल के आधार पर मेकबई और मार्टिन (Moccoby and Martin, 1983) ने निम्न चार प्रमुख पेरेन्टिंग शैलियों या तरीकों को प्रस्तुत किया जो माता-पिता अपने बच्चों का लालन-पालन करते हुए अपनाते हैं:

1. आधिपत्यपूर्ण लालन-पालन का तरीका या पेरेन्टिंग शैली
(Authoritative child rearing practice or parenting style)
2. तानाशाहीपूर्ण लालन पालन का तरीका या पेरेन्टिंग शैली
(Authoritarian child rearing practice or parenting style)

3. अनुग्रह पूर्ण (अधिक छूट देने वाला) लालन पालन का तरीका या पेरेन्टिंग शैली (Indulging child rearing practice or parenting style)
4. उपेक्षापूर्ण लालन-पालन का तरीका या पेरेन्टिंग शैली (Neglectful child rearing practice or parenting style)

*1. अधिपत्यपूर्ण लालन-पालन का तरीका या पेरेन्टिंग शैली (Authoritative child rearing practice or parenting style):* इस प्रकार के लालन-पालन के तरीके या शैली में स्वीकार करने (Responsiveness) और अपेक्षा करने (demanding) के अवयवों में सकारात्मक समन्वय है जो सही मायने में इसे उत्तरदायित्वपूर्ण और सन्तुलित पेरेन्टिंग शैली में परिवर्तित कर देता है। इस प्रकार के समन्वय की मुख्य विशेषताएं एवं गुणों को निम्न रूप में लिपिबद्ध किया जा सकता है:

*(a) स्वीकार करने सम्बन्धी व्यवहार से जुड़ी हुई बातें (The elements of responsiveness):* माता-पिता अपने बच्चों का लालन-पालन करते हुए निम्न प्रकार से अपने स्वीकार करने सम्बन्धी व्यवहार को प्रदर्शित करते हैं:

- माता-पिता अपने बच्चों की भावनाओं को समझने की कोशिश करते हैं और उन्हें ठीक प्रकार क्रियान्वित करने का ढंग भी बताते हैं।
- वे अपने बच्चों की समस्याओं को समझते हैं और इनको सुलझाने के लिए उन्हें समुचित तरीके बताते हैं तथा इसके लिए उचित अवसर प्रदान करते हैं।
- वे मौखिक वार्तालाप के लिए सम्प्रेषण का मार्ग खुला रखते हुए अपने बच्चों के साथ वांछित अन्त:क्रिया करते रहते हैं। साथ ही इस प्रकार के सम्प्रेषण में वे बराबर तार्किक, विनम्र, स्नेही और उनकी चिन्ता करने वाले बने रहते हैं।
- वे तानाशाही व्यवहार तथा कड़े नियंत्रण में विश्वास नहीं करते हैं। इससे उनके बच्चों को नई-नई बातों की खोज करने तथा उनकी स्वयं की तार्किकता के आधार पर अपना स्वयं का निर्णय लेने की स्वतन्त्रता मिलती है।
- बच्चों का लालन-पालन करने में वे माता-पिता केन्द्रित उपागम के बजाय बाल केन्द्रित उपागम को अपनाते हैं। वे अपनी इच्छाएँ, रुचियाँ, महात्वाकांक्षा या आवश्यकता को पूरा करने के स्थान पर अपने बच्चों की आवश्यकताओं, आशाओं, इच्छाओं और महात्वाकांक्षाओं का पोषण करने की ओर ध्यान देते हैं।

*(b) अपेक्षा करना सम्बन्धी व्यवहार से जुड़ी हुई बातें (The elements of demanding):* माता-पिता अपने बच्चों की रुचियों और कल्याण के लिए उनसे निम्न प्रकार की अपेक्षा करते हुए, सावधान रहने का प्रयास करते हैं:

- बच्चों के स्वयं के व्यक्तित्व के विभिन्न आयामों में उनकी वृद्धि और विकास के लिए माता-पिता अपने बच्चों के सामने कुछ आशाएँ तथा अपेक्षायें प्रस्तुत करते हैं और उनके व्यवहार सम्बन्धी एक सीमा निश्चित कर देते हैं। ताकि उनका लाड़-प्यार बच्चों को बिगड़ने न दे।

- निर्धारित आशाएं और इन सीमाओं को उपलब्ध करने के लिए वे अपने बच्चों के सामने उनकी प्रगति का एक लक्ष्य और स्तर निर्धारित कर देते हैं तथा उनके उद्देश्यों एवं लक्ष्यों को प्राप्त करने की दिशा में वे लगातार उनकी प्रगति की नियमित रूप से जाँच करते रहते हैं ताकि बच्चे बराबर तत्पर और सजग बने रहें।
- वे अपने बच्चों से उनकी आयु और विकास की अवस्था के अनुसार उनके व्यवहार में परिपक्वता की आशा एवं अपेक्षा रखते हैं।
- हालाँकि इस प्रकार की अपेक्षा और आशा करते हुए वे हमेशा औचित्यपूर्ण एवं जनतांत्रिक बने रहते हैं। यही कारण है कि आधिपत्य पूर्ण लालन-पालन के तरीके और शैली को अधिकारिक जनतंत्रीय तरीके (assertive democratic practice) अर्थात् आधिकारिक होने के साथ-साथ जनतंत्रीय प्रकृति के तरीके के नाम से जाना जाता है। इसे माता-पिता के व्यवहार में निम्न ढंग से प्रदर्शित किया जा सकता है:
  (i) वे अपने बच्चों के मामलों में काफी सतर्क रहते हैं और इसलिए पूर्ण निर्धारित सीमाओं और आशाओं पर पहुँचने में बच्चों के असफल होने पर उन्हें दंड देने या डाँटने-फटकारने के स्थान पर उन्हें क्षमा करने और अच्छी सीख देने का तरीका अपनाते हैं।
  (ii) यदि कभी वे अपने बच्चों को सजा भी देते हैं तो वे एक सकारात्मक दृष्टिकोण और इसे महसूस करते हुए उनके लिए पछतावा भी करते हैं। जैसे-बच्चे को दंडित करना नहीं बल्कि उसके अवांछित व्यवहार या अवधान की कमी को दंडित करना। वास्तव में उनका बच्चा लड़का हो या लड़की उसकी गलती पर उन्हें दंड देने में वे निष्पक्ष और एक समान (Homogeneous) व्यवहार करते हैं। उनके द्वारा दिया गया दंड कभी भी बदला लेने की भावना से प्रतिशोधात्मक और बहुत कठोर नहीं होता है तथा वे अपने बच्चों को दंड देने का कारण भी अच्छी प्रकार से स्पष्ट कर देते हैं।

*विकास पर प्रभाव (Influence on Development):* आधिपत्य पूर्ण लालन-पालन का तरीका या पेरेन्टिंग शैली विकासशील बच्चों के उचित विकास और प्रगति पर निम्न रूप में अनेक सकारात्मक और वांछित प्रभाव डालता है:

- यह तरीका बच्चों को समुचित स्वतन्त्रता और अवसर प्रदान कर उन्हें अपनी क्षमताओं को विकसित करने तथा बच्चे की वृद्धि के लिए उन्हें प्रोत्साहन प्रदान करता है। परन्तु ऐसा करते हुए यह बच्चों को रास्ते से अलग हटने की आज्ञा नहीं देता है तथा उनको एक सीमा में रखते हुए उनके कार्यों पर नियंत्रण रखता है। इसलिए यहाँ विकासशील बच्चों को अपने विकासात्मक पथ से भटकने का या हट जाने का कोई मौका नहीं होता है।

- इस प्रकार से लालन–पालन किए गए बच्चे अपनी बुनियादी आवश्यकताओं–शारीरिक, सामाजिक और संवेगात्मक की पूर्ति की दृष्टि से पूरी तरह से आत्म–सन्तुष्ट पाए जाते हैं। वे अपने स्वयं के प्रयासों से अपनी बुनियादी क्षमताओं को विकसित करने तथा अपनी मूलप्रवृत्तियों एवं संवेगों को सही दिशा प्रदान करने के तरीके जानते हैं।
- ये बच्चे अपने कर्त्तव्यों के प्रति वफादार होते हैं और आत्म नियंत्रण करते हुए जीवन में अनुशासित रहते हैं तथा स्वभावतः कानूनों का पालन करते हैं। इस प्रकार से लालन–पालन किए गए बच्चे अपनी स्वतन्त्र गतिविधियों पर माता–पिता द्वारा नियंत्रण रखे जाने से अपनी समुचित वृद्धि और विकास के लिए सभी आवश्यक सुविधाएँ प्रदान किए जाने के लिए अपने माता–पिता के प्रति कृतज्ञता का अनुभव करते हुए देखे जाते हैं।

इस प्रकार से इस प्रकार का लालन–पालन का तरीका बच्चों में उच्चस्तरीय उपलब्धि अभिप्रेरणा के साथ स्वतन्त्र रूप से आत्म–वृद्धि करने और आत्म गौरव को प्राप्त करने के रूप में फलित या परिणित होता है। बच्चों के मस्तिष्क में बिना किसी दुखद स्मृति या कोई कुप्रभाव के उनके व्यक्तित्व के सभी आयामों में सर्वांगीण विकास आशाजनक रूप से होता है। यही कारण है कि इस प्रकार के लालन–पालन के तरीके या पेरेन्टिंग शैली को, बच्चों का लालन–पालन करने के कुशल व्यक्तियों द्वारा सबसे अच्छा माना जाता है।

*तानाशाहीपूर्ण तरीका (Authoritarian Child Rearing Practice):* बच्चों के लालन–पालन के इस तरीके में माता–पिता अपेक्षा ज्यादा करते हुए तथा बच्चों की आवश्यकताओं, क्षमताओं, इच्छाओं और महत्वाकांक्षाओं को कम या बिल्कुल भी नहीं स्वीकार करते हुए देखे जाते हैं। वे बच्चों को उनकी अपनी इच्छा, आवश्यकता या महत्त्वकांक्षा को अभिव्यक्त करने का कोई मौका नहीं देते हैं बल्कि अपना अधिकार जताते हुए, कड़े अनुशासन को लागू करते हुए तथा नैतिक नियमों का वास्ता देते हुए अपनी स्वयं की इच्छा और महत्वाकांक्षाओं को बच्चों पर लादते या थोपते हैं। लालन–पालन के इस तरीके या पेरेन्टिंग शैली की मुख्य–मुख्य कुछ विशेषताएँ निम्न प्रकार से हैं:

- बच्चों के लालन–पालन का यह तरीका या पेरेन्टिंग शैली पूर्व वर्णित आधिपत्यपूर्ण या आधिकारिक जनतंत्रीय तरीके से एकदम प्रतिकूल है।
- बच्चों के लालन–पालन का यह तानाशाही तरीका आधिकारिक संतुलित शैली और बच्चों को ढील देने वाले या लापरवाह पेरेन्टिंग शैली से एकदम विपरीत कड़े अनुशासन और कठोर नियंत्रण वाला तरीका या पेरेन्टिंग शैली है।
- इसमें माता–पिता के द्वारा बनाए गए निर्देशों तथा नियमों की बच्चों द्वारा पूरी तरह से पालन करने की आशा की जाती है और माता–पिता तथा बच्चों के मध्य खुले वार्तालाप की जरा भी गुंजाइश नहीं होती है।

- यह लालन-पालन का एक ऐसा कठोर, दृढ़, पाबन्दियों से पूर्ण और दंड देने वाला तरीका है जिसमें बच्चों से माता-पिता द्वारा दी गई आज्ञा, आदेशों, बनाए गए नियमों तथा उनकी गतिविधियों के लिए निर्धारित सीमाओं के बारे में कोई भी प्रश्न पूछे बिना उनके आदेशों का पालन करने की आशा की जाती है।
- इसमें माता-पिता बच्चों की क्षमताओं, इच्छाओं या महत्वाकांक्षाओं की परवाह किए बिना अपनी मर्जी से बच्चों के लिए निर्धारित उद्देश्यों और लक्ष्य को प्राप्त करने के लिए नियम तथा कार्य का निर्धारण करते हैं और यह देखते हैं कि बच्चे उनका ठीक प्रकार अनुकरण कर रहे हैं या नहीं।
- यहाँ माता-पिता अपने हितों के चिन्तन में इतने लीन हो जाते हैं कि वे अपने बच्चों के माध्यम से अपनी स्वयं की इच्छाओं, स्वार्थ तथा स्वप्नों को साकार करने की चाहत में लगे रहते हैं। जो कुछ वे अपनी जिन्दगी में नहीं कर सके उनकी पूर्ति वे अपने बच्चों के प्रयासों में देखना चाहते हैं। चाहे बालकों में उन कार्यों को करने के लिए पर्याप्त रुचि, उत्साह या सामर्थ्य का अभाव ही क्यों न हों। इसलिए प्राय: माता-पिता बालकों को ऐसे पाठ्यक्रमों में प्रवेश लेने के लिए बाध्य करते रहते हैं, जैसे तुम्हें डॉक्टर/इंजीनियर/चार्टर्ड अकाउन्टेन्ट या आई ए एस बनना होगा क्योंकि यही सपने उन्होंने अपने लिए संजोए थे और उनकी पूर्ति अब वे बालकों के माध्यम से करना चाहते हैं। फलस्वरूप वे बालकों को अपने द्वारा सोची गई राह पर चलाने के लिए तानाशाहीपूर्ण रवैया अपनाते हैं।
- पेरेन्टिंग की इस शैली को अपनाने वाले माता-पिता अपने बच्चों की आवश्यकताओं तथा इच्छाओं की तरफ से अपनी आँख कान बन्द कर लेते हैं। वे बच्चों की भावनाओं के प्रति तनिक भी ध्यान नहीं देते हैं बल्कि अपना अधिकार, नियम तथा कड़ा अनुशासन लागू करके उनकी आन्तरिक भावनाओं और इच्छाओं को दबाने की कोशिश करते हैं। वे बच्चों को अपने आत्म-विकास के लिए अपना स्वयं का मार्ग चुनने की छुट देने के बजाय अपने स्वयं के द्वारा निर्धारित मार्ग पर चलने के लिए बाध्य करते हैं।

*बच्चों के विकास पर प्रभाव (Influence on Development):* बच्चों के लालन-पालन के इस तानाशाही तरीके या पेरेन्टिंग शैली का बच्चों के विकास पर निम्न प्रकार से प्रभाव पड़ता है:

- इस तरीके से पोषित किए गए बच्चे अपने जिन्दगी के बारे में कोई भी योजना बनाने और उसे क्रियान्वित करने तथा अपनी समस्याओं को सुलझाने तथा अपना स्वयं का निर्णय लेने में असमर्थ होते हैं क्योंकि उनका लालन-पालन ऐसी परिस्थितियों में हुआ है जहाँ उनका कार्य केवल आदेशों का पालन और अनुकरण करना रहा है न कि अपने आप कोई निर्णय लेना या पहलकदमी करना।
- अपने तानाशाही माता-पिता के द्वारा अपने प्रारम्भिक जीवन में अपने बौद्धिक, संवेगात्मक तथा सामाजिक विकास के लिए आवश्यक जरूरी अवसर एवं

स्वतन्त्र सुविधाएं न दिए जाने के कारण उनका इन पक्षों का स्वाभाविक विकास अवरुद्ध हो जाता है।

- इस प्रकार की पेरेन्टिंग शैली बच्चों को अपनी जिन्दगी सही तरीके से व्यतीत करने के लिए आवश्यक सामाजिक कौशल एवं क्षमताओं का अर्जन करने में कोई सहायता नहीं करती हैं। वे जीने के प्रजातांत्रिक तरीके और सिद्धान्त नहीं सीख पाते हैं। इस प्रकार के तानाशाही पेरेन्टिंग के तरीके में लालन-पालन किए गए बच्चों में जनतांत्रिक जीवन के गुण और आदर्श नागरिकता मुश्किल से ही विकसित हो पाती है।
- उनकी मूलप्रवृत्यात्मक एवं संवेगात्मक ऊर्जा को, उनके माता-पिता द्वारा प्रदत्त तानाशाही आचार संहिता से परिपूर्ण वातावरण में, वांछित दिशा में अभिव्यक्ति होने का कोई मार्ग नहीं मिल पाता है। तानाशाही लालन-पालन में दबी हुई इच्छाएँ, अपूर्ण अभिलाषाएँ तथा वातावरण में विद्यमान गुलामों की तरह की स्थिति में बच्चों द्वारा अनुभव की गई असहजता एवं परेशानी, गम्भीर व्यवहारात्मक एवं आचरण सम्बन्धी समस्याएँ बच्चों में विकसित कर देती है।

इस दिशा में अगर बच्चों से जोर जबर्दस्ती की जाए उन्हें कठोर अनुशासन में रखकर अपनी मर्जी से चलाने का प्रयत्न किया जाए तो इसका अंजाम बालकों को उनकी प्रगति की राह से विमुख करना होता है। इससे वे फिर प्रयत्न करना ही बन्द कर सकते हैं अथवा प्रतिक्रिया-स्वरूप उनमें आक्रामकता और अपराधी प्रवृतियाँ घर कर सकती हैं।

## लालन-पालन का अनुग्रहपूर्ण तरीका या पेरेन्टिंग शैली (Indulgent Child Rearing Practices or Parenting Style)

बच्चों के लालन-पालन का यह तरीका या पेरेन्टिंग शैली उन माता-पिता द्वारा अपनायी जाती है जो स्वीकार करते (responsive) हैं परन्तु अपेक्षा नहीं करते (not demanding) हैं। इस प्रकार लालन-पालन का अनुग्रहपूर्ण तरीका (Indulgent practice) या पेरेन्टिंग शैली, बच्चों के लालन-पालन का वह तरीका या शैली है जिसमें माता-पिता बहुत ज्यादा प्यार लुटाने वाले, उनकी हर बात को मानने वाले और उनकी बतौर सुरक्षा के जरूरत से ज्यादा परवाह करने वाले पाए जाते हैं। वे बच्चों के लिए सब कुछ उनकी बतौर सुरक्षा की जरूरत से ज्यादा परवाह करने वाले पाए जाते हैं। वे बच्चों के लिए सब कुछ करने के लिए तैयार रहते हैं परन्तु बालकों की स्वयं की भलाई के लिए भी उनसे कोई अपेक्षा नहीं रखते और उन्हें उचित राह पर चलाने के लिए न कोई शर्तें लगाते हैं और न उन्हें किसी तरह के अनुशासन में बाँधना चाहते हैं। वे तो केवल उनके स्नेह में अंधे होकर उन पर लाड़ प्यार ही लुटाते रहते हैं। इस प्रकार की शैली के लालन-पालन में मुख्य रूप से निम्न विशेषताएँ देखने को मिलती हैं:

- माता-पिता अपने बच्चों के साथ बहुत ज्यादा प्यार में बंधे रहते हैं। वे अपने बच्चों की आवश्यकताओं और इच्छाओं को बिना सोचे समझे उन्हें उचित

और ठीक समझ कर, अपने बच्चों की खुशी और प्रसन्नता के लिए तुरंत पूरा करना चाहते हैं।

- बच्चों से अत्यन्त प्यार करने वाले ये माता-पिता समय-समय पर बच्चों द्वारा की गई हर माँग को पूरा करने के लिए तत्पर रहते हैं परन्तु अपनी तरह से बच्चों से कुछ भी नहीं चाहते हैं। और न ही अपनी विकास की आयु एवं अवस्था के अनुकूल उचित व्यवहार प्रदर्शित करने की दृष्टि से उन पर कुछ नियंत्रण रखने तथा नियमित करने या एक समुचित तरीके से व्यवहार करने की उनसे आशा करते हैं।
- बच्चों के लालन-पालन के इस अनुग्रह पूर्ण तरीके को निर्देशहीन, काफी छूट देने वाला और हर तरह की स्वीकृति देने वाला माना जाता है क्योंकि यहाँ माता-पिता इतनी ज्यादा छूट देने वाले तथा कोई भी निर्देश न देने वाले होते हैं कि वे हमेशा अपने बच्चों की इच्छा के अनुसार ही चलते रहते हैं। वे अपने बच्चों के विकास और आवश्यक प्रगति के लिए वांछित आदतों को सीखने या अच्छा व्यवहार अपनाने के लिए पालन किए जाने वाले नियमों, सिद्धान्तों या फायदों का निर्माण या निर्धारित करने में अपने आपको असमर्थ पाते हैं।
- इस प्रकार से बच्चों को अत्यधिक प्यार करने वाले माता-पिता अपने बच्चों का लालन-पालन करते हुए यद्यपि उनकी प्रत्येक इच्छा का ध्यान रखते हैं, उन्हें बहुत ज्यादा प्यार करते हैं परन्तु अपन बच्चों की आयु के अनुकूल प्रगति तथा विकास के सम्बन्ध में बच्चों के द्वारा जबाबदेही (accountability) के प्रति काफी लापरवाह होते हैं। इस प्रकार की बालकों का लालन-पालन करने की शैली एक ऐसा तरीका है जिसमें माता-पिता अपने बच्चों को सभी तरह की आजादी देकर उन्हें मनचाहा कार्य करने के लिए खुला छोड़ देते हैं। ऐसा करने में उनकी इस बात का आभास ही नहीं होता कि इस प्रकार की आजादी और छूट बच्चों के प्रगति और हित चिन्तन में कितनी हानिप्रद सिद्ध हो सकती है।

*बच्चों के विकास पर प्रभाव (Influence on Development)*

इस प्रकार के अनुग्रहपूर्ण लालन-पालन का तरीका या पेरेन्टिंग शैली बढ़ते हुए बच्चों के विकास को निम्न प्रकार से प्रभावित करता है:

- इस प्रकार के स्वतंत्र वातावरण में पले हुए बच्चे अपने व्यवहार पर नियंत्रण करना नहीं सीख पाते और हमेशा अपना मनचाहा प्राप्त करने की आशा रखते हैं।
- वे एक अपरिपक्व, अतार्किक एवं अत्यन्त उत्तेजित होने वाले बच्चों के रूप में बढ़ते हैं और सामाजिक रूप से उत्तरदायित्व विहीन व्यवहार प्रदर्शित करते हुए पाए जाते हैं या मद्यपान, अपराधी प्रवृत्ति या अन्य प्रकार का समाज विरोधी तथा नैतिकता रहित व्यवहार प्रदर्शित करने लगते हैं।

- माता-पिता की आवश्यकता से ज्यादा देखभाल तथा प्यार की छत्रछाया में पलते हुए ये बच्चे अपनी जिन्दगी अपने ढंग से जीने का ढंग मुश्किल से ही सीख पाते हैं। वे अपनी समस्याओं को सुलझाने तथा अपने जीवन की आवश्यकताओं को पूरा करने के लिए दूसरों पर निर्भर रहते हैं।
- अनुग्रहणपूर्ण माता-पिता के अत्यधिक लाड़-प्यार के कारण ऐसे वातावरण में लालन-पालन किए गए बच्चे अपने भविष्य को बिगाड़ लेते हैं। इनमें से अधिकांश बच्चे अपने स्वयं के लिए तथा अपने समाज के लिए खतरनाक साबित होते हैं। इन्हीं को बिगड़ी हुई संतान, पथभ्रष्ट बालक या बिगडैल बच्चा कहा जाता है।

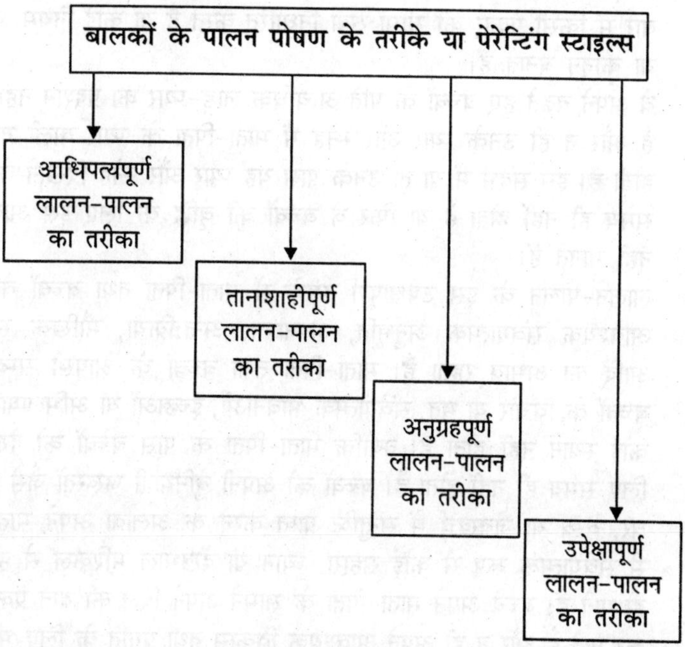


**चित्र 8.1:** बालकों के लालन-पालन के तरीके या पेरेंटिंग स्टाइल

### *लालन-पालन का उपेक्षापूर्ण तरीका या पेरेन्टिंग शैली (Neglectful Child Rearing Practice or Parenting Style)*

बच्चों के लालन-पालन के यह तरीका या पेरेन्टिंग शैली जिन माता-पिता द्वारा अपनाई जाती हैं वे अपने बच्चों के प्रति माता-पिता की भूमिका निभाने में काफी लापरवाह, उपेक्षापूर्ण तथा उत्तरदायित्व रहित होते हैं। वे एक वांछित तरीके से माता-पिता के रूप में अपने कर्त्तव्यों को पूरा करने में कोई रुचि न लेने वाले, अलग-थगल रहने वाले तथा उनसे लगाव न रखने वाले होते हैं। वे अपने आराम से जिन्दगी जीने वाले तरीके के कारण न तो बच्चों से कोई अपेक्षा रखते हैं और न ही बच्चों की किसी आवश्यकता

या इच्छा को पूरा करने में कोई रुचि लेते हैं। लालन-पालन के इस तरीके या पेरेन्टिंग शैली की मुख्य विशेषताएँ निम्न प्रकार से हैं:-

- लालन-पालन के लिए इस तरीके को अपनाने वाले माता-पिता अपने बच्चों की जिन्दगी में न तो कोई लगाव प्रदर्शित करते हैं और न ही उसमें दखलअन्दाजी करते हैं। वे सामान्यत: अपने बच्चों की आवश्यकताओं और इच्छाओं के प्रति लापरवाह तथा उपेक्षापूर्ण से रहते हैं।
- वे माता-पिता के रूप में अपने बच्चों से न तो कोई अपेक्षा रखते हैं और न ही कोई आशा रखते हैं। वे अपने बच्चों के वांछित विकास तथा प्रगति के लिए उनके सामने न तो कोई लक्ष्य रखते हैं और न ही उनके व्यवहार के बारे में किसी प्रकार की सीमा रेखा निर्धारित करते हैं या कोई नियम, कायदा या कानून बनाते हैं।
- वे अपने बढ़ते हुए बच्चों के प्रति अत्यधिक लाड़-प्यार का प्रदर्शन नहीं करते हैं और न ही उनके प्यार और स्नेह में माता-पिता के प्यार वाली गरमाहट होती है। इस संदर्भ में या तो उनके पास यह प्यार और स्नेह दिखाने के लिए समय ही नहीं होता है या फिर वे बच्चों की वृद्धि के लिए इसे आवश्यक नहीं मानते हैं।
- लालन-पालन के इस उपेक्षापूर्ण तरीके में माता-पिता तथा बच्चों के बीच आवश्यक संवेगात्मक अनुभूति, अपनापन, अन्त:क्रिया, मौखिक सम्प्रेषण आदि का अभाव रहता है। माता-पिता तथा बच्चों के आपसी सम्बन्ध में बच्चों के विचार या मत, संवेगात्मक भावनाओं, इच्छाओं या अभिलाषाओं का कोई स्थान नहीं होता है। क्योंकि माता-पिता के पास बच्चों को देखने के लिए समय ही नहीं होता है। बच्चों को अपनी बुनियादी जरूरतों जैसे भोजन, घर, वस्त्र या जेबखर्च में सन्तुष्टि प्राप्त करने के अलावा अपने माता-पिता से संवेगात्मक रूप से कोई सहारा, ध्यान या देखभाल मुश्किल से ही प्राप्त हो पाते हैं। बच्चे अपने माता-पिता के सामने अपने दिल की बात प्रकट नहीं कर पाते हैं और न ही अपने आवश्यक विकास तथा प्रगति के लिए भी उनसे कोई मार्गदर्शन प्राप्त कर सकते हैं।
- उपेक्षापूर्ण माता-पिता अपने बच्चों से आदर सम्मान की प्राप्ति नहीं कर पाते हैं और बच्चों के मन में भी अपने माता-पिता के लिए कोई रुचि या लगाव नहीं होता है। बच्चे शीघ्र ही अपने माता-पिता के अपने प्रति उपेक्षापूर्ण व्यवहार को समझने लग जाते हैं। वे समझ जाते हैं कि उनके माता-पिता की जिन्दगी में उनकी अपेक्षा अन्य चीजें ज्यादा महत्त्वपूर्ण हैं। यह बात बच्चों और माता-पिता के बीच दूरी को बढ़ा देती है और माता-पिता तथा उनके सम्बन्धों के मध्य एक चौड़ी खाई बन जाती है। एक छत के नीचे रहते हुए भी माता-पिता और उनके बच्चे अपने-अपने ढंग से अपना जीवन व्यतीत करते हैं।

*विकास पर प्रभाव (Influence on Development)*

बच्चों के लालन-पालन का उपेक्षापूर्ण तरीका या पेरेन्टिंग शैली बढ़ते हुए बच्चों के विकास को निम्न रूप से प्रभावित करती है:

- इस प्रकार की व्यवस्था बच्चों की सामाजिक तथा मनोवैज्ञानिक आवश्यकताओं को पूरा करने में असमर्थ होती है। फलस्वरूप वे अपने पूरे जीवन में संवेगात्मक रूप से असन्तुष्ट तथा अस्थिर एवं सामाजिक रूप से अविकसित रहते हैं।
- बच्चों की देखभाल और पालन-पोषण में माता-पिता द्वारा प्रदर्शित अलग-थलग से उपेक्षापूर्ण व्यवहार के कारण उनके बच्चों में असुरक्षा ओर अकेले होने की भावना पनपने लगती है। कई बार चिन्ता, निराशा या विद्रोह की भावना से युक्त अवांछित ग्रन्थियाँ इन विकसित और बढ़ते हुए बच्चों के दिमाग में घर कर लेती है।
- लालन-पालन के उपेक्षापूर्ण वातावरण में पले और बढ़े हुए बच्चों के सामने परिवार के सदस्यों के बीच संवेगात्मक प्यार, आकर्षण और सामाजिक सम्बन्धों का दोषपूर्ण उदाहरण प्रस्तुत होता है। वे अपने भावी जीवन में भी फिर इसी प्रकार के व्यवहार का तरीका अपना लेते हैं।
- संवेगात्मक असुरक्षा तथा अपने घर से किसी प्रकार के सहारे के अभाव से युक्त असीमित स्वतन्त्रता बच्चों को अपनी जीवन शैली में सबसे पलायन करने की प्रवृत्ति या विद्रोहात्मक व्यवहार अपनाने को बाध्य कर देती है। परिणाम यह होता है कि ऐसे बच्चे सामाजिक तथा संवेगात्मक रूप से अक्षम या अपराधी प्रवृत्ति के, या बहुत शर्मीले या फिर अपनी किशोरावस्था और प्रौढ़ावस्था में समाज विरोधी व्यवहार प्रदर्शित करने वाले बन जाते हैं।

बच्चों के लालन-पालन के उपरोक्त वर्णित चार प्रकारों या पेरेटिंग शैलियों से यह नहीं समझा जाना चाहिए कि माता-पिता समान्यतः इन चार प्रकारों या शैलियों में से ही किसी एक या दूसरे तरीके को बच्चों का लालन-पालन करने के लिए पूरी तरह से अपनाते हैं। बच्चों का लालन-पालन करते हुए वे अपनी एक अलग ही शैली अपनाते हैं जो बहुत कुछ मिली-जुली तथा ऐसे समन्वित रूप में रहती है जिसका निर्धारण बहुत से परिस्थितजन्य कारकों पर निर्भर करता है, जैसे-माँ-बाप के, बच्चे के लालन-पालन के बारे में विचार क्या हैं, बच्चों का स्वभाव एवं व्यवहार करने का क्या ढंग है, बालकों के लालन-पालन से सम्बन्धित वातावरणजन्य परिस्थितियाँ तथा सांस्कृतिक परिप्रेक्ष्य क्या है तथा बच्चों के आगे की सफलताओं में वे अपनी स्वयं की आवश्यकताओं एवं इच्छाओं की पूर्ति की झलक देखना चाहते हैं अथवा बच्चों की आवश्यकताओं और योग्यताओं को आगे बढ़ाने के लिए संघर्ष करना चाहते हैं, आदि-आदि।

माता-पिता बच्चों के लालन-पालन के लिए कोई भी तरीका या शैली अपनाएँ परन्तु यह बात अवश्य है कि वह बच्चों के विकास की प्रकृति पर महत्त्वपूर्ण

प्रभाव डालती है। लालन-पालन के जिस तरीके में सकारात्मक कारक और परिस्थितियाँ कार्य करती हैं उसमें बच्चों के विकास को सकारात्मक दिशा और दशा प्राप्त होती है। इसके विपरीत जिस तरीके से नकारात्मक कारक सक्रिय होते हैं वहाँ बच्चे के समुचित विकास और भावी प्रगति नकारात्मक रूप से प्रभावित होती है। जिस लालन-पालन की परिस्थिति में माता-पिता में स्वयं आपस में तनाव होता है, उनमें आपस में दूसरे के प्रति अविश्वास और केवल दिखावा होता है और जो अपने बच्चों में से किसी एक के प्रति पक्षपात प्रदर्शित करते हैं, उसके प्रति ज्यादा लाड़-प्यार या किसी भी प्रकार से ज्यादा प्रशंसा करते हैं तथा दूसरे बच्चे के प्रति कड़ा और कठोर व्यवहार प्रदर्शित करते हैं, शारीरिक या मानसिक रूप से दंडित करते हैं, निर्दयतापूर्ण व्यवहार करते हुए अपशब्दों का प्रयोग करते हैं, उसे आवश्यक प्यार सहानुभूति, सहायता, प्रशंसा, प्रोत्साहन, आदि से वंचित रखते हैं या उसके प्रति कोई ध्यान नहीं देते हैं तो इस प्रकार का व्यवहार बच्चों के सामान्य विकास और प्रगति के लिए काफी घातक और हानिकारक सिद्ध होता है। ज्यादातर मामलों में बच्चों के सामान्य विकास में अवरोध पैदा करने, उन्हें अपने स्वयं के लिए तथा समाज के लिए हानिकारक कुसमायोजित व्यक्तित्व के रूप में परिवर्तित या ढालने का मुख्य कारण इसी प्रकार का व्यवहार और लालन-पालन का यही तरीका जिम्मेदार होता है।

## हमउम्र साथियों का प्रभाव (Influence of Peers)

### *हमउम्र साथी कौन होते हैं? (Who are Peers?)*

'हम उम्र साथी' पद का प्रयोग समान उम्र के उन बच्चों और युवाओं के लिए प्रयुक्त होता है जिसमें आपस में आवश्यक अन्तःक्रिया करने के लिए योग्यताएं, तार्किकता तथा सामाजिक संवेगात्मक कौशल तथा उपलब्ध वातावरण में साथ-साथ खेलने एवं परस्पर सहयोग करने की क्षमता समान स्तर की होती है।

बच्चे अपने हमउम्र साथियों के साथ शैशवावस्था से ही घनिष्ट सम्बन्ध स्थापित करना शुरू कर देते हैं। आयु में बढ़ते हुए बच्चे उन बच्चों के साथ इस प्रकार के सम्बन्धों को विकसित करते हैं जिनका लालन-पालन उनके घर और परिवार के वातावरण में उनके समान वातावरण में किया गया है या घर से बाहर पास-पड़ोस, सामुदायिक दायरे, विद्यालय और महाविद्यालय प्रांगण में साथ-साथ समय व्यतीत कर रहे हों। इस सम्बन्ध का उद्देश्य होता है:

- एक-दूसरे के साथ अधिक से अधिक समय व्यतीत करना।
- एक-दूसरे के सामने अपने आपको पूरी तरह अभिव्यक्त करने की स्वतन्त्रता प्राप्त करना।
- खेलने-कूदने, विचारों का आदान-प्रदान करने तथा घनिष्ट-मित्रता विकसित करने के लिए साथी प्राप्त करना।

- अपनी श्रेणी, योग्यताओं या स्तर में बड़ा या छोटा होने के किसी दबाव को महसूस किए बिना परस्पर एक दूसरे के साथ अपने अधिगम को बांटना तथा एक दूसरे की संगति में प्रसन्नता का अनुभव करना।

## *हमउम्र साथी से सम्बन्ध का विकास*
## *(Development of Peer Relationship)*

विकासशील बच्चों के किसी भी आयु समूह के लिए मित्र बनाना और हमउम्र सम्बन्ध विकसित करना इतना आसान कार्य नहीं है जैसा कि हम बड़ी उम्र के लोगों द्वारा सोचा जाता है। छोटे-छोटे बच्चों और शिशुओं (Kinds and toddlers) के लिए किसी भी खेल में सक्रिय समूह के साथ शामिल हो जाना बड़ा कठिन होता है, कई बार तो हमउम्र समूह के द्वारा नकारे जाने की भी सम्भावना होती है। वास्तव में हमउम्र सम्बन्ध विकसित करने तथा मित्र बनाने में बच्चों में काफी व्यक्तिगत कठिनाइयाँ पाई जाती हैं। कुछ बच्चे आसानी से किसी समूह में सफलतापूर्वक प्रविष्ट हो जाना जानते हैं तो दूसरे नहीं जानते। यह बच्चों के स्वभाव और प्रकृति में समाविष्ट अनेक कारकों पर निर्भर करता है, जैसे-सामाजिक बनाम शर्मीलापन, समायोजित होने बनाम आक्रामक स्वभाव, सहयोग बनाम झगड़ालू या स्वार्थी आदि।

किसी खेल या क्रीडा में सरलतापूर्वक प्रविष्टि प्राप्त कर लेने या हमउम्र समूह के साथ संवाद अर्थात् वार्तालाप और अन्त:क्रिया के अवसर प्राप्त कर लेने से ही काम पूरा नहीं होता है। हमउम्र सम्बन्ध को विकसित करने के मामले में वृद्धि को प्राप्त होते हुए बच्चों को पूर्व-विद्यालय समय से लेकर ही अनेक चुनौतियों का सामना करना पड़ता है, जैसे-नए मित्र बनाना, पूर्व बने हुए मित्र से मित्रता बनाए रखना, हमउम्र समूह द्वारा नकारे जाने, उपेक्षित होने या अपमानित होने की सम्भावनाओं या मौकों को समाप्त करना आदि। हमउम्र सम्बन्धों के विकसित होने की राह में आने वाली कठिनाइयों और चुनौतियों का सामना करने के लिए विकसित होते हुए बच्चों की बड़े लोगों द्वारा सहायता की जानी चाहिए। इस कार्य हेतु हमें इस बात पर विचार करना होगा कि वे कौन से कारण और बातें हैं जो विकासशील बालकों को मित्र बनाने तथा हमउम्र बालकों के साथ सम्बन्ध विकसित करने हेतु आवश्यक सामाजिक कुशलता विकसित करने में सहायक होती हैं।

व्यवहार विज्ञान में होने वाले अनुसंधानों से यह ज्ञात हुआ है कि कुछ जन्मजात प्रवृत्तियों, शारीरिक संरचना तथा स्वास्थ्य सम्बन्धी हालातों के अलावा मित्र बनाने तथा साथियों के साथ मेलजोल बढ़ाने के लिए आवश्यक सामाजिक कुशलताएं बच्चों को अपने घर और परिवार में उनके लालन-पालन तथा भाई-बहनों के साथ अन्त:क्रिया करते हुए प्राप्त अनुभवों के माध्यम से भी अर्जित की जाती हैं।

उदाहरण के लिए किसी के घर का वातावरण और माँ-बाप के व्यवहार का सहयोग, सहानुभूति, पारस्परिक प्रेम और आदर, आपसी विश्वास तथा जनतांत्रिक एवं सामाजिक व्यवहार का पाठ पढ़ाया है तो उनके बच्चे अनायास ही इन सभी सद्‌गुणों

को ग्रहण कर लेते हैं जो आगे जाकर उन्हें अपने साथियों के साथ मेलजोल बढ़ाने और मित्र बनाने में सहायक सिद्ध होते हैं। परन्तु दूसरी ओर अगर उनके पालन-पोषण तथा भाई-बहिनों के साथ अन्तःक्रिया करने में कमियाँ अथवा बुराईयां रहती हैं तब अवश्य ही उन बच्चों को मित्र बनाने अथवा साथियों के साथ मेल-जोल बनाने में सहायक सामाजिक कुशलताओं के अर्जन में निश्चित रूप से बाधा आती दिखाई देगी। यह भी पूरी तरह से स्पष्ट है कि भला कौन बच्चे ऐसे होंगे जो उन बालकों से मित्रता या सम्बन्ध बनाए रखना चाहेंगे जो स्वभवतः आक्रामक, रूखे, अत्यधिक शर्मीले, डरपोक, स्वार्थी, झगड़ालू, शंकालू तथा अपने लिए या दूसरों के लिए समस्याएं खड़ी करने वाले हों।

## ***हमउम्र साथियों के सम्बन्धों से जुड़ी हुई कुछ आवश्यक बातें***
## ***(Issues Involved in Peer Relationship)***

विकासशील बालकों में हम उम्र साथियों के साथ अच्छे सम्बन्ध विकसित करने और उन्हें ठीक प्रकार से बनाए रखने में अनेक बातें शामिल होती हैं, जैसे-

A. मित्रता एवं लिंग (Friendship and gender)

B. प्रतियोगिता एवं सहयोग (Competition and cooperation)

C. प्रतियोगिता एवं संघर्ष (Competition and conflict)

D. आक्रामकता और आक्रामक व्यवहार (Aggression and Aggressive behaviour)

E. आतंकित या प्रताड़ित करना (Bullging)

अन्तिम दो बातें बालकों की व्यवहारात्मक समस्याओं से सम्बन्धित हैं जिन्हें हम उम्र साथियों के साथ सम्बन्धों के समय झेलना पड़ता है। हम इन बातों पर इसी अध्याय में अलग-अलग विस्तार से चर्चा करेंगे परन्तु पहले यहाँ हम केवल पहली तीनों उन बातों पर चर्चा करना चाहते हैं जो हमउम्र सहपाठियों के पारस्परिक अन्तःसम्बन्धों में स्पष्ट रूप से झलकती हैं।

*(a) मित्रता एवं लिंग (Friendship and Gender)*: हमउम्र साथियों के साथ सम्बन्ध बढ़ाना या मित्रता बनाना, जैसे कि ऊपर बताया गया है, बालकों की मित्र बनाने की कला, योग्यता, गुण एवं विशेषताओं पर निर्भर करता है। जो बच्चे शारीरिक और मानसिक रूप से स्वस्थ्य होते हैं, उनमें संवेगात्मक स्थिरता तथा सामाजिक क्षमता होती है, वे मित्रता स्थापित करने और हमउम्र साथियों के साथ प्रभावपूर्ण सम्बन्ध बनाने में ज्यादा सफलता पाते हुए देखे जा सकते हैं। बाल्यावस्था के प्रारम्भिक वर्षों में एक-दूसरे के साथ सुविधाओं जैसी कोई बात नहीं होती है। इस अवस्था के दौरान बालक एवं बालिकाएं आपस में एक दूसरे के साथ खेल गतिविधियों या अन्य प्रकार की उपयोगी मैत्रीपूर्ण व्यवहार के आदान-प्रदान में व्यस्त रहते हुए दिखाई देते हैं, उनमें आपस में किसी प्रकार कोई भी भेदभाव या शर्त नहीं होती है। परन्तु जैसे-जैसे उनकी आयु बढ़ती है उनकी मित्रता का आधार उनके अपने-अपने लिंग के अनुसार आपस में उनकी पसन्द-नापसन्द, रुचि-अरुचि बनने लगती है। यही कारण है कि

अब लड़के एवं लड़कियाँ आपस में मित्रता स्थापित करने में अपने लिंग को अधिक महत्त्व देने लगते हैं। लड़के लड़कों के साथ मित्रता बढ़ाते हैं और लड़कियाँ लड़कियों के साथ। उनकी यह प्रवृत्ति प्रारम्भिक किशोरावस्था तक जारी रहती है परन्तु इसके बाद उनकी प्राथमिकता विपरीत लिंग की तरफ आकर्षित होने लगती है। एक बात और है कि बाल्यावस्था और किशोरावस्था की मित्रता की गहराई में अन्तर होता है। बालक जैसे-जैसे अपने शारीरिक, मानसिक, सामाजिक तथा संवेगात्मक विकास में परिपक्वता प्राप्त करते जाते हैं उनकी रुचियों ओर गतिविधियों का क्षेत्र विस्तृत होने लगता है और उनके मित्रतापूर्ण सम्बन्धों में और भी ज्यादा गहनता और गहराई आने लगती है। हम देखते हैं कि किशोरावस्था के लड़के और लड़कियों में मित्रता की गाँठ इतनी गहराई और मजबूती से बंधी होती है कि कई बार तो लड़के और लड़कियों की यह मित्रता उन्हें वैवाहिक सूत्र में भी बाँध देती है या फिर वे आजीवन पक्के और विश्वसनीय मित्र बने रहते हैं।

*(b) प्रतियोगिता और सहयोग (Competition and Cooperation):* प्रतियोगिता, जैसा कि आप जानते हैं, हमेशा अपने बराबर वाले लोगों के साथ ही ज्यादा होती है और इसीलिए हमउम्र साथी बच्चे ही प्रतियोगिता अथवा प्रतिस्पर्धात्मक गतिविधियों में अधिकांश रूप से साझेदारी करते हुए पाए जाते हैं। उनमें यह प्रतियोगिता और प्रतिस्पर्धा की आदत और प्रवृत्ति की झलक शैशवावस्था से ही, जिसे हम हमउम्र साथियों के साथ सम्बन्ध बनाने की प्रारम्भिक अवस्था कहते है, तभी से शुरू हो जाती है। वे अपनी खिलौना कार की रेस (दौड़) लगाते हुए अपने खिलौना हवाई जहाज को उड़ाते हुए, अपने खिलौनों या गुड़ियों के संग्रह का प्रदर्शन करते हुए अपने साथियों से प्रतियोगिता या प्रतिस्पर्धा करते हुए पाए जाते हैं। जैसे-जैसे उनकी आयु बढ़ती है, उनकी प्रतियोगितात्मक क्रियाओं का क्षेत्र विस्तृत होता जाता है। विद्यालय जाने पर अपने हमउम्र साथियों के साथ उनकी यह प्रतियोगिता केवल शैक्षणिक क्षेत्र में श्रेष्ठता प्रदर्शन में ही नहीं होती बल्कि अन्य विभिन्न प्रकार की पाठ्य सहगामी क्रियाओं, खेलकूद, अभिरुचियों (Hobbies) तथा प्रोजेक्ट गतिविधियों में श्रेष्ठता प्रदर्शित करने में भी होती है।

बाल्यावस्था में बच्चे अपने माता-पिता, अध्यापकों तथा अन्य गुरुजनों की आँखों में अपनी श्रेष्ठता दिखाने के लिए प्रतियोगिता करते हुए पाए जाते हैं। किशोरावस्था में वे अपने हमउम्र साथियों की ज्यादा परवाह करते हैं अतः इस समय अपने हमउम्र साथियों में अपने आपको ऊँचा सिद्ध करने के लिए वे प्रतिस्पर्धात्मक गतिविधियों में लगे रहतें हैं। लड़कियाँ लड़कों की नजरों में अपने आपको ज्यादा आकर्षक प्रतीत होने के लिए अपने साथ की लड़कियों से प्रतियोगिता करती है और लड़के लड़कियों की नजरों में आकर्षक और युवा दिखने के लिए अपने साथी लड़कों से प्रतिस्पर्धा करते हैं। यह तो आयु से सम्बन्धित स्वाभाविक सी बात है इस प्रकार की प्रतिस्पर्धा में कोई बुराई भी नहीं है। परन्तु हाँ यह उस समय एक बुराई में बदल सकती है, जब यह प्रतिस्पर्धा अस्वस्थकर प्रतिद्वन्दता में परिवर्तित हो जाए। जब कोई

प्रतिस्पर्धा में भाग लेने वाले हमजोली को नुकसान पहुँचाकर स्वयं आगे निकलने की कोशिश करता है, या जीतने के लिए अनुचित और गलत उपायों का सहारा लेता है तब यह बात हम बड़ों और अध्यापकों के लिए चिन्ता का विषय बन सकती है। इस पर समय रहते ही अंकुश लगाना चाहिए और विकासशील बालकों को स्वस्थ्य प्रतिस्पर्धात्मक कार्यों में भाग लेने हेतु उचित निर्देश तथा परामर्श प्रदान किए जाने चाहिए ताकि अस्वस्थ एवं अनुचित प्रतिद्वन्दता से बचा जा सके। उन्हें यह बताया जाना चाहिए कि प्रतियोगिता या प्रतिस्पर्धा में आगे आने के लिए उन्हें अपनी योग्यता और क्षमताओं को अधिक से अधिक बढ़ाने की कोशिश करनी चाहिए न कि दूसरों के बारे में बुरा सोचने तथा उनके मार्ग में बाधा खड़ी करने में अपना समय बरबाद करना चाहिए।

हमउम्र साथियों के सम्बन्ध एक सकारात्मक तथा स्वस्थ रूप प्राप्त कर सकते हैं यदि विकासशील बालकों के कार्यों और प्रयत्नों को एक दूसरे की खिंचाई करने या प्रतिस्पर्धा करने की बजाय उनकी सहायता करने तथा सहयोग करने की तरफ मोड़ दिया जाए। इसलिए समूह गतिविधियों, सहकारी अधिगम तथा समूह खेलों में बालकों को आगे बढ़ने के लिए प्रेरित करना चाहिए जिससे कि बालक अपने हमउम्र साथियों तथा समूह के सदस्यों के कल्याण और प्रगति पर ही अपना ध्यान केन्द्रित ना करें बल्कि समूह लक्ष्यों को प्राप्त करने के लिए अपनी वैयक्तिक क्षमताओं को बढ़ाने के लिए प्रयत्नरत हो सकें।

*(c) प्रतियोगिता और संघर्ष (Competition and conflict):* हमउम्र साथियों के साथ अच्छे सम्बन्ध बनाए रखने में सहयोग तथा विश्वास काफी महत्त्वपूर्ण और सकारात्मक भूमिका निभाते हैं और इससे सभी हमजोलियों में पारस्परिक सहयोग और इससे वांछित लाभ उठाने की सम्भावना बनी रहती है। प्रतियोगिता या प्रतिस्पर्धा चाहे किसी भी प्रकार की हो इसमें साथियों को एक–दूसरे के प्रतिपक्ष में खड़ा होना ही होता है। यह उनके अच्छे सौहार्दपूर्ण सम्बन्धों में भी कटुता की भावना पैदा कर सकती है जो कि किसी एक दूसरे प्रकार के संघर्ष को जन्म देती है।

इसलिए यह जरूरी हो जाता है कि जहां तक सम्भव हो हमें अपने शिक्षण अधिगम कार्यों में प्रतिस्पर्धा की जगह सहयोग पर जोर देना चाहिए। अगर प्रतियोगिता और प्रतिस्पर्धा करनी ही है तो बालकों को इस तरह निर्देशित किया जाना चाहिए कि वे स्वयं से ही प्रतियोगिता करें यानी वे अपनी कुशलता, क्षमता; योग्यता एवं प्रवीणताओं में इतनी वृद्धि करें कि वे अपने लक्ष्यों की प्राप्ति का मार्ग सहज कर सकें न कि हर समय यह सोचते रहें कि उन्हें दूसरों को पराजित करके आगे बढ़ना है। अगर उन्हें अपनी क्षमता और योग्यता को बढ़ाने के प्रयासों में अपने हमजोली के साथ कोई गलतफहमी हो जाए तो उसी समय परिस्थिति को स्पष्ट करते हुए उस गलतफहमी को दूर कर लेना चाहिए और जरूरी समझौता करने की कोशिश करनी चाहिए। इस संघर्षपूर्ण स्थिति का समाधान "खुद भी समृद्ध बनें और दूसरों को भी समृद्ध बनने दें" इस दार्शनिक विचारधारा में छिपा हुआ है। अतः अपने रहन–सहन और कार्य

करने के सम्बन्धों में एक दूसरे की प्रगति और कल्याण के लिए योगदान करते हुए आगे बढ़ने की कोशिश करनी चाहिए।

### *हमउम्र साथियों के साथ मेलजोल और सम्बन्धों का बालकों के विकास पर प्रभाव (Influence of Peer Relationships on Development)*

व्यक्ति के व्यक्तित्व के सभी आयामों के पूर्ण विकास की प्रक्रिया को प्रभावित करने तथा उसके जीवन की पूरी अवधि में स्वयं साथियों के साथ उसके सम्बन्धों का एक महत्त्वपूर्ण स्थान होता है। व्यक्ति के जीवन में उसकी शैशवास्था से ही उसके हमउम्र (Peers) साथी वे सहचर होते हैं जो उसके साथ बहुत गहराई तथा संवेगात्मक बंधनों में बंधे और जुड़े होते हैं। ऐसे हमउम्र सहचर खेलने के साथी या कक्षा के साथी के रूप में सच्ची मित्रता और साथ प्रदान करते हैं तथा जीवन की खुशियों और आनन्द को परस्पर बाँटने के लिए गहरी मित्रता निभाते हुए पाए जाते हैं। आयु, योग्यताएं तथा कौशल की दृष्टि से समान स्तर और श्रेणी का होने के कारण किसी एक या अन्य आदतें, सम्प्रत्यय, अभिवृत्तियाँ, कौशल तथा बच्चों के सर्वांगीण वृद्धि और विकास से सम्बन्धित अन्य आदतें, बातों को सीखने तथा अर्जन करने के मामले में अपने परिवार के बड़े सदस्यों तथा अध्यापकों से ज्यादा भरोसा तथा विश्वास बच्चे अपने इन साथियों पर करते हैं और उनकी बात को ठीक समझते हैं। एक दूसरे की संगति में हमउम्र बच्चों के लिए नई बातों को सीखने तथा अर्जन करने का कार्य सापेक्षिक रूप से ज्यादा सरल, आसान और बोधगम्य हो जाता है। वे आपस में एक-दूसरे के सामने अपनी कमजोरियों या कमियों को बताने में जरा भी हिचकिचाहट का अनुभव नहीं करते हैं।

वास्तव में ये हमउम्र साथी ही होते हैं जो एक बहुत अच्छे अध्यापक की भूमिका निभाने में पर्याप्त रूप में सक्षम सिद्ध हो सकते हैं क्योंकि एक तो उनका परिपक्वता स्तर समान दर्जे का होता है और दूसरे वे उनके ही स्तर पर आकर भली-भांति विचार विनिमय कर सकते हैं और उन्हीं की भाषा में अधिगम अर्जन करने में सहायता कर सकते हैं। यही कारण है कि बहुधा हमउम्र साथियों से औपचारिक रूप में जो शैक्षिक सहायता दी जाती है या ट्यूटर की तरह मार्गदर्शन किया जाता है वह विकासशील बच्चों के अधिगम और विकास में बहुत लाभकारी सिद्ध होता है।

इस प्रकार की औपचारिक सहायता और जानबूझ कर किए गए प्रयासों के साथ-साथ अनौपचारिक, सतत और अनजाने तरीके से हमउम्र सम्बन्ध बच्चों के सर्वांगीण बुद्धि एवं विकास पर काफी ज्यादा प्रभाव डालते हुए पाए जाते हैं।

इस प्रकार के हमउम्र सम्बन्ध का प्रभाव जो जानबूझ कर या स्वभावतः प्रदान किया गया है उस पर एक नजर डालने से हमउम्र सम्बन्ध तथा बाल विकास में सम्बन्धों की महत्ता को हम आसानी से जान सकते हैं।

1. शैशवावस्था के काल से ही हमउम्र साथियों के साथ खेलने आदि क्रियाओं में जो खुशी मिलती है, वह बच्चों को शारीरिक, गामक, संज्ञानात्मक, सामाजिक, सौन्दर्यात्मक तथा नैतिक विकास के लिए अनगिनत अवसर प्रदान करती है। इसलिए शिशुओं और छोटे बालकों को अपनी आयु से सम्बन्धित गामक, सामाजिक, संज्ञानात्मक तथा संवेगात्मक कौशलों का अधिगम करने में बहुत तीव्र गति पकड़ते हुए देखकर कोई आश्चर्य नहीं होना चाहिए विशेषकर उस समय जब कि अपने हम उम्र साथियों के साथ प्रतियोगिता करते हुए या सहयोग करते हुए अधिगम करने के समुचित अवसर का आनन्द ले रहे हों।
2. जरूरी सामाजिक कौशलों जैसे-शाब्दिक सम्प्रेषण और अन्तःक्रिया, सहायता करना, एक दूसरे के साथ वस्तु या अनुभव बाँटना और सहयोग करना आदि का अर्जन करने के कार्य को हमउम्र साथियों के साथ सम्बन्धों तथा अन्तःक्रिया के द्वारा अच्छी तरह से अधिगम किया जा सकता है।
3. जैसा कि पहले चर्चा की जा चुकी है हमउम्र सम्बन्धों को विकसित करने का कार्य विकासशील बच्चों के लिए बहुत से मामलों जैसे-मित्रता बनाने, पूर्व स्थापित हमउम्र समूह में प्रवेश प्राप्त करना, हमउम्र समूह के द्वारा स्वीकारा जाना या नकारा जाना, दादागिरी करने वाले बच्चों का सामना करना, समूह के नियम और संस्कृति में अपने आप का समायोजन करना, आदि के सम्बन्ध में अनेक चुनौतियों से जुड़ा हुआ है। फलस्वरूप ये विकासशील बच्चे इन हमउम्र समूहों में रहते हुए बहुत से महत्त्वपूर्ण सामाजिक एवं जीने के लिए जरूरी कौशलों जैसे-संघर्ष प्रबन्धन, प्रतियोगिता एवं सहयोग, अपनी बात पर अड़े रहना, सम्मान एवं अपनी पहचान बनाना, अपने संवेगों विशेष रूप से आक्रामकता या पलायनवादी प्रवृत्ति पर वांछित नियंत्रण रखना आदि के विकास के लिए बहुमूल्य पाठ को आत्मसात करने और अधिगम करने के लिए अनेक अवसर प्राप्त करते हैं।
4. बच्चों को अपने आत्म के साथ, वातावरण के साथ समुचित रूप से अपना समायोजन करने में सहायता करके हमउम्र सम्बन्ध बच्चों की प्रगति और विकास में काफी लाभकारी सिद्ध होता है। पहली बात तो यह है कि हमउम्र सम्बन्ध बच्चों को अपनी दबी हुई भावनाओं और संवेगों को बाहर निकालने के लिए एक सेफ्टी वाल्व (Safety valve) अर्थात् एक सुरक्षित मार्ग के रूप में हमारे सामने आता है। वे अपने दिल और मन की बातों को अपने अभिन्न साथियों से खुलकर व्यक्त कर सकते हैं। उनके साथ अपनी समस्याएं और सुख दुख की बातों को बांट सकते हैं। इस प्रकार हमउम्र सम्बन्धों के माध्यम से बालकों को अपने आपको भलीभांति व्यक्त करने का सही रास्ता मिल जाता है, परिणामस्वरूप वे अपने तनाव, दुख-दर्द, संघर्ष तथा अन्तःद्वन्दों से मुक्ति पाकर अपने आपसे समायोजित होने में सफलता प्राप्त कर सकते हैं। इसके

अतिरिक्त हमउम्र सम्बन्धों में उन्हें जो दूसरों का साथ और सहयोग प्राप्त होता है। उनसे उन्हें उन सभी वांछनीय कौशल और आवश्यक आदतों को ग्रहण करने में मदद मिलती है जिनसे घर, विद्यालय तथा सामाजिक वातावरण सम्बन्धी समायोजन आवश्यकताओं को वे अच्छी तरह से पूरा कर सकें।

5. हमउम्र सम्बन्ध विकासशील बच्चों को आवश्यक सम्प्रेषण कौशलों का अधिगम और अर्जन करने में, भाषात्मक योग्यताएं विकसित करने में तथा सामाजिक भूमिकाओं का अभ्यास कराने में काफी महत्त्वपूर्ण और प्रभावशाली सिद्ध होते हैं। जिन बच्चों को हमउम्र सम्बन्धों का आनन्द प्राप्त करने की सुविधा या अवसर नहीं मिल पाता है, इन मामलों में काफी विपरीत रूप से प्रभावित होते हैं अर्थात उनमें उपरोक्त योग्यताओं का विकास समुचित रूप से नहीं हो पाता है।
6. व्यवहारात्मक विज्ञानों के क्षेत्र में रहे अनुसंधानों में यह अच्छी तरह से अनुभव किया गया है और प्रतिपादित भी किया गया है कि अपनी विकासशील आयु में (शैशवावस्था से किशोरावस्था तक) बच्चे हमउम्र सम्बन्धों के बहुत शौकीन होते हैं। चाहे यह बाल्यावस्था हो (जीवन क्रियाओं कों आपस में बाँटने के लिए समूह अर्थात गैंग (gang) बनाने के कारण इसे गैंग एज (gang age) कहा जाता है) या किशोरावस्था (हमउम्र के साथ बहुत ज्यादा अन्तरंगता और घनिष्टता का काल) हो, वे जहाँ तक सम्भव हो अपने हमउम्र साथियों के साथ अधिक से अधिक समय व्यतीत करना चाहते हैं। वे वही भाषा बोलते हैं जो उनके हमउम्र साथी बोलते हैं, हमउम्र साथियों के रहने सहने के तरीके अर्थात् जीवन शैली का अनुकरण करते हैं, तथा अपने हमउम्र सम्बन्धों के विचारों के अनुरूप अपने आपको ढाल लेते हैं और ज्यादातर उन्हीं की तरह व्यवहार करते हैं। परिणामस्वरूप उनका विकास अपने हमउम्र सम्बन्धों के द्वारा डाले गए प्रभाव के सकारात्मक या नकारात्मक प्रभाव पर निर्भर करता हुआ सकारात्मक या नकारात्मक दिशा ग्रहण कर लेता है। वे वैसे बन जाते हैं जैसे उनके हमउम्र साथी होते हैं। यही कारण है कि विकासशील बच्चों के जरूरी विकास और समायोजन को हमउम्र प्रभाव सकारात्मक या नकारात्मक दोनों ही सीमा तक प्रभावित करता हुआ पाया जाता है। बुरे साथियों की संगति में इस बात की पूरी सम्भावना होती है कि बच्चे अस्वस्थ्यकर और अवांछित आदतें, समाज विरोधी व्यवहार और वह सब कुछ जो उनके विकास प्रगति और उनके जीवन में ठीक रहने के लिए खतरनाक और नुकसानदायक है, ग्रहण कर लें।

इस प्रकार से निष्कर्ष रूप में यह कहा जा सकता है कि हमउम्र सम्बन्ध बच्चों के जीवन में एक महत्त्वपूर्ण अर्थ, स्थान एवं महत्ता रखते हैं। यह सम्बन्ध बच्चों की प्रगति, व्यवहार करने के तरीकों और उनके व्यक्तित्व के विभिन्न आयामों के विकास के मार्ग पर अपने अतुलनीय एवं बेजोड़ प्रभाव के द्वारा विकासशील बच्चों के

विकास, प्रगति और समायोजन को एक उचित आकार प्रदान करता है तथा सही दिशा में बढ़ने के लिए प्रेरित करता है।

## बालकों में आक्रामकता और आक्रामक व्यवहार

## (Aggression and Aggressive behaviour among children)

### *आक्रामकता एवं आक्रामक व्यवहार क्या है?*

### *(What is Aggression and Aggressive behaviour)*

परिस्थितियों, व्यक्तियों तथा समस्याओं से निपटने का यह तरीका भी है कि उन पर हावी रहने का प्रयत्न किया जाए। समायोजन (Adjustment) सम्बन्धी इस प्रकार की आवश्यकता हमारे स्वभाव में आक्रामकता का रुख चाहती है। इस प्रकार का रुख अपनाकर बहुत से लोग कार्यों को करने तथा उसमें सफलता प्राप्त करने में कामयाब रहते हैं। जो टीम आक्रामक रुख अपनाती है वह कई बार अपनी इस आक्रामकता की परिणति सफलता या जीत में देखती हैं। इस तरह बहुत से व्यक्तियों के कार्य करने का तरीका या व्यवहार ही ऐसा हो जाता है कि उसमें दूसरों पर हावी होने तथा आक्रामकता के चिह्न साफ नजर आते हैं।

समस्याओं से निपटने तथा परिस्थितियों का मुकाबला करने के लिए इस प्रकार का आक्रामक रुख अपनाना कोई विशेष खतरे या समस्या की बात नहीं। परन्तु इसकी अधिकता और उग्रता तब चिन्ता का कारण बन जाती है जब व्यवहार करने वाले का स्वयं पर अपेक्षित नियंत्रण नहीं रहे और यह उसके स्वयं के तथा अन्य के नुकसान का कारण बन जाये।

आक्रामकता के शिकार समस्यात्मक बालकों के व्यवहार में निम्न प्रमुख विशेषताएं या लक्षण देखने को मिलते हैं:

(i) अपने साथियों, विशेषकर छोटे भाई-बहनों, छोटे या अपने से कमजोर बालकों को बुरी तरह मारते-पीटते काटते या खँरोचें लगाते रहते हैं।

(ii) वस्तुओं को तोड़ने-मोड़ने, फेंकने तथा नष्ट करने की क्रियाएं करते हैं तथा अभ्रद एवं अश्लील भाषा का प्रयोग करते हैं।

(iii) चिल्लाकर, पैर पटक कर, जमीन में या किसी वस्तु पर सिर मारकर अपनी उग्रता या क्रोध को व्यक्त करते हैं।

(iv) बहुत अधिक जिद या हठ का प्रदर्शन करते हैं।

(v) बड़ों की आज्ञा को न मानना, उनके आगे जबान लड़ाना तथा किसी भी सजा का विरोध करने में अपनी शान समझते हैं।

(vi) ऊपर से अपने को निडर बलवान सिद्ध करने वाले ये बालक भीतर से बहुत ही कायर तथा डरपोक सिद्ध होते हैं। इनके व्यवहार में एकरूपता या भरोसे वाली बात नहीं होती। अपने से बलवान तथा सेर का सवा सेर मिलने पर वे जल्दी ही अपनी आक्रामकता को त्यागकर सहज और सामान्य व्यवहार भी करने लगते हैं।

(vii) इन बालकों को आंतरिक रूप से काफी असुरक्षित (Insecure) तथा परेशान (Disturbed) पाया जाता है।

*आक्रामकता के संभावित कारण (Possible Causes of Aggressiveness)*

बालकों में आक्रामकता की समस्या पैदा होने के मूल में निम्न कारण कार्य कर सकते हैं।

1. बालकों के परिवार का वातावरण उनके इस प्रकार के व्यवहार को जन्म देने के लिए काफी उत्तरदायी होता है। जिस परिवार में बालकों को आवश्यक स्नेह तथा सुरक्षा नहीं मिलती है। जहां माँ-बाप तथा परिवार के अन्य सदस्यों में काफी झगड़े, कलह तथा अशान्ति रहती है। जहाँ बालक से किसी भी वजह से पक्षपात, एवं द्वेष पूर्ण व्यवहार होता है और जहां बात-बात में उन्हें डाँटा-फटकारा तथा तिरस्कृत किया जाता है वहाँ बालकों में आंतरिक असुरक्षा की भावना आ जाती है और परिणामस्वरूप वे अपने आपको सुरक्षित रखने के लिए आक्रामकता का कवच पहनने को प्रेरित हो जाते हैं।
2. बालकों का आक्रामक व्यवहार कई बार अनुकरण का प्रतिफल होता है। जब वे अपनों से बड़ों, गुरुजनों, माता-पिता, भाई-बहन तथा समाज के अन्य सदस्यों के आक्रामक व्यवहार को देखते हैं तो उसका वे स्वतः ही उन्हें आदर्श (Models) मानकर अनुकरण करने लगते हैं। एक बालक जब अपने पिता जी को गुस्से में प्लेट अपनी माँ के ऊपर फेंकते हुए देखता है तो इस प्रकार के व्यवहार की पुनरावृत्ति उसके द्वारा होने की सम्भावना से इंकार नहीं किया जा सकता। इसी तरह की आक्रामकता से प्रेरित बालक जब टेलीविजन तथा फिल्मों में आक्रामक व्यवहार को देखता है तो उसके अनुकरण की बात उसके दिल और दिमाग में गहराई से बैठने लगती है। वह वही करने का प्रयत्न करता है जो उसके आदर्श नायकों तथा खलनायकों द्वारा पर्दे पर उसे दिखाया जाता है।
3. जब बालकों को अपने माँ-बाप, बड़े भाई-बहन, अध्यापक तथा अन्य बड़ों के आक्रामक व्यवहार को अनावश्यक ही सहना पड़ता है तो उनमें उनका प्रतिरोध लेने की आग भड़कती रहती है। इसकी शांति वे अपने से छोटे तथा कमजोरों पर अपना गुस्सा उतारकर करते हैं और परिणामस्वरूप वे आक्रामकता के शिकार हो जाते हैं।
4. कई बार अपनी इच्छाओं और माँगों को पूरा करने के लिए इस प्रकार के आक्रामक व्यवहार का सहारा लेते हैं और उनकी इच्छा इस प्रकार पूरी हो जाने पर उनके व्यवहार को पुनर्बलन मिल जाता है और परिणामस्वरूप वे इस प्रकार का व्यवहार करना सीख जाते हैं।
5. जब बालक किसी भी कार्य में दूसरों से पीछे रह जाते हैं या असफल हो जाते हैं तो निराशा के प्रतिकार के लिए वे विद्रोही और आक्रामक रुख अपना लेते हैं। जिन बालकों के कारण उन्हें अपमानित होना पड़ा या जो उनसे बाजी मार

ले गए उनसे बदला लेने या उन्हें पीछे धकेलने के सपने देखते रहते हैं तथा अपनी खीज उन पर न उतरने की अवस्था में दूसरों पर उतार कर अपने आपको हल्का रखने की कोशिश करते हैं और यह बातें उनके सम्पूर्ण व्यवहार को ही आक्रामक व्यवहार में बदल देती हैं। इस तरह बहुत सारे बालकों में आक्रामकता का कारण उन्हें जीवन संग्राम में मिलने वाली असफलता तथा निराशा ही होती है।

6. ऐडलर नामक प्रसिद्ध मनोवैज्ञानिक के अनुसार, "अपने आपको दूसरों से श्रेष्ठ मनवाए जाने या दूसरों पर अधिपत्य जमाने की प्रवृत्ति तथा प्रेरक मानव व्यवहार का मूल स्त्रोत माना जाता है।" कुछ बालकों में यह बात जरूरत से ज्यादा पाई जाती है। वह हर कीमत पर अपने को दूसरों से श्रेष्ठ मनवाए जाने की ठान लेते हैं और इसके लिए अपने व्यवहार में ऐसी आक्रामकता धारण कर लेते हैं कि सब उनसे डरते रहें और उनकी शक्ति और योग्यता का लोहा मानने लगें।
7. मूलभूत आवश्यकताओं की पूर्ति सभी बालकों के लिए आवश्यक होती है। कई बार इनकी पूर्ति में वातावरण जन्य कारणों द्वारा बाधा खड़ी हो जाती है। परिस्थितियों और स्वभाववश कुछ बालकों को यह बात बहुत ज्यादा खटकती है कुछ सहन कर लेते हैं परन्तु कुछ विद्रोह पर उतारू होकर आक्रामक रवैय्या अपना लेते हैं। इस प्रकार से आक्रामक व्यवहार से जब उन्हें प्रत्यक्ष या अप्रत्यक्ष रूप से सन्तोष या सुख मिलने लगता है तो यह उनके व्यवहार पर छा जाता है। और वे समस्यात्मक बालक बन जाते हैं।

*उपचारात्मक/निवारणात्मक उपाय (Remedial Measures)*

आक्रामक व्यवहार सीखा हुआ या अर्जित व्यवहार होता है। इसकी रोकथाम तथा उपचार के लिए अगर वाँछित प्रयत्न किए जाएं तो बालकों को इससे पीड़ित होने से बचाया जा सकता है। संक्षेप में निम्न बातें इस दिशा में काफी सहयोगी सिद्ध हो सकती है।

1. माँ-बाप तथा अन्य बड़ों को आवश्यक परामर्श तथा निर्देशन की व्यवस्था कराई जानी चाहिए ताकि
   (i) वे बच्चों के सामने आपस में अनावश्यक उग्र या आक्रामक व्यवहार का प्रदर्शन न करें, घर के वातावरण को शांतिपूर्ण और प्रेरणादायक बनाएँ तथा आपसी कलह तथा लड़ाई झगड़े से दूर रहें।
   (ii) बच्चों के साथ अन्याय, द्वेषपूर्ण तथा पक्षपात वाला दृष्टिकोण न रखें।
   (iii) उनके साथ प्रेम और सहानुभूति से पेश आए ताकि ऐसे ही व्यवहार को बच्चे अपने से छोटे तथा साथी बालकों से दोहरा सकें।
   (iv) उनकी मूलभूत आवश्यकताओं की पूर्ति के लिए प्रयत्नरत रहें। न कर पाने की स्थिति में उनको प्यार तथा सुरक्षा का ऐसा कवच दें कि वे अभावग्रस्त रहकर असुरक्षित एवं हीन भावना से न घिर जाएं।

2. बालकों को आक्रामक बालकों की संगत से बचाया जाना चाहिए। टेलीविजन या फिल्मों का बालकों के मन पर दुष्प्रभाव पड़ सकता हैं इसलिए उन्हें समझाया जाना चाहिए कि पर्दे की दुनिया अवास्तविक होती है जीवन में ऐसा होता नहीं है और जो लोग ऐसे व्यवहार के आदी हो जाते हैं उन्हें जिन्दगी में परेशानी ही उठानी पड़ती है। वे स्वयं तो बर्बाद होते ही हैं दूसरों को भी उनके साथ बर्बाद होना पड़ता है। इस प्रकार की सच्चाई उनके सामने रखने से वे सही रास्ते पर लाए जा सकते हैं।
3. बालकों का आक्रामक व्यवहार एक प्रकार से मनोरोग ही होता है। बालकों में इसकी अतिशयता होने पर किसी बाल मनोवैज्ञानिक तथा मनोरोग चिकित्सक की देखरेख में उनकी उपचार व्यवस्था किया जाना भी ठीक रहता है।
4. आक्रामक व्यवहार को सजा देकर ठीक नहीं किया जा सकता। इसका परिणाम उलटा ही होता है और बालक ज्यादा आक्रामक हो बैठता है। आग को शांत करने के लिए ठंडा पानी चाहिए और इस रूप में प्यार, स्नेह तथा धैर्य से ऐसे बालकों को सामान्य व्यवहार पर लाने के प्रयत्न किए जाने चाहिए।
5. ऐसे बालकों को उनकी इच्छा तथा रुचि के अनुकूल उपयोगी, रोचक तथा चुनौतीपूर्ण कार्य में लगाया जाना चाहिए। पर्याप्त पुनर्बलन प्रदान कराने तथा इनके उत्साह को बढ़ाकर इनके गुस्सा, विक्षोभ तथा विद्रोह के लिए कोई विकल्प प्रस्तुत करने सम्बन्धी बात काफी उपयोगी सिद्ध होती है। दूसरे उनका मन दूसरी तरफ फिर जाने के कारण उन्हें अपना आक्रामक रुख दिखाने की बात नहीं सूझती। असफलता की दिशा में कभी भी इन बालकों को झिड़कना या निरुत्साहित नहीं किया जाना चाहिए बल्कि फिर से प्रयत्न करने को प्रोत्साहित किया जाना चाहिए।
6. दूसरों के सामने नीचा दिखाने या अपमानित करने के कोई प्रयत्न ऐसे बालकों के सामने नहीं किए जाने चाहिए। इन बालकों को ऐसे अवसर दिए जाने चाहिए जहां उन्हें कुछ कर दिखाने या अपने को श्रेष्ठ करके अपनी शान दूसरों पर बनाए रखने की इच्छा की पूर्ति करने का मौका मिल सके।
7. आक्रामक व्यवहार का शुरू से उन्मूलन करना ठीक रहता है। इस व्यवहार पर ज्यादा ध्यान देना, चाहे वह किसी भी रूप में हो, ठीक नहीं होता। माँ–बाप का इस बारे में परेशान होना बच्चे को इसकी पुनरावृत्ति करने की प्रेरणा दे सकता है। सजा देने पर यह और भी भड़क सकता है। इसकी वजह से बालक जो चाहता है उसकी पूर्ति करते रहना भी उसको पुनर्बलित कर सकता है। अतः ऐसा व्यवहार करने पर इसकी उपेक्षा की जाए। इस पर ध्यान न देकर बालक का ध्यान कहीं और बँटाने का प्रयत्न किया जाए या उसे ऐसा करने पर जब बालक को किसी तरह का पुनर्बलन या प्रतिपुष्टि अपने व्यवहार के लिए प्राप्त नहीं होती तो इसके पुनः घटने की सम्भावना कम होती चली जाती है और बालक आक्रामक नहीं बन पाता।

इस तरह कुछ उपरोक्त बातों को अपनाकर हम बालक विशेष को उसकी आक्रामकता तथा उससे होने वाले दुष्प्रभावों से बचाने का प्रयत्न कर सकते हैं।

## *आतंकित या प्रताड़ित करना (Bullying)*

### *आतंकित या प्रताड़ित करना क्या होता है? (What is Bullying?)*

विद्यालय परिवेश में प्राय: कुछ बालक ऐसे भी हो सकते हैं जो अपने से छोटे या कमजोर बालकों को डराने-धमका कर आतंकित करने और अन्य प्रकार से प्रताड़ित करने का कार्य करते हैं। आंग्ल भाषा में उनके इस व्यवहार को बुलीइंग (Bullying) तथा उनको एक बुली (Bully) का सम्बोधन दिया जाता है। औपचारिक परिभाषा के रूप में यह एक प्रकार का अनावश्यक आक्रामक व्यवहार तथा शक्ति का दुरूपयोग है जिसका प्रदर्शन करते हुए एक अपेक्षाकृत बड़ा और ताकतवर बालक अपने शब्दों और व्यवहार क्रियाओं द्वारा अपने से छोटे और दुर्बल बालक को शारीरिक अथवा मनोवैज्ञानिक रूप से प्रताड़ित करने का प्रयत्न करता है। इस प्रकार के व्यवहार को करते समय आतंकित और प्रताड़ित करने वाले बालक को अपने इस कार्य में, अपने अन्य साथियों से भी क्रियात्मक रूप में या बढ़ावा देने के रूप में सहायता मिल सकती है अथवा वह अकेला ही इस प्रकार का व्यवहार प्रदर्शित करता हुआ देखा जा सकता है। प्रताड़ित और आतंकित करने का यह कार्य प्रत्यक्ष रूप में आमने-सामने भी हो सकता है अथवा लिखित संदेश के रूप में या ऑनलाइन भी हो सकता है इसे खुले आम या गोपनीय ढंग से भी किया जा सकता है।

### *आतंकित या प्रताड़ित करने सम्बन्धी व्यवहार के प्रकार (Types of Bullying)*

आतंकित या प्रताड़ित करने सम्बन्धी व्यवहार विद्यालय में आते जाते समय, खेल के मैदान में, कक्षा कक्ष में, विद्यालय की गतिविधियों के आयोजन सम्बन्धी किन्हीं भी स्थानों या विद्यालय के अन्दर और बाहर कहीं भी घटित हो सकता है। विभिन्न स्थानों पर घटित इस प्रकार का व्यवहार निम्न प्रकार के विभिन्न रूपों में दृष्टिगोचर हो सकता है:

*1. शारीरिक रूप से आतंकित या प्रताड़ित करना (Physical Bullying):* इस प्रकार के व्यवहार में बालकों को शारीरिक या आर्थिक रूप से कुछ निम्न प्रकार के व्यवहार क्रियाओं द्वारा आतंकित और प्रताड़ित करने का प्रयत्न किया जाता है:

- थप्पड़ मारना, धक्का देना, नुकीली चीज चुभो देना, नोचना-खरोचना, काटना, जोर से गिरा देना, मुक्का मारना, ठोकर मारना आदि।
- किसी जगह पर अकेले बन्द कर देना।
- मुश्किल या विपत्ति में डालने सम्बन्धी कार्य करना।
- समूह से अलग-थलग कर देना।
- इच्छा के विरुद्ध अंग-प्रत्यंग का स्पर्श करना तथा छेड़खानी करना।
- वस्तुओं को उठा लेना, छीन लेना अथवा तोड़-फोड़ देना।

- नाजायज रूप में धमकाकर पैसे वसूल करना।

*2. शाब्दिक या मौखिक रूप से आतंकित या प्रताड़ित करना (Verbal Bullying):* इस प्रकार के व्यवहार में किसी बालक की भावनाओं को निम्न प्रकार की व्यवहार क्रियाओं द्वारा आघात पहुँचाया जा सकता है:

- गाली देना या अपशब्द कहना।
- धमकी देना अथवा आतंकित करना।
- चिढ़ाना।
- व्यंग्य कसना।
- तिरस्कृत करना या अपमानित करना।
- नकारात्मक अफवाह फैलाना।
- जाति सूचक या वर्ण भेदी शब्दों का प्रयोग या टिप्पणी करना।

*3. लिखित संदेश या ऑन लाइन के रूप में आतंकित या प्रताड़ित करना (Written or on line Bullying):* इस प्रकार के व्यवहार में किसी बालक को निम्न प्रकार की व्यवहार क्रियाओं द्वारा आतंकित या प्रताड़ित करने का प्रयत्न किया जाता है:

- धमकी भरे पत्र या संदेश भेजना।
- बार-बार फोन की घंटी मारना या धमकी और गाली युक्त फोन करना।
- मोबाइल या इंटरनेट पर धमकी या अपमान युक्त संदेश भेजना।
- बदनाम करने वाले पोस्टर चिपकाना या श्यामपट् या दीवारों पर बालक के बारे में अभद्र बातें लिखना।
- किसी के बारे में गलत और अपमानजनक तथा व्यक्तिगत सूचनाएं ऑन लाइन प्रस्तुत करना।
- सोशल नेटवर्क साइट्स पर बदनामी करना या घृणास्पद बातें फैलाना।

### *आतंकित एवं प्रताड़ित करने वाले व्यवहार के दुष्प्रभाव (Impact of Bullying)*

आतंकित तथा प्रताड़ित करने वाला उन सभी के लिए दुखदायी और हानिकारक सिद्ध होता है जो इसके साथ किसी न किसी रूप में सम्बन्धित रहते हैं जैसे (i) इसके शिकार होने वाले बालक (ii) इसे करने वाले बालक (iii) दर्शक बालक तथा (iv) विद्यालय विशेष जिसमें ऐसे व्यवहार घटित होते हैं। आइए इन सब पर पड़ने वाले दुष्प्रभावों के बारे में जानने का प्रयत्न किया जाए।

*1. आतंकित एवं प्रताड़ित करने वाले व्यवहार के शिकार बालकों पर पड़ने वाले प्रभाव (The Impact over students who are bullied)*

- उन्हें विद्यालय जाने में डर लगने लगता है और वे न जाने का कोई-न-कोई बहाना ढूंढ़ना शुरू कर देते हैं।
- उनकी उपस्थिति (Attendance) तथा शैक्षणिक उपलब्धि में गिरावट आ जाती है।

- उनमें खीज, चिड़चिड़ापन तथा बात-बात पर भड़कने सम्बन्धी आदतें विकसित हो जाती हैं।
- वे एकांतप्रिय तथा दूसरों से अलग-थलग दिखाई पड़ते हैं।
- उन्हें चिन्ता, परेशानी तथा नैराश्य से जूझते देखा जा सकता है।
- उनमें आत्मविश्वास तथा आत्मप्रतिष्ठा की कमी झलकती है।
- वे भयभीत तथा आतंकित दिखाई देते हैं।
- उन्हें दु:स्वपन आने लगते हैं और रात में अच्छी तरह नींद नहीं आती।
- वे अवसाद (Depression) के शिकार होकर व्यवसनी (Drug addicts) बन जाते हैं।
- उनमें आत्मघाती प्रवृत्तियाँ (Suicidal tendencies) उभरने लगती हैं।

2. *दूसरों को आतंकित एवं प्रताड़ित करने वाले बालकों पर प्रभाव (The Impact on Bullies):*
   - उन्हें विद्यालय की गतिविधियों में भाग लेना अच्छा नहीं लगता तथा उनकी उपस्थिति भी कम ही रहती है।
   - विद्यालयों के कार्यों में उनकी भागीदारी भी कम रहती है और शैक्षणिक उपलब्धियों में वे काफी पिछड़ने लगते हैं।
   - वे अपने घर लौटते है तो प्राय: उनके वस्त्र फटे तथा शरीर पर खरोंच या चोट के निशान मिलते हैं।
   - उनके पास ऐसे वस्त्र, वस्तुएँ तथा धन की उपस्थिति पाई जाती हैं जिसके बारे में वे कुछ बताने में असमर्थ हों।
   - उनका व्यवहार दूसरों के साथ ऐसा होता है जिसके लिए उन पर अनुशासनात्मक कार्रवाई की जाए।
   - वे विद्यालय में नहीं बल्कि घर पर भाई-बहनों, पड़ोस के बालकों को भी प्रताड़ित करते हुए पाये जाते हैं तथा अपने परिवार के सदस्यों से भी वे प्राय: ठीक तरह से पेश नहीं आते।
   - उनका दूसरे बालकों के साथ अक्सर झगड़ा तथा मार-पीट चलती रहती है। वे संपत्ति को नुकसान पहुँचाते हुए और विद्यालय में अनुशासनहीनता फैलाने तथा परिणामस्वरूप विद्यालय से निष्काषित होते हुए पाये जाते हैं।
   - उनकी बाल या किशोर अपराध कहलाने वाले व्यवहार कार्यों जैसे चोरी, छीना झपटी, आक्रामक मार-पीट एवं हिंसा फैलाने वाले तथा मद्यपान एवं ड्रग्स सेवन करने आदि में लिप्त होने की सम्भावनाएँ बढ़ जाती हैं।
3. *दर्शकों पर पड़ने वाले प्रभाव (Effect on Bystanders):*
   - उन्हें विद्यालय जाने में झिझक तथा डर का अनुभव होता है और वे उससे विमुख होना प्रारम्भ कर देते हैं।

- उन्हें इस बात को लेकर आत्मग्लानि होती है कि वे किसी को अकारण ही आक्रांत और प्रताड़ित होते हुए देखते रहे तथा अपनी असमर्थता की वजह से कुछ भी नहीं कर सके।
- उनकी मनोस्थिति पर प्रतिकूल प्रभाव पड़ता है, वे चिंता और अवसाद के शिकार हो जाते हैं।
- उनमें एलकोहल, तम्बाकू तथा मादक द्रवों (Drugs) के सेवन की सम्भावनायें बढ़ जाती हैं।
- उन्हें घटना के प्रत्यक्ष गवाह होने के कारण भीतरी डर बैठ जाता है, रात को ठीक से नींद नहीं आती तथा दुःस्वपन आने लगते हैं।

4. *विद्यालयों पर पड़ने वाले प्रभाव (Impact on Schools) :* जब किसी विद्यालय में आतंकित या प्रताड़ित करने के मामलों में बढ़ोतरी होती रहती है और विद्यालय के द्वारा कोई उपयुक्त कदम नहीं उठाये जाते तो परिणाम स्वरूप वहाँ के वातावरण पर निम्न प्रकार के दुष्प्रभाव पड़ते हुए दिखाई देते हैं।
   - विद्यालय में अनुशासन हीनता तथा बाल-अपराध के मामलों में तेजी से वृद्धि होना प्रारम्भ हो जाती है।
   - विद्यालय का वातावरण भययुक्त तथा लड़ाई झगड़े की भूमि में परिवर्तित होने लगता है।
   - विद्यालय में शिक्षा प्राप्त करने या प्रदान करने का उपयुक्त वातावरण नहीं रह पाता जिससे परीक्षा परिणामों तथा अन्य क्षेत्रों की उपलब्धियों के स्तर में भी काफी गिरावट आने लगती है।
   - विद्यार्थी शिक्षक और कर्मचारीगण अपने आपको असुरक्षित अनुभव करने लगते हैं।
   - विद्यार्थियों की विद्यालय में अरुचि हो जाती है।
   - विद्यार्थियों को यह आभास होने लगता है कि अध्यापक तथा स्टाफ मजबूर है वे अपेक्षित नियंत्रण तथा अनुशासन नहीं रख सकते तथा उन्हें उनकी कोई चिंता की परवाह नहीं है।
   - विद्यालय का नाम बदनाम होने लगता है, माता-पिता अपने बालकों को वहाँ पढ़ाना नहीं चाहते और न अध्यापक वहाँ नौकरी करना चाहते हैं।

### *आतंकित या प्रताड़ित करने सम्बन्धी व्यवहार समस्या से निपटने के उपाय (The Remedial Measures for Controlling the Menace of Bullying)*

आतंकित या प्रताड़ित करने सम्बन्धी व्यवहार अपने आप में एक काफी बड़ी समस्या है जिसके दुष्परिणाम ऐसे व्यवहार के शिकार बालकों को तो काफी बड़े पैमाने पर भुगतने पड़ते ही हैं, साथ ही इससे स्वयं दूसरों को आतंकित या पीड़ित करने वाले बालकों का भी भविष्य अंधकारमय ही रहता है और अन्य दर्शक बालकों को और पूरे विद्यालय को इसके दुष्परिणामों का शिकार होना पड़ता है। अब प्रश्न उठता है कि

इस गंभीर दुष्प्रभावी व्यवहार समस्या से निपटने के लिए क्या उपाय किए जाएँ। निस्संदेह जिनका सम्बन्ध प्रत्यक्ष या परोक्ष रूप से इस समस्या को जन्म देने और पोषित करने से है और जो उसके दुष्प्रभावों के शिकार होते हैं उन सभी का सहयोग तथा समुचित प्रयास इस कार्य हेतु चाहिए। अत: आगे हम इसी बात पर विचार करेंगे कि इस सम्बन्ध में सबको अपनी-अपनी तरफ से क्या करना चाहिए परन्तु इससे पहले इस बात पर विचार करना आवश्यक है कि आखिर इस समस्या के पैदा होने के पीछे क्या बातें कार्य करती हैं, बालक इस प्रकार का व्यवहार करना कहाँ से सीख जाते हैं और वे ऐसा क्यों और कैसे करते हैं?

*दूसरे बालकों को आतंकित या प्रताड़ित करने सम्बन्धी व्यवहार का अर्जन कैसे होता है? (How do the Children imbibe the Skill and Habit of Bullying?)*

दूसरे बालकों को आतंकित या प्रताड़ित करने सम्बन्धी व्यवहार पूरी तरह से एक अर्जित व्यवहार है जिसका अर्जन व्यवहार सम्बन्धी अन्य आदतों तथा व्यक्तित्व गुण सम्बन्धी अन्य विशेषताओं के अर्जन की तरह ही होता है और जैसा कि हम जानते हैं इस प्रकार के अर्जन का जन्म, पोषण और पल्लवन बालकों के लालन-पालन और विद्यालयी वातावरण तथा शिक्षा में निहित रहता है। इस व्यवहार से सम्बन्धित आदतें और कौशलों का अधिगम और अर्जन भी अन्य प्रकार के अधिगम अर्जन को संचालित करने वाले अधिगम सिद्धान्तों जैसे शास्त्रीय और क्रियाप्रसूत अनुबंधन सिद्धान्त (Classical and operant conditioning) तथा बंडूरा के सामाजिक अधिगम सिद्धान्त (Social learning theory) की अनुपालना पर आधारित रहता है। आइए देखें इस व्यवहार सम्बन्धी अधिगम का अर्जन कैसे होता है।

1. इस प्रकार के व्यवहार सम्बन्धी बातों का अधिगम बालकों को उनके प्रत्यक्ष और अप्रत्यक्ष अधिगम के माध्यम से ही होता है। जब वे अपने से बड़ों को घर, परिवार, आस पड़ोस, विद्यालय तथा सामाजिक वातावरण में इस प्रकार का व्यवहार करते हुए और उससे अपनी मनमानी करने सम्बन्धी पुरस्कार पाते हुए देखते हैं तब उनका आकर्षण इस प्रकार के व्यवहार के अर्जन के प्रति काफी बढ़ जाता है। इस प्रकार के व्यवहार का आकर्षण उसके लिए उसका पिता या बड़ा भाई हो सकता है, उसके विद्यालय का कोई वरिष्ठ विद्यार्थी या फिर सिनेमा या टी. वी. सीरियल का कोई चरित्र हो सकता है। आप अपने आस पास ऐसे व्यक्तियों को देखते हैं जो अपनी पत्नी को मारते पीटते और धमकाते हैं तथा बच्चों पर चीखते हैं।

वास्तव में देखा जाए तो वे अपने आप में न तो अच्छे पति होते हैं और न पिता बल्कि घर के सदस्यों को आतंकित और प्रताड़ित करने वाले ऐसे व्यक्ति होते हैं जिन्हें ऐसा व्यवहार करने से जो वे चाहते हैं वैसा करने का पूरा मौका मिलता है। वे हर समय दूसरों पर धौंस जमाते हुए इस प्रकार का वातावरण बनाते हुए दिखाई देते हैं कि जैसा वे कहते हैं वैसा होता रहा तो घर में शांति रहेगी। इस तरह उनका व्यवहार और दृष्टिकोण दूसरे के लिए यह चेतावनी देता रहता है कि मुझे अपनी मर्जी का

करने दो वर्ना मेरे गुस्से और उसके परिणामों को भुगतने के लिए तैयार रहो। जब एक बालक अपने बड़ों को इस प्रकार का व्यवहार करता हुआ देखता है तो जाने अनजाने वह उनके व्यवहार का अनुकरण करता हुआ और उसे बिना कुछ किए हुए अपनी बात मनवाने तथा रौब जमाने का जरिया मान कर अपने व्यवहार में उतारना शुरू कर देता है।

2. इस प्रकार के व्यवहार के पीछे बालकों द्वारा अनुभव किया हुआ वह कुसमायोजन भी हो सकता है जिसका सामना उन्हें घर, विद्यालय तथा अपने सामाजिक वातावरण में करना होता है। एक तरह से कुसमायोजन के शिकार ये बालक शैक्षणिक दृष्टि से असफल और संवेगात्मक तथा सामाजिक रूप से कुसमायोजित ऐसे व्यक्ति होते हैं जो निराशा, हीन भावना और सामाजिक उपेक्षा के शिकार हो। अपने खोए हुए सम्मान और आत्मप्रतिष्ठा को बचाने के लिए वे एक रक्षा कवच के रूप में अपने से छोटे कमजोर और अशक्त बालकों के ऊपर धोंस जमाने, उन्हें आतंकित तथा प्रताड़ित करने के प्रयासों में लग जाते हैं। उनके ऐसा करने के पीछे जो सामाजिक, मनोवैज्ञानिक कारण कार्य करते हैं, उन्हें संक्षेप में निम्न प्रकार से व्यक्त किया जा सकता है:

- कुछ बच्चे इस प्रकार का व्यवहार इसलिए करते हैं क्योंकि वे अपने आपको असुरक्षित अनुभव करते हैं उनमें दूसरों से अपने आपको महत्त्वपूर्ण सिद्ध करने की इच्छा रहती है। इसका सरल उपाय उन्हें अपने से छोटे और कमजोरों को तंग करना लगता है। ताकि दूसरे उन्हें ताकतवर और समर्थ समझने लगे।
- कुछ बच्चे अनजाने में ही अपने से अलग दिखने वाले बच्चों का उपहास करना, उनसे छेड़छाड़ करना और तंग करना शुरू कर देते हैं और जब इससे उन्हें कुछ सन्तुष्टि या प्रसन्नता मिलने लगती है तो ऐसा करने की उन्हें आदत पड़ जाती है।

### *दूसरों को आतंकित या प्रताड़ित करने वाले से निपटने हेतु क्या किया जाए?*
### *(What to do for Rectifying and Dealing with the Bullying Behaviour?)*

कुछ बालकों की अपने से छोटे और कमजोर बालकों को तंग करने सम्बन्धी व्यवहार समस्या का अच्छी तरह समाधान उन सभी का यथाशक्ति सहयोग चाहता है जो इस समस्या के लिए उत्तरदायी है अथवा जिसके दुष्परिणामों का उन्हें शिकार होना पड़ता है। आइए इन सभी सम्बन्धित पक्षों द्वारा इस सम्बन्ध में निभाई जा सकने वाली भूमिकाओं पर विचार किया जाए।

#### *माता-पिता तथा विद्यालय अधिकारियों की भूमिका*
#### *(The Role of Parents and School Authorities)*

माता-पिता तथा विद्यालय अधिकारियों द्वारा इस सम्बन्ध में निम्न प्रकार की पहल की जा सकती है।

(i) बालक बड़ों के व्यवहार का ही अनुकरण करते हैं अतः माता-पिता, बड़ों तथा अध्यापकों द्वारा उनके सामने अच्छे आचरण और व्यवहार का प्रदर्शन होना चाहिए। उन्हें इस बात का ध्यान रखना चाहिए कि उनकी तरफ से ऐसे उदाहरण प्रस्तुत न हों जिसमें दूसरों को आतंकित या प्रताड़ित करने वाले व्यवहार (Bullying) की झलक हो।

(ii) घर और विद्यालय का वातावरण ऐसा होना चाहिए जिसमें बालकों को सामाजिक या संवेगात्मक कुसमायोजन का सामना न करना पड़े। वे किसी भी प्रकार की मनोवैज्ञानिक समस्या जैसे हीनता, निराशा, सामाजिक अलगाव पक्षपात तथा भेदभाव के शिकार न बने और न उनमें प्रतिकार, प्रतिशोध तथा विद्रोह के भाव पोषित हो। जब भी कुछ आभास हो तो तुरन्त ही उनमें निहित कारणों का पता लगा कर बालकों के व्यवहार और मनोदशा को ठीक मार्ग पर लाने के प्रयत्न किए जाने चाहिए।

(iii) बालकों को यह बताना भी ठीक रहता है कि दूसरों को आतंकित या प्रताड़ित करने वाले (Bulleys) कौन होते हैं, वे किस प्रकार का व्यवहार करते हैं तथा उनके प्रति किस प्रकार की सावधानी बरतने की आवश्यकता है।

(iv) समस्यात्मक व्यवहार जड़ न जमा लें इसलिए उसे उसकी प्रारम्भिक अवस्था में ही निर्मूल करने का प्रयत्न करना चाहिए। अनुशासन हीनता, दुर्व्यवहार, आक्रामकता तथा दूसरे बालकों को प्रताड़ित करने वाले व्यवहार से निपटने हेतु घर-परिवार तथा विद्यालय द्वारा सक्षम नियमों तथा आचार संहिता का निर्माण करना चाहिए तथा उसे कठोरतापूर्वक निष्पक्ष ढंग से क्रियान्वित करने का प्रयत्न करना चाहिए। जब भी कोई नियमों का उल्लंघन करे उसके ऊपर नियमानुसार कार्रवाई अवश्य होनी चाहिए।

(v) माता-पिता और विद्यालय अधिकारियों को इस बात की पूरी निगरानी और जानकारी रखनी चाहिए कि घर-परिवाार, पास पड़ोस तथा विद्यालय परिवेश में विद्यार्थियों की किस प्रकार की गतिविधियाँ चल रही हैं, वे किस प्रकार की व्यवहार क्रियाओं में रत हैं आदि-आदि। विद्यालयों द्वारा इस प्रकार की निगरानी हेतु सी सी टी वी (C.C.T.V.) कैमरे लगाये जा सकते हैं। इसके अतिरिक्त माता-पिता तथा अध्यापकों को बालकों के साथ उचित सम्पर्क तथा संवाद करने की भी आवश्यकता है। उनके साथ अंतः क्रिया करते समय जब भी उन्हें यह आभास हो कि बालकों में आतंकित या प्रताड़ित करने सम्बन्धी व्यवहार की किसी भी रूप में उपस्थिति है तो उसे इसकी जड़ में जाने और इससे निपटने सम्बन्धी प्रयत्नों में पहल करनी शुरू कर दी जानी चाहिए।

- कुछ बालकों में आवश्यकता से अधिक आक्रामकता और क्रोध भावना की अभिव्यक्ति पाई जाती है। उनकी इस अभिव्यक्ति के शिकार छोटे और कमजोर बालक बन जाते हैं और जब उन्हें इस बात के लिए सजा

मिलती है तो वे अपने अड़ियल रुख के कारण आतंकित या प्रताड़ित करने वाले व्यवहार को अपनी आदत ही बना लेते हैं।

- कई बार जब बालक घर में और विद्यालय में इस प्रकार के व्यवहार का शिकार होते हैं तो प्रतिक्रिया स्वरूप या स्वाभाविक अनुकरण के द्वारा वे भी अपने से छोटे और कमजोरों पर इस व्यवहार को करने का प्रयत्न करते हैं और जब ऐसा करना उन्हें अच्छा लगने लगता है तो उनमें इस प्रकार के व्यवहार की आदत बन जाती है।

3. बहुत से मामलों में दूसरे बालकों को आतंकित और प्रताड़ित करने सम्बन्धी व्यवहार के पीछे शैक्षिक कुसमायोजन तथा विद्यालय अधिगम में प्राप्त असफलता, अक्षमता और निराशा भी काम करती हुई दिखाई देती है। विद्यालय का वातावरण ही ऐसा है अथवा उनके सीखने सम्बन्धी इच्छा और अक्षमताएँ इस तरह आड़े आ जाती हैं कि वे उन बातों को नहीं सीख पाते जो उन्हें उनके गुस्से, निराशा, हीनता और असुरक्षा की भावनाओं से ऊपर उठाने, अपने साथियों के साथ समायोजित होने और अपने अध्यापकों तथा माता-पिता की आशाओं पर खरा उतरने में सहायता करे। उन्हें आवश्यक अधिगम क्षमताओं और कौशलों को अर्जित करने तथा समायोजन सम्बन्धी उचित प्रयत्न करने से अधिक आसान यह बात लगती है कि अपने से छोटे और कमजोर बालकों पर रौब जमाया जाए। जब ऐसा व्यवहार करना उनके लिए सन्तोष जनक प्रतीत होने लगता है तो फिर यह उनके सामान्य व्यवहार का एक मात्र ढंग बन जाता है। इस प्रकार का व्यवहार करना उन्हें बहुत ही सुविधाजनक लगता है। वे मात्र दूसरों को डरा-धमकाकर अपने आपको उनसे श्रेष्ठ और बलशाली बनता हुआ देखते हैं। इस तरह वे दूसरों को प्रताड़ित करके अपना मनोरंजन कर अपनी असुरक्षा, अक्षमता, हीनता और परेशानी को दूर करने का अस्थायी प्रयत्न करते रहते हैं।

(vi) दूसरे बालकों को आतंकित या प्रताड़ित करने सम्बन्धी व्यवहार करने वाले बालकों को यह अच्छी तरह सिखाया जाना चाहिए कि किस तरह सामाजिक समायोजन सम्बन्धी समस्याओं से निपटा जाता है और कैसे अपनी भावनाओं तथा संवेगों पर अपेक्षित नियंत्रण रखकर अनावश्यक प्रतिक्रियाओं जैसे खीज और आक्रामक चेष्टाओं से बचा जा सकता है। इस सम्बन्ध में स्पष्ट रूप से बालकों को यह जानकारी और प्रशिक्षण दिया जाना चाहिए कि (a) किस तरह भावनाओं और संवेगों का नियंत्रित और तनाव पूर्ण स्थितियों में सामना किया जाता है (b) दूसरे बालकों के साथ एकता, सहयोग और सदभाव कैसे बनाया जा सकता है और दूसरों के हितों को अपने से अधिक महत्त्व दिया जाता है (c) सच्चाई और ईमानदारी पर कैसे टिका जाता है और अन्याय का प्रतिरोध क्यों और कैसे किया जाना चाहिए तथा (d) अपने क्रोध तथा वैमनस्य का किस तरह मार्गान्तरीकरण तथा शुद्धिकरण किया जाना चाहिए आदि।

(vii) माता-पिता तथा विद्यालय अधिकारियों द्वारा बालकों को इस बात के लिए उचित प्रशिक्षण प्रदान करना चाहिए कि दूसरों बालकों को आतंकित या प्रताड़ित करने

वाले बालकों से कैसे निपटा जाए तथा इस व्यवहार के शिकार बालकों की इस स्थिति में कैसे मदद की जाए।

*आतंकित या प्रताड़ित करने वाले व्यवहार के शिकार बालकों की भूमिका (The Role of the Child who are Bullied)*

अपना बचाव स्वयं करने के प्रयत्न भी किए जाने चाहिए। इस सम्बन्ध में पीड़ित बालकों द्वारा निभाई जाने वाली भूमिका सम्बन्धी बातों का निम्न प्रकार उल्लेख किया जा सकता है।

(i) पीड़ित बालक को यह स्मरण रखना चाहिए कि वह स्वयं है जिसे अपने को आतंकित या प्रताड़ित होने से बचाना है उसे इस सम्बन्ध में अपने माता-पिता तथा अध्यापकों से बातें करनी चाहिए। वे इस बात से अनजान हैं, उन्हें केवल उसी से इसकी उपयुक्त जानकारी मिल सकती है। इसके लिए पीड़ित बालक द्वारा उन्हें नोट भेजा जा सकता हे जिसमें अपनी समस्या का जिक्र हो। माँ-बाप तथा अन्य परिवार के सदस्य जिस पर बालक को उचित भरोसा हो उन्हें ही यह बात पहले बतानी चाहिए।

(ii) पीड़ित बालक द्वारा अपने ट्यूटर (Tutor) को भी इसके बारे में बताने की पहल की जा सकती है। किसी को पता न चले इस तरह के गोपनीय तरीके से ट्यूटर को यह बात बताने का समय और अवसर तलाश किया जा सकता है। वह किसी बहाने से छुट्टी के बाद ट्यूटर से मिलने के लिए विद्यालय में रुक सकता है या उसे इस तरह का लिखित संदेश भेज सकता है कि उसे विद्यालय के रास्ते में या खेल के मैदान में किससे किस प्रकार का खतरा है। परन्तु किसी भी अवस्था में उसे बिना सावधानी बरते आतंकित या प्रताड़ित करने वाले उत्पाती बालक या उसके गिरोह का सामना अकेले करने की गलती नहीं करनी चाहिए। अगर उसे मोबाइल पर संदेश भेजने की सुविधा हो तो उसे इस सम्बन्ध में अपने हितैषियों को इस खतरे के बारे में सूचित कर देना चाहिए।

(iii) अगर जिसको संदेश भेजा गया है उससे सहायता उपलब्ध न हो सके तो दूसरे उपयुक्त व्यक्तियों/साथियों से सहायता प्राप्त करने के प्रयत्न करने चाहिए।

(iv) यह ध्यान रखना चाहिए कि आतंकित या प्रताड़ित करने वाले उत्पाती बालक या गिरोह को यह आभास न हो कि आप बहुत अधिक डरे हुए, भयभीत या परेशान हैं। वे लोग इसी तलाश में रहते हैं कि आप डर जाएँ और बेहद परेशानी में दिखाई दें। जितना आप परेशान होते हैं उतना ही वे ऐसा करने के लिए आगे बढ़े हुए दिखाई देते हैं।

(v) पीड़ित बालकों को उन जगह तथा समय विशेष पर आक्रांताओं से भेंट नहीं करनी चाहिए जहां वे आसानी से उनके शिकार हो जाएँ। अतः एकान्त

स्थानों की जगह उन्हें अन्य बालकों के साथ रहने वाले स्थानों पर ही अपने आपको रखने के प्रयत्न किए जाए ताकि वे ज्यादा से ज्यादा सुरक्षित रहें।

(vi) विद्यालय आने जाने में भी उनके द्वारा सतर्कता बरतनी चाहिए। जहां तक हो सके उन्हें अपने मित्रों तथा जान-पहचान वाले व्यक्तियों तथा सार्वजनिक वाहनों में ही यात्रा करनी चाहिए।

*आतंकित प्रताड़ित करने वाले व्यवहार की रोकथाम में दर्शक विद्यार्थियों की भूमिका (The Role of Bystanders and Spectators in Checking one's Bullying Behaviour)*

आतंकित या प्रताड़ित होते हुए दर्शक बालक भी अगर पर्याप्त रूप से जागरूकता हो तथा इस सम्बन्ध में आवश्यक सतर्कता तथा सहयोग की भावना का प्रदर्शन करें तो वे भी इस प्रकार के अनुचित व्यवहार की रोकथाम में प्रभावी भूमिका निभा सकते हैं। घटना के साक्षी या दर्शकों के रूप में आप के द्वारा इस सम्बन्ध में निम्न प्रकार की भूमिका निभाई जा सकती है।

(i) आपका जब भी इस प्रकार की घटनाओं से सम्पर्क हो तो आपको दर्शक बनकर तमाशा देखने का प्रयत्न नहीं करना चाहिए। प्रताड़ित करने वाले यही तो चाहते हैं कि दूसरे बालक यह देखें कि वे कितने ताकतवर हैं और वे दूसरे बालकों को अपनी मनमर्जी से किस प्रकार नचा सकते हैं और प्रताड़ित कर सकते हैं। आपको तुरन्त उस स्थल से इधर-उधर हो कर दूसरों को इससे अवगत कराने के प्रयत्न करने चाहिएं।

(ii) जैसे ही इस प्रकार की घटनाओं से आपका प्रत्यक्षीकरण हो, आपको अन्य साथियों की मदद से इसे रोकने के प्रयत्न करने चाहिएं। अगर आपसे या आपके दोस्तों से यह संभव न हो तो तुरन्त ही अध्यापक, प्रशिक्षकों तथा खेल सहायकों या गार्डों की मदद लेने के प्रयत्न किए जाने चाहिए।

(iii) अपने विद्यालय में इस प्रकार की घटनाओं को रोकने के लिए एक ऐसा समूह बनाया जाना चाहिए जिसमें आप अपने साथियों को इस बात से सहमत कराएँ कि इस प्रकार की घटनाएं किसी के हित में नहीं है, न तो विद्यार्थियों के लिए हितकर हैं और न ही विद्यालय के लिए। इसलिए इनका मिलजुल कर सामना करना चाहिए। साथी विद्यार्थियों के सहयोग से अब आतंकित और प्रताड़ित करने वाले उत्पाती बालकों को यह समझाने का प्रयास करना चाहिए कि उनका व्यवहार अनुचित है और उनकी इस प्रकार के व्यवहार सम्बन्धी बातें सहन नहीं की जा सकती हैं।

(iv) जो बालक आतंकित और प्रताड़ित व्यवहार के शिकार हो रहे हों उनके प्रति सहानुभूति प्रदर्शित करते हुए अच्छे व्यवहार का प्रदर्शन कर विद्यालय में समायोजित रखने के लिए प्रयत्न किए जाने चाहिए ताकि उनके डर, झिझक और वेदना को कम करने में उनकी सहायता की जा सके।

(v) आतंकित और प्रताड़ित करने वाले बालकों से भी तालमेल बैठाने के प्रयत्न किए जाने चाहिए और उन्हें विद्यालय की मुख्य धारा में शामिल करने की बात सोची जानी चाहिए। उनसे मित्रता बढ़ाकर उन्हें इस बात के लिए आश्वस्त किया जाना चाहिए कि प्रसिद्धि पाने का यह रास्ता ठीक नहीं है। वे अपनी शारीरिक क्षमताओं को खेल के मैदान में तथा विद्यालय की अन्य गतिविधियों में प्रदर्शित कर सकते हैं।

## बालकों के विकास में विद्यालय की भूमिका (Role of School in Child Development)

### *विद्यालय की भूमिका (Role of School)*

घर परिवार को बालक के संज्ञानात्मक, भावात्मक तथा क्रियात्मक विकास की प्रथम कार्यस्थली तथा व्यवहार एवं व्यक्तित्व निर्धारण की पहली पाठशाला कहा जाता है। इस वातावरण में ढला हुआ बालक अपने जीवन की दूसरी वास्तविक पाठशाला यानी विद्यार्थी जीवन में प्रवेश करता है। विद्यालय की औपचारिक शिक्षा तथा अनौपचारिक वातावरण यहाँ उसे जीवन के ऐसे अनुभव प्रदान करता है जिससे उसके व्यवहार एवं व्यक्तित्व को एक निश्चित दिशा और स्वरूप में ढलने में पर्याप्त सहायता मिलती है। बालक की जीवन शैली, व्यवहार तथा आचरण पर विद्यालय और उसके वातावरण की एक अमिट छाप होती है। इसलिए बहुधा यह कहते हुए सुना जाता है कि अगर यह जानना है कि अमुक बालक या व्यक्ति कैसा होगा तो यह जानना भर पर्याप्त है कि उसने किन-किन संस्थानों में अपनी शिक्षा की सीढ़ियाँ तय की हैं। इसलिए ही कुछ विद्यालयों को सर्वोत्तम, अच्छे तथा बुरे की संज्ञाएँ दी जाती हैं। इन्हें अच्छा या बुरा इसलिए कहा जाता है कि इनके द्वारा उनकी शिक्षा व्यवस्था तथा उनमें व्याप्त वातावरण के प्रभाव से बालकों के व्यवहार एवं व्यक्तित्व को वांछनीय या अवांछनीय दिशा प्रदान करने का कार्य किया जाता है। परिवार के सदस्यों की तरह ही यहाँ प्रधानाध्यापक, अध्यापकों, कर्मचारियों तथा सभी छात्र-छात्राओं की भूमिका रहती है। इसके अतिरिक्त विद्यालय में व्याप्त भौतिक, सामाजिक, शैक्षिक तथा सांस्कृतिक परिवेश भी बालकों की औपचारिक तथा अनौपचारिक शिक्षा के माध्यम से उनके व्यवहार के निर्धारण तथा सर्वांगीण विकास में सदैव ही एक गंभीर भूमिका निभाने का प्रयत्न करता है। विद्यालयी वातावरण की जिन बातों या परिस्थितियों का इस दिशा में उल्लेखनीय योगदान रहता है उनको संक्षेप में निम्न प्रकार सूचीबद्ध किया जा सकता है:

1. विद्यालय में कार्यरत अध्यापकों की शैक्षिक तथा व्यावसायिक योग्यता, अध्यापन अनुभव, व्यक्तित्व तथा व्यवहार।
2. अध्यापकों के पारस्परिक सम्बन्धों में मधुरता या कड़वाहट।
3. अध्यापकों का शारीरिक और मानसिक स्वास्थ्य।

4. अध्यापन व्यवसाय के प्रति अध्यापकों की निष्ठा तथा उनकी कर्त्तव्य–परायणता।
5. मुख्याध्यापक की योग्यता, व्यक्तित्व तथा व्यवहार, उसका अध्यापकों तथा कर्मचारियों, विद्यार्थियों तथा विद्यार्थियों के माता–पिता के साथ किया गया व्यवहार।
6. अध्यापक और विद्यार्थियों के पारस्परिक सम्बन्ध।
7. विद्यालय में पढ़ने वाले कक्षा के साथियों तथा विद्यालय के सभी विद्यार्थियों के बीच सम्बन्धों की प्रकृति।
8. विद्यालय में व्याप्त अनुशासन और व्यवस्था की प्रकृति।
9. विद्यालय में शैक्षिक कार्यक्रमों की व्यवस्था और उसका स्वरूप तथा पढ़ाई का स्तर।
10. पाठान्तर क्रियाओं की व्यवस्था और आयोजन।
11. विद्यालय के परीक्षा परिणाम तथा अन्य पाठान्तर क्रियाओं की गतिविधियों में उसका प्रान्त तथा क्षेत्र विशेष में स्थान और सम्मान।
12. खेलकूद तथा अन्य सभी पाठान्तर क्रियाओं, रुचियों, कार्य–अनुभवों, प्रयोग तथा परीक्षणों आदि को उचित रूप से क्रियान्वित करने के लिए आवश्यक सुविधाएँ।
13. पुस्तकालय, वाचनालय, संग्रहालय आदि से सम्बन्धित सुविधाएँ।
14. विद्यालय में दोपहर का भोजन देने की व्यवस्था या कैन्टीन, कॉमन रूम, पीने का पानी, मूत्रालय या शौचालय आदि की उपयुक्त व्यवस्था।
15. विद्यालय के भौतिक पर्यावरण से सम्बन्धित आवश्यक बातों की समुचितता।
16. प्रतिभाशील, पिछड़े हुए, समस्यात्मक या विकलांग बालकों के समायोजन तथा शिक्षा से सम्बन्धित व्यवस्था।
17. बालकों के लिए निर्देशन एवं परामर्श सेवाओं की व्यवस्था।
18. विद्यार्थियों की प्रगति के मूल्यांकन की समुचित, निष्पक्ष एवं वस्तुगत व्यवस्था।

इनके अतिरिक्त भी बहुत–सी बातें, तत्व तथा परिस्थितियों का उल्लेख विद्यालय के भौतिक, शैक्षिक, सामाजिक तथा सांस्कृतिक वातावरण में किया जा सकता है जिनकी उचितता या अनुचितता का प्रत्यक्ष और परोक्ष रूप से गहरा प्रभाव बालकों के संज्ञानात्मक, भावात्मक तथा क्रियात्मक व्यवहार पक्षों में परिवर्तन लाकर उनका अपेक्षित विकास करने में पड़ता हुआ देखा जा सकता है। बालकों के अन्दर जिन विकासगत अच्छाइयों, सद्‌गुण तथा सद्‌प्रवृत्तियों के दर्शन हमें मिलते हैं उनको ऐसा रूप देने में अध्यापकों के अपने आदर्श व्यवहार तथा आचरण, उनके द्वारा विद्यार्थियों को दी जाने वाली उचित शिक्षा तथा विद्यालय के स्वस्थ एवं रचनात्मक वातावरण का बहुत सहयोग मिलता है। प्रतिकूल अवस्थाओं में प्रतिकूल आचरण तथा व्यवहार चेष्टाओं का विकास भी विद्यालय के ही परिवेश में संपन्न होता है। एक बालक के साथ किया गया द्वेषपूर्ण, पक्षपातपूर्ण तथा अन्यायपूर्ण व्यवहार बालक को केवल

अध्यापक से ही दूर नहीं ले जाता बल्कि उसे विषय, कक्षा तथा विद्यालय से भी दूर ले जाकर उसे ऐसे कुमार्ग पर चलने को प्रेरित कर सकता है जहाँ वह असामाजिक तत्त्वों के संसर्ग में आकर समाज विरोधी व्यवहार ग्रहण करने या अपने व्यवहार में आक्रामक रूख अपनाने को विवश हो सकता है। एक ऐसा विद्यालय जो बालकों की मूल आवश्यकताओं की पूर्ति में सहायक न बनकर बाधक ही बनता है उसमें बालकों के व्यवहार को अवांछनीय मोड़ तो मिलेगा ही, कुसमायोजित होकर वह कुसमायोजन से सम्बन्धित आचरणों एवं व्यवहार चेष्टाओं को ही अंगीकृत करेगा। इसके विपरीत एक अच्छे विद्यालय का स्वस्थ, सुखद, प्रेरणादायक और शिक्षाप्रद वातावरण बालकों को अपने औपचारिक तथा अनौपचारिक कार्यक्रमों द्वारा विद्यार्थियों को सदैव ही वांछनीय तथा उपयोगी व्यवहार क्रियाओं तथा आदतों के विकास में सहयोगी बनकर उनके सर्वांगीण विकास में अधिक सहयोगी रहेगा। इस तरह विद्यालय और विद्यालय में उपलब्ध वातावरण बालकों के व्यवहार का निरूपण एवं निर्धारण कर व्यवहार के तीनों पक्षों ज्ञानात्मक, भावात्मक तथा क्रियात्मक से सम्बन्धित विकास प्रक्रिया को भली-भाँति आगे बढ़ाने में पूरी मदद करेगा। विकासशील बालकों के विकास में विद्यालय की भूमिका और योगदान के सम्बन्ध में ऊपर जो भी बातें कही गई हैं, इनके अतिरिक्त कुछ अन्य विशिष्ट बातें, जो आगे बताई जा रही हैं, काफी महत्त्वपूर्ण ढंग से बालकों के विकास को प्रभावित करती हैं, जैसे-

(a) सहपाठी प्रभाव
(b) अध्यापकों के साथ सम्बन्ध
(c) अध्यापकों की आशाएँ और विद्यालय उपलब्धि तथा
(d) अधिक आयु के अधिगमकर्त्ता

यहाँ हम इन्हीं बातों का एक-एक करके, बालकों के विकास पर पड़ने वाले प्रभाव और उसकी प्रकृति के बारे में चर्चा कर रहे हैं।

### *(a) सहपाठी प्रभाव (Peer Influence)*

विकासशील बालकों को विद्यालय साथियों तथा कक्षा-कक्षा में कक्षा साथियों के रूप में जो हमउम्र सहपाठी मिलते हैं तथा इन सहपाठियों के साथ उनके जिस प्रकार के सम्बन्ध बन जाते हैं उनका विद्यालय में पढ़ने वाले विकासशील बालकों के विकास, प्रगति, शिक्षा तथा समायोजन पर बहुत ही महत्त्वपूर्ण प्रभाव पड़ता है। सहपाठियों द्वारा पड़ने वाले इन प्रभाव की प्रकृति तथा प्रतिफल को हम निम्न प्रकार संक्षेप में व्यक्त कर सकते हैं:

1. विकासशील बालकों के द्वारा इच्छित या अनिच्छित अथवा वांछित या अवांछित व्यवहार को ग्रहण करने जैसे-आदतों, रुचियों, अभिवृत्तियों की प्राप्ति, अधिगम शैली, कार्य करने तथा व्यवहार करने का ढंग सीखने, सहयोग तथा एक-दूसरे के साथ स्पर्धा करने और उनकी प्रगति और ठीक-ठाक रहने में सहायक या अवरोध गतिविधियों में प्रवृत्त होने आदि को

सहपाठी प्रभाव काफी सक्रिय रूप से प्रभावित करता है।

2. बहुधा सहपाठी बालक अपने विकासशील साथियों के ऊपर सकारात्मक रूप से प्रभाव डालते हुए पाए जाते हैं, जैसे-(i) एक दूसरे को परस्पर प्रेरित और अभिप्रेरित करते हुए (ii) अपने विकास तथा आगे बढ़ने सम्बन्धी कार्यों में सहयोग एवं सहकारिता की भावना के साथ परस्पर एक दूसरे की सहायता करते हुए (iii) पाठ्य एवं सहपाठ्य गतिविधियों सम्बन्धी क्षेत्र से सम्बन्धित बहुत सी बातों को सीखने एवं अर्जित करने, एक दूसरे के लिए सकारात्मक आदर्श या उदाहरण बनने में और (iv) अपने व्यक्तित्व के सर्वांगीण विकास में सहायक बहुत सी उपयोगी आदतों, गुणों, कौशलों, रुचियों, अभिवृत्तियों तथा व्यवहार करने के ढंग को आत्मसात करने में।

3. सहपाठी प्रभाव का नकारात्मक पक्ष भी होता है। साथ में पढ़ने वाले अकुशल, अयोग्य, लापरवाह तथा उद्देश्यहीन, असफल तथा हताश, कायर एवं डरपोक, चरित्रहीन तथा अपराधी, समस्याग्रस्त और कुसमायोजित, कक्षा से भगोड़े और कक्षा में सबसे पिछली सीट पर बैठने वाले, दादागिरी करने वाले और आक्रामक व्यवहार करने वाले, नियम तोड़ने तथा अवज्ञा करने वाले तथा विभिन्न बातों से जिनका नाम बदनाम है, वे जाने-अनजाने में विकासशील बालकों को उसी प्रकार के व्यवहार का अनुकरण करने तथा वैसी ही कार्य पद्धति अपनाने के लिए प्रेरित कर देते हैं जैसी वे स्वयं करते हैं।

4. पूर्व किशोरावस्था तथा किशोरावस्था का काल ऐसा होता है जिसमें विकासशील बालकों पर सहपाठियों का प्रभाव इतनी तेजी और गहराई के साथ पड़ता है कि वे अपने अहं की रक्षा तथा सहपाठियों के समूह के प्रति अपनी वफादारी प्रदर्शित करने के लिए अपने प्रियजनों, सम्मानीय गुरुजनों, अध्यापकों तथा माता-पिता किसी की सलाह या चेतावनी पर भी ध्यान नहीं देते, उनकी तो पूर्णत: उपेक्षा ही करते हुए दिखाई देते हैं। वे उसी प्रकार से सोचते हैं, महसूस करते हैं और व्यवहार करते हैं जैसा कि उनका सहपाठी समूह सोचता, महसूस करता और व्यवहार करता है।

### शिक्षकों के साथ सम्बन्ध (Relationship with Teachers)

विद्यालय में विकासशील बालकों को इच्छित अधिगम में उनकी सहायता करने में सबसे महत्त्वपूर्ण योगदान अध्यापकों का होता है। बालकों के व्यवहार में वांछित परिवर्तन लाने का कार्य तथा उनके व्यक्तित्व का सर्वांगीण विकास, विद्यालय के शिक्षकों के इस सम्बन्ध में किए जाने वाले सक्रिय सहयोग तथा जागरूक प्रयासों के द्वारा ही सम्भव हो सकता है। विद्यार्थियों के निर्धारित लक्ष्यों की प्राप्ति के लिए उन्हें अधिगम पथ पर आगे बढ़ने के लिए मार्गदर्शन प्रदान करने तथा उनके अधिगम पथ का निर्धारण करने के लिए उनकी योग्यताओं, क्षमताओं, ताकतों तथा कमियों को

जानना होता है और इस प्रकार से विद्यार्थियों को पूरी तरह समझकर ही उनकी सहायता करने के लिए प्रयत्लशील होना पड़ताा है। इन सब बातों के लिए यह जरूरी है कि अध्यापक लगातार अपने विद्यार्थी के सम्पर्क में रहे और यह कार्य तभी सम्भव हो सकता है जब शिक्षक और विद्यार्थी के बीच काफी अच्छे, सौहार्दपूर्ण, एक दूसरे के साथ सन्तोषप्रद तथा सम्मानजनक सम्बन्ध हों। शिक्षण अधिगम प्रक्रिया की प्रभावपूर्ण ढंग से चलने की सततता के बारे में भी तभी सुनिश्चित किया जा सकता है जब अध्यापक एवं विद्यार्थियों के बीच सम्प्रेषण अर्थात् वार्तालाप तथा विचारों के आदान प्रदान में कोई बाधा या अवरोध न हो। ऐसा बाधारहित प्रभावशाली सम्प्रेषण या वार्तालाप तभी ठीक प्रकार से सम्भव हो सकता है, जब अध्यापक और विद्यार्थी के मध्य पारस्परिक रूप से सन्तोषजनक और सौहार्दपूर्ण सम्बन्ध हों। विद्यालय में अधिगमकर्त्ता के उद्देश्यों का ही सभी को ध्यान रखना होता है। वास्तव में विद्यालय में मानवीय तथा भौतिक सुविधाओं के सम्बन्ध में जो कुछ भी होता है तथा उनका जिस तरह संगठन किया जाता है वह सब विद्यार्थियों के कल्याण और भलाई के लिए होता है और अध्यापक तथा विद्यार्थियों के सक्रिय, सन्तोषजनक तथा सौहार्दपूर्ण सम्बन्धों के साथ ही उसे ठीक तरह से व्यवस्थित किया तथा उपयोग में लाया जा सकता है।

यदि हम विद्यार्थियों के दृष्टिकोण से ऐसे स्वस्थ सम्बन्धों के महत्त्व को जानने का प्रयत्न करें तो हम समझ सकते हैं कि शिक्षक और विद्यार्थियों के मध्य काफी सौहार्दपूर्ण, सन्तोषजनक और पारस्परिक रूप से विश्वसनीय सम्बन्ध होने चाहिए। इस प्रकार के अच्छे और सकारात्मक सम्बन्धों की आवश्यकता को निम्न बातों के आधार पर जरूरी समझा जा सकता है:

1. शिक्षक कक्षा शिक्षण सम्बन्धी कार्य में तभी अच्छी तरह से रुचि लेते हैं और अधिगम पथ पर बढ़ते हुए विद्यार्थियों का मार्गदर्शन करने के लिए तभी प्रवृत्त होते हैं जब वे यह देखते हैं और महसूस करते हैं कि उनके विद्यार्थी उनका ठीक प्रकार सम्मान करते हैं और वे जो कुछ भी बात अपने विद्यार्थियों को बताते है, उन्हें वे ध्यानपूर्वक सुनते हैं और समझने का पूरी तरह से प्रयत्न करते हैं। परन्तु यदि शिक्षक यह महसूस करते हैं कि छात्र उनकी बातों को न तो ध्यान से सुनते हैं और न ही उचित सम्मान करते हैं तो इस प्रकार के असन्तोषजनक सम्बन्ध होने पर उनका कक्षा शिक्षण में ज्यादा उत्साह नहीं रह पाता है, वे तो केवल औपचारिकताओं को पूर्ण करने के लिए ही कक्षा में शिक्षण कार्य करते हैं, उनकी छात्रों का मार्गदर्शन करने या पूर्ण तल्लीनता से शिक्षण करने में कोई रुचि ही नहीं रहती है। इस प्रकार के सम्बन्ध विद्यार्थियों के विकास तथा अधिगम परिणामों पर प्रतिकूल प्रभाव डालते हैं।
2. जब एक अध्यापक अपने विद्यार्थी के किसी अधिगम के बारे में कमी अथवा उसके आचरण और व्यवहार के अनुचित होने को लेकर उस बालक के प्रति नकारात्मक धारणा बना लेता है तब यह क्रम बराबर चलता ही रहता है, जब

तक उनके बीच कोई उचित संवाद स्थापित न हो जाए। चीजें फिर सही रास्ते पर आ सकती हैं अगर उनके बीच कोई सन्तोषजनक सम्बन्ध बनें और वे सही समय पर सही निर्णय लेने में पहल करें। यदि ऐसा नहीं होता है तो दुष्चक्र अपना कार्य करना शुरू कर देता है। शिक्षक यह समझता है कि विद्यार्थी सही नहीं है, लापरवाह है, अपनी पढ़ाई के प्रति गम्भीर नहीं है, या समस्यात्मक, शरारती और बिगड़ा हुआ है। इसलिए वह उसकी उपेक्षा करता है, उसे पसन्द नहीं करता और उसे अपने तरीके से सजा देने का प्रयत्न करता है। बालक यह समझता है या सोचता है कि अध्यापक का उसके साथ ऐसा व्यवहार करना ठीक नहीं है। वह उससे जलता है और उसके दूसरी जाति/लिंग/धर्म/प्रांत का होने के कारण द्वेषपूर्ण भाव रखता है। परिणामस्वरूप फिर वह अपने इस असन्तोष और अध्यापक के प्रति इस प्रकार के असन्तोष को किसी एक या अन्य प्रकार से व्यक्त करने का प्रयत्न करता है और ऐसा करने में उसके व्यवहार में अध्यापक के प्रति उपेक्षा, अनादर या प्रतिक्रिया दिखाई देती है, ये बात अध्यापक को और अधिक उत्तेजित और विरोधी बना देती है और वह फिर उस विद्यार्थी के प्रति आक्रामक रवैया अपनाता है, और इस तरह अध्यापक एवं विद्यार्थी के बीच में बनी खाई और गहरी होती चली जाती है। इन सब बातों में असली नुक्सान विद्यार्थी का ही होता है। वह अपना भावात्मक सन्तुलन खो बठता है और यही बात उसे अपने वास्तविक उद्देश्य से बहुत दूर ले जाती है।

3. जिस वातावरण में शिक्षक और विद्यार्थी के मध्य एक अच्छी सद्भावना होती है, परस्पर प्यार और सम्मान होता है, एक दूसरे के साथ कार्य करने में आपसी विश्वास और निष्ठा होती है, वहाँ पर शिक्षक और विद्यार्थी दोनों ही शिक्षण अधिगम के अपने प्रयत्नों में खुशियों के लिए खूब अवसर प्राप्त कर लेते है। विद्यार्थियों के मन में यह भावना होती है कि उनकी किसी भी त्रुटि पर उन्हें सम्हालने के लिए उनके अध्यापक उनके साथ हैं, जरूरत पड़ने पर वे उनका मार्गदर्शन करने, उनके सही प्रयासों पर उनकी प्रशंसा करने तथा किसी खतरे के समय उन्हें सावधान करने के लिए उनके अध्यापक उनके पास है और यह बात उनकी प्रगति तथा भविष्य संवारने एवं कैरियर बनाने में काफी सहायक सिद्ध होती है।

जहाँ पर शिक्षक और विद्यार्थियों के बीच में आवश्यक और वांछित सन्तोषप्रद सम्बन्ध बने होते हैं वहाँ विद्यार्थियों का मार्गदर्शन करने और उन्हें वांछित ऊँचाइयों पर ले जाने में अध्यापकों के जादुई चमत्कार का कोई मुकाबला नहीं कर सकता। परन्तु जहां इस बात का अभाव रहता है उस स्थिति में न तो अध्यापक ही ठीक प्रकार से पढ़ा पाते हैं और न विद्यार्थी ही ठीक प्रकार उस रूप में अध्ययन कर पाते है जैसा उन्हें अपने विकास और कल्याण हेतु चाहिए।

### (c) शिक्षक की आशाएं एवं विद्यालय उपलब्धि
### (Teacher Expectations and School Achievement)

जो अध्यापक अपने विद्यार्थियों को ठीक प्रकार से जानते हैं वे हमेशा ही अपने विद्यार्थियों की किसी भी प्रकार की अधिगम सम्बन्धी सफलता के बारे में पूर्वकथन या भविष्यवाणी करने में पूरी तरह सक्षम होते हैं। अपने विद्यार्थियों के बारे में इस प्रकार की जानकारी के आधार पर उन्हें अपनी विद्यार्थियों की प्रगति तथा भलाई और कल्याण से सम्बन्धित किसी एक या अन्य प्रकार की बहुत सी आशाएं हो सकती हैं। किसी विशेष अधिगम परिस्थिति में किसी एक या दूसरे प्रकार के अधिगम की प्राप्ति से सम्बन्धित विद्यार्थियों से जिन उपलब्धियों की आशा की जाती है वे एक बहुत ही उच्च स्तर से लेकर हतोत्साहित करने वाले निराशाजनक स्तर तक की हो सकती हैं। अपने विद्यार्थियों से अध्यापकों द्वारा की जाने वाली ये आशाएं विकासशील बालकों की प्रगति तथा कल्याण की दृष्टि से बहुत महत्त्वपूर्ण स्थान रखती हैं क्योंकि ये आशाएं बालकों की उपलब्धियों पर सकारात्मक प्रभाव के साथ-साथ नकारात्मक प्रभाव डालने की क्षमता रखती हैं, जैसा कि आगे बताया जा रहा है:

*सकारात्मक प्रभाव एवं प्रतिफल (Positive Impact and Outcomes)*

1. विद्यार्थियों के द्वारा किसी एक या अन्य काम को करने में जिस प्रकार की इच्छा शक्ति और संकल्प की जरूरत होती है उसकी चिनगारी लगाकर ज्योति प्रज्जवलित करने में अध्यापकों द्वारा उनके प्रति रखी जाने वाली आशाओं और आकांक्षाओं का काफी महत्त्वपूर्ण योगदान रहता है। क्योंकि कोई भी विद्यार्थी अध्यापकों की नजर में गिरना नहीं चाहता है, इसलिए हर समय उसकी यह इच्छा रहती है कि उससे जो उम्मीदें और आशाएँ अध्यापकों ने लगा रखी हैं उन्हें अवश्य पूरा करें।
2. हमेशा ही यह देखने में आता है कि जो विद्यार्थी अपने अध्यापकों की नजरों में चढ़े हुए होते हैं उन्हें अध्यापकों का ज्यादा ध्यान मिलता है। वे दूसरे विद्यार्थियों की तुलना में उनकी ज्यादा परवाह करते हैं तथा उनका हर समय मार्गदर्शन करने को तत्पर रहते हैं। ऐसे विद्यार्थी अध्यापकों के प्रिय होते हैं, इसलिए प्रयोगशाला में प्रयोग करने तथा अभ्यास कार्य के लिए अधिक समय एवं सुविधाएं प्राप्त करने में अध्यापकों का पूर्ण सहयोग उन्हें प्राप्त होता है। इतना ही नहीं उनको विषय वस्तु को अधिक अच्छे ढंग से सीखने में भी शिक्षकों की मदद मिलती है। शिक्षक इस आशा से कि यह विद्यार्थी स्वयं उनका तथा विद्यालय का नाम रोशन करेंगे, उनकी अधिक से अधिक सहायता करने के लिए तैयार रहते हैं। इस प्रकार का विशेष वैयक्तिक ध्यान तथा अधिक सुविधाएं प्राप्त होने से इन विद्यार्थियों को अपनी योग्यता के प्रदर्शन तथा उपलब्धियों के सम्बन्ध में दूसरे विद्यार्थियों से आगे निकलने में बहुत सहायता प्राप्त होती है।

3. इस प्रकार से जो विद्यार्थी शिक्षकों की नजरों में चढ़े हुए होते हैं, उन्हें जब यह महसूस होता है कि अध्यापक उससे काफी उम्मीद या आशा रखते हैं तो इससे उसे स्वयं अपने लिए एक सकारात्मक अभिप्रेरणा मिलती है और अपने स्वयं से एक उम्मीद जागती है। उन विद्यार्थियों, जिन्हें अध्यापकों की नजर में अक्षम, अयोग्य माना जाता है, की तुलना में इन विद्यार्थियों में आत्मविश्वास, आत्मसामर्थ्य, आत्मगौरव बहुत ज्यादा होता है इसी कारण से वे अपने अच्छे प्रदर्शन और उच्च स्तरीय उपलब्धियों की दृष्टि से दूसरों से आगे निकलते हुए देखे जाते हैं।

*नकारात्मक प्रभाव एवं प्रतिफल (Negative Impact and Outcomes)*

1. जब एक अध्यापक अपने विकासशील विद्यार्थी से उसकी क्षमताओं एवं योग्यता से ज्यादा आशा करने लगता है तब उस विद्यार्थी के द्वारा जो वास्तविक प्रदर्शन किया जाता है और उसकी जो उपलब्धियां होती हैं वह शिक्षक एवं विद्यार्थी दोनों में ही निराशा और हताशा की भावना भर देती है। यह बात विकासशील बालकों को अपने आगे के अधिगम और उपलब्धि के लिए उनके आत्मविश्वास, आत्मगौरव और आत्मसामर्थ्य को प्रतिकूल रूप से प्रभावित करती है।
2. जिन विद्यार्थियों के बारे में अध्यापक निम्न स्तरीय आशाएं रखते हैं वे विद्यार्थी भी अपने अध्यापक की नजरों में निम्न आशाएं होने के कारण अपने अन्दर कार्य को करने एवं प्रदर्शन करने की योग्यता और क्षमताओं के होने पर भी वे अपने आपको अपनी क्षमताओं से कम आंकने लगते हैं। यह बात उनमें निहित उनकी वास्तविक क्षमता के अनुसार प्रगति करने या उपलब्धि प्राप्त करने के लिए घातक सिद्ध होती है।
3. जिन विद्यार्थियों के बारे में अध्यापक निम्न आशाएँ रखने लगते हैं या जिस विद्यार्थी से हतोत्सहित करने वाले परिणाम की आशा रखने लगते हैं, अध्यापक कक्षा शिक्षण के समय या प्रयोगशाला में प्रयोग करते समय उन पर उचित ध्यान नहीं देते हैं तथा उनकी उपेक्षा करते हैं। वे अपने मन में यह बात गाँठ बांध लेते हैं कि यह बालक तो अच्छा प्रदर्शन कर ही नहीं सकता है। इसीलिए रचनात्मक एवं सृजात्मक गतिविधियों में भाग लेने के लिए पहल करने, उपयोगी प्रोजेक्ट तथा अभ्यास कार्य में लगने के लिए उन्हें हमेशा किसी भी प्रकार का प्रोत्साहन नहीं देते हैं क्योंकि उन्होंने अपने मन में तो यह धारणा बना रखी होती है कि इस प्रकार के प्रोत्साहन से इन बच्चों के प्रदर्शन, उपलब्धि या प्रगति में कोई फायदा नहीं होगा। इस प्रकार से अध्यापक द्वारा रखा जाने वाला नकारात्मक दृष्टिकोण और यह सोच लेना कि इस विद्यार्थी से कोई आशा नहीं की जा सकती उस विद्यार्थी को, बिना उसकी कोई गलती के, असफलता की तरफ धकेल देता है।

*(d) अधिक आयु के अधिगमकर्त्ता (Over Age Learner)*

विद्यालय की किसी कक्षा या ग्रेड विशेष के सन्दर्भ में अधिक आयु के अधिगमकर्त्ता पद का प्रयोग उस अधिगमकर्त्ता से सम्बन्ध रखता है जो उस कक्षा या ग्रेड विशेष में अध्ययन के लिए मान्य औसत आयु से बहुत ज्यादा आयु के होते हैं। इसे एक साधारण से उदाहरण की सहायता से स्पष्ट किया जा सकता है। एक प्राथमिक विद्यालय की कक्षा 1 में प्रवेश लेने के लिए बालक की आयु 5 वर्ष की जरूरी मानी गई है। इसके अनुसार जब वह बालक विद्यालय की सातवीं कक्षा में जाएगा तो उसकी आयु लगभग 11–12 वर्ष होनी चाहिए (यदि वह नियमित रूप से प्रत्येक कक्षा को एक-एक वर्ष में उत्तीर्ण करता रहा हो)। इस प्रकार सातवीं कक्षा में पढ़ने वाले बच्चों की आयु लगभग 11–12 वर्ष के बीच में होनी चाहिए।

अब यदि सातवीं कक्षा में पढ़ने वाले किसी बालक की आयु 11–12 वर्ष की आयु से बहुत ज्यादा है, हम कह सकते हैं 14 वर्ष या इससे भी ज्यादा आयु है तो उस बच्चे को "अधिक आयु का अधिगमकर्त्ता" नाम दिया जाएगा। अर्थात् "वह अधिगमकर्त्ता, जो एक कक्षा में अध्ययन करने की मान्य औसत आयु को पार कर उससे ज्यादा वर्ष की आयु का हो।" इस प्रकार से अधिक आयु का अधिगमकर्त्ता अपनी कक्षा में पढ़ने वाले बच्चों से आयु में काफी बड़ा होता है और बड़ा होने के कारण उनसे ज्यादा परिपक्व होता है।

यदि पूछा जाए कि एक बालक अधिक आयु का अधिगमकर्त्ता कैसे बन जाता है तो इसके पास निम्न बातें कार्य करती हुई पाई जाती है:

(i) बाल्यावस्था में ही काफी बड़ा होने पर अर्थात् विद्यालय में प्रवेश लेने की आयु के निकल जाने के काफी बाद में प्राथमिक विद्यालय की कक्षा 1 में प्रवेश दिलाना।

(ii) प्रत्येक कक्षा में उत्तीर्ण होने की निर्धारित अवधि (एक वर्ष) में कक्षा उत्तीर्ण न कर पाना। एक ही कक्षा पास करने में दो या उससे अधिक वर्ष लगा देना।

(iii) विद्यालय में पढ़ते समय बीच में ही किसी कारण से एक या अधिक वर्ष के लिए विद्यालय छोड़ देना और कुछ वर्षों उपरान्त पुनः प्रवेश लेना।

अब प्रश्न यह उठता है कि एक बालक के अधिक आयु का अधिगमकर्त्ता होने में परेशानी क्या है? क्या यह उसके स्वयं के लिए या कक्षा के सहपाठियों के अध्ययन को किसी प्रकार से प्रभावित करता है? और यदि ऐसा है तो कैसे? आइए अब इस सम्बन्ध में विचार करते हैं:

1. एक अधिक आयु के अधिगमकर्त्ता को, औसत आयु के हिसाब से नियोजित तथा व्यवस्थित किए गए कक्षा-कक्ष में उपलब्ध भौतिक वातावरण प्रयोगशाला, कार्यशाला में अपना सामंजस्य करने में काफी कठिनाई का सामना करना पड़ता है। उदाहरण के लिए कक्षा में छोटे बालकों की आयु के अनुसार छोटे आकार की कुर्सियां, डेस्क, काम करने की मेजें, अन्य उपकरण आदि होते हैं और निश्चित तौर

पर इस प्रकार की परिस्थिति में वह अपना समायोजन करने में काफी असुविधा महसूस कर सकता है।

2. किसी भी कक्षा या ग्रेड विशेष में अपनी आयु से छोटे बालकों के साथ अध्ययन करने में अधिक आयु के अधिगमकर्त्ताओं को अपना शैक्षणिक समायोजन करने में काफी समस्याओं का सामना करना पड़ सकता है। जैसा कि हम जानते हैं शिक्षण अधिगम प्रक्रिया में जो भी शिक्षण अधिगम कार्य सम्पन्न किए जाते हैं वे सब सम्बधिन्त कक्षा या ग्रेड विशेष के बालकों की औसत आयु के हिसाब से नियोजित, संगठित और क्रियान्वित किए जाते हैं। शिक्षण अधिगम की विधि और कार्य गतिविधियों का क्रियान्वयन चूंकि उसकी आयु और परिपक्वता से मेल नहीं खाता, अतः अधिक आयु के अधिगमकर्त्ता को काफी समस्याओं तथा कुसमायोजन का सामना करना पड़ता है।

3. एक अधिक आयु का अधिगमकर्त्ता अपने सामाजिक–मनोवैज्ञानिक समायोजन और विकास के सम्बन्ध में भी अनेक समस्याओं का सामना करता पाया जाता है, जैसे–

(i) आयु में काफी अन्तर होने तथा परिपक्वता स्तर में भी काफी भिन्नता होने के कारण वह अपनी कक्षा के सहपाठियों के साथ न तो मित्रता स्थापित कर पाता है और न ही उपयोगी अन्तःक्रिया कर पाता है।

(ii) अपनी अधिक आयु का होने के कारण उसकी कक्षा के अन्य विद्यार्थी उसे अपने साथ खेल या खेलकूद गतिविधियां खिलाना नहीं चाहते हैं।

(iii) अनेक प्रकार की सहपाठ्य क्रियाओं में भी वह अपनी कक्षा के सहपाठियों के साथ भाग लेने में अनेक कठिनाइयों का सामना करता है।

(iv) कक्षा में अन्य बालकों से अपने आपको अधिक आयु का होने के कारण वह अक्सर अपराध भावना से ग्रस्त रहता है। किसी न किसी बात या आधार पर अध्यापक तथा अन्य विद्यार्थी भी उसे इस बात का अहसास कराते रहते हैं।

(v) उसकी आयु में उसकी शिक्षा का जो स्तर होना चाहिए था तथा उसका जितना विकास जरूरी था उससे पीछे रह जाने के कारण वह स्वयं तनाव, दबाव, चिन्ता तथा बैचेनी का अनुभव करता रहता है।

4. अधिक उम्र के बालकों को शैक्षणिक क्षेत्र में जो कठिनाइयां आती हैं वे उनके सामाजिक–मनोवैज्ञानिक कुसमायोजन के साथ मिलकर उन्हें विभिन्न प्रकार के समस्यात्मक तथा बाल अपराधी व्यवहार की ओर ढकेल देती हैं और इस तरह वे प्रायः भगोड़ेपन, दूसरों को आतंकित करने वाले, औषधिव्यसनी जैसे व्यवहारों में उलझ जाते हैं अथवा कुसंगति में पड़कर सामाजिक रूप से अवांछनीय एवं अपराधी तत्वों के चंगुल में फंस जाते हैं।

## सामाजीकरण में सामाजिक, आर्थिक एवं सांस्कृतिक अन्तर और समेकेतीकरण के लिए इनके निहितार्थ (Social, Economical and Cultural Differences in Socialization and its Implications for Inclusion)

सामाजीकरण की प्रक्रिया बालकों को अपने समाज और समुदाय, जिसमें विद्यालय भी शामिल है, के अन्तर्गत होने वाली घटनाओं तथा विद्यमान व्यक्यिों के साथ उचित अन्त:क्रिया करने में सहायता करती है। अब यहाँ यह बात भी काफी देखने को मिलती है कि बालकों के एक दूसरे के साथ अन्त:क्रिया करने, सहयोग एवं साथ-साथ कार्य करने के दौरान उनमें निहित विभिन्न प्रकार के सामाजिक, सास्कृतिक और आर्थिक अन्तर आड़े आते रहते हैं। इस प्रकार के अन्तरों के फलस्वरूप अध्यापकों को भी विभिन्न रूपों में अपने विद्यार्थियों के साथ विभिन्न प्रकार के दृष्टिकोण और पक्षपातपूर्ण रवैया अपनाते हुए पाया जाता है। एक समेकित कक्षा में विद्यमान विभिन्न प्रकार के अधिगम कर्ताओं में जिस प्रकार के सामाजिक, आर्थिक और सांस्कृतिक अन्तर देखने को मिलते हैं, आइए, उनकी प्रकृति के बारे में जाना जाए–

### *1. सामाजिक अन्तर (Social Differences)*

जैसे-जैसे बच्चे बड़े होते हैं और सामाजिक रूप से उनका विकास होता है उन्हें यह जानकारी होने लगती है कि वे अपने सामाजिक स्तर को लेकर दूसरे बालकों से कितने अलग हैं। दूसरी ओर अगर हम एक समेकित कक्षा के विद्यार्थियों को उनके सामाजिक स्तर की दृष्टि से देखने की कोशिश करें तो हम यही पाते हैं कि इस दृष्टि से उनमें बहुत कुछ गहरे अन्तर देखने को मिलते हैं। हम यह जानते हैं कि हमारे समाज में किसी परिवार और उस परिवार के सदस्यों के सामाजिक स्तर के निर्धारण के लिए जो मानदंड तय किए जाते हैं वे जाति, प्रजाति, रंग-रूप, वर्णभेद, धर्म, प्रान्तीयता और राष्ट्रीयता के आधार पर ही टिके होते हैं। इन आधारों पर निर्धारित सामाजिक स्तर बालकों और विशेषकर उनके लिए, जो अपने निम्न सामाजिक स्तर की वजह से पृथक्कीकरण, और विभेदीकरण का शिकार होकर मुख्यधारा से अलग कर दिए जाते हैं, अपनी शिक्षा और समायोजन को लेकर काफी मुश्किलें खड़ी कर देते हैं। मुख्यधारा से सम्बन्धित बालकों का समूह अब उन सभी बालकों जो निम्नजाति, जनजाति, अल्पसंख्यक, प्रवासी तथा अन्य प्रदेशों या देशों से सम्बन्धित होते हैं, को हेय दृष्टि से देखने तथा उनको सामाजिक और शैक्षिक रूप से अलग-थलग करने का प्रयत्न करते रहते हैं। अध्यापकों का दृष्टिकोण भी इन बालकों के प्रति बहुत कुछ नकारात्मक, पक्षपात और विद्वेषपूर्ण ही रहता है। इसीलिए एक समेकित कक्षा व्यवस्था में यह जरूरी हो जाता है कि जो बालक अपने सामाजिक स्तर के अन्तर के कारण पृथक्कीकरण या अलगाव के शिकार हो जाते हैं, उनके प्रति अध्यापकों को और उनके सहपाठियों को अपने व्यवहार में अपेक्षाकृत परिवर्तन लाने चाहिए ताकि समेकित शिक्षा व्यवस्था का उद्‌देश्य पूरा हो सके।

**2. आर्थिक अन्तर *(Economic Differences)***

सामाजीकरण-दूसरों के साथ अन्तःक्रिया करने की प्रक्रिया एक ऐसे माध्यम के रूप में कार्य करने की क्षमता रखती है जिससे बालकों को यह पता चले कि वे अपने परिवार के आर्थिक स्तर को लेकर एक दूसरे से कितने अलग हैं। इस संदर्भ में एक समेकित कक्षा व्यवस्था में हमें जहाँ बहुत ही निर्धन एवं असहाय परिवारों के बच्चे देखने को मिलते हैं वहीं उन बालकों की उपस्थिति भी होती है जो बहुत ही धनाढ्य, समृध्द और खाते-पीते परिवारों के हों। परिणामस्वरूप जहाँ गरीब परिवार के बालकों को अपनी मूलभूत आवश्यकताओं, विशेषकर भौतिक तथा विद्यालय की आर्थिक जरूरतों को पूरा करने में कदम-कदम पर संघर्ष करना पड़ता है वहीं समृद्ध और भरेपूरे परिवारों के बालक बिना किसी चिंता के अपनी इन जरूरतों को बड़ी सरलता से पूरा करते रहते हैं। समाज में रहते हुए भी इन गरीब परिवार के बच्चों और परिवार के सदस्यों को समृद्ध एवं खातेपीते परिवारों के हाथों विभिन्न प्रकार के भेदभाव, पृथक्कीकरण, अपमान एवं आर्थिक वंचन का शिकार होना पड़ता है । उनके बच्चों को हर तरह से कुपोषण, अस्वास्थ्यकर रहन-सहन परिस्थितियों तथा पालन पोषण, शिक्षा और विकास सम्बन्धी बुरे हालातों से गुजरना पड़ता है। विद्यालय में इन बालकों को खुशहाल परिवारों के हम उम्र साथियों एवं सहपाठियों से विभिन्न प्रकार की उपेक्षा, तिरस्कार और पृथक्कीकरण का शिकार होना पड़ता है । अपनी गरीबी के कारण अपने घर पर भी इन बालकों को रोटी रोजी कमाने में माता-पिता की सहायता करनी पड़ती है। फलस्वरूप उन्हें पढ़ने लिखने के लिए समय कम ही मिल पाता है। इसलिए ये बालक कक्षा में नियमित रूप से उपस्थित नहीं रह पाते और इनकी गिनती पिछड़े और धीमी गति से पढ़ने वाले बालकों में होने लगती है। वे अपने अध्यापकों की आंखो में गिर जाते हैं और उनके साथ अध्यापकों का व्यवहार सहज नहीं रह पाता है। इसलिए अब यह जरूरी हो जाता है कि अध्यापक इन बालकों की स्थिति को अच्छी तरह से समझें और विद्यालय की समेकित शिक्षा व्यवस्था में उनके समायोजन और उनकी शिक्षा पर उचित ध्यान दें। अगर यह नहीं होता है तो इस बात की पूरी सम्भावना रहती है कि या तो फिर इन बालकों की गिनती असफल और हताश व्यक्तित्व वाले बालकों में हो या फिर वे पथ से विचलित होकर समाज के लिए स्थायी सिरदर्द बन जाएं।

उन्हें विद्यालय के वातावरण में विशेषकर अपने अध्यापकों तथा सहपाठियों के साथ उचित अन्तःक्रिया करने और सम्बन्ध बनाने के सन्दर्भ में पूरी तरह समायोजित होने में सहायता की जानी चाहिए। आर्थिक कारणों से आने वाली कठिनाइयों और समस्याओं से निपटने हेतु विद्यालय, अधिकारियों, गैरसरकारी स्वयं सेवी संस्थानों, सरकार तथा समुदाय के सम्पन्न वर्ग द्वारा उनकी कल्याणकारी योजनाओं, वित्तीय सहायता तथा अनुदानों द्वारा मदद की जानी चाहिए। ऐसे प्रयत्न किए जाने चाहिए जिससे उनमें खोया हुआ विश्वास फिर से आए और वे अपनी स्वाभाविक क्षमता का

उचित उपयोग कर सकें। इसके साथ ही समृद्ध और सम्पन्न वर्ग से सम्बन्धित सहपाठियों को भी जिन्दगी की सच्चाई तथा कठिनाइयों के मार्ग से परिचित कराना चाहिए ताकि वे अपनी गरीबी से जूझ रहे साथियों और सहपाठियों के साथ बराबरी का व्यवहार कर उनमें निहित क्षमताओं और अच्छाइयों का आदर कर सकें।

### *3. सांस्कृतिक अन्तर (Cultural Differences)*

सामाजीकरण और दूसरे बालकों के साथ अन्तःक्रिया करने सम्बन्धी अवसरों की उपलब्धता के कारण बालक एक दूसरे में निहित सांस्कृतिक भिन्नताओं को पहचानने लगते हैं। उन्हें यह जानकारी होती है कि उनके परिवार और समुदाय दूसरे बालकों के परिवार और समुदायों से रहने सहने और व्यवहार करने के तरीकों को लेकर काफी कुछ अन्तर रखते हैं। ये बातें उन्हें, उनके द्वारा पहने जाने वाले कपड़ों, खान-पान सम्बन्धी आदतों, रिवाजों एवं परम्पराओं, भाषा और सम्प्रेषण के तरीकों, शादी-विवाह एवं बालकों के लालन पालन के तरीकों, सोचने विचारने के ढंग, मूल्य एवं आदर्श, तथा जीवन लक्ष्यों के माध्यम से भली-भांति प्रतिबिम्बित हो सकती हैं। इस प्रकार की सांस्कृतिक विभिन्नताएँ एक अल्पसंख्यक समुदाय को अपनी एक अलग सांस्कृतिक पहचान से जुड़े होने के कारण बहुसंख्यक समाज से बहुत कुछ सीमा तक अलग-अलग होकर हाशियाकृत होने को मजबूर कर सकती है। इस प्रकार का हाशियाकरण और कटाव स्वतः ही उनके बालकों को हस्तान्तरित हो जाता है जिन्हें आगे चलकर विद्यालयों तथा कार्यस्थलों में इस कटाव या हाशियाकरण के गम्भीर परिणाम भुगतने पड़ते हैं।

परन्तु दूसरी ओर यदि देखा जाए तो जिसे हम सांस्कृतिक विविधता या बहुसंस्कृतिवाद का नाम देते हैं, यह एक स्वस्थ जनतांत्रिक समुदाय, जो समता, स्वतन्त्रता और समानता जैसे मानवीय मूल्यों पर जोर देता है, की एक खास पहचान और उपयोगी विशेषता मानी जाती है।

एक समेकित कक्षा व्यवस्था, जो अपने विद्यार्थियों को गुणवत्तायुक्त शिक्षा प्रदान करने के लिए जानी जाती है, के लिए यह आवश्यक हो जाता है कि वह अपने शैक्षिक कार्यक्रमों में सभी विद्यार्थियों को समान रूप से शामिल करे, चाहे उनमें किसी प्रकार के अन्तर और भिन्नताएँ विद्यमान हों। इस दृष्टि से एक समेकित कक्षा व्यवस्था में विभिन्न प्रकार की सांस्कृतिक विभिन्नताओं से युक्त बहुसांस्कृतिक नामक विचार धारा को मुक्त कंठ से स्वीकार किया जाता है। यहाँ इसे एक बड़ी रुकावट या चिन्ता की बात न समझ कर वरदान समझा जाता है क्योंकि इससे सभी विद्यार्थियों को एक दूसरे की संस्कृतियों से सम्बन्धित अच्छाइयों को जानने और समझने का मौका मिलता है और वे अपनी व्यक्तिगत और सामाजिक प्रगति में "विभिन्नता में एकता" नामक मंत्र को स्वीकार करते हुए आगे बढ़ने का प्रयास करते हैं।

# 9

# विशेष तनावपूर्ण स्थितियों में बालकों को परामर्श (Counselling of Children in Specific Stressful Conditions)

## विषय प्रवेश (Introduction)

बाल्यावस्था को उसके भोलेपन, जीवन की स्वाभाविकता एवं बिना किसी जिम्मेदारी के मनचाहा कहने और करने की उम्र के रूप में माना जाता है। यह जिन्दगी का वह सुनहरा काल है जब बालक बेफिक्री की शाही जिन्दगी जीते हैं। लेकिन चाहे हमने बाल्यावस्था के बारे में कोई भी अच्छी से अच्छी कल्पना क्यों न कर ली हो, यह बात सार्वभौमिक नहीं है और बचपन सभी के लिए, हर समय फूलों की सेज नहीं होता है। ऐसी परिस्थितियाँ और समय आता है जब बालकों को विपरीत जीवन परिस्थितियों तथा उनके साथ घटने वाली घटनाओं के भीषण परिणामों को झेलना पड़ता है। इस प्रकार की विषम परिस्थितियों में बालकों को बेहद उदासी, एकान्त, शोषण, अत्याचार, दुर्व्यवहार तथा एक या अन्य प्रकार के उत्पीड़न का शिकार होने का दंश झेलना पड़ता है। ऐसे समय में उन्हें सबसे अधिक जरूरत एक उचित प्रकार के निर्देशन एवं परामर्श सेवाओं की होती है ताकि उन्हें अपने समायोजन और अपनी जिन्दगी को पटरी पर लाने में भरसक सहायता मिल सके।

यहाँ प्रस्तुत अध्याय में हम मुख्यत: ऐसी तीन विशेष तनावपूर्ण परिस्थितियों को अपनी चर्चा का केन्द्र बिन्दु बनाना चाहेंगे, जिनका सामना अपने जीवनकाल में बालकों को प्राय: करते हुए पाया जाता है। ये हैं-

(i) माता-पिता का अलग-अलग होना या सम्बन्ध-विच्छेद।

(ii) सशस्त्र संघर्ष आदि में माता-पिता को खो देना।

(iii) बाल उत्पीड़न का शिकार होना।

आइए, इनकी प्रकृति, समस्या तथा बालकों को उनके समाधान के रूप में प्रदान की जाने वाली उचित परामर्श सेवाओं की चर्चा करते हैं।

## माता-पिता का अलग-अलग होना या सम्बन्ध-विच्छेद (Separation of Parents)

परिवारों की संरचना और उनकी कार्यप्रणाली में विभिन्न प्रकार के सामाजिक,

मनोवैज्ञानिक, आर्थिक एवं वैश्विक सांस्कृतिक परिवर्तनों के फलस्वरूप माता-पिता के बीच सम्बन्ध-विच्छेद अर्थात् तलाक हो जाने से सम्बन्धित सामाजिक समस्या दिन-प्रतिदिन गहन होती जा रही है। माता-पिता के अलग-अलग हो जाने का सबसे ज्यादा दुखदायी परिणाम उनके बालकों को ही भुगतना पड़ता है। परिणामस्वरूप वे विभिन्न प्रकार की समस्याओं से ग्रस्त होते हुए पाए जाते हैं। इस प्रकार की समस्याएँ प्राय: निम्न रूपों में देखने को मिलती हैं:

- बच्चा किसके पास रहे, इस बात को लेकर माता-पिता कानूनी दांव-पेच में उलझे रहते हैं और बालकों को बरबस ही उनके बीच के झगड़े, तू-तू मैं-मैं तथा कलह देखते रहने को मजबूर होना पड़ता है।
- कभी-कभी बालकों को यह चुनने के लिए मजबूर किया जाता है कि वे माँ के पास रहना चाहते हैं या पिता के पास। यह बात उन्हें एक अजीब से मनोवैज्ञानिक संघर्ष में डाल देती है कि किसके पास रहना उनके लिए ठीक रहेगा।
- इस परिस्थिति में जबकि बालक को माता या पिता किसी एक के पास रहने को मजबूर होना पड़ता है तब बालक बहुत से ऐसे सामाजिक, मनोवैज्ञानिक लाभों तथा आवश्यकताओं की संतुष्टि से वंचित रह जाते हैं जो उन्हें, माता-पिता दोनों के एक साथ रहने से प्राप्त हो सकते थे। इस अवस्था में जब बालक माता के साथ रहता है तो उसे पिता की चाह और जब पिता के साथ रहता है तो उसे माँ की चाह सताती रहती है।
- जब माता-पिता में से कोई भी बालक के पालन पोषण की जिम्मेदारी नहीं लेना चाहता है तब उस अवस्था में ऐसे बच्चों को अनाथ रहकर अपना जीवन व्यतीत करने के लिए मजबूर होना पड़ता है। ऐसी परिस्थिति प्राय: उस समय पैदा हो जाती है जब माता-पिता अपना पुनर्विवाह कर अपना-अपना नया घर बसा लेते हैं और बच्चों को तब परिजनों या अनाथालयों के सुपुर्द कर दिया जाता है।
- माता-पिता का सम्बन्ध-विच्छेद या तलाक बालकों को मनोवैज्ञानिक रूप से काफी महँगा पड़ता है, जिसके फलस्वरूप वे दारुण दुख, असुरक्षा, भय, अवसाद, क्रोध और हताशा के शिकार होते हुए देखे जाते हैं। इससे उनका बचपन तो चौपट होता ही है, साथ ही कष्टों की धधकती ज्वाला उनके मानसिक स्वास्थ्य और सभी प्रकार की खुशहाली को छीन लेती है।
- इन बालकों को सामाजिक अलगाव तथा बहिष्कार का भी सामना करना पड़ता है और उन्हें अपने माता-पिता के सम्बन्ध-विच्छेद के बारे में दूसरों की टिप्पणियाँ भी सुननी पड़ती हैं। माता-पिता में से किसी एक का भी न होना उनके समायोजन, विकास और पालन पोषण में काफी महँगा सिद्ध होता है।

### *माता-पिता के सम्बन्ध-विच्छेद या अलग होने के शिकार बालकों को परामर्श (Counselling of Children facing Separation or Divorce of Parents)*

माँ-बाप के सम्बन्ध-विच्छेद के शिकार बालकों को उपरोक्त वर्णित जिस प्रकार की

समस्याओं का सामना करना पड़ता है। उनसे छुटकारा पाने के लिए उन्हें प्रशिक्षित परामर्श दाताओं से परामर्श सेवाओं की आवश्यकता होती है। एक समस्याग्रस्त बालक को प्रदान की जाने वाली इस प्रकार की परामर्श सेवा एक ऐसी प्रक्रिया के रूप में पारिभाषित की जा सकती है जिसे एक परामर्शदाता के नेतृत्व में क्रियान्वित किया जाता है और जिसके द्वारा एक ओर जहाँ बालक की समस्या को अच्छी तरह जानने, समझने और उस पर ध्यान देने की बात की जाती है तो दूसरी ओर बालक को इस प्रकार तैयार किया जाता है कि वह अपनी समस्या को अच्छी तरह जानकर उससे निपटने के लिए अपने आप स्वयं को तैयार करे। इस दृष्टि से बालक को प्रदान की जाने वाली परामर्श सेवाओं के निम्न प्रयोजन या उद्देश्य निर्धारित किए जा सकते हैं-

- ऐसे विश्वासप्रद उपयुक्त वातावरण का निर्माण करना जिसमें बालक विशेष माँ-बाप के सम्बन्ध-विच्छेद या तलाक से पैदा होने वाली अपनी कठिनाइयों या समस्याओं को लेकर, उसके अन्दर भावनाओं और संवेगों का जो ज्वार उमड़ रहा है, उसे खुलकर व्यक्त कर सके।
- पीड़ित बालक को इस प्रकार के अवसर और वातावरण प्रदान करना जिसमें वह परामर्शदाता के साथ सीधा और खुला हुआ सम्बन्ध बना सके और बालक तथा परामर्शदाता के बीच में इस प्रकार का सहज और स्वाभाविक सम्प्रेषण होता रहे जिससे बालक की समस्याओं को समझकर समाधान का मार्ग खोजा जा सके।
- माता-पिता के सम्बन्ध-विच्छेद के कारण जो समस्याएँ पैदा हो गई हैं, उन्हें आज के अपने उपलब्ध हालात के सम्बन्ध में बच्चे को ठीक प्रकार से समझने में सहायता करना।
- सामने आ रही कठिनाइयों या समस्याओं से निपटने हेतु आवश्यक तरीके और साधन तलाश करने में बालक की मदद करना।
- बालक को अपना खोया हुआ आत्मविश्वास और आत्मप्रतिष्ठा पुनः उपलब्ध करने में इस प्रकार सहायता करना कि वह माँ-बाप के सम्बन्ध-विच्छेद के कारण जिस प्रकार के अवसाद, झिझक, शर्मिन्दगी या आत्मग्लानि के बोझ से दब रहा था उससे बाहर निकलकर जीवन की वास्तविकताओं का ठीक प्रकार से सामना कर सके।

## *परामर्श प्रदान करने की विधियाँ या तरीके*
## *(Methods or Modes of Counselling)*

माता-पिता के सम्बन्ध-विच्छेद या तलाक से पीड़ित बालकों को दिए जाने वाले परामर्श की विधियों या तरीकों को मुख्यतः दो भागों—समूह परामर्श और व्यक्तिगत परामर्श—में बाँटा जा सकता है।

### *1. समूह परामर्श (Group Counselling)*

समूह परामर्श में ऐसे सभी बालकों, जो माता-पिता के सम्बन्ध-विच्छेद या अलग-अलग

होने की समस्याओं के शिकार हों, को एक समूह के अन्तर्गत परामर्श सेवाएँ देने की व्यवस्था की जाती है। समूह में इन सभी बालकों को एक ऐसा अवसर प्राप्त होता है जिसमें वे स्वयं को सभी ऐसे साथियों के बीच में पाते हैं, जो एक ही प्रकार की समस्याओं से ग्रस्त हों। सबके एक जैसा होने से उनमें भली-भांति तादात्म्य स्थापित होने की सम्भावना काफी अधिक रहती है। और वे अपनी-अपनी भावनाओं और संवेगों की अभिव्यक्ति खुले दिल से ठीक प्रकार कर सकते हैं। उनके सामने जीवन की जो वास्तविकता होती है उसका मिलजुलकर हल ढूँढ़ने का प्रयत्न कर सकते हैं। इस प्रकार के समूह परामर्श में, जो समस्याएँ और परिस्थितियाँ सामने आ रही हैं उनसे कैसे निपटा जाए, इस बात को लेकर सामूहिक चर्चा आयोजित की जाती है और ऐसे वीडियो दृश्य या फिल्में दिखाई जाती हैं जिसमें नायक या नायिका को उनके जैसी समस्या से जुझते हुए जीवन जीने की प्रेरणा मिलती हो।

*व्यक्तिगत परामर्श (Individual Counselling)*

इस प्रकार के परामर्श में पीड़ित बालकों को व्यक्तिगत रूप से परामर्श दिया जाता है। इसके लिए परामर्श दाता पीड़ित बालक से पूरी तरह तादात्म्य स्थापित कर एक ऐसे उपयुक्त वातावरण का निर्माण करने का प्रयत्न करता है जिसमें बालक अनुभव की जाने वाली कठिनाइयों, परेशानियों तथा उनसे उत्पन्न भावनाओं और संवेगों को खुलकर अभिव्यक्ति कर सकें। इस प्रकार के सहजीकरण के उपरान्त परामर्शदाता द्वारा यह प्रयत्न किया जाता है कि बालक हालातों की गम्भीरता को समझ कर अपनी समस्या से निपटने के लिए स्वयं सामने आएँ तथा कठिनाइयों से मुक्ति पाने के रास्ते स्वयं तलाश करें।

पीड़ित बालकों को इस प्रकार की परामर्श सेवाएँ उपलब्ध कराने के अतिरिक्त उनके माता-पिता को भी आवश्यक परामर्श प्रदान किया जाना चाहिए। उन्हें यह महसूस कराया जाना चाहिए कि उनके हिसाब से आपसी झगड़े या तलाक हो जाने की कितनी बड़ी कीमत उनके बालकों को चुकानी पड़ रही है और उन्हें फिर इस सम्बन्ध में अपनी ओर से क्या करना अपेक्षित है। उस अवस्था में जबकि माता-पिता किसी एक को बालक की जिम्मेदारी निभानी होती है और वह इस सम्बन्ध में अपने बालक को परामर्श सेवा हेतु ले जाता है, तब उसे स्वयं भी यह अनुभव करना चाहिए कि बालक से अधिक उन्हें स्वयं ही अपने व्यवहार में परिवर्तन लाने हेतु उपयुक्त सेवा की आवश्यकता है ताकि वे अपने बालक विशेष का समुचित कल्याण कर सकें।

## सशस्त्र संघर्ष आदि में माता-पिता को खो देना
## (Loss of Parents in Armed Conflicts etc.)

बालकों के जीवन में कई बार ऐसी परिस्थितियाँ भी आती हैं, जब उन्हें किसी कारणवश अपने माता-पिता को खो देने का दंश झेलना पड़ता है। रास्ते में यात्रा करते हुए अथवा आग की लपटों की चपेट में आने, नदी में डूब जाने आदि बहुत-सी

आकस्मिक घटनाओं के कारण उनकी असमय ही मृत्यु हो सकती है। इसके अतिरिक्त ऐसी और भी बहुत सी बातें हो सकती हैं जिनकी वजह से बालकों को अपने माँ-बाप को खोना पड़ता है। विभिन्न प्रकार के सशस्त्र संघर्षों में जैसे आतंकवादियों, जिहादियों या नक्सलियों द्वारा किया हुआ नरसंहार, डकैती, शत्रुदेश द्वारा किया गया आक्रमण, परिवार या समुदाय के लोगों के बीच में होने वाले पारस्परिक खूनी झगड़ों तथा जाति एवं धर्म के नाम पर होने वाले दंगा-फसादों आदि में बहुत से बालकों को अपने माँ-बाप को खो देने का दुख झेलना पड़ता है। दैव योग से होने वाली घटनाओं के फलस्वरूप माँ-बाप को खोने की अपेक्षा सशस्त्र संघर्षों के दौरान माता-पिता को खोना बालकों के लिए बहुत अधिक नुकसानदायक सिद्ध हो सकता है क्योंकि इसमें अन्य प्रकार के नुकसानों के अलावा मनोवैज्ञानिक रूप से अत्यधिक क्षति बालकों को निम्न रूप में झेलनी पड़ सकती है-

- सशस्त्र संघर्ष के दौरान माता-पिता की हत्या किस प्रकार की गई, इस प्रकार के दर्दनाक दृश्य सम्बन्धी अनुभवों को भुलाना बालकों के लिए काफी कठिन हो जाता है।
- सशस्त्र संघर्ष के दौरान वे अपने माता-पिता को बचाने के लिए कुछ नहीं कर सके, इस प्रकार के अपराधबोध और आत्मग्लानि से वे हर समय आक्रान्त रहते हैं।
- उनमें इस प्रकार की उत्तेजक भावनाएँ और संवेगों का ज्वार उमड़ता रहता है कि जिसने उनके माता-पिता को मारा है, उनसे बदला लेना चाहिए, परिणामस्वरूप, यह सम्भावना रहती है कि वह भी बदला लेने के इस व्यूहचक्र में फँसते दिखाई दें।
- अपने माता-पिता के मारे जाने के समय जो अनुभव उन्हें हुए हैं, उनकी छाया उनके मानसिक स्वास्थ्य को चौपट कर सकती है। परिणामस्वरूप, वे गहरे अवसाद और अकारण-भय, दुर्भीति, आत्मविश्वास की अनुपस्थिति तथा अन्य न्यूरोटिक एवं साईकोटिक बीमारियों से ग्रस्त पाए जा सकते हैं।
- सशस्त्र संघर्ष में अपने माता-पिता को खोना कितना दुखदायी परिणाम बालकों के सामने ला सकता है, इसका प्रत्यक्षीकरण आज हमें उन कहानियों और ज्वलन्त दृश्यों के रूप में हो सकता है, जो आज आतंकवाद तथा सीमा पर होने वाली विभिन्न देशों की पारस्परिक लड़ाई में सीरिया, ईराक, अफगानिस्तान और नक्सलवाद और आतंकवाद से प्रभावित हमारे देश के विभिन्न क्षेत्रों में घटित हो रहा है। यहाँ पर होने वाले सशस्त्र संघर्षों में माता-पिता को खोने वाले बालकों को अपने जीवनयापन में जिन संघर्षों और कठिनाइयों से गुजरना पड़ रहा है वे अकथनीय हैं। इस प्रकार के बालकों को अपने कष्ट और तनावों से मुक्ति पाने हेतु उचित रूप से आयोजित परामर्श सेवाओं की अत्यन्त आवश्यकता है।

आगे हम इसी पर विचार करना चाहेंगे-

## सशस्त्र संघर्ष आदि में माँ-बाप को खोने वाले बालकों के लिए परामर्श सेवाएँ

***(Counselling of the Children Losing Parents in Armed Conflicts etc.)***

सशस्त्र संघर्ष आदि में माँ-बाप को खो देने वाले बालकों को अपने मानसिक तनाव और संघर्ष से छुटकारा दिलाने हेतु सामूहिक एवं व्यक्तिगत दोनों ही प्रकार की परामर्श सेवाएँ प्रदान करने की व्यवस्था की जा सकती है। इस प्रकार की सेवाओं द्वारा हम पीड़ित बालकों की निम्न रूप में सहायता कर सकते हैं-

(i) सशस्त्र संघर्ष के दौरान माता-पिता को खोने सम्बन्धी अनुभवों द्वारा उत्पन्न हुई भावनाओं, क्रोध एवं बदले की ज्वाला, भय, चिन्ता एवं दुर्भीति आदि को व्यक्त करने के अवसर प्रदान करना।

(ii) दुखदायी अनुभवों के द्वारा पहुँचे हुए मानसिक आघात से राहत पहुँचाने के लिए ऐसी मनोचिकित्सा एवं तकनीकों का इस्तेमाल करना जो-

- भयानक अनुभवों से जुड़े हुए भय और दुर्भीति आदि से मुक्ति दिलाने में मदद कर सकें।
- बहुमाध्य प्रस्तुतीकरण, गोष्ठी एवं सामाजिक अन्तःक्रिया तथा कहानी आदि पुस्तकों का पठन आदि का उपयोग करने के माध्यम से बालकों के सामने इस प्रकार के व्यवहार का आदर्श रूप प्रस्तुत कर सकें जिनमें बालकों को सशस्त्र संघर्ष, अपने माता-पिता के मरने सम्बन्धी दंश को भली-भांति झेलते हुए, आगे उचित जीवन जीने की प्रेरणा मिल सके।
- शिथिलीकरण तथा संघर्ष समाधान तकनीक का उपयोग करते हुए उन्हें उचित मानसिक शान्ति तथा अपने और अपने वातावरण के साथ उपयुक्त समायोजन करने में सहायता कर सकें।
- अपनी समस्याओं और कठिनाइयों का हल अपने आप ढूँढ़ने हेतु अपनी स्वयं की शक्तियों का भली-भांति उपयोग कर सकें।

(iii) प्रतिशोध की भावनाओं का इस प्रकार मार्गान्तरीकरण करने का प्रयत्न करना जिससे उनका स्वयं का और समाज का कल्याण हो सके।

(iv) उन्हें अपने आपको इस प्रकार के एक आदर्श प्रतिमान के रूप में प्रस्तुत करने में सहायता करना जिससे दूसरे बालक, जिन्हें माँ-बाप को खोने सम्बन्धी ऐसी ही परिस्थितियों से गुजरना पड़ रहा है, उपयुक्त प्रेरणा लेकर जीवन में आगे बढ़ सकें।

### बाल उत्पीड़न के शिकार बालक (Survivors of Child Abuse)

सम्पूर्ण विश्व में सभी जगह बहुत से बालकों को बहुधा ऐसे दुखदायी अनुभवों से गुजरना पड़ता है जिनका सम्बन्ध उनके साथ होने वाले दुर्व्यवहार या उत्पीड़न से होता है। इस प्रकार के बालक उत्पीड़न का शिकार होने के पश्चात पूरी जिन्दगी उस दंश

या उत्पीड़न से उत्पन्न गम्भीर परिणामों को लेकर जीते हुए दिखाई देते हैं। आइए देखें यह बाल उत्पीड़न क्या होता है, इसकी प्रकृति कैसी होती है, यह कितने प्रकार का होता है, इसके क्या दुष्परिणाम होते हैं तथा इसकी रोकथाम और उपचार के लिए क्या किया जाना चाहिए?

### *बाल उत्पीड़न क्या है? (What is Child Abuse)*

माता-पिता, अध्यापक तथा समाज के अन्य बड़े सदस्यों द्वारा शारीरिक, शाब्दिक या संवेगात्मक रूप में किया जाने वाला ऐसा दुर्व्यवहार या पहुँचाने वाली ऐसी क्षति जो बालकों के दुःख और कष्ट का कारण बनते हुए उनकी जिन्दगी को नकारात्मक और प्रतिकूल तरीके से प्रभावित करे, उसे ही सामान्य रूप से बाल उत्पीड़न की संज्ञा दी जाती है।

### *बाल उत्पीड़न के प्रकार (Types of Child Abuse)*

समाज के प्रौढ़ सदस्यों के द्वारा बालकों के साथ जो दुर्व्यवहार करने और हानि पहुँचाने का कार्य किया जाता है, उसकी प्रकृति को ध्यान में रखते हुए बाल उत्पीड़न को चार श्रेणियों में विभाजित किया जाता है, जिसका वर्णन नीचे किया जा रहा है–

#### *1. शारीरिक उत्पीड़न (Physical Abuse)*

इस प्रकार के उत्पीड़न में बालक के साथ जो दुर्व्यवहार और हानि पहुँचाने का कार्य किया जाता है, उसकी प्रकृति शारीरिक होती है यानी यहाँ बालक को शारीरिक रूप से चोट या कष्ट पहुँचाने की बात की जाती है जिसका अच्छी तरह अनुमान उसके शरीर पर दिखाई देने वाले निम्न संकेतकों के माध्यम से लगाया जा सकता है–

(i) शरीर के विभिन्न भागों में जहाँ-तहाँ लाल और नीले चकत्ते, चोट एवं कटने-फटने के निशान जो इस बात की गवाही दें कि बालकों को मारने के लिए हन्टर, बेल्ट, विद्युत तार और नुकीली धार वाली वस्तुओं का उपयोग किया गया है।

(ii) शरीर पर जगह-जगह सिगरेट से, रसोईघर के बर्तनों और उपकरणों से जलाए हुए तथा रस्सी, बिजली के तार आदि से जलाए हुए निशान।

(iii) संक्रमित घाव, या जले हुए घाव जिनसे यह पता चले कि घाव का इलाज जानबूझकर टाला गया है।

शरीर पर पड़े हुए उपरोक्त संकेतकों के अतिरिक्त शारीरिक उत्पीड़न के शिकार बालकों में निम्न प्रकार के व्यवहारगत लक्षण भी देखने को मिलते हैं–

(i) किसी विशेष वयस्क व्यक्ति जैसे माता-पिता, देखभाल करने वाले व्यक्ति, शिक्षक या नजदीकी सम्बन्धी से बिना बात ही अत्यधिक भयभीत रहना।

(ii) अधिक अनुपयुक्त शर्मीलापन, अलग-थलग रहने, अवसाद या दयनीय व्यवहार का प्रदर्शन करना।

(iii) असामाजिक व्यवहार जैसे नशीले पदार्थों का सेवन, भगोड़ापन, घर से भाग

जाना, आक्रामक तथा साथियों को प्रताड़ित करने जैसे व्यवहार का प्रदर्शन करना।

*2. संवेगात्मक/मनोवैज्ञानिक उत्पीड़न (Emotional/Psychological Abuse)*

इस प्रकार के उत्पीड़न में वयस्क व्यक्तियों द्वारा बालक के साथ संवेगात्मक या मनोवैज्ञानिक रूप में दुर्व्यवहार या ऐसी यातना प्रदान की जाती है जिससे उनके दिल और दिमाग प्रतिकूल रूप से प्रभावित होकर उन्हें मानसिक अशान्ति और कष्टपूर्ण वेदना प्रदान करें। अपने वास्तविक रूप में संवेगात्मक या मनोवैज्ञानिक उत्पीड़न में जो बातें शामिल होती हैं वे हैं- बालक की बुरी तरह से कटु आलोचना करना, सबके सामने लताड़ना, फटकारना, उसे नीचा दिखाना, उस पर दोषारोपण करना और उसकी सामाजिक सुरक्षा को दाव पर लगाना। सामान्य रूप से इस प्रकार के उत्पीड़न के शिकार बालक निम्न प्रकार के शारीरिक और व्यावहारिक लक्षणों से युक्त पाए जाते हैं-

- वे विभिन्न प्रकार के कुसमायोजित व्यवहार या मनोविकारों से युक्त पाए जाते हैं, जैसे-खानपान सम्बन्धी विकार, जिसमें मोटापा या अत्यन्त दुर्बल होने की इच्छा शामिल रहती है, बोलने सम्बन्धी विकार (हकलाना, तुतलाना इत्यादि), चिन्ता या अवसाद विकार (शरीर पर लाल लाल चकत्ते हो जाना, पेट में दर्द होते रहना, तरह-तरह का मुँह बनाना इत्यादि), आदत सम्बन्धी विकार-चीजों को काटते, कुतरते रहना, उद्देश्य हीन उछलते कूदते रहना, सिर को झटका देते रहना इत्यादि, आक्रामकता एवं निर्दयता (दूसरों को अकारण ही चोट पहुँचाते रहना, जिसमें पशु पक्षी भी शामिल हैं), आयु के प्रतिकूल व्यवहार करना जैसे-बिस्तर गीला करना, पेशाब करना, गंदगी फैलाना, मूड या चित्त स्थिति सम्बन्धी विकार इत्यादि।
- शारीरिक, मानसिक, सामाजिक और संवेगात्मक परिपक्वता सम्बन्धी मानदण्डों की उपलब्धि के सम्बन्ध में विकासात्मक देरी का प्रदर्शन करना।
- सामाजिक और संवेगात्मक रूप से कुसमायोजित या असामान्य व्यवहार का प्रदर्शन करना।

*3. उपेक्षा उत्पीड़न (Neglect Abuse)*

इस प्रकार के बाल उत्पीड़न में बालक की देखभाल कर रहे वयस्क व्यक्तियों के द्वारा बालक के प्रति जिस प्रकार का व्यवहार किया जाता है उसमें उसकी शारीरिक और सामाजिक आवश्यकताओं की पूर्ति के सम्बन्ध में उदासीनता एवं उपेक्षा भाव का ही प्रदर्शन रहता है। इस प्रकार की परिस्थिति में माता-पिता तथा परिवार के सदस्यों को स्वास्थ्यप्रद परिस्थितियों को बनाए रखने, बालक को समय पर खान-पान की व्यवस्था करने, उसके कपड़े, रहन-सहन की व्यवस्था एवं समय पर टीकाकरण करवाने, उसकी शिक्षा का प्रबन्ध करने, सामाजीकरण और सांस्कृतिक विकास की तरफ ध्यान देने और उसके संवेगों का ठीक प्रकार मार्गान्तरीकरण होने देने आदि बातों

के प्रति पूरी उदासीनता या उपेक्षा का भाव रखते हुए पाया जाता है। वृद्धि को प्राप्त हो रहे बालकों के प्रति माता-पिता, परिवार के सदस्यों, अध्यापकों तथा उनकी देखभाल करने वाले व्यक्तियों द्वारा इस प्रकार का उदासीन और उपेक्षापूर्ण व्यवहार बालकों को अपने विकास और प्रगति के संदर्भ में काफी महंगा पड़ता है। उनकी मूलभूत आवश्यकताओं-शारीरिक, सामाजिक और मनोवैज्ञानिक की ठीक प्रकार से पूर्ति नहीं हो पाती और इस वजह से उनका शारीरिक, मानसिक, सामाजिक और संवेगात्मक विकास ठीक ढंग से नहीं हो पाता है और साथ ही उन्हें अपने आप से तथा अपने वातावरण के साथ विभिन्न प्रकार के कुसमायोजन का शिकार होना पड़ता है और ये सब बातें आगे चलकर उनके जीवन में असफलता और निराशा को जन्म देती है।

### *4. यौन उत्पीड़न (Sexual Abuse)*

इस प्रकार के बाल उत्पीड़न यौन दुराचारियों (वयस्क तथा हमउम्र साथियों) द्वारा बालकों के प्रति यौन दुर्व्यवहार एवं दुराचार करने सम्बन्धी ऐसे कार्य किए जाते हैं जो उन्हें शारीरिक एवं मानसिक रूप से बेहद यन्त्रणा प्रदान करने वाले और उनके जीवन को अंधकारमय बनाने वाले साबित हो सकते हैं। जिन रूपों में इस प्रकार का यौन उत्पीड़न होता है, उसका क्षेत्र काफी विस्तृत हो सकता है, जैसे-फब्तियाँ कसना, अश्लील एवं अशोभनीय शब्दो का प्रयोग करना, बालिकाओं के शरीर के विभिन्न अंगों जैसे-नितम्ब, स्तन, जननांगों आदि का बुरे इरादे से स्पर्श करना, उनके साथ बलपूर्वक मौखिक एवं शारीरिक सम्बन्ध बनाना, छेड़छाड़ एवं बलात्कार आदि व्यवहार यौन उत्पीड़न के अन्तर्गत ही आते हैं। इस प्रकार के यौन उत्पीड़न की बातें बालक और बालिकाओं दोनों के साथ ही हो सकती हैं और ऐसे यौन दुर्व्यवहार और दुराचार करने वाले व्यक्ति किसी भी उम्र के हो सकते हैं, उनकी सामाजिक आर्थिक स्थिति कैसी भी हो सकती है, और बालक के साथ उनका किसी भी प्रकार का निकट का दूर का या अजनबी सम्बन्ध हो सकता है।

पीड़ित बालकों के लिए यौन उत्पीड़न के पश्चात् का समय और उसके परिणाम काफी कटु होते हैं। शारीरिक रूप से क्षति, दर्द और कष्ट सहने के अलावा पीड़ित बालकों को बहुत ही दर्दनाक अनुभव, यातनाप्रद स्मृतियों और दुर्भीतियों से गुजरना पड़ता है जो आगे जाकर उन्हें दूसरों के साथ सामान्य सम्बन्ध बनाने और उन पर विश्वास रखने तथा अन्तरंगता स्थापित करने में काफी बाधक सिद्ध होती हैं। देखा जाए तो शारीरिक रूप से उन्हें जो चोट पहुँचती है उससे अधिक ऐसे गहरे घाव पीड़ित बालकों को मानसिक एवं संवेगात्मक रूप में झेलने पड़ते हैं जिनका भरना जिन्दगी में उनके लिए मुश्किल हो जाता है।

### *यौन उत्पीड़न के शिकार बालकों की पहचान*
### *(Identification of the Victims or Survivors of Sexual Abuse)*

यौन उत्पीड़न से पीड़ित बालकों में उनके शारीरिक निरीक्षण और दिन प्रतिदिन के

व्यवहार को लेकर जो लक्षण और गतिविधियाँ देखने को मिलती हैं, उनका कुछ निम्न स्वरूप हो सकता है

- फटे हुए वस्त्र तथा अन्तःवस्त्र (Under-clothes) पर जगह-जगह धब्बे और रक्त के निशान।
- शरीर के विभिन्न भागों पर जगह-जगह खरोंच और काटने के निशान।
- जननांगों और गुदा से रक्तस्त्राव।
- यौन संभोग या दुराचार के प्रयत्नों का चिकित्सकीय परीक्षण या गर्भपात रिपोर्ट के आधार पर पता लगना।
- व्यवहार में आकस्मिक अवांछित परिवर्तन, जैसे-सामाजिक सम्पर्क और मेलजोल से दूर भागना, भय, चिन्ता और दुर्भीतिपूर्ण व्यवहार का प्रदर्शन करना, निद्रा सम्बन्धी विकार, जैसे-दुःस्वप्नों का शिकार होना, सोते-सोते भयभीत होना, जग जाना, और किसी पर विश्वास न होना इत्यादि।
- चलने में या बैठने में कठिनाई का अनुभव होना, पूरे शरीर में दर्द होना तथा यौनांगों मे जलन एवं कष्ट की अनुभूति करना।
- पीड़ित बालक या बालिका के द्वारा अपने माता-पिता, परिजनों तथा शुभचिन्तकों को अपने साथ होने वाले यौन उत्पीड़न के बारे में बताना।
- घर और विद्यालय में अपने कामकाज के स्तर में गिरावट प्रदर्शित करना, जैसे-चीजों के बारे में विस्मृति होना, रोजमर्रा के कार्यों में गलतियाँ करना, पढ़ाई में मन नहीं लगना, विद्यालय जाने से कतराना और पढ़ाई के स्तर में गिरावट आना इत्यादि।

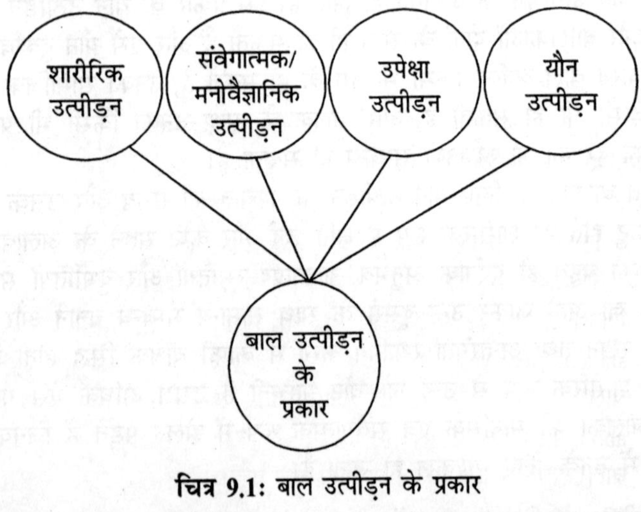


**चित्र 9.1:** बाल उत्पीड़न के प्रकार

इस प्रकार से हम बालकों को ऊपर बताए हुए किसी एक या अन्य प्रकार के बाल उत्पीड़न का शिकार होते हुए पा सकते हैं। परन्तु यहाँ यह बात अच्छी तरह से समझ लेनी चाहिए कि कोई भी बालक एक साथ एक से अधिक प्रकार उत्पीड़न का शिकार

भी हो सकता है। उदाहरण के लिए, यौन उत्पीड़न के शिकार किसी बालक को शारीरिक उत्पीड़न और संवेगात्मक उत्पीड़न से सम्बंधित बातें अपने घर और विद्यालय में झेलनी पड़ सकती हैं। इसी तरह अपने घर में शारीरिक उत्पीड़न के शिकार बालक को किसी एक या अन्य जगह से संवेगात्मक और उपेक्षा उत्पीड़न का शिकार होना पड़ सकता है। परन्तु कोई बालक भले ही किसी एक या अन्य प्रकार के उत्पीड़न का शिकार उनके अकेले-अकेले रूप में हो अथवा मिले जुले रूप में, यह बात तो निश्चित है कि उत्पीड़न चाहे किसी भी रूप में हो उसके दुष्प्रभाव काफी गहरे और ऐसे दूरगामी होते हैं कि पीड़ित बालकों को अपने शारीरिक, सामाजिक, मानसिक, संवेगात्मक, नैतिक विकास में हर तरफ से सभी प्रकार की बाधाओं और कठिनाइयों का सामना करना पड़ सकता है।

### *बाल उत्पीड़न की समस्या से कैसे निपटा जाए?*
### *(How to Deal with the Problem of Child Abuse?)*

बाल उत्पीड़न सम्बन्धी समस्या सार्वभौमिक है। यह किसी भी बालक के साथ किसी भी परिवार या समुदाय में पूरी दुनिया में कहीं भी हो सकती है। दूसरी ओर यह बात भी सत्य है कि माता-पिता, घनिष्ठ परिजन, पड़ोसी, जान पहचान वाले, दोस्त, अध्यापक और यहाँ तक कि एक अजनबी होते हुए भी हम बाल उत्पीड़न के मामलों में, उसे रोकने अथवा उसका एक कारण बनने की भूमिका इस लिए निभा रहे होते हैं क्योंकि बालक हम पर भरोसा करता है या वह हमारे द्वारा किसी एक या अन्य प्रकार के उत्पीड़न का शिकार आसानी से बनाया जा सकता है। बाल उत्पीड़न सम्बन्धी मामलों का पता लगना भी आसान नहीं होता है। बहुधा यह बहुत ही चुपचाप ऐसी तरकीबों से किए जाते हैं, जो घर, सामाजिक स्थानों तथा विद्यालयों में बहुत ही घनिष्ट और निजी व्यक्तियों द्वारा किए जा रहे होते हैं कि जिनके बारे में संज्ञान या तो बालक द्वारा स्वयं बताए जाने पर होता है अथवा इनका पता तब चलता है जब वह किन्हीं ऐसे व्यक्तियों की दृष्टि में आ जाएं जिनमें पीड़ित बालकों को बचाने और दुराचारियों का सामना करने का साहस हो। आगे जहाँ तक बाल उत्पीड़न सम्बन्धी समस्या से निपटने के लिए उचित विधियों और तकनीकों के उपयोग का प्रश्न है, हम उन्हें मोटे तौर पर निम्न तीन श्रेणियों में विभाजित कर सकते हैं।

A- जिनके हित इस समस्या से जुड़े हैं, उन्हें शिक्षित करना (Educating the stakeholders)

B- बाल अधिकारों के बारे में जागरूकता पैदा करना (Creating Awareness about the Child Rights)

C- बाल उत्पीड़न से पीड़ित बालकों को परामर्श सेवाएं प्रदान करना। (Counselling the Survivors of Child Abuse)

***A. जिनके हित इस समस्या से जुड़े हैं उन्हें शिक्षित करना (Educating the stakeholders):*** वह बड़ी बात जो अक्सर बाल उत्पीड़न की समस्या की रोकथाम हेतु

सबसे अधिक आड़े आती है, वह यही है कि इस सम्बन्ध में बालकों के हित से जुड़े हुए माता-पिता, समुदाय के सदस्यों, शिक्षकों, मीडिया के लोगों तथा कानून का पालन कराने वाली संस्थाओं तथा स्वयं बालकों को भी इस सम्बन्ध में आवश्यक ज्ञान और उचित शिक्षा की प्राप्ति का अभाव रहता है। अतः इस सम्बन्ध में सम्बन्धित व्यक्तियों और संस्थाओं को उचित ज्ञान और शिक्षा उपलब्ध कराई जानी चाहिए, जिसका विवरण हम आगे दे रहे हैं।

*1. माता-पिता और अन्य वयस्क व्यक्तियों को शिक्षित करना (Educating the Parents and Elders):* माता-पिता और परिवार में उपस्थित अन्य बड़े सदस्यों को ही बालकों का वास्तविक शुभ चिन्तक कहा जाता है। परन्तु कई बार वे बालकों का भला सोचते-सोचते काफी कठोर दमनात्मक कदम (जैसे-बालकों का शारीरिक उत्पीड़न या उनकी घोर उपेक्षा करना आदि) उठाने की भूल कर बैठते हैं। इसलिए अपने बालकों को अनुशासन में ढालने के लिए शारीरिक रूप से दुर्व्यवहार या उत्पीड़न करने की बजाए अन्य रचनात्मक कदम उठाने हेतु शिक्षित किए जाने की आवश्यकता है। उन्हें यह भी हिदायत दी जानी चाहिए कि वे बालक की घोर उपेक्षा करने अथवा उसकी शारीरिक, सामाजिक, मनोवैज्ञानिक आवश्यकताओं की पूर्ति के प्रति उदासीन होने की गलती न करें क्योंकि यह बात उन्हें, उनके ऐसे अधूरे विकास और कुसमायोजन की ओर ले जा सकती है जो उनके अपने और समाज के लिए हानिकारक हो। बालकों को संवेगात्मक रूप से भी उपेक्षित नहीं किया जाना चाहिए बल्कि सभी तरह से ऐसे उपाय किए जाने चाहिए कि उनका मानसिक स्वास्थ्य ठीक रहे। माता-पिता और परिवार के अन्य वयस्क व्यक्तियों को यौन उत्पीड़न सम्बन्धी बातों की रोकथाम के लिए ठीक प्रकार से प्रशिक्षित किया जाना चाहिए। उन्हें अपने बालकों के साथ उचित तादात्म्य स्थापित करने में कुशल बनाया जाना चाहिए तथा यह बात भी सिखाई जानी चाहिए कि वे अपने बालकों के व्यवहार में आने वाले अवांछित, आकस्मिक परिवर्तनों को ठीक तरह नोट कर सकें। इन योग्यताओं से युक्त होकर अब उन्हें उस प्रकार की सभी शारीरिक और संवेगात्मक तथा यौन उत्पीड़न सम्बन्धी उन बातों में गहराई से अपनी पैठ करनी चाहिए जो बालकों के दिल और दिमाग को विचलित कर रही हों। अपने बालकों के शारीरिक और व्यवहारगत लक्षणों के निरीक्षण के आधार पर उन्हें यह कोशिश करनी चाहिए कि बालक उत्पीड़न के संदर्भ में जो कुछ उन्हें अनुभव हो रहा है उसकी अभिव्यक्ति खुले रूप में कर सकें। इसके अतिरिक्त माता-पिता तथा परिजनों को यह ज्ञान और प्रशिक्षण भी प्रदान किया जाना चाहिए कि वे पीड़ित बालकों को उपलब्ध कानूनी प्रावधानों, सामुदायिक सहायता केन्द्रों तथा परामर्श सेवाओं से उपयुक्त सहायता प्राप्त करने में किस तरह सहयोग कर सकते हैं।

*2. शिक्षकों को प्रशिक्षित करना (Educating the Teachers)*—माता-पिता तथा परिजनों के अतिरिक्त शिक्षकों को भी बाल उत्पीड़न के मामलों में उचित सहायता प्रदान करने में सक्षम बनाने हेतु निम्न बातों के अधिगम और उचित जानकारी से युक्त करने के प्रयत्न किए जाने चाहिए। इस प्रकार के प्रशिक्षण द्वारा उनमें निम्न प्रकार की

समझ और कौशल विकसित किए जा सकते हैं-

- बालकों के अधिकारों के बारे में जागरूकता पैदा करना। इस जागरूकता में उन्हें इन अधिकारों की समुचित अनुपालना हेतु उपलब्ध कानूनी प्रावधानों की जानकारी भी दी जानी चाहिए।
- बाल उत्पीड़न से सम्बन्धित चेतावनी और निदान से जुड़ी हुई बातों का ज्ञान और काम में लाए जाने वाले कौशलों से युक्त करना।
- शारीरिक उत्पीड़न या उपेक्षा करने जैसे नकारात्मक उपायों के स्थान पर अनुशासन स्थापित करने हेतु रचनात्मक एवं स्वनियंत्रित अनुशासन अपनाने सम्बन्धी तकनीकों से युक्त करना।
- बाल अधिकारों के संरक्षण और बाल उत्पीड़न की रोकथाम में माता-पिता तथा समुदाय के सदस्यों, सरकारी तथा गैर सरकारी संस्थानों से सहयोग लेने सम्बन्धी तरीकों से अवगत कराना।
- वयस्क व्यक्तियों या साथियों द्वारा उनके उत्पीड़न या दुर्व्यवहार सम्बन्धी बातों की जड़ तक पहुँचने हेतु पीड़ित बालकों का विश्वास अर्जित करने में सहायक आवश्यक तादात्म्य स्थापित करने सम्बन्धी तरीकों के ज्ञान एवं कौशल से युक्त करना।
- शिक्षकों को इस तरह समर्थ बनाना कि वे इस प्रकार का निर्देशन एवं परामर्श दे सकें कि वे एक ओर तो अपने अधिकारों के बारे में जागरूक हो सकें और दूसरी ओर वयस्कों द्वारा अपने साथ होने वाले दुर्व्यवहार ओर उत्पीड़न से अपना बचाव कर सकें।

*3. बालकों को शिक्षित करना (Educating the Children):* बालकों के लिए भी यह आवश्यक है कि वे अपने आपको उन सभी प्रकार की सूचनाओं, ज्ञान और कौशलों से युक्त करें जिसकी आवश्यकता वयस्कों एवं साथियों द्वारा किए जाने वाले दुर्व्यवहार एवं उत्पीड़न से अपना बचाव करने हेतु उन्हें पड़ सकती है। इस सम्बन्ध में माता-पिता, परिजनों, परिवार के अन्य सदस्यों, शिक्षकों तथा सरकारी एवं गैर सरकारी संगठनों द्वारा बालकों को कुछ निम्न प्रकार के ज्ञान और कौशलों का अर्जन कराने में सहायता करने के लिए आगे आना चाहिए।

- अपने अधिकारों (जिन्हें बाल अधिकार का नाम दिया जाता है) और उन सभी सरकारी एवं गैर सरकारी संगठनों, जो उन्हें इन अधिकारों के संरक्षण और उपलब्धि में सहायता कर सकते हों, उन सभी के बारे में उचित जानकारी प्रदान करना।
- वयस्क व्यक्तियों या साथियों द्वारा उन पर किए जाने वाले शारीरिक या यौन उत्पीड़न के दौरान बाहरी सहायता प्राप्त करने सम्बन्धी सभी तरीके एवं साधनों की जानकारी से युक्त करना।
- उन सभी बातों, जो उनके प्रति किए जाने वाले यौन उत्पीड़न की परिचायक हों जैसे-वयस्कों एवं साथियों द्वारा उनके यौनांगों (बाहरी एवं अन्तरंग) को

छूना एवं उनसे छेड़खानी करना, उनसे शारीरिक सम्पर्क स्थापित करना आदि के बारे में जानकारी प्रदान करना।

- शारीरिक और यौन उत्पीड़न के समय स्वयं का बचाव करने हेतु अपनाए जाने वाले स्वरक्षात्मक विधियों और तकनीकों की जानकारी एवं प्रशिक्षण प्रदान करना।
- बालकों को इस प्रकार का प्रशिक्षण प्रदान करना जिससे वे बाल उत्पीड़न से बचाव और उसके बाद किए जाने वाले आवश्यक अनुगमन कार्यों के बारे में अपने माता-पिता, अध्यापकों, परामर्शदाताओं तथा सरकारी संस्थानों को अपना उपयुक्त सहयोग प्रदान कर सकें।

***B. बाल अधिकारों के बारे में जागरूकता पैदा करना (Creating Awareness about the Child Rights):*** बाल उत्पीड़न की रोकथाम और बाल उत्पीड़न के शिकार बालकों को आगे उपयुक्त सहायता देने हेतु यह बात काफी आवश्यक है कि बाल हितों से जुड़े हुए सभी पक्षों जैसे-माता-पिता, परिजनों, देखभाल करने वालों, समुदाय के सदस्यों, अध्यापकों तथा स्वयं बालकों को बाल अधिकारों के बारे में अच्छी तरह जागरूक किया जाए। इसके लिए हमें सबसे पहले इन अधिकारों के अर्थ और उनकी प्रकृति से अवगत होना जरूरी है। आगे हम यही करने जा रहे हैं।

### *बाल अधिकारों से अभिप्राय (What are Child Rights?)*

बाल अधिकारों से अभिप्राय इस प्रकार के मानव अधिकारों से है जिनकी उपलब्धि सार्वभौमिक रूप से सभी बालकों (18 वर्ष से कम आयु के सभी मानव मात्र) को एक जैसे रूप में होती है। विश्वभर में सार्वभौमिक रूप से बाल अधिकार नामक पद को मानव अधिकारों के एक अंग के रूप में राष्ट्रसंघ तथा बाल अधिकार संयुक्त राष्ट्र सम्मेलन (United Nations Convention on the Rights of the Child-UNCRC) के द्वारा पारिभाषित करने का प्रयत्न किया गया है।

यू एन सी आर सी (United Nations, 1889) के अनुसार मानव अधिकारों के एक अंग के रूप में बाल अधिकारों से अभिप्राय "कम से कम रूप में प्रदान की जाने वाली उन सुविधाओं और स्वतन्त्रता से है जो सार्वभौमिक रूप से विश्व के सभी बालकों (18 वर्ष से कम आयु के सभी व्यक्ति) को जाति, रंग, रूप, लिंग, प्रदेश, विचारधारा, सम्पत्ति, जन्मस्तर, विकलांगता या अन्य किसी विशेषता और गुण का ध्यान न रखते हुए, प्रदान की जाती है।"

#### *बाल अधिकारों के प्रकार (Types of Child Rights)*

सभी मनुष्यों को मानव अधिकारों की उपलब्धि की भांति सभी बालकों को बाल अधिकारों का निर्धारण करते हुए 'बाल अधिकार संयुक्त राष्ट्र सम्मेलन' (यू एन सी आर सी) द्वारा यह सुनिश्चित करने का प्रयत्न किया गया है कि सभी बालकों को अपेक्षित स्वतन्त्रता और जन अधिकारों की प्राप्ति हो, उचित पारिवारिक वातावरण उपलब्ध हो तथा आवश्यक स्वास्थ्य सम्बन्धी देखभाल, कल्याण, शिक्षा, आमोद-प्रमोद,

और सांस्कृतिक क्रियाकलाप एवं अपनी सुरक्षा हेतु विशेष सुरक्षा प्रावधानों की उपलब्धि हो। बालकों को मिलने वाली इस प्रकार की सर्वांगीण सुविधाओं की भलीभांति उपलब्धि हेतु UNCRC द्वारा बाल अधिकारों को निम्न चार मुख्य श्रेणियों में विभक्त कर स्पष्ट रूप से सामने रखने का प्रयत्न किया है।

*1. जीवित रहने का अधिकार (Right to Survival)*–बालकों को यह अधिकार उन्हें अपनी माँ के गर्भ में ही प्राप्त हो जाता है। इस तरह जीवित रहने के इस अधिकार द्वारा बालकों को निम्न बातों की उपलब्धता सुनिश्चित करने का प्रयत्न किया जा सकता है।

(i) जन्म लेने का अधिकार (Right to be born)
(ii) भोजन, वस्त्र और रहने की न्यूनतम सुविधाओं की उपलब्धि का अधिकार (Right to minimum standard of food, clothes and shelter)
(iii) सम्मान के साथ जीने का अधिकार (Right to live with dignity) और
(iv) स्वास्थ्य की देखभाल, सुरक्षित पीने का पानी, पोषक भोजन, स्वच्छ और सुरक्षित पर्यावरण तथा स्वास्थ्य बने रहने में सहायक सूचना प्राप्ति का अधिकार (Right to Health care, safe drinking water, Nutritious food, clean and safe environment and information to help them stay healthy).

*2. सुरक्षा का अधिकार (Right to Protection)*–बालकों को इस अधिकार को प्रदान करने के माध्यम से UNCRC ने उन सभी बातों को सुनिश्चित करने का प्रयत्न किया है जो बालकों के साथ बाल उत्पीड़न, शोषण, हिंसा तथा उनकी उपेक्षा से जुड़ी हुई घटनाओं की रोकथाम या उन पर उचित कार्यवाही हेतु सम्पन्न की जाती हैं। फलस्वरूप बालकों को प्रदत्त सुरक्षा सम्बन्धी अधिकार कुछ निम्न बातों की सुनिश्चितता तय करते हुए पाया जाता है:

(i) सभी प्रकार की हिंसा या अत्याचारों से सुरक्षा का अधिकार (Right to be protected from all sorts of violence)
(ii) उपेक्षा से रक्षा करने का अधिकार (Right to be protected from neglect)
(iii) शारीरिक एवं यौन उत्पीड़न से रक्षा का अधिकार (Right to be protected from physical and sexual abuse), और
(iv) खतरनाक मादक द्रव्यों या औषधियों से सुरक्षित रहने का अधिकार (Right to be protected from the dangerous drugs).

*3. सहभागिता का अधिकार (Right to Participation)*–बालक को भी अन्य व्यक्तियों की तरह सामाजिक परिस्थितियों में स्वतंत्र रूप से भाग लेने तथा अन्त:क्रिया करने का अधिकार है इस सम्बन्ध में सहभागिता का यह अधिकार बालकों के लिए निम्न बातों की सुनिश्चितता प्रदान करता है–

(i) विचारधारा की स्वतन्त्रता का अधिकार (Right to freedom of opinion)
(ii) अभिव्यक्ति की स्वतन्त्रता का अधिकार (Right to freedom of expression)
(iii) संघटित होने की स्वतन्त्रता का अधिकार (Right to freedom of association)

(iv) सूचना का अधिकार (Right to Information) और

(v) किसी ऐसे निर्णय लेने में सहभागिता का अधिकार जो प्रत्यक्ष या अप्रत्यक्ष रूप से बालक से सम्बन्धित हो। (Right to participate in any decision making that involves him/her directly or indirectly)

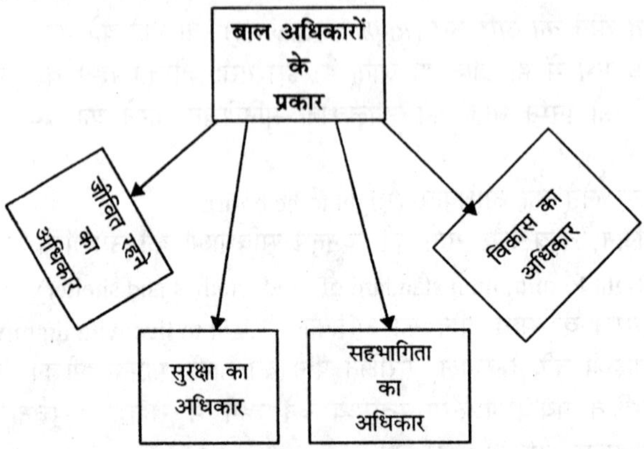


**चित्र 9.2: बाल अधिकारों के प्रकार**

4. *विकास का अधिकार (Right to Development)*—बालकों को प्रदान किए जाने वाले इस अधिकार को रखकर 'यू एन सी आर सी' ने उन सभी बातों की सुनिश्चितता तय की है जो एक वृद्धि उन्मुख बालक के सर्वांगीण विकास हेतु चाहिए। फलस्वरूप इस अधिकार में निम्न बातों का समावेश रहता है:

(i) शिक्षा का अधिकार (Right to Education)

(ii) अधिगम या सीखने का अधिकार (Right to Learn)

(iii) मनोरंजन और खेल का अधिकार (Right to Relax and Play), और

(iv) सभी प्रकार के विकास–सामाजिक, संवेगात्मक, मानसिक और शारीरिक–का अधिकार (Right to all forms of development—social, emotional, mental and Physical)

यद्यपि ऊपर बताए हुए सभी बाल अधिकार बालकों की भौतिक और सामाजिक-मनोवैज्ञानिक आवश्यकताओं, शिक्षा और समायोजन सम्बन्धी सभी बातों की पूर्ति करते हुए उनकी उचित प्रगति या सर्वांगीण विकास में सहायक होते हैं परन्तु रक्षा का अधिकार इन सब में एक ऐसा अधिकार है जो प्रत्यक्ष रूप से उन सभी आवश्यक उपायों और प्रावधानों को ध्यान में रखने का प्रयत्न करता है। जो किसी भी प्रकार के बाल उत्पीड़न (शारीरिक उत्पीड़न, संवेगात्मक-मनोवैज्ञानिक उत्पीड़न, उपेक्षा उत्पीड़न तथा यौन उत्पीड़न) की रोकथाम तथा उपचार से सम्बन्धित है। यह अधिकार बाल उत्पीड़न से सम्बन्धित सभी प्रकार की घटनाओं की दी जाने वाली राहत से जुड़े हुए आवश्यक उपायों को सामने लाने का प्रयत्न करता है। फलस्वरूप इस सम्बन्ध में निम्न बातों को अमल में लाने की सिफारिश करता है–

- बालक का हित चाहने वाले सभी पक्षों माता-पिता, अध्यापकों, समुदाय के सदस्यों तथा स्वयं बालकों में बाल उत्पीड़न के घटित होने की प्रकृति, उसकी रोकथाम तथा उपचार इत्यादि के बारे में समुचित सजगता तथा जागरूकता पैदा करना।
- बाल उत्पीड़न की रोकथाम और उपचार हेतु उचित कानून और नीतियों, प्रणाली और व्यवस्थाओं को विकसित करना और फिर इनकी देखभाल और क्रियान्वयन पर उचित ध्यान देना।
- जितनी जल्दी सम्भव हो, उत्पीड़न के शिकार बालकों तक जल्दी पहुँच कर उन्हें आवश्यक सहायता और राहत प्रदान करना।
- बालकों के सभी हित चिन्तकों, समर्थन समूहों, गैर-सरकारी संगठनों तथा सरकारी संस्थानों से इस प्रकार का सहयोग एवं सहायता प्राप्त करने का प्रयत्न करना जो बालकों को बाल उत्पीड़न से बचाने हेतु उपयुक्त सुरक्षा तन्त्र प्रदान कर सके और उस अवस्था में जबकि वे इस प्रकार की सुरक्षा व्यवस्था के होते हुए भी उत्पीड़न के शिकार हो जाएं तो उनकी देखभाल ओर पुनर्वास हेतु उपयुक्त उपाय कर सकें।

### *बाल अधिकारों और बाल उत्पीड़न के संरक्षण हेतु हमारे देश में कानूनी प्रावधान* *(Legal Provisions in our country for the Protection of Child Rights and Child Abuse)*

संवैधानिक प्रावधानों के अतिरिक्त हमने अपने देश में बाल अधिकारों के संरक्षण हेतु एक संवैधानिक संस्था "बाल अधिकार संरक्षण राष्ट्रीय आयोग" (National Commission for Protection of Child Rights) की स्थापना की हुई है जो भारत सरकार के महिला एवं बाल विकास मंत्रालय की देखरेख में कार्य करता है। इस आयोग का कार्य उन सभी नियमों, कानूनों, नीतियों, कार्यक्रमों तथा प्रशासनिक तन्त्र प्रणाली के उचित क्रियान्वयन को सुनिश्चित करना है जिन्हें हमने अपने संविधान मे और संयुक्त राष्ट्र संघ ने अपने बाल अधिकार सम्मेलन (U.N. Convention on the Rights of the child) में स्थान दिया हुआ है। बाल अधिकार संरक्षण सम्बन्धी कार्य को अंजाम देने सम्बन्धी अपने उत्तरदायित्व को निभाने में आयोग बाल उत्पीड़न सम्बन्धी मामलों में भी अपने उत्तरदायित्व को निभाता है। इस कार्य हेतु उसे कुछ विशेष कानूनी शक्तियाँ भी उपलब्ध हैं। उदाहरण के लिए आयोग एक विशेष कानूनी अधिनियम, जिसे "दी प्रोटेक्शन ऑफ चिल्ड्रेन फ्रॉम सेक्सुअल ओफेन्स एक्ट, 2012" (The Protection of Children from Sexual Offences Act. 2012) के नाम से जाना जाता है, को काम में लाने के लिए अधिकृत है।

इस एक्ट के अनुसार बालक (18 वर्ष से कम का कोई व्यक्ति) का सम्पूर्ण विकास और हित सभी दृष्टि से काफी जरूरी है। इस एक्ट में बालकों के साथ होने वाले यौन उत्पीड़न को उसके विभिन्न रूपों और प्रकारों सहित परिभाषित किया गया है। और यह बताया गया है कि विभिन्न रूपों में किए जाने वाले इन सभी यौन

उत्पीड़न के मामलों में आरोपियों को किस प्रकार की सजा मिलनी चाहिए। किस अवस्था में किन व्यक्तियों द्वारा किया गया यौन दुर्व्यवहार/उत्पीड़न किस स्तर का है उसी के अनुसार अपराध की गम्भीरता को देखते हुए अपराधी को सजा देने का प्रावधान रखा गया है जो अधिक से अधिक आर्थिक दंड और उम्र कैद या फांसी की सजा तक हो सकता है।

***C. बाल उत्पीड़न के शिकार बालकों को परामर्श (Counselling of the Survivors of the Child Abuse)***—बाल उत्पीड़न के शिकार बालकों को जिस प्रकार की गंभीर परिस्थितियों से उत्पीड़न के बाद में गुजरना पड़ता है, वो अपने आप में काफी वेदनापूर्ण और भयावह होती है। शारीरिक और यौन उत्पीड़न के मामलों में बालकों को अपने साथ होने वाले जुल्म और अत्याचार का दृश्य भुलाए नहीं भूलता है, और न ही उसे होने वाले कष्ट, दर्द एवं परेशानियों से उनका पीछा छूटता है। दूसरे अन्य प्रकार के उत्पीड़न जैसे संवेगात्मक/मनोवैज्ञानिक तथा उपेक्षा उत्पीड़न का असर भी अपने में इतना सशक्त होता है कि बालकों को उनकी वजह से विभिन्न प्रकार की मानसिक परेशानियों और विकारों से गुजरना पड़ सकता है। इस तरह बाल उत्पीड़न के चाहे जैसे मामले हों, इनके प्रभाव स्वरूप बालक के दिल और दिमाग पर जो बातें छाई रहती हैं उनसे छुटकारा दिलाने हेतु उन्हें किसी न किसी प्रकार की अच्छी परामर्श सेवाओं की जरूरत अवश्य पड़ती है।

बाल उत्पीड़न के शिकार बालकों को आवश्यक सहायता पहुँचाने हेतु परामर्शदाताओं द्वारा व्यक्तिगत और सामूहिक दोनों ही प्रकार की परामर्श सेवा प्रदान की जाए यह बालक विशेष तथा उत्पीड़न से जुड़ी हुई समस्याओं की प्रकृति पर निर्भर करता है। उदाहरण के लिए, जब पीड़ित बालकों को अपनी मानसिक स्थिति से उभरने हेतु ऐसे सामाजिक सहारे की जरूरत पड़ती है जो उन्हें अपनी असुरक्षा और असहाय अवस्था से सम्बन्धित भावनाओं से मुक्ति पाने में सहायता करें तो ऐसी अवस्था में उनके लिए सामूहिक परामर्श सेवाएँ ठीक रहती हैं। परन्तु उस समय जब कोई बालक यह महसूस करे कि सामूहिक परिस्थिति में उसकी उत्पीड़न सम्बन्धी सभी बातें सभी को मालूम पड़ जाएंगी तो इस प्रकार के भय सम्बन्धी विचार रखने वाले बालकों को व्यक्तिगत परामर्श या मनोचिकित्सा (जिसमें प्रत्येक बालक को अलग-अलग रूप से परामर्श या चिकित्सा प्रदान की जाती है) का ही प्रावधान रखना अधिक उचित रहता है। इस तरह परिस्थिति के अनुसार परामर्श चाहे व्यक्तिगत रूप में प्रदान किया जाए चाहे सामूहिक रूप में, उसका लक्ष्य प्रायः निम्न उद्देश्यों की उपलब्धि ही रहता है—

1. पीड़ित बालकों को अपने साथ होने वाले किसी एक या अन्य प्रकार के दुर्व्यवहार या उत्पीड़न से जुड़े हुए कष्टदायी एवं भयावह अनुभवों को खुलकर बताने सम्बन्धी अवसर एवं वातावरण प्रदान करना ताकि वे घटना विशेष से जुड़े हुए संवेगों, सोच, भावनाओं, भय, दुर्भीति, दुःस्वप्नों, को परामर्शदाता से साझा कर सकें।

2. पीड़ित बालक को अपनी समस्या (जो उसके उत्पीड़न से जुड़ी है) को उसके वास्तविक रूप में समझने में सहायता करना और उसे उस किसी एक या अन्य तरीके से हल करने की आवश्यकता अनुभव कराना।
3. पीड़ित बालकों को उत्पीड़न के फलस्वरूप पैदा होने वाली शर्मिन्दगी, अपराध भावना, आत्मग्लानि, आत्म विनाश आदि से मुक्ति दिलाने तथा आत्मविश्वास, आत्म-सम्मान तथा आत्म प्रतिष्ठा से युक्त करने में मदद करना।
4. पीड़ित बालकों को उनके अन्दर व्याप्त अवांछित भय, दुर्भीति, दुश्चिंताओं, असुरक्षा की भावना (जिसका आगमन उनके उत्पीड़न के फलस्वरूप हुआ है) आदि को उपयुक्त उपचार तकनीकों जैसे व्यक्तिगत या सामूहिक परामर्श, घृणा (aversive therapy), डि-कन्डीशनिंग थेरेपी (De-conditioning therapy), समूह समर्थन (group support), कथा थेरेपी (narration therapy), मॉडलिंग (modeling), ध्यान थेरेपी (meditation therapy), शिथिलीकरण तकनीक (relaxation techniques), कला एवं सृजन थेरेपी (Art and creation therapy) से दूर करने का प्रयत्न करना।
5. पीड़ित बालकों को उनका खोया हुआ आत्मविश्वास तथा सामाजिक सम्बन्ध बनाने सम्बन्धी कुशलता दूसरों पर विश्वास करने सम्बन्धी भावना जो लुप्त हो गई है उसे फिर से पाने मे सहायता करना ताकि वे अपने आप से और अपने वातावरण से भली भांति समायोजित होकर प्रगति पथ पर अच्छी तरह आगे बढ़ सकें।

# 10

# बाल अधिकार संरक्षण
# (Protection of Child Rights)

## विषय प्रवेश (Introduction)

जिस रूप में मनुष्य मात्र को मनुष्यों की तरह सम्मान से जीवन यापन करने हेतु मानव अधिकारों की वकालत की जाती है, उसी रूप में संयुक्त राष्ट्र संघ (UNO) तथा यूनीसेफ (UNICEF) जैसी वैश्विक संस्थाओं ने वैश्विक स्तर पर बाल अधिकारों की वकालत कर उन्हें स्पष्ट रूप से हमारे सामने रखा है। पिछले अध्याय में हमने बाल अधिकारों के अर्थ, प्रकृति, प्रकार या वर्गीकरण के बारे में काफी कुछ लाभदायक बातों की चर्चा की है। अब यहाँ आगे प्रश्न उठता है कि बालकों को प्राप्त इन अधिकारों का उन्हें किस प्रकार फायदा उठाने में मदद की जाए। दूसरे शब्दों में, वैश्विक और क्षेत्रीय स्तर पर कार्य कर रही संस्थाओं द्वारा प्रदत्त इन बाल अधिकारों के संरक्षण हेतु क्या कदम उठाए जाएं। इस अध्याय में हम यही चर्चा करने जा रहे हैं कि बाल अधिकारों के संरक्षण हेतु वैश्विक या क्षेत्रीय स्तर पर काम करने वाले संस्थानों और संगठनों द्वारा किस प्रकार की भूमिका निभाई जा रही है।

## यूनीसेफ की भूमिका और योगदान (Role and Contribution of UNICEF)

संयुक्त राष्ट्र अन्तरर्राष्ट्रीय बाल आपातकालीन फंड (United Nations International Children Emergency Fund) यानी यूनीसेफ का मुख्यालय न्यूयार्क यू.एस.ए. में है। यह अपने आप में संयुक्त राष्ट्र संघ (UNO) की एक ऐसी महत्त्वपूर्ण संस्था है जो बाल अधिकारों की उपलब्धि हेतु विश्व को समर्पित है। इस संस्था द्वारा सामुदायिक स्तर की ऐसी सेवाओं को विकसित करने पर जोर दिया जाता है, जो बालकों के स्वास्थ्य और समग्र कल्याण में अपना योगदान कर सकें। इस कार्य के लिए इस संस्था द्वारा सदस्य राष्ट्रों को प्रदान की गई आवश्यक धन राशि की मदद से होता है। संयुक्त राष्ट्र संघ की महासभा में पास प्रस्ताव के अनुसार यूनीसेफ का कार्यक्षेत्र बाल अधिकारों के संरक्षण की वकालत करना, बालकों को उनकी मूलभूत आवश्यकताओं की पूर्ति में सहायता करना और उन्हें उनकी पूरी क्षमता या सामर्थ्य तक पहुँचने के लिए आवश्यक अवसर उपलब्ध कराना है।

यद्यपि यूनीसेफ का मुख्यालय न्यूयार्क में है परन्तु इस संगठन का कार्यक्षेत्र विश्व के सभी राष्ट्रों में जगह-जगह पर स्थापित अपने क्षेत्रीय कार्यालयों के माध्यम से अच्छी तरह फैला हुआ है। यूनीसेफ के कार्यक्षेत्र को मुख्य रूप से पाँच महत्त्वपूर्ण श्रेणियों में बांटकर समझा जा सकता है। ये सभी विभाग या उपकार्य क्षेत्र पारस्परिक रूप से अच्छी तरह सम्बन्धित है क्योंकि एक क्षेत्र में की गई प्रगति दूसरे क्षेत्रों की प्रगति का कारण बनती है। ये पांचों उपक्षेत्र निम्न प्रकार से हैं-

(a) छोटे बालकों का जीवित रहना तथा विकास (Young child Survival and Development)

(b) मूलभूत शिक्षा और लैंगिक समानता (Basic Education and Gender Equality)

(c) एच.आई.वी./एड्स और बालक (HIV/AIDS and Children)

(d) बाल संरक्षण (Child Protection)

(e) बाल अधिकार हेतु नीति विश्लेषण, समर्थन एवं सहभागिता (Policy Analysis, Advocacy and Partnerships for Child Rights)

यूनीसेफ संस्था इस प्रकार से बाल कल्याण से संबंधित सभी क्षेत्रों में अपना उल्लेखनीय योगदान देती हुई दिखाई दे सकती है जैसे बालिकाओं के प्रति लैंगिक भेदभाव को कम करना, एच.आई.वी/एड्स के शिकार व्यक्तियों तथा बालकों की मदद करना, बालकों का टीकाकरण तथा उन्हें उनके स्वास्थ्य संरक्षण तथा पौष्टिक खुराक प्राप्ति में सहायक बनाना, शांति और संघर्ष दोनों ही समय बाल-संरक्षण, आपदा काल में राहत प्रदान करने तथा विश्वभर के सभी बालकों के जीवन स्तर को ऊपर उठाने में मदद करना आदि।

जहाँ तक बाल अधिकार संरक्षण का प्रश्न है, तो इस दिशा में राष्ट्र संघ तथा बाल अधिकारों के बारे में संयुक्त राष्ट्र संघ सम्मेलन (United Nation Convention on the Rights of child-UNCRC) द्वारा इसे जिस रूप में परिभाषित किया है उसी दिशा निर्देश का अनुपालन करते हुए यूनीसेफ बालकों के सभी प्रकार के अधिकारों जैसे (i) जीवित रहने का अधिकार (ii) रक्षा या बचाव का अधिकार (iii) सहभागिता का अधिकार तथा (iv) विकास का अधिकार के संरक्षण हेतु अपनी बहु-आयामी सेवा प्रदान करने का कार्य करती है।

इन चारों प्रकार के बाल अधिकारों के संरक्षण हेतु यूनीसेफ द्वारा सदस्य देशों को वित्तीय तथा तकनीकी समर्थन के रूप में उचित सेवाएं प्रदान करने का कार्य निम्न रूप में किया जाता है।

- गर्भवती महिलाओं को प्रसव कालीन अवस्था तथा बालक के जन्म के बाद चार सप्ताह तक देखभाल करना।
- विभिन्न प्रकार की बीमारियों से बचाव हेतु विकासशील देशों के बालकों हेतु टीकाकरण कार्यक्रम चलाना।
- गरीबी से जूझते बालकों के लिए संतुलित आहार, स्वच्छ जल तथा स्वास्थ्यपूर्ण वातावरण की व्यवस्था करने में स्थानीय स्तर पर चल रहे कार्यक्रमों को आर्थिक एवं तकनीकी सहयोग प्रदान कराना।

- माता से बालक में एच.आई.वी./एड्स का संक्रमण न हो इसकी रोकथाम हेतु चलाए जा रहे स्थानीय कार्यक्रमों, एच.आई.वी./एड्स की वजह से अनाथ होने वाले बालकों तथा इस प्रकार की बीमारियों से किशोरों में उचित जागरूकता पैदा करने वाले कार्यक्रमों को आर्थिक एवं तकनीकी सहयोग प्रदान कराना।
- विकासशील देशों में लैंगिक समानता तथा सार्वभौमिक प्राथमिक शिक्षा प्रदान करने सम्बन्धी कार्यक्रमों के लिए आर्थिक एवं तकनीकी सहयोग उपलब्ध कराना।
- एक ऐसे सुरक्षित परिवेश या कवच के निर्माण में जुटे कार्यक्रमों में सहायक बनना जिसके माध्यम से बाल उत्पीडन तथा भेदभाव के शिकार तथा अन्य आपदाग्रस्त बालकों जैसे माता-पिता का सम्बन्ध-विच्छेद तथा किन्हीं कारणों से असमय ही अपने मां बाप को खो देने वाले बालकों को उचित संरक्षण एवं सहयोग प्रदान किया जा सके।
- स्थानीय तथा राष्ट्रीय स्तर पर उपलब्ध उन सभी नीतियों को समर्थन एवं सहयोग प्रदान करने का कार्य करना जिनका उद्देश्य बालकों को जीवित रहने, अपनी रक्षा या बचाव करना, सहभागी बनना तथा उनका अच्छी तरह विकास करना होता है।

## विश्व स्वास्थ्य संगठन (WHO) की भूमिका एवं योगदान
## (Role and Contribution of World Health Organization—WHO)

विश्व स्वास्थ्य संगठन संयुक्त राष्ट्र संघ की एक ऐसी महत्त्वपूर्ण संस्था है जो स्वास्थ्य के क्षेत्र में कार्य करती है। संयुक्त राष्ट्र संघ की महासभा ने इसकी स्थापना का उद्देश्य बताते हुए इसे एक ऐसी संस्था कहा है जिसका कार्य स्वास्थ्य विकास को आगे बढ़ाते हुए, स्वास्थ्य संरक्षण को उपलब्ध कराते हुए, स्वास्थ्य प्रणाली को मजबूत बनाते हुए, साझेदारी निभाते हुए तथा वर्तमान स्वास्थ्य प्रणाली में आवश्यक सुधार लाते हुए पूरे विश्व में व्याप्त सार्वजनिक स्वास्थ्य प्रणाली को सहारा देना तथा उसमें सुधार लाना है। सामाजिक प्रणाली में सुधार और उन्नयन के इस वृहत् कार्य के सम्पादन के लिए विश्व स्वास्थ्य संगठन द्वारा स्वास्थ्य और स्वास्थ्य सेवाओं के क्रियान्वयन हेतु मानदंड और मानक निर्धारित करने की पहल की जाती है जिनको सदस्य राष्ट्रों की सरकारों द्वारा विधिवत अनुपालन की अपेक्षा की जाती है। विश्व स्वास्थ्य संगठन इस प्रकार से अपने सदस्य देशों के साथ उन देशों के स्वास्थ्य मंत्रालय के माध्यम से सहयोग करता हुआ वैश्विक स्वास्थ्य सम्बन्धी सभी बातों में एक उचित नेतृत्व प्रदान करने के लिए उत्तरदायी है।

इसका मुख्यालय जेनेवा, स्विट्जरलैंड में है। भारत में इसका क्षेत्रीय मुख्य कार्यालय दिल्ली में स्थित है। हमारे देश में भारत सरकार के स्वास्थ्य मंत्रालय के साथ सहयोग करता हुआ विश्व स्वास्थ्य संगठन मुख्यतः निम्न छः विशेष उत्तरदायित्वों को निभाने में कार्यरत हैं:

1. स्वास्थ्य के अति महत्त्वपूर्ण मामलों में नेतृत्व प्रदान करना और उन क्षेत्रों में भागीदारी निभाना जिनमें मिलजुल कर काम करना जरूरी है।
2. अनुसंधान एजेन्डा को स्वरूप देना और बहुमूल्य ज्ञान के सृजन, उसे व्यावहारिक स्वरूप प्रदान करना और वास्तविक रूप में काम में लाने सम्बन्धी प्रसारण का कार्य करना।
3. मानक और मानदंड निर्धारित करना और उनके क्रियान्वयन को नियन्त्रित एवं प्रोन्नत करना।
4. नैतिक एवं साक्ष्य आधारित नीति विकल्पों को सामने लाना।
5. तकनीकी समर्थन, बदलाव लाने की प्रक्रिया में वृद्धि एवं टिकाऊ संस्थागत क्षमता सृजित करना, और
6. स्वास्थ्य सम्बन्धी परिस्थितियों पर नजर रखना और स्वास्थ्य क्षेत्र में जैसा कार्य हो रहा है उसका आकलन करना।

विश्व के नागरिकों को अच्छा स्वास्थ्य प्रदान करने में एक अग्रणी भागीदार के रूप में विश्व स्वास्थ्य संगठन बालकों और किशोरों के स्वास्थ्य और विकास के साथ उनके पर्यावरणीय स्वास्थ्य सम्बन्धी मामलों में अपना महत्त्वपूर्ण योगदान प्रदान कर रहा है। क्योंकि स्वास्थ्य ही बालकों की पूरी क्षमता और सामर्थ्य को पूरी तरह विकसित करने का मूलभूत आधार है, इसी वजह से यह बाल अधिकारों के संरक्षण से सम्बन्धित अधिक से अधिक बातों की सुनिश्चितता निर्धारित करने में काफी सहायता कर सकता है। इस दृष्टि से विश्व स्वास्थ्य संगठन अपने सदस्य देशों के साथ सहयोग करते हुए विभिन्न प्रकार के बाल अधिकार जैसे–जीवित रहने, अधिक से अधिक विकास करने, स्वस्थ जीवन यापन करने तथा स्वास्थ्य सुविधाओं को उपलब्ध कराना आदि को एक अच्छे उचित स्तरीय रूप में प्राप्त करने सम्बन्धी गतिविधियों में लगातार सक्रिय रहने की भूमिका निभा रहा है।

## बाल अधिकार संरक्षण के लिए राष्ट्रीय आयोग की भूमिका और योगदान (Role and Contribution of National Commission for Protection of Child Right— NCPCR)

राष्ट्रीय बाल अधिकार संरक्षण आयोग (National Commission for Protection of Child Rights NCPCR) एक संवैधानिक संस्था है जो भारत सरकार के महिला एवं बाल विकास मंत्रालय के प्रशासनिक नियंत्रण में काम करती है। इसे बाल अधिकार संरक्षण आयोग अधिनियम 2005 के अन्तर्गत मार्च 2007 में स्थापित किया गया था। आयोग का उद्देश्य इस बात को सुनिश्चित करना है कि उन सभी नियमों, नीतियों, कार्यक्रमों तथा प्रशासनात्मक व्यवस्थाओं की अनुपालना और कार्य उन बाल अधिकारों के परिप्रेक्ष्य में ठीक चल रहे हैं या नहीं जिनका उल्लेख हमारे संविधान में तथा बाल अधिकारों पर संयुक्त राष्ट्र सम्मेलन में किया गया है।

***संरचना (Composition)***

सभापति या अध्यक्ष के अतिरिक्त इस आयोग के छः सदस्य हैं, जिनका सम्बन्ध विभिन्न क्षेत्रों जैसे (i) बाल स्वास्थ्य, शिक्षा, बालकों की देखभाल और विकास, (ii) बाल न्याय, (iii) अक्षमताओं से युक्त बालक, (iv) बालश्रम की समाप्ति, (v) बाल मनोविज्ञान या समाज विज्ञान तथा, (vi) बालकों से सम्बन्धित कानूनों से हैं।

## *बालसंरक्षण आयोग के द्वारा किए जाने वाले कार्य एवं गतिविधियाँ (Tasks and Activities undertaken by NCPCR)*

अपने इस उद्देश्य कि सभी बालकों को उनके लिए प्रदत्त सभी अधिकारों की उपलब्धि होनी चाहिए, की पूर्ति के लिए आयोग द्वारा निम्न प्रकार की गतिविधियाँ सम्पन्न की जाती हैं।

- आयोग का पहला कार्य जन साधारण में ऐसी जागरूकता पैदा करना तथा देश में इस प्रकार के नैतिक बल का सृजन करना है, जो बालकों के साथ खड़ा होकर उनके अधिकारों का संरक्षण करने के लिए आगे आए। इस प्रकार की एक राष्ट्रीय चेतना जागृत की जानी चाहिए जहाँ प्रत्येक नागरिक इस बात में गर्व महसूस करे कि उसका देश अपने सभी बालकों का ध्यान रखता है।
- इस प्रकार की मनोस्थिति बनाने के बाद आयोग का दूसरा कार्य यह है कि वह बाल अधिकारों के संरक्षण के सम्बन्ध में जो नीतिगत और कानूनी ढांचा बनाया गया है उसमें रहने वाली कमियों की तरफ ध्यान दे और फिर सम्बन्धित सरकार को ऐसे सुझाव दे जिससे उसमें बनाई जाने वाली नीतियों से बाल अधिकारों के संरक्षण में उचित मदद मिले।
- आयोग का कार्य यह है कि वह अपने आपको उचित अनुसंधान तथा दस्तावेजों से युक्त रखे क्योंकि आयोग जो कुछ कहता और करता है उसकी न्यायोचितता और वैधता ठोस अनुसंधान और प्रदत्तों पर ही टिकी रहती है। यद्यपि अपने देश में प्रत्येक व्यक्ति यह जानता है कि हमारे देश में अधिकांश बालक असहाय स्थिति में ही नजर आते हैं और उनके साथ अच्छा व्यवहार नहीं होता है परन्तु यह बात किन्हीं तथ्यों पर आधारित होनी चाहिए, भावावेश में दिए जाने वाले वक्तव्य के रूप में नहीं।

आयोग के द्वारा अपने ये सभी कार्य इस प्रकार पूरे किए जाते हैं कि जिसमें यह स्वीकार कर चला जाए कि बालक का भी अपना एक स्वतंत्र अस्तित्व, व्यक्तित्व और अपनी विचारधारा होती है। उसके बारे में कभी यह नहीं समझा जाना चाहिए कि वह हर अवस्था में असहाय है और उसकी हर समय सहायता और संरक्षण करने की जरूरत होती है। हम बाल अधिकारों का संरक्षण करके बालक पर कोई अहसान नहीं कर रहे हैं। यह हर सरकार का दायित्व है कि वह अपने कर्त्तव्यों का पालन करे और समाज की जरूरत है कि वह इस प्रकार के वातावरण का सृजन करे कि बालक के बारे में लिए जाने वाले सभी निर्णयों में बालक की बात सुनी जाए। इस दृष्टि से

आयोग का यह मत है कि बाल कल्याण के लिए उस बालक के आत्मसम्मान को बनाए रखना आवश्यक है जिसे आज हमारे समाज में असहाय और नितान्त कमजोर मान कर चला जाता है।

## राष्ट्रीय मानव अधिकार आयोग की भूमिका और योगदान
## (Role and Contribution of National Human Rights Commission -NHRC)

राष्ट्रीय मानव अधिकार आयोग (NHRC) एक ऐसी स्वायत्त संवैधानिक संस्था है जिसे 1993 में भारतीय संसद द्वारा पारित मानव अधिकार संरक्षण अधिनियम (1993) के तहत स्थापित किया गया है।

### *संरचना (Composition)*

इसके अन्दर एक सभापति तथा छः अन्य सदस्य होते हैं जिनकी नियुक्ति निम्न रूप में होती है–

- आयोग का सभापति भारत का सेवानिवृत्त मुख्य न्यायाधीश होता है।
- एक ऐसा सदस्य जो वर्तमान में या पहले भारतीय सर्वोच्च न्यायालय का न्यायाधीश रहा हो।
- एक ऐसा सदस्य जो उच्च न्यायालय का मुख्य न्यायाधीश हो या पहले रह चुका हो।
- दो ऐसे सदस्य जिनकी नियुक्ति उन व्यक्तियों में से की जाती है जिन्हें 'मानवीय अधिकारों' से जुड़े मामलों का ज्ञान हो या उनका व्यावहारिक अनुभव हो।
- अनुसूचित जाति राष्ट्रीय आयोग का अध्यक्ष।
- अनुसूचित जन जाति राष्ट्रीय आयोग का अध्यक्ष।

### *राष्ट्रीय मानव अधिकार आयोग के कार्य और गतिविधियाँ*
### *(Functions and Activities Carried Out by NHRC)*

मानव अधिकार संरक्षण अधिनियम, 1993 में निहित प्रावधान के अनुसार राष्ट्रीय मानव अधिकार आयोग के द्वारा निम्न प्रकार की गतिविधियों का निष्पादन होता है–

- मानव अधिकारों के उल्लंघन या इसके बारे में की गई शिकायत के बारे में किसी सरकारी अधिकारी द्वारा लापरवाही बरतने के मामले में स्वयं जांच पड़ताल करने की पहल करना या ऐसा करने के लिए अनुरोध करने पर उचित कदम उठाना।
- मानव अधिकारों के उल्लंघन सम्बन्धी मामलों को अदालत तक पहुँचाने या अदालत में चल रहे मामले में पीड़ित व्यक्तियों की मदद करना।
- राज्य सरकारों के नियंत्रण में चल रहे कारागारों या अन्य संस्थाओं जहाँ पर व्यक्तियों को उनकी आदत सुधारने, इलाज करने अथवा सुरक्षा की दृष्टि से रखा जाता है, का निरीक्षण करना। उनके हालातों का पता लगाना तथा इस सम्बन्ध में आवश्यक सुझाव, और संस्तुति प्रदान करना।

- मानव अधिकार संरक्षण के सम्बन्ध में प्रचलित उन सभी उपायों, जो संविधान या वर्तमान में चल रहे किसी कानून द्वारा प्रदत्त हैं, उनका पुन:निरिक्षण करना और उनके प्रभावपूर्ण क्रियान्वयन हेतु उपाय सुझाना।
- उन सभी कारकों (जिनमें आतंकवादी गतिविधियाँ भी शामिल हैं) जो मानव अधिकारों के उपभोग में बाधक बनते हैं, उनका पुन:रीक्षण करना और उनके बारे में सुधारात्मक उपाय सुझाना।
- मानव अधिकारों से सम्बन्धित विभिन्न अंतरराष्ट्रीय संधियों और प्रतिवेदनों का अध्ययन करना और उनके प्रभावपूर्ण क्रियान्वयन हेतु संस्तुति करना।
- मानव अधिकार क्षेत्र में अनुसंधान करना और उन्हें बढ़ावा देना।
- समाज के विभिन्न वर्गों में मानव अधिकारों के बारे में शिक्षा और जानकारी देने में रत रहना और प्रकाशनों, मीडिया, विचार गोष्ठियों तथा अन्य उपलब्ध साधनों के द्वारा जनसाधारण में मानव अधिकारों के संरक्षण से सम्बन्धित बातों में जागरूकता पैदा करना।
- मानव अधिकार क्षेत्र में कार्यरत और सरकारी संगठनों तथा संस्थाओं के प्रयासों को प्रोत्साहन देना।
- ऐसे सभी कार्यों या गतिविधियों में संलग्न रहना जिन्हें आयोग यह माने कि वे मानव अधिकार संरक्षण के लिए जरूरी हैं।
- आवश्यकता पड़ने पर किसी अदालत या कार्यालय से किसी सार्वजनिक रिकार्ड या उसकी प्रतिलिपि मांगने सम्बन्धी उत्तरदायित्व भी आयोग द्वारा निभाया जाता है।

इस प्रकार से हम देखते हैं कि 'राष्ट्रीय मानव अधिकार आयोग' मानव अधिकार संरक्षण के लिए बनाए गए अधिनियम में उल्लेखित व्यक्ति विशेष के जीवित रहने, स्वतंत्रता, समानता तथा आत्म सम्मान् से जुड़े हुए ऐसे सभी अधिकारों जो संविधान द्वारा प्रदत्त है या जिन्हें अन्तरराष्ट्रीय स्तर पर स्वीकार किया जा चुका है, उनके संरक्षण एवं बढ़ावा देने के लिए समुचित रूप से उत्तरदायी है।

फलस्वरूप जब कोई व्यक्ति या संस्था यह महसूस करे कि उसके मामले में मानव अधिकार का उल्लंघन हो रहा है, तब स्वयं उसके द्वारा या उसके लिए किसी गैर सरकारी स्वयं सेवी संगठन द्वारा सीधे ही इस बारे में आयोग को अपील की जा सकती है। ऐसी अपील या प्रतिवेदन प्राप्ति के बाद आयोग से यह अपेक्षा की जाती है कि वह मानव अधिकारों के उल्लंघन के सम्बन्ध में जाँच पड़ताल करे। आयोग इस सम्बन्ध में राज्य सरकार द्वारा बरती गई ऐसी असावधानी या लापरवाही के बारे में भी छानबीन कर सकता है जो मानव अधिकार के उल्लंघन की रोकथाम के सम्बन्ध में की गई हो।

आगे चलकर आयोग राज्य के ऐसे सभी संस्थाओं और जगहों का भी निरीक्षण कर सकता है जहाँ से उसे ऐसा अंदेशा हो या उनसे सम्बन्धित शिकायतें उसके पास आ रही हो। आयोग को यह भी अधिकार है कि वह किसी भी नियम, संवैधानिक

प्रावधान का पुनःनिरीक्षण करे ताकि मानव अधिकारों के संरक्षण की सुनिश्चिता में आवश्यक सहायता मिले और इस प्रकार की अपनी सभी बातों से समय-समय पर जन साधारण को परिचित कराते रहना आयोग का उत्तरदायित्व होता है ताकि प्रत्येक व्यक्ति अपने अधिकारों तथा उनके संरक्षण के सम्बन्ध में उचित जानकारी रख सके।

## बाल सहायता सेवाओं की भूमिका और योगदान
## (Role and Contribution of Child Help lines)

बाल अधिकार संरक्षण में विशेषकर उन बाल उत्पीड़न तथा जीवन में होने वाली दुर्घटनाओं तथा आपदाओं के समय बचाव करने में काफी सहायक सिद्ध होती हैं।

### *बाल सहायता सेवा क्या होती है? (What is Child Help line?)*

बाल सहायता सेवा अपने यथार्थ रूप में आपातकाल में एक ऐसी फोन सेवा होती है जिस पर मित्रवत् दीदी (Sister) या एक सहानुभूति पूर्ण दयावान भैया (Brother) पीड़ित और असहाय बालकों की दिन के 24 घंटे और वर्ष के 365 दिन सहायता करने को तैयार रहता है। इस सेवा का उद्‌देश्य आफत या विपत्ति के समय बालकों (अथवा बालकों के हितैषी साथियों या किसी वयस्क) द्वारा टेलीफोन किए जाने पर प्रत्यक्ष रूप से तत्कालीन सहायता करते हैं या उनको लम्बी अवधि युक्त उचित पुनर्वास हेतु अन्य सहायता करने वाली संस्थाओं से जोड़ दिया जाता है।

किसी भी देश में बाल सहायता सेवा एक ऐसा निःशुल्क किया जाने वाला टेलीफोन नम्बर होता है जो पूरे देश में एक जैसा होता है। हमारे देश में इसे 'चाइल्ड लाइन 1098 सेवा' के नाम से जाना जाता है। इस नम्बर पर फोन करके देश के किसी भी स्थान से किसी भी समय बालकों को विपदा या आपदा के समय तुरन्त सहायता प्राप्त हो सकती है क्योंकि यह लाइन उनके लिए काम करने हेतु 24 घंटे खुली रहती है। इसे भारत सरकार के महिला एवं बाल मंत्रालय विकास से प्रश्रय प्राप्त है। फिर इसका संचालन विभिन्न विभागों, जैसे, दूर संचार विभाग, समुदाय के स्वयं सेवी युवक/युवतियों, गैर सरकारी स्वयं सेवी संस्थाओं, शैक्षणिक संस्थान, उद्यमी वर्ग, पुलिस तंत्र, स्वास्थ्य विभाग, न्याय पालिका, यातायात और श्रम विभाग, मीडिया, चुने हुए प्रतिनिधियों, स्वयं व्यक्ति विशेष तथा हम सभी के पारस्परिक सहयोग से सम्पन्न होता है। इस दिशा में गैर-सरकारी स्वयं सेवी संस्थाओं का योगदान उल्लेखनीय रहता है, उदाहरण के लिए-चाइल्ड लाइन इंडिया फाउन्डेशन नामक संस्थान मुफ्त प्रदान की जाने वाली 1098 टेलीफोन सेवा के माध्यम से विपत्ति से जूझते हुए बालकों को समय पर सहायता पहुँचाने के लिए काफी प्रसिद्ध है। इसका मुख्यालय वर्ली (Worli) मुम्बई में है और क्षेत्रीय कार्यालय नई दिल्ली, कलकत्ता तथा चेन्नई में हैं।

### *चाइल्ड हैल्प लाइन का कार्य क्षेत्र*
### *(The Field of Child Help Lines cooperation)*

यद्यपि हमारे देश में कार्यरत 1098 टेलीफोन सहायता सेवा बाल-अधिकार संरक्षण

और कल्याण के लिए प्रतिबद्ध है परन्तु इसका मुख्य प्रयोजन आफत एवं विपदा में फंसे हुए बालकों विशेषकर असहाय और निरीह बालकों की सहायता करना होता है। ऐसे बाल समूह के रूप में हम निम्न का नाम ले सकते हैं–

- आवारा बालक तथा गलियों में आवारा घूमते हुए बालक और अकेले रहते हुए युवक वर्ग
- संगठित और असंगठित क्षेत्रों में कार्यरत बाल श्रमिक
- घरेलू नौकर के रूप में कार्यरत बाल श्रमिक
- घर, विद्यालय या संस्थाओं में शारीरिक/यौन/संवेगात्मक उत्पीड़न के शिकार बालक
- संवेगात्मक सहारा तथा परामर्श चाहने वाले बालक
- यौन व्यापार में संलग्न महिलाओं के बालक
- देह व्यापार के शिकार बालक
- बालकों की खरीद फरोख्त के शिकार बालक
- माता-पिता या अभिभावकों द्वारा त्यागे गए बालक
- खोए हुए बालक
- घर से भागे हुए बालक
- नशीले पदार्थों के सेवन के शिकार बालक
- भिन्न योग्यताओं से युक्त अक्षम बालक
- कानून की अवज्ञा करने वाले बालक
- बाल गृहों में पल रहे बालक
- मानसिक रूप से त्रस्त या विकलांग बालक
- एच.आई.वी. या एड्स के शिकार बालक
- लड़ाई झगड़े या आपदा के शिकार बालक
- राजनीतिक रूप से शरणार्थी बालक
- ऐसे बालक जिनके परिवार विपत्ति या कठिनाइयों से ग्रस्त हैं।

### चाइल्ड हेल्प लाइन के उद्देश्य
### *(Objectives Served by the Child Help Line)*

- किसी भी जरूरतमंद बालक की देखभाल और संरक्षण के लिए 1098 पर आपातकालीन स्थिति के प्रत्युत्तर में उस बालक तक पहुँचना।
- चाइल्ड लाइन 1098 के बारे में प्रत्येक भारतीय बालक को जागरूक करना।
- बाल कल्याण से जुड़े हुए संगठनों में सूचनाओं का आदान-प्रदान करने हेतु एक प्लेटफार्म प्रस्तुत करना और उस सहायता समर्थन तन्त्र के लिए संपर्क सूत्र बनना जो उन जरूरत मंद बालकों के पुनर्वास के लिए काम करता है जिन्हें देखभाल और सुरक्षा चाहिए।
- पुलिस, स्वास्थ्य की देख भाल, बाल न्याय, यातायात, कानून, शिक्षा, संप्रेषण,

मीडिया, राजनैतिक तथा समुदाय से मुक्त प्रणाली के साथ ऐसे मिलकर कार्य करना कि एक बाल-मित्र प्रणाली का विकास हो सके।

- जो बालक पहुँच के बाहर हों उनके लिए सेवायें प्रदान करने की पहल करना।
- बालकों के लिए बनाई नीतियों तथा राष्ट्रीय माँग को ध्यान में रखते हुए गैर सरकारी संगठनों तथा सरकारी संगठनों से युक्त एक सहायक तन्त्र विकसित करना।
- देश में एक ऐसी मान्य बाल संरक्षण एजेन्सी के कुछ कार्य करना जो उन बालकों को संरक्षण सेवाएं प्रदान करें जिन्हें देखभाल और संरक्षण चाहिए।
- उस वैश्विक आंदोलन को मजबूती प्रदान करने में योगदान और सेवाएं देना तथा उसमें अपनी भागीदारी निभाना जो बाल संरक्षण से संबंधित समस्याओं के हल हेतु कार्य करते हुए यह सुनिश्चित करता है कि बालकों की आवाज की सुनवाई हो।

## *चाइल्ड हैल्प लाइन की कार्यपद्धति*
## *(Functioning of Child Helpline)*

चाइल्ड लाइन नेटवर्क को अपने निम्न रूप में जरूरतमंद बालकों की सहायता और संरक्षण प्रदान करते हुए देखा जा सकता है।

1. चाइल्ड लाइन के सहायता केन्द्र के टोल फ्री नं. 1098 पर सहायता हेतु टेलीफोन आता है।
2. फोन सुनने के बाद केन्द्र पर कार्यरत स्टाफ अब दो निम्न रूपों में अपनी अनुक्रिया देता है।
   (i) वह फोन पर ही फोन करने वाले बालक या उसके हितैषी को यह सलाह निर्देश देता है कि उसे अपनी समस्या से निपटने के लिये क्या करना चाहिए।
   (ii) वह फोन पर प्राप्त सूचना को उस स्थानीय कार्यकारी यूनिट को वांछित हस्तक्षेप/सहायता प्रदान करने हेतु प्रेषित कर देता है जो पीड़ित बालक के पास-पड़ोस में स्थित हो।
3. बालक के पड़ोस में कार्यरत चाइल्ड लाइन की इस यूनिट की अब यह जिम्मेदारी होती है कि वह फोन पर जैसी उसको सूचना मिली है, बालक की विपदा और परेशानी की प्रकृति को ध्यान में रखते हुए तुरन्त ही प्रभावी कदम उठाए। उसके द्वारा इस सम्बन्ध में लिये गए प्रयत्नों की प्रकृति कुछ निम्न प्रकार की हो सकती है।
   - प्रथम छानबीन रिपोर्ट (FIR) दर्ज कराने तथा आवश्यकतानुसार पुलिस स्टाफ की सहायता लेना।
   - भोजन, पानी, कपड़े, दवाई तथा चिकित्सक, अस्थायी निवास, तथा परिवहन सेवा के रूप में तुरन्त सहायता उपलब्ध कराना।

- विशेषज्ञों तथा जानकार व्यक्तियों से पूछना कि विपदाग्रस्त बालक को इस समय किस प्रकार की सहायता दी जानी चाहिए।
- विपदा ग्रस्त बालक को यह संभव बनाना कि वह परामर्शदाताओं, स्वास्थ्य विशेषज्ञों, चिकित्सा सहायता केन्द्रों, आश्रय स्थलों/अनाथालयों, कानूनी सलाहकारों, तथा अन्य व्यक्तियों/संस्थानों से ऐसी आवश्यक सहायता एवं संरक्षण प्राप्त कर सके जो उसे अपनी विपदा समस्या से निजात दिलाने में सहायक हो।

## गैर सरकारी संगठनों की भूमिका एवं योगदान (Role and Contribution of NGOs)

### *गैर सरकारी संगठनों से अभिप्राय (What are NGOs?)*

गैर सरकारी संगठन (NGOs) ऐसे संगठन होते हैं जो समुदाय/समाज के लोगों द्वारा स्वतन्त्र रूप में सरकारी संस्थाओं/संगठनों से कुछ अलग हट कर ऐसे काम करने के लिए खड़े किए जाते हैं जिनसे जरूरतमंद व्यक्तियों की आवश्यक मदद एवं सहायता की जा सके तथा मानव सेवा सम्बन्धी अन्य कार्यों को अंजाम दिया जा सके।

ये आवश्यक रूप से गैर–सरकारी संगठन ही होते हैं। उस परिस्थिति में भी जब वे पूरी तरह से आंशिक रूप में सरकार पोषित होकर सरकारी अनुदान प्राप्त कर रहे होते हैं, वे अपनी गैर–सरकारी पहचान बनाने में सफल रहते हैं। इनकी कार्यकारिणी या सदस्यता सूची में किसी भी सरकारी व्यक्ति/प्रतिनिधि का नाम नहीं होता। इसके अतिरिक्त इन संगठनों को ऐसे संगठनों के रूप भी जाना जाता है जिनका उद्देश्य पैसा कमाना नहीं होता। अपने वित्तीय पोषण हेतु ये जनता से चन्दा तथा आर्थिक अनुदान ग्रहण करते हैं, और दानवीरों, उद्योगपतियों तथा स्वयं सेवकों के बल पर ही ये अपने कार्यक्षेत्र सम्बन्धी जरूरतें पूरी करते हुए पाए जाते हैं।

उस समय से ही जबसे संयुक्त राष्ट्र संघ बाल अधिकार सम्मेलन (UN Convention on the Right of child—UNCRC) ने गैर सरकारी संगठनों को उनके कार्य करने हेतु महत्वपूर्ण लक्ष्य प्रदान किए हैं गैर सरकारी संगठनों द्वारा मानव अधिकारों (जिनमें बाल अधिकार भी शामिल हैं) के संरक्षण हेतु सभी देशों–विकसित तथा विकासशील में उल्लेखनीय कार्य हुआ है। इन लक्ष्यों को प्रदान करते हुए यू.एन.सी.आर.सी. ने गैर–सरकारी संगठनों को दो महत्त्वपूर्ण दिशाओं में अपनी सेवाएँ अर्पित करने के निर्देश दिये हैं–

(i) देश में स्थित मंत्रालयों, चुने हुए जन प्रतिनिधियों तथा सरकारी अफसरों, तथा मीडिया से अपना संघर्ष ओर तालमेल बनाते हुए देश की सरकारों को उनके कर्त्तव्यों तथा उत्तरदायित्वों के बारे में याद दिलाते रहना।

(ii) अपने द्वारा किए जाने वाले कार्यों तथा निभाए जाने वाले उत्तरदायित्वों के क्रियान्वयन पर ध्यान देते रहना।

## *अन्तर्राष्ट्रीय स्तर पर कार्यरत गैर सरकारी संगठन*
## *(NGO's Operating at the International Level)*

वैश्विक स्तर पर गैर सरकारी संगठनों (NGOs) द्वारा मानवाधिकार तथा बालाधिकार संरक्षण की दिशा में काफी महत्त्वपूर्ण कार्य किया जा रहा है। वैश्विक स्तर पर कार्यरत गैर-सरकारी संगठनों के कार्य में समन्वयन हेतु एनजीओ ग्रुप (NGO Group) नामक संस्था बनाई गई है। इस संस्था का अपना सचिवालय तथा कार्यकारी समूह है जो दुनिया भर में कार्य कर रहे गैर सरकारी संगठनों के कार्य में समन्वय लाने तथा उन्हें ऐसी दिशा और दशा प्राप्त करने में मदद करता है जिसके द्वारा सभी बालकों को अपने अधिकारों का उपयोग उस रूप में करने में उचित मदद मिले जिनकी संकल्पना संयुक्त राष्ट्र संघ बाल अधिकार सम्मेलन (UNCRC) में की गई है।

व्यावहारिक रूप में वैश्विक स्तर पर आज ऐसे बहुत गैर सरकारी स्वयं सेवी संगठन एनजीओ ग्रुप के समन्वयन में अपना कार्य कर रहे हैं जिनका सम्बन्ध मुख्य रूप से मानव और बाल-अधिकार संरक्षण ही है। इनमें से कुछ प्रमुख विशेष का संक्षेप में में उल्लेख हमारे द्वारा नीचे दिया जा रहा है।

### *एमनेस्टी इन्टरनेशनल (Amnesty International)*

एमनेस्टी इन्टरनेशनल विश्व भर में फैला हुआ मानव अधिकारों के संरक्षण हेतु काम करने वाले व्यक्तियों का एक ऐसा संगठन है जिसका प्रमुख उद्देश्य मानव अधिकारों के संरक्षण के प्रति पूरी जागरूकता दिखाना है। अपने इस उद्देश्य की पूर्ति हेतु यह संगठन इस सम्बन्ध में आवश्यक अनुसंधान कार्य करता है तथा मानव अधिकारों के उल्लंघन की रोक-थाम हेतु क्या किया जाए इस तरह की रूपरेखा तैयार करता है। और जहाँ उल्लंघन हो रहा हो वहाँ पीड़ितों के लिए न्याय की माँग करता है। 70 लाख सदस्यों तथा समर्थकों (जो 150 देशों में फैले हुए हैं) की संस्था वाले इस संगठन का मुख्यालय लंदन में है तथा हमारे देश में इसका क्षेत्रीय कार्यालय बंगलोर (कर्नाटक) में है। इस संगठन का आदर्श वाक्य "अंधेरे को कोसने की अपेक्षा यह बेहतर है कि प्रकाश के लिए एक मोमबती जलाई जाए" है।

### *चिल्ड्रन डिफेन्स फन्ड (Children's Defence Fund—CDF)*

चिल्ड्रन डिफेन्स फन्ड बाल कल्याण हेतु काम करने वाला ऐसा अन्तरराष्ट्रीय संगठन है जो सभी बालकों को समान रूप से उचित अवसर दिलाने की वकालत करता है। यह उन सभी नीतियों तथा कार्यक्रमों के क्रियान्वयन हेतु अपनी आवाज बुलन्द करता है जो बालकों को उनकी गरीबी से बाहर निकालने, उत्पीड़न तथा उपेक्षा से उनका बचाव करने तथा उन्हें उनकी देखभाल तथा शिक्षा हेतु समान अवसर उपलब्ध करने सम्बन्धी अधिकारों का उचित संरक्षण करें। इस संगठन का मुख्यालय वाशिंगटन डी.सी. अमेरिका में है।

*ह्यूमन राइट एक्सन सेन्टर (Human Right Action Center)*

वाशिंगटन, डी.सी. (अमेरिका) में स्थित यह गैर सरकारी स्वयंसेवी संगठन सार्वजनिक घोषित मानव अधिकारों के संरक्षण हेतु कार्य करता है और अपने इस उत्तरदायित्व के निर्वहन में मानव अधिकारों के उल्लंघन ओर उत्पीड़नों की रोकथाम हेतु नए तरीके ढूँढने और काम में लाने हेतु कला और तकनीकी विधाओं को भी काम में लाने सम्बन्धी प्रयोग करता है। इसका संचालन प्रसिद्ध मानव अधिकार कार्यकर्ता जैक हैली (Jack Healey) के नेतृत्व में होता है। इस संगठन द्वारा पूरे विश्व में मूल अधिकारों के संरक्षण में काम करने वाले संस्थानों को समर्थन और सहायता प्रदान करने का कार्य भी किया जाता है।

*ह्यूमन राइट्स वॉच (Human Rights Watch)*

ह्यूमन राइट्स वॉच नाम का संगठन सम्पूर्ण विश्व के व्यक्तियों के मानव अधिकारों के संरक्षण के लिए समर्पित है। इसका कार्य मानव अधिकार उल्लंघन सम्बन्धी मामलों की जाँच पड़ताल कर उन्हें उजागर करना, उत्पीड़न के लिए दोषी व्यक्तियों का दोष सिद्ध करना, और सरकारों तथा शक्ति सम्पन्न व्यक्तियों और संस्थानों को सभी प्रकार के उत्पीड़न को समाप्त करने तथा अन्तरराष्ट्रीय मानव अधिकारों का सम्मान करने के लिए राजी करना है। इसका मुख्यालय न्यूयार्क, अमेरिका में है।

*ह्यूमन राइट्स विदाउट फ्रन्टियर्स (Human Rights without Frontier—HRWF)*

इस संगठन का कार्य मानव अधिकारों के संरक्षण की देखभाल और उसके सम्बन्ध में आवश्यक अनुसंधान एवं विश्लेषण करना तथा जनतांत्रिक विचारों तथा राष्ट्रीय और अन्तरराष्ट्रीय स्तर पर कानूनी शासन स्थापित करने में सहयोग करना है। इसका मुख्यालय ईटरवीक बेल्जियम (Etterbeek, Belgium) में है और यह यूरोपियन एजेन्सी फॉर फन्डामेन्टल राइट्स से भी अपने समाज सेवी कार्यों के लिए जुड़ा हुआ है।

## ***राष्ट्रीय स्तर पर कार्यरत गैर सरकारी संगठन (NGO's Working at National Level)***

हमारे देश में आज ऐसे कई गैर-सरकारी स्वयं सेवी संगठन हैं जो मानव अधिकारों (जिनमें बाल अधिकार भी शामिल हैं) के संरक्षण हेतु उल्लेखनीय कार्य कर रहे हैं। इनमें से कुछ प्रमुख का उल्लेख आगे किया जा रहा है–

*1. सम्मान फाउन्डेशन (Samman Foundation)*

इसे 25 जनवरी, 2007 में स्थापित किया गया था। प्रारम्भ में इसका कार्यक्षेत्र गरीब बालकों और व्यक्तियों को शिक्षा, प्रशिक्षण और वित्तीय सहायता प्रदान कर मुख्यधारा में लाना था परन्तु आजकल इस संगठन का मुख्य कार्य रिक्शा चलाने वालों की, अच्छी आजीविका कमाने में सहायता करना है। अपने अन्य कार्यों में इस संगठन द्वारा बालकों की शिक्षा तथा उन्हें अच्छी स्वास्थ्य सेवाएँ उपलब्ध कराना और स्त्रियों के कल्याण हेतु अपनी सेवाएँ प्रदान करना है।

*2. गूँज (Goonj)*

इस गैर सरकारी संगठन को भारत गैर सरकारी संगठन सम्मेलन में वर्ष 2007 में "एनजीओ ऑफ द इयर" के पुरस्कार द्वारा सम्मानित किया गया था। यह गरीब और बेसहारा बालकों और व्यक्तियों की वस्त्र सम्बन्धी समस्या को हल करने की दिशा में कार्य करता है। इसके अतिरिक्त इसके द्वारा अपने क्षेत्र-पश्चिमी बंगाल, आसाम और बिहार में आपदाओं जैसे-बाढ़ आने आदि के दौरान भी राहत प्रदान करने का कार्य किया जाता है।

*3. अक्षय ट्रस्ट (Akshaya Trust)*

मदुरै में स्थित इस गैर सरकारी संगठन का मुख्य उद्देश्य मानव सम्मान की रक्षा करना है। इस सम्बन्ध में यह संगठन बेसहारा और असहाय बालकों और व्यक्तियों को स्वास्थ्यप्रद भोजन, देखभाल तथा पुर्नवास की व्यवस्था कराने का प्रयत्न करता है।

*4. स्माइल फाउन्डेशन (Smile Foundation)*

इस संगठन का संचालन उद्योग जगत से जुड़े हुए व्यवसायियों के एक समूह के द्वारा किया जाता है। इसका मुख्य कार्य सुविधा रहित बालकों और व्यक्तियों को शिक्षा तथा स्वास्थ्य सम्बन्धी सेवाएँ प्रदान कर उनके पुनर्वास में इस प्रकार सहायता प्रदान करना है कि वे समाज के उपयोगी सदस्य बन सकें।

*5. उड़ान वेलफेयर फाउन्डेशन (Udaan welfare Foundation)*

इस गैर-सरकारी संगठन का मुख्य उद्देश्य बेसहारा और लाचार व्यक्तियों की सहायता करना है। इसका ज्यादा ध्यान स्त्रियों, बालकों, वरिष्ठ नागरिकों और पर्यावरणीय कल्याण पर रहता है। इसके द्वारा चलाए जाने वाला एक मुख्य प्रोजेक्ट "कैंसर कीमोथेरेपी केन्द्र" का संचालन है।

*6. प्रथम (Pratham)*

इस गैर सरकारी संगठन का मुख्य उद्देश्य मुम्बई की मलिन बस्तियों में रहने वाले बालकों को शिक्षा प्रदान करता है। साथ ही यह उन व्यक्तियों को भी शिक्षा प्रदान करने का कार्य करता है जो किसी कारण से विद्यालय में शिक्षा प्राप्त नहीं कर सकते। उनके इस प्रोजेक्ट के कारण बालकों को अपने आगे की शिक्षा विद्यालयों में प्राप्त करने और इस तरह अपना भविष्य सुधारने में काफी सहायता मिली है।

*7. लीप्रा सोसायटी (Lepra Society)*

यह गैर सरकारी संगठन निर्धन समुदायों में व्याप्त एड्स, लेप्रोसी तथा तपेदिक आदि बीमारियों के निरोध और नियंत्रण के सम्बन्ध में कार्य करता है।

*8. दीपालय (Deepalaya)*

दिल्ली में स्थित यह गैर सरकारी संगठन मलिन बस्तियों में रहने वाले बच्चों को शिक्षा

प्रदान करने का कार्य करता है। इसके अतिरिक्त यह गरीबों तथा शारीरिक रूप से अक्षम बालकों के स्वास्थ्य की देखभाल तथा उन्हें शिक्षा और व्यावसायिक प्रशिक्षण प्रदान करने का कार्य करता है। हरियाणा और उत्तराखंड के ग्रामीण विकास में भी इस संगठन द्वारा महत्त्वपूर्ण योगदान दिया गया है।

*9. उदय फाउन्डेशन (Uday Foundation)*

नई दिल्ली स्थित यह गैर सरकारी संगठन जन्मजात विकारों तथा उनसे जुड़ी हुई अन्य बीमारियों से पीड़ित बालकों के माता-पिता और परिवारों को वांछित समर्थन और सहयोग देने का कार्य करता है। इसके कार्यक्षेत्र में स्वास्थ्य सम्बन्धी देखभाल के लिए प्रयुक्त नई तकनीकों के अनुसंधान का कार्य भी आता है परन्तु उनका मुख्य कार्यक्षेत्र बाल अधिकारों का संरक्षण है।

*10. हैल्पेज इंडिया (Helpage India)*

1978 में स्थापित इस गैर सरकारी संगठन का मुख्य उद्देश्य देश के वरिष्ठ नागरिकों को संसाधन प्रदान करना है। अपने इस उद्देश्य की पूर्ति के लिए यह वरिष्ठ नागरिकों को उनके अधिकारों से परिचित कराने तथा उनके अधिकारों का संरक्षण कराने में इस तरह मदद करता है कि वे समाज में अपनी महत्त्वपूर्ण भूमिका निभा सकें। यह संगठन स्थानीय और राज्य स्तरीय सरकारों के साथ भी इस बात में सहयोग करता है कि वरिष्ठ नागरिकों के लिए लाभदायक नीतियों की अनुपालना भी बेहतर ढंग से हो सके।

# 11

# बालकों में मोटापा–कारण एवं उपचार
# (Child Obesity—Causes and Remedies)

## मोटापे से अभिप्राय (What is Obesity)

बालकों में पाए जाने वाले स्वास्थ्य सम्बन्धी विकारों में मोटापा भी उनकी अस्वस्थता तथा बीमारियों के लिए काफी उत्तरदायी माना जाता है। परिभाषा के रूप में हम बालकों के मोटापे को उनके शरीर की उस अवस्था का द्योतक मान सकते हैं जिसमें बालकों के शरीर में विद्यमान चर्बी (body fats) की मात्रा इतनी अधिक होती है कि इससे उनका स्वास्थ्य नकारात्मक रूप में प्रभावित होता है और उनकी दिनचर्या तथा कार्य शैली भी नकारात्मक रूप में प्रभावित होकर उनके विकास तथा प्रगति को बाधित करती नजर आती है।

## बालकों के मोटापे की पहचान तथा जाँच
## (Identification and Diagnosis of Obesity among Children)

पहचान की दृष्टि से बालकों के मोटापे का उनके शरीर की बनावट तथा कार्य करने के ढंग से अच्छी तरह आभास हो सकता है। मोटे बालकों का शरीर थुलथुल तथा बेडौल होता है। पेट बाहर निकला हुआ तथा शारीरिक अंगों की बनावट में बढ़ी हुई चर्बी की अधिक मात्रा स्पष्ट झलकती है। उन्हें दौड़ने, भागने तथा तेजी से काम करने में हाँफनी आने लगती है और वे स्वभाववश निंद्राप्रिय तथा आराम पसंद होते हैं। उनकी तले भुने, तेल, घी युक्त तथा अधिक चर्बी वाले खाद्य पदार्थों में अधिक रुचि होती है और आवश्यकता से अधिक तथा हर समय कुछ न कुछ खाते रहते हुए भी इन्हें अच्छी तरह देखा जा सकता है। परंतु जहाँ–औपचारिक तथा वैज्ञानिक ढंग से बालकों में मोटापे की पहचान तथा जाँच के लिए निम्न तरीके अपनाए जाते हैं–

1. बालकों में मोटापे का निदान करने हेतु उनके बी.एम.आई. यानी बॉडी मास इन्डेक्स (BMI or Body Mass Index) की गणना करने का प्रयत्न किया जा सकता है। दो वर्ष की आयु होने के बाद हर बालक इस गणना के लिए उपयुक्त रहता है। एक बालक का बी. एम. आई. ज्ञात करने के लिए उसके भार (Weight) तथा ऊँचाई (Height) का मापन लेना होता है और फिर बी. एम. आई. ज्ञात करते हुए निम्न सूत्र

का उपयोग किया जाता है।

$$\text{बालक का बी. एम. आई.} = \frac{\text{बालक का भार (किलोग्राम में)}}{(\text{बालक की ऊँचाई मीटर में})^2} = \frac{W}{h^2}$$

बालक का कितना बी.एम.आई. उसे अधिक वजन वाला या मोटापे से ग्रस्त होने की ओर संकेत करता है यह बात इसके लिए उपलब्ध तालिकाओं से भली-भाँति मालूम हो सकती है। इन चार्टों की रचना विभिन्न देशों तथा प्रदेशों के बालकों में पाए जाने वाले मोटापे की पहचान हेतु आवश्यक सांख्यिकीय विधियों का उपयोग करते हुए की जाती है। सिद्धान्त रूप में औसत से अधिक बी.एम.आई. की बालक में उपस्थिति (उसके अपने समूह के संदर्भ में) उसके मोटापे की ओर इशारा करती है। वस्तु जहाँ तक 2 वर्ष से लेकर 20 वर्ष तक के बालक एवं किशोरों के बी. एम. आई की व्याख्या का प्रश्न है इसे उन परसेन्टाइलों की सहायता से किया जाता है जिनकी गणना बालकों की आयु और लिंग के हिसाब से की जाती है। इस प्रकार की व्यवस्था में 5 वे परसेन्टाइल से कम बी. एम. आई स्कोर का अर्थ बालक का सामान्य से कम भार वाला होता है और 95 वें परसेन्टाइल से अधिक बी. एम. आई स्कोर पाने वाले बालक को मोटापे से ग्रस्त माना जाता है। जिन बालकों का बी. एम. आई. स्कोर 85 वे तथा 95 वें परसेन्टाइल के बीच में होता है उन सभी को सामान्य से अधिक भार वाला कहा जाता है।

2. बी.एम.आई. की गणना करने के अतिरिक्त, कमर-ऊँचाई अनुपात (Waist-height ratio WHtR) तथा कमर-नितम्ब अनुपात (Waist-Hip ratio or WHR) को भी बालकों तथा वयस्कों में मोटापे के निदान हेतु काम में लाया जाता है। इन दोनों की गणना निम्न प्रकार की जा सकती है।

$$\text{(i) कमर-ऊँचाई अनुपात (WHtR)} = \frac{\text{बालक की कमर की परिधि की लम्बाई}}{\text{बालक की ऊँचाई}}$$

इस अनुपात की गणना द्वारा यह पता चलता है कि बालक के शरीर में उपस्थित चर्बी किस रूप में वितरित है। कमर-ऊँचाई अनुपात का 0.5 से अधिक होना 40 वर्ष से कम व्यक्तियों के लिए ऐसे खतरे की और संकेत करता है जिससे उन्हें मोटापे से ग्रस्त माना जाए।

$$\text{(ii) कमर-नितम्ब अनुपात (WHR)} = \frac{\text{बालक की कमर की परिधि की लम्बाई}}{\text{बालक के नितम्बों की परिधि की लम्बाई}}$$

कमर-नितम्ब अनुपात की गणना बालकों के मोटापे के निदान में सहायता करती है। विश्व स्वास्थ्य संगठन (WHO) के द्वारा निर्धारित मानदंड के अनुसार कमर-नितम्ब अनुपात (WHR) का पुरुषों में 0.90 तथा स्त्रियों में 0.85 से अधिक होना उनके मोटापे से ग्रस्त होने का संकेत देता है।

बी. एम. आई (BMI) कमर-ऊँचाई अनुपात (WHtR) तथा कमर-नितम्ब अनुपात (WHR) की गणना द्वारा बालकों में मोटापे की उपस्थिति का निदान करने में काफी सहायता मिल सकती है। परन्तु उनकी अलग-अलग गणना या साँझे रूप में इनकी व्याख्या इस बात को पूरी तरह सुनिश्चित नहीं कर सकती कि कोई बालक मोटापे का शिकार है। इनसे यह तो जानकारी मिलती है कि बालक भार सम्बन्धी या शरीर पर चर्बी अधिक होने की समस्या से ग्रस्त है परन्तु यह मोटापे तथा दुबलेपन के लिए उत्तरदायी टिश्यूज (Tissues) के निदान में सहायक नहीं हो सकता। इसके लिए अन्य मेडीकल परीक्षण करने की जरूरत रहती है। डॉक्टर इस प्रकार के निदान हेतु अन्य परीक्षणों जैसे एडीपोज टिश्यू (Adipose Tissue) तथा स्किन फोल्ड (Skin fold) मापन के प्रयोग की सलाह देते हैं ताकि बालकों में मोटापे जैसी शारीरिक अस्वस्थता या बीमारी की उपस्थिति का ठीक प्रकार निदान किया जा सके।

**मोटापे के दुष्प्रभाव (Ill Effects of Obesity)**

बालकों का मोटापा उन्हें निम्न प्रकार विभिन्न दृष्टियों से काफी अधिक अहितकर तथा घातक सिद्ध हो सकता है।

***1. स्वास्थ्य पर पड़ने वाले दुष्प्रभाव (Ill Effects on their Health):*** बालकों का मोटापा उन्हें बहुत सी बीमारियों तथा शारीरिक अस्वस्थता का शिकार होने या आगे जाकर आसानी से शिकार हो जाने की परिस्थिति में ला देता है। इस प्रकार जिन बीमारियों का शिकार होने की सम्भावनाएँ उनके मोटापे के कारण प्रकाश में आ सकती हैं, वे बीमारियाँ तथा अस्वस्थता निम्न प्रकार की हो सकती है:

- हृदय रोग (Cardiovascular diseases)
- उच्च रक्त चाप (High Blood pressure)
- डायबिटीज टाइप–2 (Type 2 Diabetes)
- विभिन्न प्रकार के कैंसर (Many types of cancer)
- अस्थमा एवं श्वास रोग (Asthma and respiratory diseases)
- निद्रा विकार (Sleep Disorders)
- अस्थि तथा जोड़ समस्याएँ (Bone and Joint problems)
- समय से पहले मासिक धर्म होना (Early puberty or Menstruation)
- त्वचा रोग एवं समस्याएँ (Skin diseases and problems such as heat rash, fungal infection and acne)

***2. शारीरिक रचना या बनावट पर पड़ने वाले दुष्प्रभाव (Effects on Somatic Structure):*** मोटापे से शरीर की बनावट तथा ऊपरी ढाँचे में अजीब सा परिवर्तन लक्षित होता है। शरीर के अंग-प्रत्यंगों में सुडौलता का अभाव दिखता है। शरीर गोल-मटोल, अस्थिर प्रकृति का हो जाता है। तोंद का बाहर निकलना तथा शरीर के अंगों में अधिक चर्बी की उपस्थिति तथा भारीपन दिखाई देने लगना है। परिणामस्वरूप

व्यक्ति की शारीरिक बनावट तथा ऊपरी ढाँचे में असामान्यताएँ झलकने लगती हैं और बालक भी दूसरे सामान्य बालकों से अलग पहचान बनाने लगता है।

***3. शारीरिक क्रिया तथा दिनचर्या पर पड़ने वाले दुष्प्रभाव (Ill Effects on physical activity and day to day functioning):*** मोटापे से बालकों की शारीरिक क्षमता शारीरिक रूप से सक्रिय रहने की आदत तथा प्रवृत्ति तथा शारीरिक क्रियाओं से जुड़ी हुई गतिविधियों में भाग लेने की रुचि और सक्रियता पर काफी प्रतिकूल प्रभाव पड़ता है। उन्हें जल्दी तथा बार-बार उठने-बैठने और शारीरिक अंगों को उपयोग में लाने में परेशानी होती है और इस वजह से उन्हें सभी प्रकार के ऐसे कार्यों से अरुचि हो जाती है जिनमें उनके शरीर के अंगों की चुस्ती एवं फुर्ती की अधिक आवश्यकता हो। उन्हें वे कार्य और खेल पसन्द आते हैं जिन्हें एक जगह बैठकर किया और खेला जा सके। दौड़ना-भागना, व्यायाम करना तथा ऐसे कोई भी दिन प्रतिदिन के काम करना जिनमें शरीर की चुस्ती-फुर्ती आवश्यक हो ऐसी बातें उनकी दिनचर्या का अंग नहीं बन पाती और वे विद्यालय में भी ऐसे सभी कार्यों से दूर रहने का प्रयत्न करते है जिनमें अंग प्रत्यंगों की स्फूर्ति तथा चुस्ती की आवश्यकता हो। एक तरह से उनकी जीवनशैली उनके मोटापे के कारण एक ऐसे रूप में परिवर्तित हो जाती है जो उन्हें अधिक निष्क्रिय रहने, आराम तथा निद्रा प्रेमी बनने तथा शारीरिक कार्यों के संपादन से अधिक से अधिक से अधिक दूर रहने की ओर ले जाए और फलस्वरूप वे अधिक से अधिक मोटापे से ग्रस्त होते रहें।

***4. मनोवैज्ञानिक रूप से पड़ने वाले दुष्प्रभाव (Ill Effects related to Psychological Well-being):*** बालकों का मोटापा उनके लिए मनोवैज्ञानिक रूप से भी काफी घातक सिद्ध हो सकता है। मुख्य रूप से इस सम्बन्ध में निम्न बातें उभर कर सामने आ सकती हैं।

(i) बालक जब अपने मोटे शरीर तथा उसके बेडौलेपन तथा अस्थिरता की अन्य सामान्य बालकों से तुलना करते हैं तो उनमें अपने शरीर की बनावट को लेकर हीनता घर कर सकती है।

(ii) अपने मोटेपन के कारण वे बहुत सी ऐसी सामाजिक खेलकूद, सांस्कृतिक तथा शैक्षिक क्रियाओं में भाग नहीं ले पाते जिन्हें उनको साथी अच्छी तरह करते हुए यश और कीर्ति के भागी बन रहे होते हैं। इस बात को लेकर उनमें निराशा, हीनता तथा अपराध बोध आदि प्रतिकूल मनोवैज्ञानिक भाव घर कर जाते हैं जिनसे उनमें मानसिक स्वास्थ्य पर असर पड़ सकता है और वे अपने आपको साथियों से अलग-थलग पड़ सकते हैं।

(iii) उनका मोटापा उन्हें अपने साथियों से अलग किस्म का बालक चित्रित होने के लिए उत्तरदायी बनता है। दूसरे बालक उन्हें उनके शरीर की बनावट, मोटापे तथा शारीरिक क्रियाओं में भाग नहीं ले सकने की प्रवृत्ति और मजबूरी के कारण उपहास का पात्र बना लेते हैं। उनकी तरह-तरह से खिल्ली उड़ाने या अपमानित करने के प्रयत्न भी साथियों द्वारा किए जा सकते हैं। ऐसी सभी

बातें उनको मनोवैज्ञानिक रूप से काफी क्षति पहुँचाती रहती हैं और परिणामस्वरूप उनके स्वस्थ एवं सन्तुलित विकास में बाधा आती है।

**मोटापे से ग्रस्त होने सम्बन्धी कारण (Causes Related to Obesity)**

बालकों के मोटापे से ग्रस्त होने के पीछे क्या कारण और बातें कार्य कर सकती हैं, इस सम्बन्ध में मुख्य रूप से निम्न कारण कार्य करते हुए पाये जा सकते हैं:

***1. आनुवंशिक कारण (Genetic Factors):*** प्रायः मोटे होने का चलन खानदानी और परिवारजन्य होता हुआ पाया जाता है। मोटे बालकों के परिवार में भी अधिकतर सदस्य जैसे माँ-बाप, भाई-बहन मोटे ही होते हैं। ऐसा परिवार में जो जिन्दगी जीने के लिए जीवनशैली, खान-पान, कार्य करने सम्बन्धी आदतें अपनाई जा रही होती हैं उनके प्रभाव स्वरूप ऐसा हो सकता है। परन्तु इसके साथ-साथ जो एक बात अनुसंधानों के फलस्वरूप अच्छी तरह उभर कर सामने आई है वह यह है कि बालकों में मोटापे से सम्बन्धित बातों को जन्म देने में माता-पिता द्वारा बालकों को हस्तान्तरित किए जाने वाले क्रोमोसोम्स तथा जीन्स (Chromosomes and Genes) का पर्याप्त योगदान रहता है। इनके द्वारा विरासत में इस प्रकार की शारीरिक संरचना और कार्यप्रणाली बालकों को प्राप्त होती है जिनसे मोटापे को पोषण मिलता है।

***2. खान-पान सम्बन्धी अनुचित आदतें (Improper Dietary Habits):*** बालकों में मोटापे के लिए जो बात स्पष्ट रूप से ठोस कारण बन कर उभरती है वह है उनकी खान-पान की अनुचित आदतें। इस प्रकार की आदतों के उदाहरण स्वरूप हम निम्न का विशेष रूप से उल्लेख कर सकते हैं।

(i) आजकल बच्चे छोटे आयु से ही ऐसे पदार्थों के खान-पान की आदतें डाल लेते हैं जिनसे मोटापे को बढ़ावा मिलता है। विभिन्न प्रकार के फास्ड फूड, जंक फूड, कुरकुरे, चिप्स, चॉकलेट, कोल्ड ड्रिंक्स, आइसक्रीम, पीजा, बरगर आदि ऐसे अनेक व्यंजन तथा पेय पदार्थ हैं जो अधिक कैलोरी, वसा आदि प्रदान कर मोटापे का कारण बनते हैं।

(ii) कुछ बच्चे आवश्यकता से अधिक खाने और असमय बार-बार खाते रहने की अपनी आदत के कारण मोटापे का शिकार बनते नजर आ सकते हैं।

(iii) टेलीविजन देखते हुए खाना खाने की आदत ने भी बालकों बिना सोचे समझे काफी देर तक खाते रहने का चलन प्रारम्भ कर दिया है और परिणामस्वरूप यह बात उनके मोटापे में वृद्धि से जुड़ी हुई पाई गई है।

(iv) छोटी आयु से ही चाय, काफी पेय पदार्थों के अधिक सेवन की आदत भी मोटापे में बढ़ोत्तरी के लिए उत्तरदायी मानी गई है।

(v) परिवार के सदस्यों (बड़े भाई-बहन तथा परिवार के अन्य जिम्मेदार व्यक्ति) समाज में व्याप्त खान-पान की आदतें, व्यावसायिक दुनिया द्वारा अपने खान-पान, व्यंजनों तथा पेय पदार्थों को लोकप्रिय बनाने की होड़ तथा प्रचार सामग्री सभी ने मिलकर एक ऐसे वातावरण का निर्माण कर दिया है

कि इस अन्धानुकरण तथा फैशन के ग्रस्त नई पीढ़ी खान-पान की अनुचित आदतों का शिकार बनती जा रही है और फलस्वरूप आज हम बालकों के मोटापे में आए दिन नई वृद्धि देख रहे हैं।

***3. शारीरिक क्रियाओं तथा खेल-कूद का अभाव* (Lack of Physical and Sports activities):** एक ओर तो बालकों में खान-पान की अनुचित आदतें पनप रही हैं तो दूसरी ओर उनके दिनचर्या में शारीरिक श्रम तथा क्रियाओं का अभाव उनके मोटापे को बढ़ाने में आग में घी डालने वाली बात कर रहा है। अधिक कैलोरी और वसा युक्त भोजन को अपने उचित पाचन हेतु अच्छी मात्रा में शारीरिक क्रियाएँ तथा शारीरिक श्रम चाहिए, आजकल की दिनचर्या में बालकों को ये सुलभ नहीं है और न इसके प्रति आकर्षित होने अथवा इसके क्रियान्वयन हेतु उपुयक्त परिस्थितियाँ तथा सुविधाएँ उन्हें अच्छी तरह उपलब्ध हैं। परिणामस्वरूप उनकी दिनचर्या ऐसी बनती जा रही है जिसमें खेल-कूद तथा शारीरिक क्रियाओं का नितान्त अभाव ही रहता है और यह बात उनके मोटापे का एक बड़ा कारण बन रही है। ऐसा होने के पीछे हम निम्न बातों को उत्तरदायी मान सकते हैं।

- बालक बड़ों का अनुकरण करते हैं। पैदल चलने की या सीढियाँ चढ़ने की आदत समाप्त हो रही है इनका स्थान वाहनों के इस्तेमाल तथा लिफ्ट प्रणाली ने ले लिया है। बालकों को भी ये बातें विरासत में प्राप्त हो रही हैं।
- समृद्ध परिवारों में नौकरों पर आश्रितता अपने आप काम करने की आदत समाप्त कर रही है तथा साथ ही मशीनीकरण के इस युग ने शारीरिक श्रम को लगभग समाप्त-सा ही कर दिया है। अत: बालकों को शुरू से ही कोई शारीरिक श्रम तथा शारीरिक क्रियाएँ करने के अवसर प्राप्त नहीं होते जो पहले दिन प्रतिदिन के कार्यों में परिवार का हाथ बँटाने में उन्हें प्राप्त होते रहते थे।
- विद्यालयों में दिए जाने वाले अधिक गृह कार्य तथा प्रोजेक्ट कार्य आदि करने तथा प्रतियोगिता की अंधी दौड़ में लगातार पढ़ने-लिखने में लगे रहने के लिए बालकों को मजबूर कर दिया है। अत: उन्हें खेलकूद तथा शारीरिक गतिविधियों में भाग लेने का समय और अवसर नहीं मिल पाता।
- जो कुछ समय बचता है उसमें टेलीविजन, स्मार्टफोन, इन्टरनेट-वीडियो गेम से चिपके रहने की जो अनुचित आदत बालकों में घर कर गई है उससे उन्हें किसी भी प्रकार की खेलकूद तथा शारीरिक क्रियाओं से युक्त गतिविधियों में भाग लेने की बात मन में ही नहीं आती और परिणामस्वरूप उनकी यह निष्क्रियता उनके मोटापे का एक बड़ा कारण बनती जा रही है।
- विद्यालयों में भी शारीरिक क्रियाओं तथा खेलकूद पर कोई विशेष ध्यान नहीं दिया जाता। अगर वहाँ सुविधाएँ हैं भी तो बालकों में उनका उपयोग करने की कोई रुचि नहीं दिखाई देती। विद्यालय और घर के बीच की दूरी भी कई बार इसका कारण बनती है और कई बार विद्यालय द्वारा इसके प्रति व्यक्त की गई विमुखता बालकों को इसके लिए निरुत्साहित करती है।

***4. मनोवैज्ञानिक कारण** (Psychological Causes)*–बहुत सी परिस्थितियों में बालकों के मोटापे के पीछे विविध प्रकार के मनोवैज्ञानिक कारक कार्य कर रहे होते हैं। अनुसंधानों के आधार पर यह पाया गया है कि जो बालक किसी कारणवश हीनता की भावना से ग्रस्त होते हैं, उनमें आत्म प्रतिष्ठा की कमी और ग्लानिबोध रहता है। जो किसी प्रकार से अशान्त, बेचैन तथा चिन्तायुक्त रहते हैं, जिनमें आत्म-विश्वास की कमी रहती है और जो अधिकतर तनावग्रस्त, निराशापूर्ण या अवसादपूर्ण स्थिति में देखे जाते हैं, उनमें अपनी इन मानसिक परेशानियों तथा नकारात्मक परिस्थितियों से उभरने के लिए बेवजह अधिक खाते-पीते रहने की आदत विकसित हो जाती है और यही बात मोटापे को न्योता देने वाली बन जाती है।

## मोटापे की रोकथाम एवं उपचार (Prevention and Treatment of Obesity)

मोटापे के लिए उत्तरदायी जिन कारकों के ऊपर हमने चर्चा की है अगर उन्हें नहीं पनपने देने पर ध्यान दिया जाए तो मोटापे से छुटकारा पाने में बालकों की आवश्यक मदद की जा सकती है। इन कारणों में जहाँ तक आनुवंशिक कारकों की बात है, इन पर नियन्त्रण पाना वश की बात नहीं है परन्तु और अन्य कारकों पर यथेष्ट नियन्त्रण पाने में निम्न रूप से कारगर प्रयत्न किए जा सकते हैं।

**A.** मनोवैज्ञानिक कारकों से जिन बालकों में बिना जरूरत के बार-बार खाने या अधिक खाने की आदत पड़ती है, उन कारकों पर मनोवैज्ञानिक उपचारों से पर्याप्त नियन्त्रण पाया जा सकता है। व्यक्तिगत तथा सामूहिक परामर्श तथा अन्य मनोवैज्ञानिक पद्धतियों से बालकों को उनके मानसिक तनाव, अवसाद, हीन भावना, अपराध बोध, दुश्चिन्ताओं, आत्म-विश्वास और आत्म प्रतिष्ठा में कमी आदि बातों से उबारा जा सकता है।

**B.** बालकों में मोटापे के लिए उनकी अनुचित जीवनशैली, खान-पान सम्बन्धी आदतों तथा शारीरिक गतिविधियों की कमी को बहुत कुछ सीमा तक उत्तरदायी माना जाता है। अत: अगर इन पर शुरू में ही माता-पिता, अध्यापकों, विद्यालय अधिकारियों तथा समाज के उत्तरदायी सदस्यों के द्वारा ध्यान दिया जाए तो बालकों को एक ऐसी जीवनशैली अपनाने की और प्रेरित किया जा सकता है जो उन्हें मोटापे का शिकार होने से अच्छी तरह बचा सके। इस सम्बन्ध में कुछ निम्न बातों की अनुपालना काफी हितकारी सिद्ध हो सकती है।

1. माता-पिता तथा घर के बड़े लोगों को चाहिए कि वे बालकों के सामने स्वस्थ खान-पान सम्बन्धी आदतों को विकसित करने हेतु अनुकरणीय आदर्श बनें। घर में खान-पान की ऐसी व्यवस्था तथा ऐसी स्वस्थ आदतों को अपनाया जाना चाहिए जिनमें बालकों को पौष्टिक और रुचिकर खान-पान प्राप्त होता रहे तथा उनमें नियमबद्ध रूप से उचित मात्रा में खान-पान की अच्छी आदतें विकसित होने में पर्याप्त मदद मिले।
2. खान-पान की अच्छी आदतें डालने में अपनी सार्थक भूमिका निभाने के साथ परिवार के सदस्यों को शारीरिक क्रियाओं की सक्रियताओं सम्बन्धी उदाहरण

भी प्रस्तुत करने चाहिए। पैदल चलने, सीढ़ियाँ चढ़ने, घर के काम-काज करने तथा शारीरिक व्यायाम आदि रुचि और सक्रियता प्रदर्शन करने के उदाहरण भी बालकों के सामने रखने चाहिए।

3. इस बात का विशेष ध्यान रखना चाहिए कि उनमें खान-पान सम्बन्धी स्वस्थ आदतें ही विकसित हों जैसे–
   (i) समय पर खाना और उनकी विकास आवश्यकताओं के अनुसार ही उचित मात्रा में भोजन करना।
   (ii) हर समय बिना भूख के भी कुछ न कुछ खाते पीते नहीं रहना।
   (iii) फास्ड फूड तथा जंक फूड के स्थान पर सन्तुलित स्वस्थ भोजन की आदत डालना।
   (iv) कोल्ड ड्रिंक, चाय आदि के अधिक सेवन से परहेज करना तथा दिन में कई बार उचित मत्रा में पानी पीना।
   (v) टेलीविजन देखते हुए खाना खाने की आदत का शिकार नहीं होना तथा परिवार के सदस्यों के साथ मिलकर भोजन करना।

4. शारीरिक श्रम, गतिविधियाँ तथा व्यायाम को अपनी रोजाना की जिन्दगी का अभिन्न अंग बनाने में बालकों की पूरी सहायता की जानी चाहिए। इसके लिए कुछ निम्न अच्छी आदतों को विकसित करने के प्रयत्न किए जाने चाहिए।
   (i) बालक घर में अपने कार्य स्वयं करने का प्रयत्न करें तथा परिवार के सदस्यों को घर के काम काज में हाथ बटाएं।
   (ii) पैदल चलने की आदत डालें। साईकिल का प्रयोग करें तथा मशीनी वाहकों जैसे स्कूटर, मोटर साईकिल, कार आदि की सवारी आवश्यकतानुसार ही करें।
   (iii) टेलीविजन, कम्प्यूटर तथा स्मार्टफोन पर कितना समय बिताना है इसकी मात्रा का उचित निर्धारिण करें।
   (iv) विद्यालय में खेल-कूद तथा शारीरिक गतिविधियों में अपनी भागीदारी निभाए तथा कम से कम एक तरह की खेल-कूद गतिविधि में नियमित भाग लेने का प्रयत्न करें। ड्रिल, शारीरिक व्यायाम, योगासन, प्राणायाम को भी अपनी दिनचर्या का अंग बनाएं।
   (v) समय का इस तरह प्रबंधन करें कि खेलकूद और व्यायाम के लिए रोजाना नियमित रूप से समय निकाल सकें।

5. मोटापे से बचने और उस पर नियन्त्रण रखने के सभी निरोधात्मक उपाय या सावधानियाँ बरतने के पश्चात भी अगर वजन में अनावश्यक वृद्धि होती दिखाई दे तो फिर डाक्टरी सलाह लेने में देर नहीं की जानी चाहिए। कुशल चिकित्सक बालक की अच्छी तरह जाँच करके ऐसे सुधारात्मक उपाय बता सकते हैं जिनसे मोटापा कम करने में आवश्यक मदद मिल सकती है। मामले की गंभीरता के हिसाब से वे जीवनशैली में अनुकूल परिवर्तन लाने,

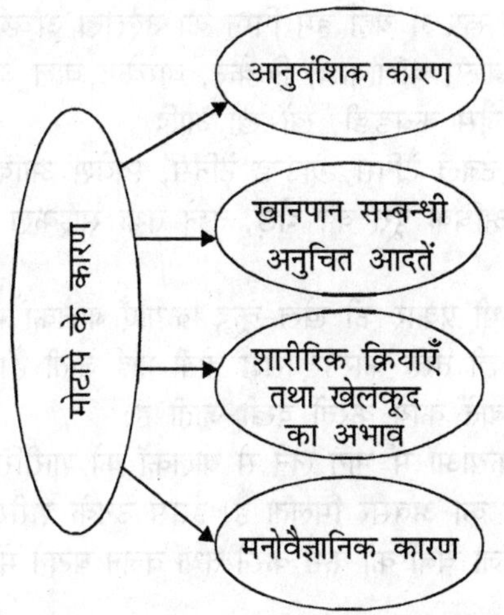


**चित्र 11.1:** मोटापे से ग्रस्त होने सम्बन्धी कारण

खान–पान और व्यायाम आदि के बारे में उचित सलाह देने, औषधियों को उपयोग में लाने तथा कुछ मामलों में सर्जरी कराने की सलाह दे सकते हैं। आवश्यतानुसार उनकी इस सलाह पर अमल करके मोटापे जैसी गंभीर बुराई से छुटकारा प्राप्त करने में सहायता मिल सकती है। अत: अंतिम विकल्प के रूप में ऐसा भी किया जाना चाहिए।

## *C. खेलकूद क्रियाओं तथा योग साधना से मोटापे की रोकथाम*

***(Prevention and Treatment through Sports Activities and Yoga)***

मोटापे की रोकथाम एवं उपचार में खेलकूद क्रियाओं का संपादन एवं योग साधना में वर्णित बाते विशेष रूप से सहायक सिद्ध हो सकती हैं। आगे हम इसी पर विचार करना चाहेंगे।

## *खेलकूद क्रियाओं में मोटापे की रोकथाम एवं उपचार*

***(Prevention and Treatment of Obesity through Sports Activities)***

विद्यालयों में बालकों को ऐसी विभिन्न खेलकूद क्रियाओं में भाग लेने के बहुमूल्य अवसर प्राप्त होते हैं जिन्हें शारीरिक शिक्षा अध्यापकों तथा निर्देशकों द्वारा नियमित रूप से विद्यालयों में संगठित किया जाता है। इनमें जहाँ इनडोर गेम्स जैसे शतरंज, कैरम इत्यादि मानसिक व्यायाम तथा मनोरंजन सम्बन्धी उद्देश्य को ठीक तरह पूरा करते हैं वही ऐसी खेलकूद क्रियाएँ जिनसे ऐसी शारीरिक चेष्टाओं तथा गतिविधियों का समावेश रहता है जिनसे अधिक परिश्रम और पसीना बहाना पड़े, मोटापे से ग्रस्त बालकों को अतिरिक्त कैलोरी खर्च करते हुए शरीर में बढ़ी हुई चर्बी को कम करने से काफी सहायक हो सकती है। मोटापे की रोकथाम में सहायक इस प्रकार की

खेलकूद क्रियाओं के रूप में यहाँ हम निम्न का उल्लेख अच्छी तरह कर सकते हैं:

(i) हॉकी, फुटबाल, वॉलीबाल, क्रिकेट, बास्केट बाल आदि
(ii) देशी खेल जैसे कबड्डी, खो-खो आदि
(iii) बैडमिन्टन, टेबल टैनिस, ग्राउन्ड टैनिस, स्क्वेश आदि
(iv) कम तथा अधिक दूरी की दौड़ें, तैरने तथा साइकल चलाने की प्रतिस्पर्धा आदि।

उपरोक्त वर्णित सभी प्रकार की खेल-कूद क्रियाएँ बालकों में मौटापे पर नियन्त्रण स्थापित करने में अच्छी तरह कारगर सिद्ध होती पाई जाती हैं। उनके ऐसी समर्थता के पीछे प्राय निम्न बातें कार्य करती देखी जाती हैं:

1. खेल-कूद क्रियाओं में भाग लेने से बालकों को शारीरिक परिश्रम करने तथा पसीना बहाने का अवसर मिलता है। इससे उनके शरीर में कैलोरी का व्यय बढ़ जाता है जो चर्बी को कम करने तथा वजन घटाने में काफी सहायक होता है।
2. बहुत सी ऐसी खेल-कूद क्रियाएँ होती हैं जिनके संपादन में बालकों को इस प्रकार का शारीरिक श्रम और प्रयास करना होता है जिसकी वजह से उनके कमर के चारों और जमा चर्बी को घटाने में काफी मदद मिलती है और फलस्वरूप उन्हें अपनी बढ़ी हुई तोंद यानी पेट के चारों और स्थित मोटापे को घटाने में उचित मदद मिल सकती है।
3. भारोत्तोलन, कुश्ती, बॉक्सिंग, साईकल दौड, तैराकी प्रतिस्पर्धा आदि ऐसी खेलकूद क्रियाएं हैं जिनसे माँसपेशियों के ऐसे संचालन तथा गठन में सहायता मिलती है जिनसे कैलोरी के रूप में शक्ति व्यय करने में अधिक उपयुक्त अवसर मिलते है और यही कारण है जिसकी वजह से इन क्रियाओं को नियमित रूप से करने वाले बालकों को अपने मोटापे को भलीभांति नियंत्रित करते हुए पाया जा सकता है।
4. खेलकूद क्रियाओं में भाग लेने के दौरान बालकों को काफी शारीरिक व्यायाम तथा श्रम करना होता है और यही बात उन्हें विभिन्न प्रकार की मानसिक व्यथाओं से मुक्ति दिलाने में काफी सहायक सिद्ध हो सकती है। बालक जब इन क्रियाओं में व्यस्त रहकर अपना पसीना बहा रहे होते हैं तो यह बात उन्हें ऐसी व्यर्थ की चिन्ताओं, परेशानियों, अवसाद, निराशा, तनाव आदि से दूर रखने में मदद करती है जो उसके मानसिक स्वास्थ्य से वर्तमान में प्रतिकूल ढंग से प्रभावित कर रहे हों। इसके फलस्वरूप बालकों को उन सभी मनोवैज्ञानिक कारणों का ठीक तरह सामना करने का अवसर मिलता है जिन्हें बहुधा उसके मोटापे के लिए उत्तरदायी माना जाता है।

इस प्रकार से भलीभांति अब यह कहा जा सकता है कि बालकों का खेल-कूद क्रियाओं में नियमित रूप से भाग लेना उन्हें अपने मोटापे पर नियन्त्रण रखने में काफी प्रभावी भूमिका निभा सकता है।

## योग साधना द्वारा मोटापे से बचाव एवं उपचार
## (Prevention and Treatment of Obesity through Yoga Sadhna or Practices)

खेलकूद क्रियाओं में उचित रूप से भाग लेने के अतिरिक्त योग साधना सम्बन्धी आचार विचार योग क्रियाओं का नियमित उचित संपादन भी बालकों को मोटापे से बचने और मोटापे सम्बन्धी गड़बड़ियों परेशानियों को ठीक करने में काफी प्रभावशाली भूमिका निभा सकता है। जैसे–

1. योग साधना में वर्णित विविध प्रकार के प्राणायाम जैसे भस्त्रिका, कपाल भाति, सूर्य भेदन आदि प्राणायाम बालकों को अपने मोटापे पर नियन्त्रण करने में उचित सहायता कर सकते हैं।
2. हठ योग क्रियाएँ (जिन्हें षटकर्म या आंतरिक सफाई करने की तकनीकों के रूप में जाना जाता हैं) जैसे शंख प्रक्षालन (आहार नली से सफाई में सहायक), कुंजल (पेट की सफाई में सहायक) और नेती (नासिका मार्ग की सफाई में सहायक) आदि क्रियाएं वह नियमित रूप से की जाती हैं तो बालकों को इनके संपादन में मानसिक एवं शारीरिक रूप से ऐसा आभास होता है कि उनके शरीर को अतिरिक्त भार/चर्बी से मुक्ति मिल रही है। इसके अतिरिक्त प्रायोगिक रूप से यह बात भी सिद्ध हो चुकी है कि इन हठ क्रियाओं का संपादन शरीर के मोटापे से सम्बन्धित बहुत सी समस्याओं से छुटकारा दिलाने में काफी मदद करता है।
3. योग साधना में रत होने के लिए साधकों को योगाहार लेना होता है जो अपनी प्रकृति अनुसार सदैव सात्विक ही होता है। ऐसे हल्के-फुल्के स्वास्थ्यप्रद भोजन को ग्रहण सम्बन्धी आदतों का विकास स्वत: ही फिर बालकों को मोटापे से दूर रखने में उचित सहायता कर सकता है।
4. योगासनों की अभ्यास सम्बन्धी योग साधना बालकों को मोटापे से बचने और उसका उपचार करने में काफी महत्त्वपूर्ण भूमिका निभा सकती है जैसे–
   (i) पवन मुक्तासन (वायु निष्कासन मुद्रा), उत्तानपादासन (टॉगे ऊपर उठाने की स्थिति), चक्र पादासन (टाँगे घुमाना) इत्यादि आसनों का नियमित रूप से अभ्यास पेट, जाँघों तथा कूल्हों से अतिरिक्त चर्बी समाप्त करने में प्रभावी भूमिका निभाती है।
   (ii) धनुरासन (धनुष मुद्रा) का अभ्यास शरीर पर जमा अत्यधिक चर्बी से मुक्ति पाने में सहायता करता है।
   (iii) सर्वांगासन (कंधों के बल खड़ा होने सम्बन्धी मुद्रा) का अभ्यास थायराइड ग्रन्थियों की क्षमता में वृद्धि करते हुए शरीर के भार को सामान्य बनाए रखने में मदद करता है।
   (iv) पदहस्तासन (आगे झुकने सम्बन्धी मुद्रा) का अभ्यास शरीर की चयापचक प्रक्रिया (metabolic process) में सुधार लाते हुऐ मोटापे पर नियन्त्रण करने में सहायता करता है।

(v) पश्चिमोत्तासन (कमर को फैलाने/तानने सम्बन्धी मुद्रा) का अभ्यास उदर भाग में जमा अतिरिक्त चर्बी को दूर करने में मदद करता है।

(vi) भुजंगासन (सर्प मुद्रा) का अभ्यास उदर अंगो (abdominal organs) की मालिश करने, रीढ़ की हड्डी के लचीलेपन में वृद्धि करने तथा थायराइड ग्रन्थियों को नियमित करने सम्बन्धी अपनी क्षमता की वजह से बालकों के मोटापे की रोकथाम और इलाज में काफी सहायक होता है।

(vii) विपरीतकर्णी का अभ्यास बालकों को मोटापे से छुटकारा दिलाने में इसलिए लाभदायक रहता है क्योंकि इससे उन्हें थायराइड तथा पैराथायराइड ग्रन्थियों से सम्बधित गड़बड़ियों में आराम मिलता है।

(viii) वज्रासन (वज्र मुद्रा), सिंहासन (सिंह मुद्रा), शशांकासन (चन्द्र मुद्रा), उष्ट्रासन (ऊँट जैसी मुद्रा) आदि आसनों का अभ्यास पाचन तथा नलिका विहीन ग्रन्थियों को सशक्तता प्रदान कर मोटापे पर नियन्त्रण स्थापित करने में मदद करता है।

(ix) गत्यात्मक मेरु वक्रासन (गत्यात्मक मेरु मोड़) तथा चक्रासन का अभ्यास पेट के अंगों की मालिश कर उसके चारों ओर एकत्रित चर्बी से छुटकारा दिलाकर मोटापे के नियन्त्रण में काफी सहायक सिद्ध होता है।

(x) हलासन, मत्स्यासन का सूर्य नमस्कार सहित नियमित अभ्यास बालकों को विभिन्न प्रकार की मोटापे सम्बन्धी समस्याओं से राहत दिलाने में काफी लाभदायक सिद्ध होता है।

5. उपरोक्त विभिन्न प्रकार के योगासनों के अभ्यास के अलावा सूर्यनमस्कार नाम से प्रसिद्ध योग साधना मोटापे तथा उससे जुड़ी हुई समस्याओं से निजात दिलाने में काफी कारगर सिद्ध होती है। वास्तव में देखा जाए तो सूर्य नमस्कार अपने आप में एक काफी पूर्ण योगाभ्यास तथा योग साधना है क्योंकि इसमें आसन, प्राणायाम, साथ ही होता है। सूर्य नमस्कार का नियमित अभ्यास बालकों को मोटापे से बचाने और मोटापा ग्रस्त बालकों को उपचार करने में काफी सहायक सिद्ध होता है क्योंकि इससे नालिका विहीन ग्रन्थियों तथा स्नायुतन्त्र को नियमित करने तथा चयापचय असन्तुलन (Metabolic Imbalance) में सुधार लाने वाले महत्त्वपूर्ण कार्य किए जा सकते है।

इस प्रकार से योग साधनों से संबंधित क्रियाएँ अपने विभिन्न रूपों में वृद्धि को प्राप्त हो रहे बालकों को मोटापे से बचाने तथा इसका उपचार करने के कार्य में विशेष रूप से सहायक सिद्ध हो सकती हैं।

# 12

# समता सम्बन्धी मामले और समेकेतीकरण

# (Equity Issues and Inclusion)

## शिक्षा में समता और समानता सम्बन्धी अवधारणा

## (Concepts of Equity and Equality in Education)

हमारे संविधान में सभी नागरिकों से बिना किसी भेदभाव के समता और समानता के सिद्धान्तों की अनुपालना करने हेतु व्यवहार करने की बात कही गई है। बालकों की शिक्षा हेतु अपनाई जाने वाली समेकेतीकरण नीति भी समता और समानता पर पर्याप्त बल देती है। आइए, हम यह जानने का प्रयत्न करें कि समता और समानता से क्या अभिप्राय है और यह दोनों संप्रत्यय एक दूसरे से किस रूप में अलग हैं।

### *समता क्या है? (What is Equity?)*

समता पद को एक ऐसी विशिष्टता के रूप में पारिभाषित किया जा सकता है जिसकी अनुपालना करते हुए व्यक्तियों के साथ उनकी आवश्यकताओं और जरूरतों के परिप्रेक्ष्य में न्यायोचित व्यवहार करने की बात की जाती है। इसका अर्थ यह नहीं है जो कुछ है उसे प्रत्येक और सभी व्यक्तियों में बराबर-बराबर बाँट दिया जाए। इसके स्थान पर यह इस बात की ओर इशारा करता है कि जैसी जिसकी आवश्यकता है उसी के अनुरूप चीजों का बँटवारा होना चाहिए। आइए, इस बात को एक उदाहरण द्वारा समझा जाए।

हम अपने विद्यालयों में अध्यापकों, क्लर्कों तथा चपरासियों की उपस्थिति पाते हैं। इन सभी को अपने-अपने कामों की प्रकृति के अनुरूप वेतन मिलता है। इसी रूप में सभी अध्यापकों को भी एक जैसा समान वेतन नहीं मिलता। पीजीटी तथा डिप्लोमा धारक सभी अध्यापकों को उनके कार्य की प्रकृति, योग्यता तथा अनुभव के आधार पर वेतन दिया जाता है। यह सभी बातें समता संप्रत्यय को उजागर करती हैं। इसी परिप्रेक्ष्य में अब यह बात अच्छी तरह कही जा सकती है कि समता पद का उपयोग उस संप्रत्यय या अवधारणा के लिए किया जाता है जिसमें व्यक्तियों में वस्तुओं या कार्य का बँटवारा करने हेतु उनकी आवश्यकताओं तथा क्षमताओं के मुताबिक न्यायोचित व्यवहार करने सम्बन्धी सिद्धान्त की अनुपालना करने के लिए कहा जाता

है न कि उनमें वस्तुओं या कार्य के बराबर विभाजन की। इसलिए जब एन.सी.सी. या एन.एस.एस. की यूनिट के विद्यार्थियों को अध्यापक इंचार्ज द्वारा केले या सेबों का वितरण किया जाता है तो उनमें यह वितरण बराबर-बराबर ही किया जाता है परन्तु जब बात अंक देने की आती है तो ऐसा करने के पहले अध्यापक उनकी योग्यता या अभिक्षमता का परीक्षण करता है और परीक्षण के परिणामों के आधार पर ही फिर यह उन्हें उसी के अनुरूप अंक प्रदान करता है। इसी को समता संप्रत्यय के नाम से जाना जाता है।

### *समानता क्या है? (What is Equality?)*

समानता पद को एक ऐसी विशिष्टता के रूप में पारिभाषित किया जा सकता है जिसकी अनुपालना करते हुए प्रत्येक और सभी व्यक्तियों के प्रति एक जैसा समान व्यवहार करने की बात की जाती है चाहे उनकी आवश्यकताओं और जरूरतों का कैसा भी रूप क्यों न हो। दूसरे शब्दों में, व्यक्ति विशेषों की आवश्यकता या उनकी क्षमताओं का कैसा भी स्तर हो इसकी उपेक्षा कर केवल इस बात का ध्यान रखा जाए कि समूह में सभी के बीच चीजों तथा कार्य के विभाजन में समान रूप से वितरित करने के सिद्धान्त की ही अनुपालना हो। इसे एक उदाहरण द्वारा समझने का प्रयत्न किया जाए।

माना एक शिक्षक के नाते आपसे यह कहा जाए कि आप अपनी कक्षा के बालकों में उपलब्ध रिफ्रेशमेन्ट के पैकेटों को समान रूप से बाँट दो। तब आप ऐसा करने के लिये यही करेंगे कि पहले पैकेटों को गिनकर उपस्थित विद्यार्थियों की संख्या से भाग देगें और जो संख्या आएगी उसी संख्या में बराबर-बराबर इन पैकेटों को विद्यार्थियों में बाँट दोगे। इसे ही समानता संप्रत्यय के रूप में जाना जा सकता है। परन्तु दूसरी ओर आप अपनी कक्षा के विद्यार्थियों से यह कहें कि सभी अपने-अपने जूते निकाल लें। फिर इन जूतों को एक जगह इकट्ठा कर पूरी तरह मिला दिया जाए। अब आप इन जूतों में से दो-दो जूतें एक-एक करके सामने बैठे विद्यार्थियों की ओर फेकें तो यही देखने को मिलेगा कि ऐसा करने में आपके साथ पूरा न्याय ही किया जा रहा है क्योंकि उनके दो जूतों के बदले उन्हें दो जूते ही मिल रहे हैं। परन्तु बात तब बिगड़ने लगती है कि जब बालक एक-एक करके यह शिकायत करने लगते हैं कि उनके साथ ठीक नहीं हो रहा है क्योंकि उन्हें दिए हुए जूते उनके पैरों में नहीं आ रहे हैं। जिनके पैर बड़े हैं उन्हें छोटे जूते मिल रहे हैं और जिनके छोटे हैं उन्हें बड़े आकार के जूतों की प्राप्ति हो रही है। इसी बात को लेकर बालकों में असंतोष फैल रहा है।

इस उदाहरण से यह स्पष्ट हो सकता है कि यद्यपि बराबरी या समानता अच्छी चीज है और बालकों/व्यक्तियों में चीजों या कार्यों में विभाजन में इसकी अनुपालना होनी चाहिए चाहे वे किसी भी लिंग, सामाजिक आर्थिक वर्ग या शारीरिक/मानसिक क्षमताओं से युक्त हो परन्तु दूसरी और समता की संकल्पना भी है जिसके अनुसार चीजों या कार्यों में विभाजन में यह भी ध्यान रखा जाना चाहिए कि सभी को

अपनी-अपनी आवश्यकताओं तथा क्षमताओं के हिसाब से ही चीजों या कार्य सम्बन्धी सुविधाओं की उपलब्धि होनी चाहिए।

परिणाम स्वरूप एक समेकेती कक्षा को पढ़ाते समय अध्यापक को भिन्न योग्यताओं वाले जैसे औसत, औसत से कम तथा औसत से अधिक बुद्धि के बालकों के लिए अनुदेशन कार्य तथा शिक्षणविधियों के सम्बन्ध में योजना बनाने में समता के सिद्धान्त का ही अनुगमन करना होता है, समानता का नहीं।

### *समता और समानता में क्या अंतर है?*
### *(What is the difference between Equity and Equality?)*

1. जहाँ समता को एक ऐसी विशिष्टता माना जाता है जिसमें व्यक्तियों के साथ वैसा ही व्यवहार किया जाता है जो उनकी आवश्यकताओं और जरूरतों को देखते हुए न्यायोचित हो, वहीं दूसरी और समानता के सिद्धान्त का अनुकरण करना यह माँग करता है कि प्रत्येक और सब व्यक्तियों के साथ व्यवहार करने में समानता या बराबरी ही रखी जानी चाहिए चाहे उनकी आवश्यकताओं और जरूरतें कैसी भी क्यों न हो।
2. जबकि सिद्धान्त रूप में समता न्यायशीलता और निष्पक्षता आधारित होती है, वहीं समानता यह माँग करती है कि सबके साथ बराबरी का व्यवहार किया जाए।
3. जहाँ समता स्थापित करने के लिए व्यक्ति की आवश्यकताओं और जरूरतों को ध्यान में रखना होता है वहाँ समानता बनाये रखने में व्यक्तिगत आवश्यकताओं और जरूरतों की उपेक्षा की जाती है।

## समता और भिन्न बालकों (भिन्न योग्यताओं से युक्त, लावारिस तथा हाशियाकृत) का समेकेतीकरण
## (Equity and Inciusion of Diverse Children—Differently Abled, Street Children and Other Marginalized Groups)

समेकेतीकरण को आज विद्यालय शिक्षा की एक मूलभूत नीति स्वीकार कर लिया गया है। फलस्वरूप भिन्न योग्यताओं से युक्त लावारिस तथा हाशियाकृत समूहों या वर्गों (भिन्न लिंग, जाति, धर्म, भाषा, स्तर, गरीबी तथा दूसरे प्रांत/देश के होने के कारण) के बालकों को विद्यालय की मुख्यधारा में शामिल कर शिक्षा प्रदान करने की पहल की जाने लगी है। यह सब इस वजह से हुआ है कि जनतांत्रिक व्यवस्था में देश के नागरिकों को शिक्षा, विकास तथा प्रगति के समान अवसर देना प्रत्येक सरकार का प्रमुख कर्तव्य होता है। समेकित शिक्षा व्यवस्था को अंगीकृत करने अब यह आवश्यक हो गया है कि सभी बालकों को (चाहे वे अक्षम हो या सक्षम, सुविधा सम्पन्न हों या अभावग्रस्त) अपने पड़ोस के विद्यालयों में प्रवेश दिया जाना चाहिए। शिक्षा का अधिकार नामक संवैधानिक कानून के लागू होने से अब यह पूरी तरह सुनिश्चित कर

दिया गया है कि सभी बालकों को चाहे उनमें योग्यता, क्षमता तथा सामाजिक-आर्थिक दृष्टि से कितनी भी कमियाँ और अच्छाइयाँ क्यों न हों, विद्यालय शिक्षा ग्रहण करने में कोई भेद-भाव न कर समान रूप से शिक्षा प्राप्त करने और आगे बढ़ने के ऐसे उपयुक्त अवसर प्रदान किए जाएँ कि सभी अपने में निहित योग्यताओं और क्षमताओं का अधिक से अधिक विकास कर सकें। इस प्रकार एक समेकित शिक्षा व्यवस्था में शिक्षा प्राप्त कर रहे उन सभी बालकों जिन्हें श्रवण या दृष्टि अक्षम बालक, गामक अक्षमताओं से युक्त बालक, अधिगम अक्षम, मानसिक विकलांग, संवेगात्मक रूप से अशांत, सामाजिक रूप से कुसमायोजित, धीमी गति का अधिगमकर्ता, पिछड़ा बालक, प्रतिभाशील या सृजनशील बालक कहा जाता है एक जैसे शिक्षण, अधिगम वातावरण में बिना किसी भेदभाव के शिक्षा विकास और प्रगति के समान अवसर प्रदान किए जाते हैं।

इस तरह हम यह देख सकते हैं कि हमारे विद्यालयों की समेकित शिक्षा व्यवस्था में बालकों को शिक्षा प्रदान करने में समानता (यानी शिक्षा प्राप्ति हेतु सबको समान अवसर उपलब्ध होना) के सिद्धान्त को अच्छी तरह अनुपालना की जाती है। हम यहाँ सभी विद्यार्थियों के शिक्षण अधिगम में जिस पाठ्यक्रम की अनुसरण करते हैं वह एक ही होता है। सभी को अधिगम अनुभवों (पाठ्य तथा सहपाठ्य) को ग्रहण करने के समान अवसर दिये जाते हैं। अध्यापकों, अनुदेशकों तथा अन्य संसाधन स्त्रोतों से अंत:क्रिया करने हेतु भी सबको समान अवसरों की उपलब्धि रहती है। इस तरह विद्यालय में भौतिक और मानव संसाधनों, बुनियादी ढाँचे तथा सुविधाओं, आदर्शों और मूल्यों, गतिविधियों और चेष्ठाओं आदि के रूप में जो कुछ भी उपलब्ध होता है उसकी प्राप्ति तथा उपयोग करने में सभी विद्यार्थियों को बराबरी का हक होता है और इस तरह अपनी क्षमताओं के अधिकतम विकास हेतु सभी को यहाँ समान अवसरों की उपलब्धि रहती है।

इस प्रकार की व्यवस्था में अब यहाँ कुछ प्रश्न भी आ खड़े होते हैं। जैसे—एक जैसे अधिगम अनुभव प्रदान किया जाना या पाठ्यक्रम के किसी प्रकरण का शिक्षण। क्या सभी बालकों (जिनमें भिन्न योग्यताओं तथा परिवेश वाले बालक भी शामिल हैं) के लिए उपयुक्त रह सकता है। क्या समेकित कक्षा के सभी विद्यार्थियों में योग्यता, पूर्वज्ञान, आर्थिक सामर्थ्य, परिवार का समर्थन, अधिगम क्षमता, अधिगम गति और शैली और अधिगम अर्जन हेतु अपनी लगन, अभिप्रेरणा और इसकी आवश्यकता को लेकर पर्याप्त समानता नजर आती है? उत्तर हर हाल में न ही होगा। इसलिए जरूरी हो जाता है कि जब भी हम एक समेकित शिक्षा व्यवस्था में भिन्न बालकों (जैसे भिन्न योग्यताओं वाले बालक, लावारिस बालक तथा हाशियाकृत समूहों/वर्गों से संबंधित बालक) को सामान्य या सामान्य से ऊपर योग्यता/क्षमता रखने वाले बालकों के साथ समेकेती वातावरण में शिक्षा देने सम्बन्धी योजना/कार्यक्रम बनाएँ तो हमें इसके लिए अब यहाँ समानता के साथ-साथ समता के सिद्धान्त को अपनाने की बात करनी चाहिए। देखते हैं यह कैसे किया जाए?

समता सिद्धान्त की अनुपालना करने में अब हमें यहाँ सोचना होगा कि समेकित कक्षा में उपस्थित भिन्न बालकों की योग्यता, क्षमता, पूर्वज्ञान का स्तर क्या है तथा उनकी आवश्यकताएं और जरूरतें क्या हैं। उनसे निष्पक्ष एवं न्यायपूर्ण व्यवहार करने के संदर्भ में फिर यह सोचा जाना चाहिए कि जो वे हैं और उनकी जो जरूरतें हैं उनके अनुसार उन्हें उनके समायोजन में सहायता करने पर गुणवत्ता युक्त शिक्षा प्रदान करने, तथा उनका अधिक से अधिक सर्वांगीण विकास करने हेतु क्या किया जाना चाहिए। स्पष्ट है कि इन बालकों के लिए ऐसा सब कुछ करने में अध्यापकों तथा विद्यालय अधिकारियों को विद्यालय के अधिगम परिवेश, पाठ्य तथा सह-पाठ्य अनुभवों, शिक्षण अधिगम विधि तथा उपागमों, शिक्षण सामग्री तथा साधनों, कक्षा-कक्ष अंत:क्रिया या कार्य परिस्थितियों, मूल्यांकन और आकलन विधियों आदि में इस प्रकार का अनुकूलन, परिमार्जन या परिवर्तन करने की आवश्यकता होती है जो उनकी अपनी वैयक्तिताओं और विशिष्टताओं से जुड़ी हुई हो और अधिगम आवश्यकताओं योग्यताओं और क्षमताओं तथा अधिगम हेतु उनके लिए निर्धारित लक्ष्यों तथा उम्मीदों से अच्छी तरह मेल खाए। आइए, इस बात को और अच्छी तरह विभिन्न संदर्भों में समझने का प्रयत्न किया जाए।

(i) इसके लिए पहले तो हमारे द्वारा समेकित शिक्षा व्यवस्था से जुड़े हुए भिन्न योग्यता वाले बालकों जैसे श्रवण अक्षम, दृष्टि अक्षम तथा गामक अक्षम बालकों के प्रति न्यायपूर्ण उचित व्यवहार करने की दृष्टि से, जिससे उन्हें अपने विद्यालय क्षेत्र में चलने-फिरने, कक्षा तथा कार्य स्थानों पर समायोजित होने आदि बातों को लेकर सुविधा रहे, उपयुक्त रेलिंग, रेम्पस, बाधारहित पथ का निर्माण करने की पहल की जानी चाहिए।

(ii) इसी तरह फिर हमें सबको एक जैसी व्यवस्था या सुविधाएँ प्रदान करने की बात से थोड़ा हटकर श्रवण अक्षम, दृष्टि अक्षम तथा गामक अक्षम अधिगमकर्त्ताओं को उनकी जरूरतों को देखते हुए तथा उन्हें कक्षा तथा कार्य स्थलों पर ठीक तरह से समायोजित होने में सहायता करने की दृष्टि से कुछ अतिरिक्त सुविधाएँ प्रदान करने की बात सोचनी चाहिए। इस दृष्टि से हम उन्हें अध्यापक के खड़े होने या कार्य करने के पास सीट देने, उनकी व्हील चेयर, बैशाखी आदि के लिए उपयुक्त स्थान छोड़ने तथा ऐसी सभी सुविधाएं प्रदान करने, जिनसे उन्हें पढ़ने-लिखने तथा कक्षा में अंत:क्रिया करने में फायदा हो, की पहल कर सकते हैं। लावारिस, वंचित एवं हाशियाकृत बालक जो अपने परिवेश और इसमें व्याप्त वंचन की वजह से अपने सामान्य ज्ञान, संप्रेषण, भाषा के उचित उपयोग, सामाजिक अंत:क्रिया तथा सम्बन्ध बनाने की योग्यता आदि बातों में पिछड़ रहे होते हैं उन्हें अपेक्षित स्तर पर लाने हेतु उन पर अतिरिक्त ध्यान देने, उनकी कमजोरियों को दूर करने हेतु उनके लिए उपयुक्त कोचिंग प्रदान करने जैसे कार्य किए जा सकते हैं।

(iii) भिन्न योग्यताओं वाले बालकों तथा लावारिस, वंचित और पार्श्वीकृत (marginalized) बालकों के लिए जो भी शैक्षिक और विकास सम्बन्धी लक्ष्य रखे जाएँ वे ऐसे होने चाहिएँ जो उनकी योग्यताओं, क्षमताओं तथा सीमाओं से मेल खाएँ। ऐसा होना जरूरी भी है क्योंकि भला हम एक मानसिक रूप से विकलांग या इन्द्रिय जनित अक्षमताओं (दृष्टि श्रवण आदि) से युक्त बालक से यह कैसे आशा कर सकते हैं कि वह सामान्य बुद्धिलब्धि या ऐन्द्रिक क्षमता युक्त बालकों जैसे अधिगम लक्ष्य उसके लिए भी निर्धारित किए जाएँ। यहाँ हमें निश्चित रूप से समता के सिद्धान्त का अनुसरण कर उस बालक की सामर्थ्य के अनुसार ही अधिगम लक्ष्यों का निर्धारण करना होगा तथा फिर उनके उपयुक्त शिक्षक अधिगम अनुभव प्रदान करने होंगे।

(iv) समेकित कक्षा के भिन्न योग्यताओं तथा परिवेश सम्बन्धी समस्याओं से ग्रस्त बालक अपनी अधिगम क्षमताओं, अधिगम शैली तथा किसी एक या अन्य शिक्षण अधिगम विधियों या शिक्षण अधिगम सामग्री और साधनों के उपयोग से लाभान्वित होने की अपनी सामर्थ्य की दृष्टि से काफी अन्तर रख सकते हैं। इसलिए यह जरूरी हो जाता है कि उनकी इस प्रकार की क्षमताओं तथा विशिष्टताओं के हिसाब से ही शिक्षण विधियों तथा उपागमों, शिक्षण सहायक साधन तथा सामग्री तथा विद्यार्थियों के साथ साथ अन्तःक्रिया करने आदि सभी बातों में आवश्यक अनुकूलन, परिमार्जन तथा परिवर्तन किए जाएँ ताकि भिन्न बालकों-अक्षमताओं से युक्त बालक, लावारिस, वंचक तथा पार्श्वीकृत बालकों के शिक्षण अधिगम कार्य को उचित अंजाम दिया जा सके।

(v) समेकित शिक्षा व्यवस्था से जुड़े हुए भिन्न बालकों (अक्षमता युक्त तथा वंचन और पार्श्वीकरण के शिकार बालक) के अधिगत परिणामों के आकलन या मूल्यांकन में भी इसी तरह उचित सावधानी रखने की आवश्यकता होती है। हम अक्षमता युक्त और सुविधाहीन अभावग्रस्त बालकों से उस स्तर के अधिगम परिणामों की आशा नहीं कर सकते जैसी कि उनके सामान्य, सक्षम तथा सुविधा संपन्न सहपाठियों से की जाती है। इसलिए हमें इन अक्षम और अभावग्रस्त बालकों के अधिगम परिणामो का आकलन करने हेतु मूल्यांकन विधियों तथा सामग्री में उपयुक्त अनुकूलन, परिमार्जन तथा परिवर्तन करने की बात सदैव ध्यान में रखनी चाहिए।

इस प्रकार से विद्यालय की समेकित शिक्षा व्यवस्था में अपनी उपस्थिति का बोध कराने वाले अक्षमताओं से युक्त बालक, लावारिस, तथा वंचन और पार्श्वीकरण के शिकार अन्य बालकों की शिक्षा, समायोजन तथा समग्र विकास हेतु हमें उन्हें शिक्षा और विकास के समान अवसर प्रदान करने के साथ-साथ समता के सिद्धान्त का अनुसरण करते हुए वे सभी आवश्यक प्रयत्न अवश्य करने चाहिए जिसमें उन्हें अपनी क्षमता,

योग्यता, सामर्थ्य और सीमाओं के परिप्रेक्ष्य में वह सभी कुछ निष्पक्ष तथा न्यायसंगत रूप में प्राप्त हो सके जो उनके समग्र विकास और कल्याण हेतु आवश्यक हो।

## समानता एवं सबके लिए शिक्षा सम्बन्धी अभियान (Equality and Strategies to Achieve Education for All-EFA)

समानता एवं समता जैसे सिद्धान्तों से प्रतिबद्ध भारत जैसा एक जनतांत्रिक देश अपने देश के नागरिकों की अशिक्षा तथा अज्ञान के बोझ को नहीं ढो सकता। देश के प्रौढ़ व्यक्ति जो किसी कारण साक्षर नहीं हो सके उनके लिए प्रौढ़ शिक्षा के नाम से शैक्षिक अवसर प्रदान करने के अतिरिक्त स्वतंन्त्र भारत की सरकार ने कुछ क्रान्तिकारी शैक्षिक अभियान जैसे सर्व शिक्षा अभियान (SSA) तथा राष्ट्रीय माध्यमिक शिक्षा अभियान (RMSA) चलाकर यह तय करने की कोशिश की है कि भारत के भावी नागरिकों में से कोई अशिक्षित न रह जाए। आइए, देखें भारत सरकार द्वारा देश के नागरिकों को शिक्षा के समान अवसर प्रदान करने वाले ये दोनों अभियान अपने आप में क्या हैं।

### *सर्व शिक्षा अभियान (SSA)*

सर्व शिक्षा अभियान, जिसे सबके लिए शिक्षा आंदोलन भी कहा जाता है, भारत सरकार द्वारा चलाया गया एक ऐसा जन आंदोलन तथा वृहत कार्यक्रम है, जिसे उसने अपने सभी भावी नागरिकों को समान रूप से प्राथमिक स्तर के शैक्षिक अवसर उपलब्ध कराने हेतु हाथ में लिया हुआ है। इसे वर्ष 2000-2001 में तत्कालीन प्रधानमंत्री अटल बिहारी वाजपेयी ने उस दिशा निर्देश के तहत शुरू किया था जो हमारे संविधान के 86 वें संशोधन में 6-14 वर्ष के बालकों के लिए मुफ्त एवं अनिवार्य शिक्षा प्रदान करने को एक मौलिक अधिकार के रूप में स्वीकार करने की बात कहता है। इस कार्यक्रम या योजना को भारत सरकार द्वारा राज्य और स्थानीय सरकारों के सहयोग से क्रियान्वित किया जाना था।

*सर्व शिक्षा अभियान की मुख्य विशेषताएँ (Main Features of SSA)*

1. एक ऐसा कार्यक्रम जिसमें सभी को प्राथमिक शिक्षा एक निश्चित अवधि के भीतर प्रदान करने की लक्ष्य रखा गया है।
2. पूरे देश में गुणवत्ता युक्त मूलभूत शिक्षा प्रदान करने सम्बन्धी माँग की पूर्ति की पूर्ति में सहायक।
3. मूलभूत शिक्षा के माध्यम से सामाजिक न्याय की उपलब्धि के अवसर प्रदान करने में सहायक।
4. पूरे देश में सार्वभौमिक रूप में प्राथमिक शिक्षा की उपलब्धि कराने सम्बन्धी राजनीतिक संकल्प की अभिव्यक्ति।
5. केन्द्र, राज्य और स्थानीय सरकारों के बीच एक अच्छे कार्य के लिए उपयुक्त सहभागिता की उपस्थिति।

6. राज्यों के लिए प्राथमिक शिक्षा के बारे में अपना अलग स्वप्न संजोने या लक्ष्य निर्धारित करने के अवसर प्रदान करने में सहायक।
7. प्रभावपूर्ण ढंग से विभिन्न एजेन्सियों जैसे पंचायत राज्य संस्थानों, विद्यालय प्रबन्ध समितियों, ग्रामीण एवं शहरी मलिन बस्ती स्तरीय शिक्षा समितियों, अध्यापक-अभिभावक संघों, माँ बाप-अध्यापक संघों, जनजातीय स्वायत्त परिषदों तथा प्राथमिक विद्यालयों के प्रबन्ध में स्थानीय रूप में कार्यरत संगठनों को सहयोगी बनाने की पहल।

*सर्व शिक्षा अभियान के लक्ष्य एवं उद्देश्य (Aims and Objectives of SSA)*

सर्वशिक्षा अभियान का लक्ष्य देश के 6-14 वर्ष के सभी बालकों की सार्वभौमिक रूप से प्राथमिक शिक्षा व्यवस्था में प्रविष्टि कराकर यह सुनिश्चित करना है कि सभी बालक अपने-अपने ग्रेड/कक्षा स्तर के अनुरूप अधिगम अर्जन करने में सफल हो सकें। इसके क्रियान्वयन में विविध प्रकार से ऐसे प्रयास करने की प्रावधान रखा गया है जिसके माध्यम से वृहत लक्ष्य की प्राप्ति में सहायक विभिन्न उद्देश्यों जैसे सभी बालकों को प्राथमिक शिक्षा व्यवस्था में प्रवेश देना, उन्हें प्राथमिक शिक्षा ग्रहण करने तक रोके रखना, प्राथमिक शिक्षा में लैंगिक तथा सामाजिक वर्ग भेद को समाप्त करना, अधिगम की गुणवत्ता में सुधार लाना आदि की उपलब्धि सुचारू रूप से हो सके।

*उद्देश्यों की प्राप्ति हेतु सर्व शिक्षा अभियान में किए जाने वाले प्रयास (Intervention Under SSA for attaining objectives)*

- नए विद्यालय खोलना तथा वैकल्पिक विद्यालयी सुविधाएँ प्रदान करना।
- विद्यालयों के भवनों तथा आवश्यकतानुसार अतिरिक्त कक्षा-कक्षों का निर्माण तथा टॉयलेट एवं पीने के पानी की सुविधाएँ उपलब्ध कराना।
- अध्यापकों-नियमित तथा अंशकालीन की नियुक्ति का प्रावधान।
- अध्यापकों के लिए सेवारत प्रशिक्षण तथा शैक्षणिक संसाधन समर्थन का प्रावधान।
- विद्यार्थियों के लिए मुफ्त पाठ्यपुस्तक तथा यूनीफॉर्म की व्यवस्था।
- विद्यार्थियों के अधिगम तथा उपलब्धि स्तर में अपेक्षित वृद्धि करने के लिए आवश्यक सहायता एवं सहयोग देने का प्रावधान।

जहाँ तक सर्व शिक्षा अभियान के देश में चलते रहने का प्रश्न है तो हम यह अच्छी तरह देख सकते हैं कि इस अभियान के स्वरूप में समय के साथ काफी परिवर्तन आया है और यह परिवर्तन 1 अप्रैल, 2010 से लागू शिक्षा के अधिकार (Right to Education) के फलस्वरूप विशिष्ट रूप से देखने को मिला है। वास्तव में देखा जाए तो अब सर्व शिक्षा अभियान को अपने उचित क्रियान्वयन में कानूनी हथियार प्राप्त हो गया है। इस अधिनियम के लागू होने से पहले बालकों की एक बड़ी जनसंख्या को जिसमें समुदाय के अभाव ग्रस्त, सुविधा हीन तथा पार्श्वीकृत समूहों के बालक, अक्षमताओं से युक्त बालक, लावारिस, अनाथ तथा बेसहारा बालक शामिल

थे, विद्यालयों में प्रवेश लेना काफी मुश्किल हो रहा था। परन्तु शिक्षा के अधिकार नामक अधिनियम के लागू होने से अब सभी बालकों को अपने पड़ोस के विद्यालयों में प्रवेश पाकर अपने अन्य तथा सुविधा प्राप्त साथियों के साथ समान रूप से गुणवत्ता युक्त प्राथमिक शिक्षा प्राप्त करने का अधिकार प्राप्त हो गया है। इससे अब विभिन्न प्रकार के भेदभाव में अलगाव, पक्षपात तथा अन्याय का वह दौर भी समाप्त हो गया है जिसकी वेदना बालकों को अपने अक्षम होने या अभावग्रस्त, सुविधाहीन, तथा पार्श्वीकृत या हाशियाकृत समुदाय समूह से संबंधित होने के कारण झेलनी पड़ती थी। अब सभी प्रकार के बालकों के मुख्यधारा में शामिल होकर शिक्षा प्राप्त करने से विद्यालय जाने वाले बालकों की संख्या में पर्याप्त वृद्धि होने के कारण सर्व शिक्षा अभियान के प्रमुख उद्देश्य तथा लक्ष्य "सबके लिए शिक्षा" को प्राप्त करने की आशा में यथेष्ट रूप से वृद्धि हुई है।

## *राष्ट्रीय माध्यमिक शिक्षा अभियान (RMSA)*

राष्ट्रीय माध्यमिक शिक्षा अभियान भी सर्वशिक्षा अभियान की तरह भारत सरकार द्वारा चलाया गया एक दूसरा काफी बड़ा जन-अभियान है जिसका उद्देश्य सार्वभौमिक रूप में भारत के भावी नागरिकों को शिक्षा के समान अवसर उपलब्ध कराना है। सर्व शिक्षा अभियान में जहाँ भारत के सभी 6-14 वर्ष के भावी नागरिकों को सार्वभौमिक रूप से प्राथमिक शिक्षा के समान और गुणवत्ता युक्त अवसर प्रदान कराना है, वहीं राष्ट्रीय माध्यमिक शिक्षा अभियान आयु वर्षों में वृद्धि कर 15-16 वर्ष के बालकों को सार्वभौमिक रूप से गुणवत्ता युक्त माध्यमिक शिक्षा उपलब्ध कराने की बात करता है। वर्ष 2009 से प्रारम्भ यह कार्यक्रम माध्यमिक शिक्षा प्राप्ति को सार्वभौमिक रूप से सुलभ करने तथा इससे जुड़े हुए तन्त्र या व्यवस्था के शैक्षिक परिणामों में अपेक्षित सुधार करने की बात करता है।

### *राष्ट्रीय माध्यमिक शिक्षा अभियान के उद्देश्य (Objectives of RMSA)*

- अपने क्रियान्वयन के 5 वर्ष के भीतर 2005-06 तक किसी भी बस्ती से उचित दूरी में एक माध्यमिक विद्यालय प्रदान कर विद्यालयों में प्रवेश अनुपात को 52.26% से बढ़ाकर 75% करना।
- सभी माध्यमिक विद्यालयों को निर्धारित मानकों पर खरा उतारते हुए माध्यमिक स्तर पर प्रदान की जाने वाली शिक्षा की गुणवत्ता में वृद्धि करना।
- लैंगिक, सामाजिक-आर्थिक तथा अक्षमता अवरोधों को समाप्त करना।
- 12वीं पंचवर्षीय योजना की समाप्ति यानी 2017 तक सभी को माध्यमिक स्तर की शिक्षा सुलभ करना।
- 2020 तक माध्यमिक स्तर की शिक्षा में अवरोधन (Retention) में वृद्धि कर उसका सार्वभौमीकरण करना।

### *राष्ट्रीय माध्यमिक शिक्षा अभियान और समता एवं समेकेतीकरण*
### *(Caring for Equity and Equality in RMSA)*

राष्ट्रीय माध्यमिक शिक्षा अभियान अपने क्रियान्वयन में समता और समेकेतीकरण से सम्बन्धी नीतिगत बातों पर भी निम्न रूपों में ध्यान रखने की प्रयत्न कर रहा है।

(i) शैक्षिक रूप से पिछड़े हुए तथा समाज के पार्श्वीकृत वर्ग (अनुसूचित जाति, अनुसूचित जन-जाति, अल्पसंख्यक आदि) से संबंधित, लावारिस तथा असहाय बालकों को उनके शैक्षिक विकास हेतु प्राथमिकता देगा।

(ii) शैक्षिक असमानताओं में कमी लाने हेतु संदर्भ विशेष हस्तक्षेप प्रदान करने में लचीलापन प्रदान करने वाले विविध उपाय (गहन सूक्ष्म योजना निर्माण सहित) अपनाना जैसे-

(a) विद्यालय खोलने के संदर्भ में अनुसूचित जाति, अनुसूचित जन जाति, तथा शैक्षणिक रूप से पिछड़े हुए क्षेत्रों तथा इनकी जनसंख्या बहुल्य इलाकों को प्राथमिकता देना।

(b) कमजोर वर्ग के बालकों के विद्यालय प्रवेश हेतु विशेष अभियान चलाना।

(c) विद्यालयों में और अधिक महिला अध्यापकों की नियुक्ति करना।

(d) लड़कियों के लिए अलग शौचालय ब्लॉक्स का प्रबन्ध करना।

(e) जरूरतमंदों, सुविधाहीन तथा अक्षम बालकों के लिए विशेष कैम्प तथा सेतु अध्ययन कोर्सों, तथा मुक्त एवं दूरवर्ती शिक्षा का प्रावधान करना।

(f) सुविधाहीन तथा पार्श्वीकृत समूहों से संबंधित बालकों विशेषकर लड़कियों तथा माँ-बाप को खो देने वाले बालकों हेतु छात्रावास सुविधाएँ प्रदान करना।

(g) शैक्षिक अल्पसंख्यक बालिकाओं तथा वे बालक जो शैक्षणिक रूप में ठीक नहीं चले रहे हो उनके लिए कोचिंग तथा उपचारात्मक/सुधारात्मक कक्षाओं की व्यवस्था करना।

(h) माध्यमिक तथा उच्च माध्यमिक स्तर पर शिक्षा ग्रहण कर रहे अनुसूचित जाति, अनुसूचित जन जाति, अक्षमताओं से युक्त बालकों को आवश्यक संसाधन जैसे पाठ्यपुस्तकें, कार्य पुस्तिकाएं, स्टेशनरी, यूनीफॉर्म, जूते, साईकल, बोर्डिग एवं लौजिंग, तथा डे-स्कोलर्स के लिए छात्रवृत्ति आदि की व्यवस्था करना।

### *सभी विद्यार्थियों के लिए गुणवत्तापरक शिक्षा की प्राप्ति कराना*
### *(Ensuring Quality Education of All the Learners)*

राष्ट्रीय माध्यमिक शिक्षा अभियान माध्यमिक स्तर पर शिक्षा प्राप्त कर रहे सभी विद्यार्थियों को बिना किसी भेदभाव गुणवत्ता युक्त बेहतर शिक्षा उपलब्ध कराने की बात करता है। इस सम्बन्ध में इस अभियान के आयोजन में अग्रलिखित दो प्रकार से आगे बढ़ने का प्रावधान रखा गया है।

### *1. आवश्यक मौलिक संसाधन/सुविधाएँ उपलब्ध कराने का प्रावधान (Provision of providing essential physical facilities)*

राष्ट्रीय माध्यमिक शिक्षा अभियान में यह प्रावधान रखा गया है कि सभी माध्यमिक विद्यालयों को निम्न प्रकार में भौतिक संसाधनों/सुविधाओं से युक्त करने का प्रयत्न किया जाए:

(i) अतिरिक्त कक्षा-कक्ष।
(ii) प्रयोगशाला एवं पुस्तकालय।
(iii) कला एवं शिल्पकक्ष।
(iv) शौचालय ब्लॉक तथा पीने के पानी का प्रबंध।
(v) दूर दराज इलाकों में अध्यापकों के लिए आवासीय होस्टल।

### *2. गुणवत्ता वृद्धि में सहायक बातों का प्रावधान (Provision of providing quality intervention)*

माध्यमिक स्तर पर विद्यार्थियों को प्रदान की जाने वाली शिक्षा में गुणवत्ता परक सुधार लाने के अपने उद्देश्य पूर्ति के सम्बन्ध में राष्ट्रीय माध्यमिक शिक्षा अभियान कार्यक्रम में निम्न बातों का प्रावधान रखा गया है:

(i) विद्यार्थी-अध्यापक अनुपात को 30 : 1 बनाये जाने में संदर्भ में अतिरिक्त अध्यापकों की नियुक्ति।
(ii) विज्ञान, गणित और अंग्रेजी विषयों की शिक्षा पर अधिक ध्यान देना।
(iii) अध्यापकों और प्राचार्य हेतु सेवाकालीन प्रशिक्षण का प्रावधान।
(iv) विज्ञान और गणित प्रयोग शालाओं की स्थापना, इनका रखरखाव एवं सुसज्जितीकरण।
(v) विद्यार्थियों को सूचना एवं संप्रेषण तकनीकी (SCT) आधारित शिक्षा उपलब्ध कराना।
(vi) पाठ्यक्रम तथा शिक्षण अधिगम में आवश्यक सुधार लाने हेतु काम करना।
(vii) भारत सरकार द्वारा माध्यमिक शिक्षा क्षेत्र में चलाई जा रही विविध प्रायोजित योजनाओं जैसे आईसीटी एट स्कूल (ICT at School), बालिका छात्रावास, माध्यमिक स्तर पर अक्षम बालकों की शिक्षा तथा व्यावसायिक शिक्षा आदि का राष्ट्रीय माध्यमिक शिक्षा अभियान योजना में विलय ताकि माध्यमिक शिक्षा में ढाँचेगत तथा शैक्षणिक सुधारों हेतु अधिक धनराशि उपलब्ध हो सके।

### *राष्ट्रीय माध्यमिक शिक्षा अभियान का क्रियान्वयन तन्त्र (Implementation Mechanism of RMSA Scheme)*

क्योंकि राष्ट्रीय माध्यमिक शिक्षा अभियान केन्द्र सरकार द्वारा प्रायोजित राष्ट्रीय कार्यक्रम है इसलिए इसके क्रियान्वयन सम्बन्धी जिम्मेदारी केन्द्र सरकार की ही बनती

है। इसलिए केन्द्र सरकार ही इस योजना के क्रियान्वयन हेतु वित्तीय साधन उपलब्ध कराने वाली प्रमुख एजेन्सी है। केन्द्र सरकार द्वारा इस योजना के क्रियान्वयन सम्बन्धी आवश्यक निर्देशन, क्रियान्वयन के तरीके तथा योजना के मूल्यांकन आदि से संबंधित बातें सामने रखने की प्रयत्न किया जाता है। परन्तु साथ-साथ यहाँ यह कोशिश भी की जाती है कि वित्तीय साधन जुटाने तथा अभियान से जुड़े हुए विभिन्न कार्यों को उचित अंजाम देने हेतु राज्य तथा स्थानीय निकायों की सरकारों से भी आवश्यक सहायता एवं सक्रिय सहयोग प्राप्त किया जाए। इसके अतिरिक्त यहाँ यह भी कोशिश की जाती है कि अन्य सभी जिनके हित बालकों से जुड़े हुए हैं (जैसे बालकों कें माता-पिता, बालकों के हित में कार्यरत स्वयं सेवी संस्थान, दानवीर व्यक्ति एवं संस्थाएँ, एवं व्यक्ति आदि) उनका सहयोग राष्ट्रीय माध्यमिक शिक्षा अभियान को वित्तीय सहयोग, सलाह एवं मार्गदर्शन, अनुसंधान परिणाम आदि उपलब्ध कराने में सक्रिय रूप में मिलता रहे। इस प्रकार से यह देखा जा सकता है कि राष्ट्रीय माध्यमिक शिक्षा अभियान (RMSA) 15-16 वर्ष की आयु के देश के सभी भावी नागरिकों को समानता के सिद्धान्त की अनुपालना करते हुए जहाँ एक ओर इन्हें अपनी शिक्षा हेतु समान अवसर तथा शिक्षण अधिगम परिस्थितियाँ प्रदान करने की प्रयत्न कर रहा है वहीं दूसरी ओर वह समता सिद्धान्त का अनुगमन करता हुआ उन्हें ऐसी गुणवत्ता परक माध्यमिक शिक्षा भी प्रदान करने की बात कर रहा है जो उन्हें उनकी अपनी क्षमताओं तथा सामर्थ्य का पूरा उपयोग करते हुए वृद्धि, विकास ओर प्रगति की अपनी ऊँचाईयों को छूने में मदद करे।

## शिक्षा में लैंगिक समता और समानता हेतु भारत सरकार द्वारा प्रचलित योजनाएँ तथा कार्यक्रम (Schemes and Programmes of GOI for Gender Equity and Equality in Education)

हमारे समाज एवं शिक्षा व्यवस्था में लैंगिक भेदभाव एवं पक्षपात की जड़ें बहुत गहरी हैं। भारत सरकार ने लड़कियों के प्रति होने वाले इस अन्याय, उत्पीड़न तथा दुर्व्यवहार पर रोक लगाने तथा उन्हें, समता एवं समानता आधारित ऐसे उपयुक्त अवसर देने सम्बन्धी कार्यक्रम एवं योजनाएँ चालू की हैं जिनके उन्हें अपने समायोजन, शिक्षा तथा विकास में उपयुक्त सहायता मिले। इनमें से कुछ प्रमुख की चर्चा हम आगे के पृष्ठों में कर रहे हैं।

### *A. समन्वित या एकीकृत विकास सेवाएँ योजना*

***(Integrated Child Development Services—ICDS Services)***

2 अक्टूबर 1975 को भारत सरकार द्वारा चलाया गया यह कल्याणकारी कार्यक्रम 6 वर्ष की कम आयु के बालकों, गर्भवती महिलाओं तथा स्तन पान कराने वाली माताओं को पौष्टिक भोजन, पूर्व प्राथमिक शिक्षा तथा स्वास्थ्य देखभाल सम्बन्धी प्राथमिक सेवाएँ प्रदान करने का कार्य करता है। इस प्रकार की सभी सेवाएँ इस योजना में उन

आँगनवाड़ी केन्द्रों के माध्यम से प्रदान की जाती हैं। जिन्हें मुख्य रूप से ग्रामीण इलाकों में स्थापित किया गया है और जिनमें जमीन से जुड़े हुए कार्यकर्ता कार्यरत है। कुपोषण तथा बीमारी से लड़ने के अलावा यह कार्यक्रम लड़कियों को भी लड़कों के बराबर संसाधन तथा सुविधाएँ उपलब्ध कराकर लैगिंक असमानता को दूर करने के कार्य में भी महत्त्वपूर्ण सहायता पहुँचाता है।

*उद्देश्य*–इस योजना के द्वारा पूरा किए जाने वाले उद्देश्य निम्न हैं:

1. 6 वर्ष की आयु तक के गरीब बालकों के स्वास्थ्य एवं पोषण स्तर को ऊँचा उठाना।
2. बालकों के उचित मानसिक, शारीरिक तथा सामाजिक विकास हेतु एक समुचित आधार बनाना।
3. बालकों की मृत्युदर, कुपोषण तथा विद्यालय छोड़ने वाले मामलों में कमी करना।
4. भारत सरकार के विभिन्न विभागों तथा मंत्रालयों, जो बाल विकास हेतु चलाए जा रहे विभिन्न सरकारी कार्यक्रमों तथा योजनाओं से जुड़े हुए हैं, उनकी नीति निर्माण तथा क्रियान्वयन सम्बन्धी गतिविधियों में समन्वयन करने का कार्य करना।
5. देश की माताओं की अपने बालकों की देखभाल सम्बन्धी क्षमता में वृद्धि करने की दृष्टि से छोटे बालकों की माताओं को स्वास्थ्य एक पोषण सम्बन्धी जानकारी एवं शिक्षा प्रदान करना।
6. छोटे बालकों की माताओं को पोषक आहार उपलब्ध कराना तथा ऐसी सेवाएँ उन्हें उनकी गमविस्था के दौरान भी प्रदान करना।

## समन्वित या एकीकृत बाल विकास सेवाएँ योजना के अंतर्गत प्रदत्त सेवाएँ
**(Services provided Under ICDS)**

इस योजना के अन्तर्गत जो सेवा पैकेज दिया जाता है उसके निम्न 6 प्रकार की सेवाओं की समाविष्टि रहती है:

- पूरक आहार या पोषण (Supplementary nutrition)
- पूर्व प्राथमिक निरोपचारित शिक्षा (Pre. School Non formal education)
- पोषण एवं स्वास्थ्य शिक्षा (Nutrition and Health education)
- प्रतिरक्षा (Immunization)
- स्वास्थ्य परीक्षण (Health check-up)
- रेफरल सेवायें (Referral Services)

### *B. कस्तूरबा गाँधी बालिका विद्यालय योजना*
***(The Kasturba Gandi Balika Vidyalaya Scheme)***

यह योजना अगस्त 2004 को भारत सरकार द्वारा एक स्वतन्त्र कार्यक्रम के रूप में शुरू

की गई थी परन्तु फिर 2008 में इसे राष्ट्रीय कार्यक्रम सर्व शिक्षा अभियान के साथ जोड़ दिया गया। इसका उद्देश्य अनुसूचित जाति, अनुसूचित जन जाति, अन्य पिछड़ी जातियों, अल्पसंख्यक समुदायों तथा गरीबी रेखा से नीचे के परिवारों से सम्बंधित बालिकाओं को उनके शैक्षणिक रूप से पिछड़े इलाकों में आवासीय विद्यालय खोलकर उन्हें आवश्यक शैक्षणिक सुविधाएं उपलब्ध कराना है।

*उद्देश्य (Objectives)*

- देश में व्याप्त विद्यालय स्तर पर शैक्षिक सुविधाओं की उपलब्धि के संदर्भ में लैंगिक असमानताओं (विशेषकर ग्रामीण तथा साधनहीन अभावग्रस्त समुदाय से सम्बंधित क्षेत्रों में मौजूद) को दूर करना।
- प्राथमिक स्तर पर समाज में अभाव या साधनहीन वर्गों से सम्बंधित बालिकाओं को गुणवत्तापरक शिक्षा तक अपनी पहुँच बनाने तथा उसकी उपलब्धि करने हेतु रहने-सहने की सुविधाओं से सज्जित आवासीय विद्यालयों की स्थापना करना।

*पात्रता (Eligibility)*

2004 में जब से यह योजना प्रारम्भ हुई इस योजना का पात्र बनने यानी यह तय करने कि कौन से क्षेत्र या इलाकों में लड़कियों के लिए आवासीय विद्यालय खोले जा सकते हैं कसौटी यह बनी कि उनमें स्त्री शिक्षा का औसत राष्ट्रीय औसत विद्यालय से कम तथा लैंगिक अंतर का औसत राष्ट्रीय स्तर से अधिक होना चाहिए। साथ ही वे ऐसे क्षेत्र या इलाके होने चाहिए जो निम्न विशेषताओं में से किसी एक से युक्त हों:

(i) जन जाति की बहुलता वाले क्षेत्र जिनमें स्त्री-साक्षरता बहुत कम और/या जिनमें विद्यालय न जाने वाली बालिकाओं की संख्या काफी ज्यादा हो।

(ii) अनुसूचित जाति, पिछड़ा वर्ग तथा अल्पसंख्यक वर्ग की बहुलता वाले वे क्षेत्र जिनमें स्त्री-साक्षरता काफी कम और/या जिनमें विद्यालय न जाने वाली बालिकाओं की संख्या काफी अधिक हो।

(iii) स्त्री साक्षरता की दर काफी कम हो।

### *C. बेटी बचाओ, बेटी पढ़ाओ योजना (Beti Bachao, Beti Padhao Scheme)*

बेटी बचाओ, बेटी पढ़ाओ योजना भारत सरकार द्वारा चलाए गए एक ऐसे सामाजिक आन्दोलन/अभियान का प्रतिनिधित्व करती है जिसे बालिकाओं के कल्याण से सम्बन्धित जागरूकता पैदा करने और उनके लिए उपलब्ध कल्याणकारी सेवाओं की क्षमता में वृद्धि करना है। यह योजना अक्टूबर 2014 में मुख्यत: गिरते हुए बाल लैंगिक अनुपात से निपटने हेतु शुरू की गई थी। राष्ट्रीय अभियान के रूप में यह एक ऐसे प्रयास का प्रतिनिधित्व करती है जिसे संयुक्त रूप से भारत सरकार के स्वास्थ्य एवं परिवार मंत्रालय तथा मानव संसाधन विकास मंत्रालय द्वारा हाथ में लिया गया है। इस योजना के क्रियान्वयन में पहल उन राज्यों, जैसे हरियाणा, से की गई है जहाँ

बालिकाओं का लिंगानुपात एक काफी बड़ी चिन्ता का विषय बना रहा है। इसी परिप्रेक्ष्य में हरियाणा सरकार ने इस कार्यक्रम की शुरूआत पानीपत (हरियाणा) से करने हेतु 22 जनवरी, 2015 को प्रधानमंत्री श्री नरेन्द्र मोदी को आमंत्रित किया और इसी क्रम में आगे फिर 2016 ओलम्पिक की कांस्य पदक विजेता साक्षी मलिक को अपने बेटी बचाओ, बेटी पढ़ाओ अभियान का ब्रांड अम्बेसेडर नियुक्त किया है।

*बेटी बचाओ बेटी पढ़ाओ योजना के उद्देश्य (Objectives of Beti Bachao, Beti Padhao Scheme)*–इस योजना के उद्देश्य निम्न हैं–

1. लिंग चयनित गर्भपात पर रोक लगाना।
2. बालिकाओं के जीवित रहने और उनकी सुरक्षा को निश्चित करना।
3. बालिकाओं की शिक्षा को सुनिश्चित करना।

*योजना पूर्ति के लिए सुझाई गई तकनीकें (Recommended Strategies for the Scheme):* इस योजना की सफलता के लिए कुछ निम्न प्रकार की बातों की सिफारिश की गई है–

- बालिकाओं को बराबर का महत्त्व देने ओर उनकी शिक्षा को बढ़ावा देने हेतु एक सामाजिक वैचारिक क्रान्ति और सम्प्रेषण को लगातार बनाए रखना।
- बालिकाओं के लैंगिक अनुपात और भ्रूणहत्या जैसे विषयों पर शासन की तरफ से उचित ध्यान दिया जाना।
- बालिका लैंगिक अनुपात के गिरे हुए स्तरों वाले चुनिंदा जिलों और शहरों पर सम्मिलित रूप से अधिक ध्यान देना और कार्यवाही करना।
- पंचायत राज संस्थानों/शहरी, स्थानीय संस्थानों/जमीनी स्तर के कार्यकर्त्ताओं को इस प्रकार से जागरूक और प्रशिक्षित करना कि वे स्थानीय समुदाय/स्त्रियों/युवा समूहों के साथ भागीदारी निभाकर सामाजिक परिवर्तन के वाहक बन सकें।
- बालिकाओं के कल्याणकारी सेवाओं के वर्तमान ढाँचे, योजनाओं और कार्यक्रमों के लिय यह सुनिश्चित करना कि वे लैंगिक और बाल अधिकारों के मामलों में उचित सक्रियता निभाएँ।
- जिला/खंड (ब्लॉक) जमीनी स्तर पर चलाए जा रहे बालिका कल्याण कार्यक्रमों में अन्तः क्षेत्रीय और अन्तःसंस्थागत आदान-प्रदान बनाए रखने के प्रयत्नों को बढ़ावा देना।

### *मध्यान्ह भोजन योजना (Mid-day Meal Scheme)*

यह योजना 15 अगस्त, 1995 को सार्वभौमिक प्रारम्भिक शिक्षा (Universal Elementary Education-UEE) को बढ़ावा देने के उद्देश्य से प्रारम्भ की गई ताकि विद्यालयों में विद्यार्थियों की संख्या और उपस्थिति को बढ़ाया जा सके। इस योजनानुसार प्राथमिक कक्षाओं और उच्चप्राथमिक कक्षाओं के बालकों के लिए सभी कार्य दिवसों में निःशुल्क मध्यान्ह भोजन का प्रावधान किया गया है। यह सुविधा उन सभी विद्यालयों

में प्रदान की गई है, जिन्हें सरकारी, सरकारी अनुदानप्राप्त तथा स्थानीय संस्थाओं, शिक्षा गारन्टी योजना तथा वैकल्पिक नवाचार शिक्षा केन्द्रों, सर्व शिक्षा अभियान द्वारा समर्थित मदरसा और मकतब तथा श्रम मंत्रालय द्वारा चलाए जा रहे राष्ट्रीय बाल श्रम प्रोजेक्ट विद्यालयों के नाम से जाना जाता है।

*उद्देश्य (Objectives)*

- बालकों विशेषकर वंचित एवं सुविधाहीन वर्ग के बालकों के प्रवेश, उपस्थिति, अवधारण तथा अधिगम स्तर में सुधार लाते हुए प्राथमिक शिक्षा के सार्वभौमीकरण को बढ़ावा देना है (और इस तरह सभी को शैक्षिक अवसर प्रदान करने में समता और समानता सिद्धान्तों की अनुपालना सुनिश्चित करना।
- प्राथमिक कक्षाओं के विद्यार्थियों के पोषण स्तर में सुधार लाना और प्रभावित क्षेत्रों के प्राथमिक स्तर के विद्यार्थियों को ग्रीष्मावकाश में भी पोषणीय सहारा प्रदान करना।

*पात्रता (Entitlements)*

प्राथमिक एवं उच्च प्राथमिक कक्षाओं के विद्यार्थियों को दोपहर के भोजन के समय जो भोजन प्रदान किया जाएगा वह मात्रा और कैलोरी के हिसाब से कम से कम कितना होना चाहिए इसके लिए जो दिशा निर्देश दिए गए हैं, वे निम्न प्रकार से हैं–

**मध्याह्न भोजन योजना के अन्तर्गत प्रतिदिन प्रतिबालक पात्रता मानदण्ड**

| *समग्री (Items)* | *प्राथमिक कक्षा (एक से पाँच तक)* | *उच्च प्राथमिक (कक्षा छः से आठ तक)* |
|---|---|---|
| कैलोरी | 450 | 700 |
| प्रोटीन | 12 ग्राम | 20 ग्राम |
| चावल/गेहूँ | 100 ग्राम | 150 ग्राम |
| दाल | 20 ग्राम | 30 ग्राम |
| सब्जियाँ | 50 ग्राम | 75 ग्राम |
| तेल एवं वसा | 5 ग्राम | 7.5 ग्राम |

*वित्तीय साधन (Finances)*

मध्याह्न भोजन योजना में होने वाले खर्चे को वहन करने में केन्द्र और राज्य सरकारों की साझेदारी रहती है जिसमें 60% खर्चे केन्द्र द्वारा और 40% खर्चा राज्य द्वारा किया जाता है। ऐसा करने में केन्द्र सरकार द्वारा अनाज और अन्य प्रकार की भोजन सामग्री के लिए पैसा दिया जाता है जबकि परिवहन, मजदूरी तथा अन्य सहूलियतें प्रदान करने सम्बन्धी खर्चा राज्य तथा केन्द्र शासित प्रदेशों की सरकारों द्वारा किया जाता है।

## *E. राजीव गाँधी किशोरी सशक्तीकरण योजना*
## *(Rajiv Gandhi Scheme for Empowerment of Adolescent Girls)*

राजीव गाँधी किशोरी सशक्तीकरण योजना जिसे सबला योजना भी कहा जाता है, किशोरियों हेतु उस समय चल रही दो योजनाओं "किशोरी शक्ति योजना" तथा "किशोरियों के लिए पोषण कार्यक्रम" को इकट्ठा करने से अस्तित्व में आई।

किशोरी शक्ति योजना (KSY) भारत सरकार के महिला एवं बाल विकास मंत्रालय के द्वारा वर्ष 2000 में शुरू की गई थी। इसके द्वारा समन्वित बाल विकास सेवाओं (ICDS) सम्बन्धी योजना के ढाँचागत संसाधनों का अपने उद्देश्य पूर्ति उपयोग में लाया गया। इस योजना का अपना यह उद्देश्य 11-18 वर्ष की बालिकाओं के पोषण तथा स्वास्थ्य स्तर में सुधार लाना, उनको घरेलू तथा व्यावसायिक कौशलों से युक्त करना और उनमें अपेक्षाकृत बेहतरी पैदा करना तथा उनमें उनके स्वास्थ्य, व्यक्तिगत आरोग्य, पोषण, परिवार कल्याण तथा प्रबन्ध के बारे में जागरूकता पैदा कर उनमें सर्वांगीण विकास को बढ़ावा देना था।

किशोरियों के हितचिन्तन हेतु चलाई जा रही दूसरी योजना "किशोरियों के लिए पोषण कार्यक्रम" (NPAG) किशोरियों में कुपोषण की समस्या के निवारण हेतु वर्ष 2002-03 में शुरू की गई थी।

कुछ समय बाद यह महसूस किया जाने लगा कि किशोरियों के लिए चलाई जा रही ये दोनों योजनाएँ कुछ खास नतीजे नहीं निकाल पा रही हैं और अब किसी एक अधिक व्यापक और प्रभावशील योजना को इनका स्थान ले लेना चाहिए और फिर परिणामस्वरूप वर्ष 2009 में राजीव गाँधी किशोरी सशक्तीकरण योजना के नाम से प्रसिद्ध वर्तमान योजना का प्रादुर्भाव हुआ।

*राजीव गाँधी किशोरी सशक्तीकरण योजना के उद्देश्य (Objective of RGSEAG)*

- किशोरियों को स्व-विकास एवं सशक्तीकरण मार्ग पर आरूढ़ करना।
- किशोरियों के पोषण एवं स्वास्थ्य स्तर में सुधार लाना।
- उनकी स्वास्थ्य, आरोगय, पोषण, किशोर उत्पादक एवं यौन स्वास्थ्य तथा परिवार एवं बाल देख-रेख सम्बन्धी जागरूकता में बढ़ोतरी करना।
- गृह-आधारित/घरेलू कौशलों, तथा जीवन कौशलों में वृद्धि कर उन्हें व्यावसायिक कौशलों से सम्बन्धित राष्ट्रीय कौशल विकास कार्यक्रम से जोड़ना।
- विद्यालय न जाने वाली किशोरियों को औपचारिक/निरोपचारिक शिक्षा की मुख्य धारा में शामिल करना।
- उन्हें वर्तमान सार्वजनिक सेवाओं जैसे सार्वजनिक स्वास्थ्य केन्द्र (PHC), बाल स्वास्थ्य केन्द्र (CHC), पोस्ट ऑफिस, बैंक, पुलिस स्टेशन इत्यादि के बारे में जानकारी/परामर्श प्रदान करना।

*लक्षित समूह (Target Group)*

राजीव गाँधी किशोरी सशक्तीकरण योजना 11-18 वर्ष की किशोरियों हेतु देश के सभी राज्यों/केन्द्र शासित प्रदेशों में चल रहे समन्वित बाल विकास प्रोजेक्टों के तत्वाधान में चलाई जा रही है। विद्यालयों में शिक्षा ग्रहण न करने वाली सभी किशोरियों से यह योजना यह अपेक्षा करती है कि वे नियमित रूप से जो समय तालिका उनके अपने राज्य/केन्द्रशासित प्रदेश द्वारा निश्चित की गई है उसके अनुसार पास में आँगन बाड़ी केन्द्र में इकट्ठी हो। विद्यालय जाने वाली अन्य किशोरियों से भी यह अपेक्षा की जाती है कि वे आँगनवाड़ी केन्द्रों में महीने में कम से कम दो बार तथा लम्बे अवकाश तथा छुट्टी के दिनों में काफी बार इकट्ठे होकर जीवन कौशल, शिक्षा, पोषण एवं स्वास्थ्य शिक्षा तथा अन्य सामाजिक-कानूनी मामलों से सम्बंधित जागरूकता की उपलब्धि करें। इससे विद्यालय जाने वाली और न जाने वाली किशोरियों में अन्तः समूह अन्तःक्रिया तथा मेल मिलाप के सुअवसर प्रदान करने के साथ विद्यालय में जाने वाली किशोरियों को विद्यालय जाने के लिए आवश्यक अभिप्रेरणा प्राप्त होगी।

*योजना के तहत प्रदत्त सेवाएँ*

*(Services Provided Under the Scheme)*

इस योजना के तहत प्रदत्त सेवाएँ निम्न हैं:

- पोषण सम्बन्धी प्रावधान
- आयरन एवं फोलिक एसिड पूरक
- स्वास्थ्य निरीक्षण एवं रेफरल सेवाएँ
- पोषण एवं स्वास्थ्य शिक्षा
- परिवार कल्याण, किशोर, उत्पादक यौन स्वास्थ्य (ARSH), बाल देख-रेख प्रथाएँ, गृह प्रबन्धन के बारे में परामर्श एवं निर्देशन
- जीवन कौशल शिक्षा एवं सार्वजनिक सेवाएं प्राप्त करने सम्बन्धी जानकारी
- 16 वर्ष तथा ऊपर की किशोरियों को व्यावसायिक प्रशिक्षण राष्ट्रीय कौशल विकास कार्यक्रम के अन्तर्गत प्रदान करना।

ऊपर अभी तक हमने जितनी योजनाओं और कार्यक्रमों की चर्चा की है वे सभी बालिकाओं के विशेषकर समाज में कमजोर तथा सुविधाहीन वर्गों की बालिकाओं के हितचिन्तक सम्बन्धी कदम उठाने में समता और समानता सम्बन्धी अवधारणाओं/सैद्धान्तिक मान्यताओं की पूरी तरह अनुपालना करती हुई दिखाई दे सकती हैं। सर्व शिक्षा अभियान (SSA) तथा राष्ट्रीय माध्यमिक शिक्षा अभियान (RMSA) जैसी योजनाएं भी जिनकी चर्चा इसी अध्याय में पहले हो चुकी है, बालिकाओं के हित चिन्तन सम्बन्धी उद्देश्य की पूर्ति अच्छी तरह करती हुई दिखाई देती हैं क्योंकि ये उन्हें बालकों के समकक्ष खड़े होकर बिना किसी भेदभाव के उसी प्रकार की गुणवत्ता युक्त शिक्षा प्रदान कराने की बात करती है जैसी कि उनके साथी बालकों को उपलब्ध हो रही है।

# संदर्भ ग्रन्थ एवं अध्ययन योग्य पुस्तकें
# (References and Suggested Readings)


Baumrind, D. (1967), 'Child care practices anteceding three patterns of pre-school behaviour,' *Genetic Psychology*, Monographs, 75 (1), 43-88.

Bayley, Nancy (1993), Bayley Scales of Infant Development (2nd ed.), *Psychology Corporation*, USA.

Biggie, M.L. and Hunt, M.P., (1968), *Psychological Foundations of Education,* New York: Harper and Row.

Brine, J. (1919), *Under educating women: Globalization in equality,* Bunkingham, U.K.: Open University Press.

Bruner, J.S. (1996), *The Culture of Education,* Cambridge, Mass: Harvard University Press.

Crow, L.D. and Crow, A.; (1969), *Child Psychology*, New York: Barney and Noble.

Crow, L.D. and Crow, A. (1973) *Educational Psychology*, 3rd Indian Print, New Delhi: Eurasia Publishing House.

Dictionary.com. (2002), retrieved from dictionary, reference. Com / browse / permissive on 15.9.2015.

Erickson, E., (1950) *Childhood and Society,* New York: Norton.

Erickson, E., (1969) *Identity Youth and Crises,* New York: Norton,

Eysenck, H.J. et. al (1972), *Encyclopaedia of Psychology,* New York: Phil. Lib.

Freeman and Showel quoted by Hurlock, E.B. (1959) *Child Psychology*. (Asian student 3rd ed.), Tokyo: McGraw-Hill.

Garell, A., (1929) *Maturation and Infant Behaviour Pattern* Psycho. Rev. 36.

Garrett. H.E. (1968), *General Psychology* (Indian ed.), New Delhi: Eurasic Publishing House.

Gibson-Graham, J.K. (1996), *The end of capitalism (as we knew it): A feminist critique of political economy,* Cambridge, M.A. Blackwell.

Giddens, Antony (1990), *The Consequences of Modernity,* Cambridge, U.K.: Polity Press.

Gupta, G.R. (2000), 'Gender, sexuality and HIV / AIDS: The What, the Why and How, HIV / AIDS,' *Policy Law Rev*. 5(4) p. 86-93.

Harriman, P.L. (Ed.) (1946) *Encyclopaedia of Psychology,* New York: Phil. Lib.

Hurlock, E.B. and Schewartz (1964) quoted by Kuppuswamy B., *Advanced Educational Psychology*, Delhi University Publication, 1964.

Hurlock, E.B. (1956), *Child Psychology* (Asian Student ed.), Tokyo: Kogakusha Co. Ltd.

Hurlock, E.B. (1959), *Adolescent Development,* New York: Mc GrawHill.

Inheldev, B. and Piaget, J. (1958), *The Growth of Logical Thinking from Children and Adolescence* (Translated by Anne Parson and Stanley Milgram), New York: Basic Books.

Jersild; A.T., *et al.*, (1975) *Child Psychology,* New York: Macmillan,

Judd, Charles M. and Park, Bernadette (1993), "Definition and Assessment of Accuracy in social stereotypes" *Psychological Review*, 100(1): 109-128.

Kagan, J. (1964), "Acquisition and significance of sex typing and sex role identity", In M.L. Hoffman and L.W. Hoffman (Eds.), *Review of Child Development Research,* New York: Sage.

Kohlberg. L. (1963), *The Development of Children's Orientation Toward Moral Order: Sequence in the development of moral thought,* Vita Humana, 6, 11-33, 1963.

Kohlberg, L. (1964), The Development of Moral Character and Moral Ideology, in M. Hoffman and L. Hoffman (Eds.), *Review of Child Development Research*, Vol. I, New York: Russel Sage Foundations.

Kohlberg, L. (1968), The Child as a Moral Philosopher, *Psychology Today*, Vol. 2, pp. 25-30.

Kohlberg. L. (1975), *The Cognitive Development Approach to Moral Education,* Phi. Delta Kappan, 56. p. 671.

Kohlberg. L. (1976), "Moral Stages and Moralization: The Cognitive Development Approach" in T. Lickona (Ed.) *Moral Development and Behaviour*, New York: Holt, Rinehart and Winston.

Kohlberg. L. (1984), *Essays on Moral Development,* San Francisco; Harper and Row.

Kuppuswamy, B. (1964); *Advanced Educational Psychology,* Delhi, University Publication.

Kuppuswamy, B. (1971); *An introduction to Social Psychology,* Bombay: Publishing House.

Larseen Thomas. (2001), *The Race of the Top: The Real Story of Globalization* Washington D.C.: Cato Institute.

Lechner, F.J. and Boli, John (Eds.), (2011), *The Globalization Reader*, New Jersey: Willey Blackwell Publishers.

Maccoby, EE and Martin, J A. (1983). "Socialization in the context of the family: Parent-child interaction". In P. Mussen and E.M. Hetherington, editors, *Handbook of Child Psychology,* Volume IV: Socialization, personality and social development, chapter 1, pages 1-101. New York: Wiley, 4th edition.

Marten Albrew and Elizabeth King (1990), *Globalization, Knowledge and Society* London: Sage.

Mc Doughall, William (1949), An outline of Psychology (13th ed.), London:

McGarty, Craig; Yzerbyt, Vincent Y.; Spears, Russel (2002:7). *Stereotypes as explanations: The formation of meaningful beliefs about social groups.* Cambridge: Cambridge University Press, pp. 1-15.

McGeoch, J.A., *The Psychology of Human Learning,* New York: Longmans, 1942.

McGrow, M.B., Growth: *A Study of Johnny and Jimmy*, New Youk: Appleton-Century-Crofts, 1935.

Piaget, J., (1932), *The Moral Judgement of the Child,* New York: Harcourt and Brace, (and New York: Free Press, 1965).

Piaget, J., (1952), *The Origins of Intelligence in Children,* New York: International University Press, (and New York: Norton, 1963).

Piaget, J., (1966), *Psychology of Intelligence,* Totowa, N.J.: Little Field Adams. Piaget J., (1977), *Equilibration of Cognitive Structures,* New York: Viking Press.

Random House Dictionary (2017), *Random House Dictionary*, Random House Inc.

Ross J.S. (1951), *Ground Work of Educational Psychology*, London: George G. Harrap & Co.

Smetane, J. (1981), "Pre-School Children Conceptions of Moral and Social Rules", *Child Development*, 52, 1333-1336.

Sorenson, Herbert, (1948), *Psychology in Education,* New York: McGraw-Hill.

Sorenson, Herbert, (1977), *Psychology in Education,* New York: McGraw-Hill.

The American Heritage New Dictionary of Cultural Literacy (Third Edition), (2005), New York: Houghton Mifflin Company.

Watson, J.B. (1930), *Behaviourism,* London: Kegan Paul.

Webster's Seventh New Collegiate Dictionary (1970), Spring field, Massachusetts, G.C. Merriam Company, Publisher.

Woolfolk, Anita, (2004), *Educational Psychology (9th ed.)* First Indian Reprint, New York: Pearson.

# अभ्यास प्रश्न

## 1. वृद्धि एवं विकास: अवधारणा एवं सिद्धान्त
## (Growth and Development: Concept and Principles)

**निबंधात्मक प्रश्न (Essay Type Questions)**

1. 'वृद्धि' और 'विकास' से आप क्या समझते हैं? इन दोनों के अन्तर को स्पष्ट रूप से सामने रखिए।
2. परिपक्वता क्या है? वृद्धि और विकास से इसका अन्तर स्थापित करते हुए वृद्धि और विकास में इसके योगदान कर चर्चा करिए।
3. मानव वृद्धि और विकास के विभिन्न आयामों अथवा पहलुओं की संक्षिप्त रूप से चर्चा कीजिए।
4. वृद्धि और विकास के सामान्य सिद्धान्तों एवं उनकी शैक्षिक उपयोगिता की चर्चा कीजिए।
5. एक बालक की वृद्धि से आपका क्या तात्पर्य है? इसके सामान्य सिद्धान्त क्या हैं?

**लघु उत्तरात्मक प्रश्न (Short Answer Type Questions)**

1. वृद्धि क्या है?
2. विकास क्या है?
3. वृद्धि और विकास के उल्लेखनीय अन्तर को स्पष्ट कीजिए।
4. मानव जीवन में विकास की मुख्य अवस्थाएं क्या हैं?
5. मानववृद्धि और विकास के विभिन्न आयामों के नाम बताइए।
6. वृद्धि और विकास के सामान्य सिद्धान्तों के नाम बताइए।
7. वृद्धि और विकास के कोई भी दो सामान्य सिद्धान्तों की शैक्षिक उपयोगिता की चर्चा कीजिए।
8. वृद्धि और विकास में सम्बन्ध पर संक्षेप में स्पष्टीकरण दें
9. परिपक्वता क्या है?
10. वृद्धि और विकास से परिपक्वता में क्या अन्तर है?

## 2. वृद्धि और विकास की अवस्थाएँ (Stages of Growth and Development)

**A. निबंधात्मक प्रश्न ( Essay Type Questions)**

1. "शैशवकाल जीवन का सबसे अधिक निर्माणात्मक समय है।" शैशवावस्था की प्रमुख विशेषताओं पर प्रकाश डालते हुए उपरोक्त कथन की समीक्षा कीजिए।
2. "बाल्यकाल जीवन का अनोखा काल है" इस कथन का स्पष्टीकरण कीजिए और इस काल की प्रमुख विशेषताओं का वर्णन कीजिए।
3. एक किशोर को किस प्रकार से एक बालक तथा एक प्रौढ़ व्यक्ति से पृथक् माना जाता है? किशोरावस्था की प्रमुख विशेषताओं का वर्णन करते हुए उत्तर दीजिए।
4. किशोरावस्था की क्या विशेषताएं है? इस अवस्था में संवेगात्मक विकास किस प्रकार सम्पन्न होता है?
5. किशोरों की विशेष समस्याएं कौन-कौन सी हैं? आप एक किशोर की इन समस्याओं से छुटकारा पाने के लिए क्या सहायता कर सकते हैं?
6. "किशोरावस्था तूफान और दबाव की अवस्था है," इस कथन की समीक्षा कीजिए। किशोरों के संवेगात्मक व्यवहार को निर्देशित करने में अध्यापक क्या सहायता कर सकता है?
7. "किशोरावस्था दबाव और तनाव का समय है।" विवेचना कीजिए।
8. क्या व्यक्ति की वृद्धि बराबर चलती रहती है अथवा व्यक्ति को ऐसा करने में यूं ही कुछ विशेषताओं से युक्त निश्चित अवस्थाओं में से गुजरना पड़ता है? स्पष्ट कीजिए।

**B. लघु उत्तरात्मक प्रश्न ( Short Answer Type Questions)**

1. किशोरावस्था की कुछ सामान्य विशेषताओं की चर्चा कीजिए।
2. "किशोरावस्था तनाव और दबाव का समय है।" स्पष्ट कीजिए।
3. किशोरावस्था की मुख्य विशेषताओं की चर्चा कीजिए।
4. किशोर में पाई जाने वाली 'नायक पूजा' से तुम क्या समझते हो? स्पष्ट कीजिए।
5. किशोरावस्था क्या है?
6. शैशवावस्था में विकास की चार विशेषताएं बताइए।
7. बाल्यावस्था में विकास की पाँच विशेषताएं बताइए।
8. किशोरावस्था में संवेगात्मक विकास का वर्णन करें।
9. किशोरों की सहायता के लिए की जाने वाली चार बातें बताइए।
10. किशोर किसे कहा जाता है?

## 3. वृद्धि और विकास के सिद्धान्त (Theories of Growth and Development)

**A. निबन्धात्मक प्रश्न ( Essay Type Question)**

1. पियाजे द्वारा प्रतिपादित संज्ञानात्मक विकास सिद्धान्त का विस्तार से वर्णन कीजिए तथा उसके शैक्षिक निहितार्थ (Educational Implication) पर भी प्रकाश डालिए।
2. पियाजे द्वारा प्रतिपादित संज्ञानात्मक विकास सिद्धान्त की चर्चा करते हुए उसकी समीक्षात्मक आलोचना कर उसके गुण-दोषों पर प्रकाश डालिए।
3. पियाजे द्वारा अपने संज्ञानात्मक विकास सिद्धान्त में त्रर्णित सभी अवस्थाओं की विस्तार से चर्चा कीजिए।
4. इरिक्सन के मनो-सामाजिक विकास सिद्धान्त का विस्तार से वर्णन कीजिए।
5. इरिक्सन के द्वारा अपने मनो-सामाजिक विकास सिद्धान्त में उल्लेखित विभिन्न अवस्थाओं पर प्रकाश डालिए।
6. इरिक्सन के मनो-सामाजिक विकास सिद्धान्त की अवस्थाओं में व्यक्ति की आवश्यकताओं और अपेक्षाओं का विस्तार से उल्लेख करिए।
7. कोहलबर्ग के नैतिक विकास सिद्धान्त का वर्णन करते हुए उसकी अच्छाइयों तथा कमियों पर प्रकाश डालिए।
8. "कोहलबर्ग के नैतिक विकास सिद्धान्त की आलोचना भी की जाती है और प्रशंसा भी" इस कथन में सन्दर्भ में कोहलबर्ग के इस सिद्धान्त की समीक्षा कीजिए।
9. कोहलबर्ग द्वारा प्रतिपादित नैतिक विकास सिद्धान्त के शैक्षिक निहितार्थों पर विस्तार से प्रकाश डालिए।
10. बालक की प्रारम्भिक अवस्था से लेकर किशोरावस्था तक विकास को स्पष्ट करने के लिए फ्रायड के मनो-लैंगिक विकास सिद्धान्त की चर्चा करिए।

**B. लघु उत्तरात्मक प्रश्न (Short Answer Type Questions)**

1. पियाजे द्वारा वर्णित संज्ञानात्मक विकास सम्बन्धी अवस्थायें क्या है? इनमें से किसी एक अवस्था की कुछ प्रमुख विशेषतायें बताएं।
2. पियाजे द्वारा संज्ञानात्मक विकास सिद्धान्त में वर्णित आत्मसातीकरण, समायोजीकरण तथा सन्तुलनीकरण सम्बन्धी अवधारणाओं के बारे में संक्षेप से बताइए।
3. पियाजे में संज्ञानात्मक विकास सिद्धान्त के कोई दो उपयोग या शैक्षिक निहितार्थ बताइए।
4. इरिक्सन ने अपने मनो-सामाजिक सिद्धान्त में वर्णित विभिन्न अवस्थाओं के नाम बताएं।
5. इरिक्सन ने अपने मनो-सामाजिक सिद्धान्त में जिन विकास अवस्थाओं का उल्लेख किया है उनमें से किसी एक की मुख्य विशेषता बताएं।
6. कोहलबर्ग ने अपने नैतिक विकास सम्बन्धी सिद्धान्त प्रतिपदान हेतु किस प्रकार का अनुसन्धान कार्य किया था।
7. कोहलबर्ग के नैतिक विकास सिद्धान्त में वर्णित तीन स्तरों तथा छः अवस्थाओं के नाम बताएं।
8. कोहलबर्ग के नैतिक विकास सिद्धान्त की कोई दो अच्छाइयां तथा दो कमियां बताएं।

9. कोहलबर्ग द्वारा प्रतिपादित नैतिक विकास सिद्धान्त के किन्हीं दो महत्त्वपूर्ण शैक्षिक निहितार्थों का उल्लेख करें।
10. अपने मनो-लैंगिक विकास सिद्धान्त में फ्रायड ने जिन विकास अवस्थाओं का उल्लेख किया है उनके नाम बताइए।

## 4. शारीरिक एवं गामक विकास (Physical and Motor Development)

### A. निबन्धात्मक प्रश्न (Essay Type questions)

1. शारीरिक विकास क्या है? जीवन की विभिन्न अवस्थाओं में होने वाले शारीरिक विकास के सामान्य रूप का वर्णन कीजिए।
2. बालक के शारीरिक विकास के महत्त्वपूर्ण पहलुओं की संक्षिप्त रूप में चर्चा करिए।
3. शारीरिक विकास के स्वरूप का समुचित ज्ञान अध्यापक और माता-पिता के लिए क्यों आवश्यक है?
4. गामक विकास क्या है? विस्तार में स्पष्ट करिए।
5. वृद्धि-उन्मुख बालकों में गामक विकास किस प्रकार होता है? शैशवकाल, बाल्यकाल और किशोरावस्था के सन्दर्भ में इसकी चर्चा करिए।
6. देर से होने वाले या विलम्बित (Delayed) विकास से आप क्या समझते हैं? इसके कारणों पर प्रकाश डालिए।
7. गामक विकास से आपका क्या अभिप्राय है? इसके महत्त्व और शैक्षिक उपयोगिता के बारे में बताइए।
8. शैशवावस्था तथा बाल्यावस्था में होने वाले सम्पूर्ण तथा सूक्ष्म (Gross and Fine) गामक विकास का संक्षेप में उल्लेख कीजिए।
9. बालकों को उनके शारीरिक और गामक विकास हेतु शारीरिक क्रियाओं और खेलकूद आदि द्वारा दिए जाने वाले अवसरों और सुविधाओं को प्रदान करने में माता-पिता और अध्यापकों की भूमिका की चर्चा करिए।

### *B. लघु उत्तरात्मक प्रश्न (Short Answer Type questions)*

1. शारीरिक विकास क्या है?
2. निम्न अवस्थाओं में से किसी एक अवस्था में होने वाले शारीरिक विकास का संक्षेप में वर्णन करिए; (a) शैशवावस्था (b) उत्तर बाल्यावस्था (c) किशोरावस्था
3. गामक विकास पद को परिभाषित करिए।
4. सम्पूर्ण (gross) गामक विकास क्या होता है?
5. शैशवावस्था तथा बाल्यावस्था में अर्जित कुछ महत्त्वपूर्ण सूक्ष्म (fine) गामक कौशलों का उल्लेख करिए।
6. विलम्बित (Delayed) गामक विकास क्या होता है?
7. विलम्बित विकास के कोई पाँच कारण बताइए।
9. शिशुओं की टांगों और पैरों से सम्बन्धित गामक विकास के बारे में कुछ बताइए।
10. शिशुओं की भुजाओं और हाथों में होने वाले गामक विकास के बारे में बताइए।
11. बालक किसी चीज की तरफ पहुँचना और उसे पकड़ना कैसे सीखते हैं?
12. बालकों के शारीरिक और गामक विकास हेतु शारीरिक और खेलकूद क्रियाओं के अवसर देने के सम्बन्ध में माता-पिता और शिक्षकों द्वारा क्या किया जा सकता है, संक्षेप में बताइए।
13. बालकों के शारीरिक और गामक विकास के लिए खेलकूद और शारीरिक व्यायाम के रूप में आयोजित कुछ शारीरिक क्रियाओं का नाम बताइए।

## 5. संवेगात्मक विकास (Emotional Development)

### A. निबन्धात्मक प्रश्न (Essay Type Questions)

1. संवेग क्या हैं? ये मुख्यतया कितने प्रकार के होते हैं? संवेगों की कुछ प्रमुख विशेषताओं का वर्णन करो।
2. बालकों में होने वाले संवेगात्मक विकास की संक्षिप्त रूपरेखा प्रस्तुत कीजिए।

3. संवेगात्मक विकास को प्रभावित करने वाले कारकों का उल्लेख कीजिए। संतुलित संवेगात्मक विकास की दिशा में एक अध्यापक बालकों की क्या सहायता कर सकता है?
4. संवेगात्मक विकास से आप क्या समझते हैं? बालकों में उचित संवेगात्मक विकास के लिए आप क्या कदम उठाना चाहेंगे?
5. 6 वर्ष से लेकर 12 वर्ष तक के आयु काल में होने वाले संवेगात्मक विकास का संक्षेप में वर्णन कीजिए।
6. बालकों के व्यवहार की संवेगात्मक विशेषताओं की संक्षेप में चर्चा कीजिए।
7. किसी एक संवेग का विस्तार से उल्लेख करो: (a) क्रोध (b) भय (c) प्रेम।
8. निम्न पर संक्षिप्त टिप्पणी लिखिए–

   (a) संवेगात्मक विकास का अर्थ (b) संवेग और उनके प्रकार

   (c) संवेगात्मक विकास को प्रभावित करने वाले कारक

   (d) उचित संवेगात्मक विकास के लिए आवश्यक बातें

   (e) बालकों में संवेगात्मक विकास।

**B. लघु-उत्तरात्मक प्रश्न (Short Answer Type Questions)**

1. संवेग क्या है?
2. संवेगों के प्रकार बताइए।
3. संवेगों की किन्हीं चार प्रमुख विशेषताओं का उल्लेख करें।
4. संवेगात्मक विकास में विद्यालय के योगदान का उल्लेख करें।
5. बालकों के संवेगात्मक विकास पर घर के प्रभाव का उल्लेख करें।
6. संवेगात्मक विकास को प्रभावित करने वाले कारकों का उल्लेख करें।

## 6. सामाजिक विकास (Social Development)

**A. निबन्धात्मक प्रश्न (Essay Type Questions)**

1. सामाजिक विकास से आप क्या समझते हैं? शैशवास्था से लेकर प्रौढ़ावस्था तक के सामाजिक विकास की प्रक्रिया बताइए।
2. बाल्यावस्था से लेकर किशोरावस्था तक सामाजिक विकास का वर्णन करिए।
3. 'सामाजीकरण' (Socialisation) पद से आपका क्या अभिप्राय है? सामाजिक विकास को प्रभावित करने वाले कारकों की चर्चा करिए।
4. बाल्यावस्था से लेकर किशोरावस्था तक के सामाजिक विकास में होने वाले परिवर्तनों की चर्चा करिए।
5. "व्यक्ति के सामाजिक विकास का ढाँचा वातावरण सम्बन्धी कारकों द्वारा नियन्त्रित होता है।" इस कथन की व्याख्या कीजिए और एक बालक के सामाजिक विकास की प्रक्रिया की चर्चा करिए।
6. लिंग और लिंगीय भूमिकाएँ पद से आपका क्या अभिप्राय है? किसी एक या अन्य वातावरणीय कारकों के द्वारा लिंगीय भूमिकाएँ कैसे प्रभावित होती है। चर्चा करिए।
7. रूढ़िवादिता क्या है? बालक और बालिकाओं द्वारा घर, पास-पड़ोस और विद्यालय अनुभव की जाने वाली लिंग रूढ़िवादिता के बारे में बताइए।
8. लिंग भूमिकाएँ क्या है? लिंग भूमिकाओं पर पड़ने वाले प्रभावों की चर्चा करिए।

**B लघु उत्तरात्मक प्रश्न (Short answer type questions)**

1. सामाजिक विकास पद की एक उचित परिभाषा दीजिए।
2. सामाजिक विकास को प्रभावित करने वाले विभिन्न कारकों के नाम बताइए।
3. विकास की निम्न अवस्थाओं में से किसी एक में सामाजिक विकास संक्षेप में बताइए

   (a) शैशवावस्था, (b) बाल्यावस्था, (c) किशोरावस्था।
4. बालक के सामाजिक विकास सहपाठी समूह की क्या भूमिका है?
5. एक बालक के प्रथम पाँच वर्ष में सामाजीकरण की प्रक्रिया का उल्लेख करिए।

6. लिंग या लिंग भूमिका पद की परिभाषा दीजिए।
7. रूढ़िवादिता क्या होती है।
8. लिंगीय रूढ़िवादिता के तीन उदाहरण दीजिए।
9. माता-पिता अपने विकासशील बच्चों की लिंगीय भूमिका को कैसे प्रभावित करते हैं? एक उदाहरण दीजिए।
10. एक उदाहरण सहित बताइए कि समाज और संस्कृति द्वारा लिंग भमिका कैसे प्रभावित होती है?

## 7. निर्धनता, वैश्वीकरण एवं वयस्क संस्कृति के संदर्भ में बाल्यकाल (Childhood in the Context of Poverty, Globalization and Adult Culture)

### A. निबन्धात्मक प्रश्न (Essey Type Question)

1. बाल्यावस्था क्या होती है? निर्धनता, वैश्वीकरण तथा वयस्क संस्कृति के संदर्भ में व्यक्तियों की बाल्यावस्था संबंधी बातों की संक्षेप में चर्चा कीजिये।
2. बाल्यावस्था से क्या अभिप्राय: है? निम्न में किसी एक के संदर्भ में समेकित विद्यालय के विद्यार्थियों की बाल्यावस्था की विस्तार में चर्चा कीजिये।
   (a) निर्धनता के संदर्भ में बाल्यकाल (b) वैश्वीकरण के संदर्भ में बाल्यकाल (c) वयस्क संस्कृति के संदर्भ में बाल्यकाल
3. बाल्यावस्था में वृद्धि एवं विकास को प्राप्त हो रहे बालकों में पाई जाने वाली समानताओं तथा असमानताओं पर प्रकाश डालते हुये उन सभी कारणों/कारकों की चर्चा कीजिये जो इनके लिये उत्तरदायी ठहराई जा सकती हैं।

### B. लघुउत्तरात्मक प्रश्न (Short Answer Type Question)

1. बाल्यावस्था से क्या अभिप्राय: है।
2. गरीबी बालकों के बचपन/बाल्यावस्था को किस रूप में प्रभावित करती है। दो उदाहरण दीजिये।
3. वृद्धि एवं विकास को प्राप्त हो रहे बालकों को वैश्वीकरण किस रूप में प्रभावित कर रहे हैं? सकारात्मक तथा नकारात्मक प्रभाव संबंधी एक-एक उदाहरण दें।
4. वैश्वीकरण क्या है?
5. वयस्क संस्कृति के संदर्भ में बाल्यकाल से क्या अभिप्राय: है।
6. वृद्धि एवं विकास को प्राप्त हो रहे बालकों को वयस्क संस्कृति किस रूप में प्रभावित कर रहा है? कोई दो उदाहरण देकर बतायें।
7. बाल्यावस्था के बालकों में पाई जाने वाली कोई तीन समानतायें या तीन असमानतायें बतायें।
8. बाल्यावस्था में बालकों में पाई जाने वाली भिन्नताओं के पीछे कार्य कर रहे कारणों/कारको में से किन्हीं तीन का उल्लेख करें।
9. विभिन्न बालकों में बाल्यावस्था अपने विविध रूपों या रंगों में दिखाई देती है। इस कथन से क्या आशय है?
10. सभी बालकों के बचपन और उपलब्ध विकास अवसरों में अन्तर रहता है इससे संबंधित दो बातें बतायें।

## 8. सामाजीकरण–अवधारणा एवं संस्थायें (Socialization–Concept and Agencies)

### A. निबन्धात्मक प्रश्न (Essay Type Questions)

1. सामाजीकरण क्या है? बालकों की सामाजीकरण प्रक्रिया में विभिन्न सामाजिक संगठनों की भूमिका के बारे में चर्चा करिए।
2. अपने बालकों के लालन-पालन हेतु काम में लाई जाने वाली प्रथाओं या तरीकों पर उचित प्रकाश डालते हुए बालकों के सामाजीकरण में परिवार की भूमिका की चर्चा करिए।
3. 'पेरेन्टिंग स्टाइल या बच्चे के लालन पालन के तरीके' पद से आपका क्या अभिप्राय है? माता-पिता द्वारा अपने बच्चों के लालन पालन के लिए किस प्रकार की शैलियां या तरीके अपनाए जाते हैं? विस्तार में चर्चा करिए।

4. "मानव की वृद्धि और विकास बहुत कुछ पेरेन्टिंग स्टाइल या लालन पालन के तरीकों से प्रभावित होती है।" इस कथन के सन्दर्भ में बच्चों के लालन पालन के लिए अपनाए जाने वाले पेरेन्टिंग स्टाइलों की चर्चा करिए।
5. निम्नलिखित पेरेन्टिंग स्टाइल या बच्चे के लालन पालन के तरीकें में से किन्हीं दो के गुण तथा कमियों के बारे में विस्तार से बताइए–
   (a) आधिपत्यपूर्ण पेरेन्टिंग स्टाइल (b) तानाशाही पेरेन्टिंग स्टाइल (c) अनुग्रहपूर्ण पेरेन्टिंग स्टाइल
   (d) उपेक्षा पूर्ण पेरेन्टिंग स्टाइल
6. हमउम्र साथी कौन होते हैं तथा हमउम्र साथी सम्बन्धों से क्या अभिप्राय है? बच्चों के विकास पर हमउम्र साथी सम्बन्धों के प्रभाव की चर्चा कीजिए।
7. हमउम्र साथी सम्बन्ध से जुड़ी हुए निम्न बातों के बारे में विस्तार से लिखिए– (a) मित्रता एवं लिंग (b) प्रतियोगिता एवं सहयोग (c) प्रतियोगिता एवं संघर्ष
8. व्यवहारात्मक समस्याएं क्या होती हैं? बाल्यावस्था एवं किशोरावस्था में बालकों द्वारा किन व्यवहारात्मक समस्याओं का सामना किया जाता है? उनका नाम बताते हुए किसी एक के बारे में विस्तार से बताइए।
9. आक्रामकता और आक्रामक व्यवहार क्या है? बालकों में आक्रामकता के सम्भवित कारण क्या हैं? बालकों की आक्रामकता की समस्या को सुलझाने के लिए क्या करना चाहिए? विस्तार में चर्चा करिए।
10. प्रताड़ित करना या दादागिरी क्या है? इनके विभिन्न प्रकार कौन से हैं? उनके सम्भावित कारणों पर प्रकाश डालिए।
11. दादागिरी क्या होती है? प्रताड़ित होने वाले बालकों, प्रताड़ित करने वालों के स्वयं पर तथा दर्शक विद्यार्थियों पर इनके पड़ने वाले प्रभावों का उल्लेख करिए।
12. स्कूल जाने वाले बच्चों की व्यवहारात्मक समस्या के रूप में दादागिरी क्या है? इसके कारण तथा इस बुराई की रोकथाम के उपायों की चर्चा करिए।
13. दादागिरी क्या है? इसे दूर करने में (i) माता-पिता तथा विद्यालय अधिकारियों (ii) प्रताड़ित होने वाले विद्यार्थी तथा (iii) दर्शक या खड़े-खड़े देखने वालों की भूमिका का वर्णन कीजिए।
14. विद्यालयों में बालकों से सामाजीकरण के सन्दर्भ में उन पर प्रभाव डालने वाली कुछ निम्न बातों पर संक्षेप में प्रकाश डालिए।
   (a) हमउम्र साथी या सहपाठियों का प्रभाव (b) कक्षा में अधिक उम्र के सहपाठियों की उपस्थिति
   (c) विद्यालय संस्कृति (d) अध्ययनों के साथ सम्बंध
   (e) शिक्षक की आशाएं एवं विद्यालय उपलब्धियाँ
15. सामाजीकरण के सन्दर्भ में विद्यार्थियों में पाए जाने वाली सामाजिक, सांस्कृतिक एवं आर्थिक विभिन्नताओं का समेकित शिक्षा व्यवस्था में उनके निहितार्थों पर प्रकाश डालिए।

**B. लघु उत्तरात्मक प्रश्न (Short Answer Type Questions)**

1. सामाजीकरण क्या है?
2. बालकों के सामाजीकरण के लिए उत्तरदायी विभिन्न संस्थाओं/संगठनों के नाम बताइए।
3. पेरेन्टिंग स्टाइल पद को परिभाषित करें।
4. विभिन्न पेरेन्टिंग स्टाइल या बच्चे के लालन पालन के लिए अपनाए जाने वाले तरीकों के नाम बताइए।
5. अधिपत्यपूर्ण/तानाशाही/अनुग्रहपूर्ण/उपेक्षापूर्ण पेरेन्टिंग स्टाइल क्या है?
6. बालकों के आक्रामक व्यवहार के तीन कारण बताइए।
7. बालकों के आक्रामक व्यवहार की समस्या से निपटने के तीन सुधारात्मक तरीके बताइए।
8. ऑन लाइन, शारीरिक, मौखिक एवं लिखित दादागिरी के तीन-तीन उदाहरण दीजिए।
9. दादागिरी करने वाले बालकों द्वारा इस प्रकार का व्यवहार करने के दो कारण बताइए।
10. प्रताड़ित करने वाले व्यवहार को देखने वाले दर्शक इस पर अंकुश लगाने के लिए कोई कदम क्यों नहीं उठाते हैं? बताइए।

11. प्रताड़ित करने वाले तथा प्रताड़ित होने वाले दोनों पर इस व्यवहार के पड़ने वाले प्रभाव के बारे में तीन बातें बताइए।
12. प्रताड़ित करने वाली व्यवहारात्मक बुराई का विद्यालय पर क्या प्रभाव पड़ता है? बताइए बालक दादागिरी की बुराई की आदत को क्यों अपना लेते हैं?
13. प्रताड़ित होने वाले बालकों द्वारा अपने बचाव के लिए अपनाए जाने वाले दो सुरक्षात्मक उपाय बताइए।
14. हमउम्र साथी और हमउम्र साथी सम्बन्ध क्या हैं?
15. हमउम्र साथी सम्बन्धों में मित्रता/ लिंग/सहयोग/प्रतियोगिता की भूमिका की चर्चा करिए।
16. आक्रामकता/दादागिरी क्या है?
17. विद्यालय संस्कृति या अधिक आयु के अधिगमकर्ताओं के सम्बन्ध में संक्षेप में बताइए।
18. निम्न में से किसी एक के द्वारा बालकों पर पड़ने वाले प्रभाव का संक्षेप में उल्लेख करिए–
    A - परिवार (Family) B - हम उम्र साथी (Peers) C - विद्यालय (School)
19. शिक्षक की आशाओं तथा विद्यालय उपलब्धि में आपस में क्या सम्बन्ध है?
20. उन कुछ सामाजिक, आर्थिक, सांस्कृतिक अन्तरों का संक्षेप में वर्णन करिए जो बालकों के सामाजीकरण के फलस्वरूप प्रकाश में आते हैं।
21. एक समेकित शिक्षा व्यवस्था में शामिल बालकों में पाए जाने वाले सामाजिक/आर्थिक/सांस्कृतिक अन्तरों के निहितार्थों का संक्षेप में उल्लेख करिए।

## 9. विशेष तनावपूर्ण स्थितियों में बालकों को परामर्श
## (Counselling of Children in Specific Stressful Conditions)

### A. निबन्धात्मक प्रश्न (Essay Type Questions)

1. उन बालकों को जो नीचे लिखी हुई किसी एक तनावपूर्ण परिस्थिति से गुजर रहे हों उनके द्वारा अनुभव किए जाने परिणामों और सामना करने वाली समस्याओं की चर्चा करते हुए इन समस्याओं से उन्हें छुटकारा दिलाने वाली बातों का विस्तार से उल्लेख करें।
   (a) माता-पिता की बातों का विस्तार से उल्लेख करें।
   (b) सशस्त्र संघर्ष आदि में माता-पिता को खो देना।
   (c) बाल उत्पीड़न के शिकार बालक।
2. माता-पिता का संबन्ध विच्छेद अर्थात अलग-अलग होने से बालकों को किस प्रकार की तनावपूर्ण परिस्थितियों तथा समस्याओं से जूझना पड़ता है। इन बालकों को किस प्रकार की परामर्श सेवायें प्रदान की जा सकती हैं, वर्णन करें।
3. सशस्त्र संघर्ष आदि के परिणामस्वरूप अपने मां-बाप को खो देने से बालकों को किस प्रकार तनाव तथा समस्याओं का सामना करना पड़ सकता है।
4. बाल उत्पीड़न के शिकार बालकों से क्या अभिप्राय है? विभिन्न प्रकार के बाल-उत्पीडनों का उल्लेख करते हुए उनसे उत्पन्न गंभीर परिणामों तथा समस्याओं की चर्चा कीजिए जो इन्हें झेलनी पड़ सकती है।
5. बाल उत्पीड़न क्या है? इसके सम्बन्ध परिणामों और समस्याओं से निपटने हेतु क्या तरीके और तकनीक अपनाए जा सकते हैं चर्चा कीजिए।
6. बाल अधिकारों से क्या आशय है? विभिन्न प्रकार के बाल अधिकारों का उल्लेख करते हुए बाल उत्पीड़न से निपटने में इनके निहितार्थों पर प्रकाश डालिए।
7. बाल उत्पीड़न के शिकार बालकों का किस प्रकार के परिणाम और समस्याओं से गुजरना पड़ सकता है? इनके लिए किस प्रकार की परामर्श सेवाएं प्रदान की जानी चाहिए? चर्चा कीजिए।

### B. लघु उत्तरात्मक प्रश्न (Short Answer Type Questions)

1. माता-पिता का सम्बन्ध विच्छेद होने, सशक्त संघर्ष में मातापिता को खोने, बाल उत्पीड़न की शिकार होने पर बालकों द्वारा झेले जाने वाली कठिनाइयों को संक्षेप में उल्लेख करें।

2. बाल उत्पीड़न क्या है? इसके चारों मुख्य प्रकारों के नाम बताएँ।
3. शारीरिक उत्पीड़न/यौन उत्पीड़न के शिकार बालकों के द्वारा जिन परिणामों से गुजरना पड़ता है उनका संक्षेप में उल्लेख करें।
4. बाल अधिकार क्या है। उनके वर्गीकरण का उल्लेख करें।
5. बाल उत्पीड़न सम्बन्धी मामलों में संरक्षण अधिकार (Protecting child Rights) किस तरह सहायता कर सकता है।

## 10. बाल अधिकार संरक्षण (Protection of Child Rights)

**A. निबन्धात्मक प्रश्न (Essay Type Questions)**

1. यूनीसेफ (UNICEF) क्या है? बाल अधिकारों के संरक्षण में इसकी भूमिका और योगदान के बारे में चर्चा करिए।
2. बालक अधिकारों के सरंक्षण में निम्नलिखित संगठनों की भूमिका और योगदान का वर्णन करिए-(i) विश्व स्वास्थ्य संगठन (ii) बाल अधिकार संरक्षण राष्ट्रीय आयोग (iii) नेशनल ह्यूमन राइट्स कमीशन।
3. चाइल्ड हैल्प लाइन क्या है? बाल अधिकारों के संरक्षण में सहायता करने के लिए यह अपने देश में यह किस प्रकार कार्य कर रही है?
4. गैर सरकारी संगठन (NGO's) क्या है? बाल अधिकारों के संरक्षण के लिए अन्तरराष्ट्रीय और राष्ट्रीय स्तर पर कार्यरत गैर सरकारी संगठनों की भूमिका और योगदान की चर्चा करिए।

***B. लघु उत्तरात्मक प्रश्न (Short Answer Type questions)***

1. बाल अधिकारों के संरक्षण ने यूनीसेफ द्वारा दिए गए योगदान और कार्यो से सम्बन्धित पाँच उप क्षेत्रों के नाम बताइए।
2. बाल अधिकारों के संरक्षण के सम्बन्ध में यूनिसेफ द्वारा की जा रही कोई तीन गतिविधियों के नाम बताइए।
3. भारत सरकार के स्वास्थ्य मंत्रालय के सहयोग से विश्व स्वास्थ्य संगठन द्वारा किए जा रहे छः विशेष कार्यों के नाम बताइये।
4. बाल अधिकार संरक्षण राष्ट्रीय आयोग द्वारा अपने उद्देश्य-'बालक के अधिकारों का संरक्षण करना' की प्राप्ति के लिए की जा रही दो महत्त्वपूर्ण गतिविधियों के नाम बताइए।
5. 'राष्ट्रीय मानव अधिकार आयोग' की संरचना के बारे में बताइए।
6. राष्ट्रीय मानव अधिकार आयोग द्वारा बाल अधिकार संरक्षण के लिए चलाई जा रही कोई दो गतिविधियों के नाम बताइए।
7. चाइल्ड हैल्पलाइन क्या है?
8. हमारे देश मे कार्यरत चाइल्ड हैल्प लाइन द्वारा की जा रही तीन प्रमुख गतिविधियों या प्राप्त किए जाने वाले तीन उद्देश्यों के नाम बताइए।
9. गैर सरकारी संगठन (NGO's) क्या है?
10. अन्तरराष्ट्रीय और राष्ट्रीय स्तर पर बाल अधिकारों के संरक्षण के क्षेत्र में कार्यरत किन्हीं दो-दो गैर-सरकारी संगठनों के बारे में बताइए।

## 11. बालकों में मोटापा–कारण एवं उपचार (Child Obesity—Causes and Remedies)

**A निबन्धात्मक प्रश्न (Essay Type Dlastion)**

1. मोटापे से क्या अभिप्राय है? आप इस बात का निदान तथा उसकी निश्चितता कैसे तय कर पाएंगे कि आपकी कक्षा का कोई विद्यार्थी मोटापे से ग्रस्त है?
2. मोटापा क्या है? इसके दुष्प्रभावों तथा बालकों में इसके होने सम्बंधी कारणों पर विस्तार से चर्चा कीजिए।
3. बालकों को मोटापे से बचाने तथा उपचार करने हेतु क्या-क्या उपाय किए जा सकते हैं? विस्तार से बताइए।

4. मोटापा क्या है? इसके कारणों और इससे छुटकारा पाने सम्बंधी उपायों पर प्रकाश डालिए।
5. मोटापे की रोकथाम तथा उपचार में खेलकूद क्रियाओं तथा योग साधना की भूमिका और योगदान पर विस्तार से प्रकाश डालिए।

***B. लघु उत्तरात्मक प्रश्न (Short Answer Type Question)***

1 मोटापा क्या है?
2. बालकों में होने वाले मोटापे के उत्तरदायी चार कारणों का उल्लेख करें।
3. बालकों के शारीरिक स्वास्थ्य पर मोटापे से पड़ने वाले दुष्प्रभावों का संक्षेप में उल्लेख कीजिए।
4. मोटापे से ग्रस्त बालकों के खान-पान व्यवहार/जीवन शैली के बारे में संक्षेप में बताएं।
5. बालकों के मोटापे सम्बंधी समस्या से छुटकारा दिलाने में सहायक उन चार लाभों का उल्लेख करें जिसकी प्राप्ति उन्हें खेल-कूद क्रियाओं में भाग लेने से हो सकती है।
6. मोटापे से बचाव तथा उपचार में सहायक दो प्राणायाम क्रियाओं तथा चार योगासनों के नाम बताएं।
7. मोटापे से बचाव तथा उपचार में सूर्य नमस्कार/षट्कर्म/प्राणायाम का योगदान बताएं।

## 12. समता सम्बन्धी मामले और समेकीकरण (Equity Issues and Inclusion)

**A. निबन्धात्मक प्रश्न (Essay Type Questions)**

1. शिक्षा में समता और समानता से क्या अभिप्राय है। इनकी अवधारणाओं को स्पष्ट करते हुए उनमें निहित अंतर को अच्छी तरह स्पष्ट करें।
2. भिन्न बालकों जैसे भिन्न योग्यताओं से युक्त बालक, लावारिस बच्चे तथा अन्य पार्श्वीकरण के शिकार बालकों की समता एवं समेकीकरण सम्बन्धी समस्या पर उचित प्रकाश डालिए।
3. सर्व शिक्षा अभियान (SSA) तथा राष्ट्रीय माध्यमिक शिक्षा अभियान (RMSA) जैसे राष्ट्रीय कार्यक्रमों की विकासशील बालकों को बिना किसी भेदभाव के समान अवसर उपलब्ध कराने के सन्दर्भ में विस्तार से चर्चा कीजिए।
4. शिक्षा में लैंगिक समानता बनाए रखने तथा बाल कल्याण हेतु भारत सरकार द्वारा चलाई जा रही कुछ महत्त्वपूर्ण योजनाओं/कार्यक्रमों का संक्षेप में वर्णन कीजिए।
5. शिक्षा में लैंगिक समानता तथा समता बनाए रखने तथा बाल कल्याण हेतु भारत सरकार द्वारा चलाई जा रही वो किन्हीं दो योजनाओं/कार्यक्रमों पर विस्तार में प्रकाश डालिए।
   (a) समन्वित बाल विकास सेवाएं योजना (b) कस्तूरबा गाँधी बालिका विद्यालय योजना
   (c) बेटी बचाओ, बेटी पढ़ाओ योजना (d) मध्याह्न भोजन योजना
   (e) राजीव गाँधी किशोरी सशक्तीकरण योजना

**B. लघु उत्तरात्मक प्रश्न (Short Answer Type Questions)**

1. शिक्षा में समता/समानता से क्या आशय है?
2. एक उदाहरण द्वारा शिक्षा में समता तथा समानता पदों में निहित अन्तर बताएं।
3. मानसिक विकलांग/श्रवण अक्षम/दृष्टिअक्षम बालकों को शिक्षा प्रदान करने में हम समता तथा समानता सिद्धान्तों की कैसे अनुपालना करेंगे। एक उदाहरण द्वारा बताइए।
4. सर्व शिक्षा अभियान की कोई चार विशेषताएं बताएं।
5. सर्व शिक्षा अभियान/राष्ट्रीय माध्यमिक शिक्षा अभियान के उद्देश्य बताएं।
6. समन्वित बाल विकास सेवाएं योजना/कस्तूरबा गाँधी बालिका विद्यालय योजना/बेटी बचाओ, बेटी पढ़ाओ योजना/ मध्याह्न भोजन योजना/ राजीव गाँधी किशोरी सशक्तीकरण योजना के उद्देश्य बताएं।